西藏民族大学 2021 年研究生金课项目《业绩评价与激励机制》建设成果

业绩评价与激励机制案例

（财务共享与大智移云区物新技术版）

主　编　乔鹏程

北京理工大学出版社
BEIJING INSTITUTE OF TECHNOLOGY PRESS

内 容 简 介

财务共享与大智移云区物新技术在管理数字化与财务信息化中的广泛应用，引发了公司战略、业绩评价和激励机制的实践环境变化。本书基于业绩评价与激励机制的先进理论、成熟方法和中国本土化管理实践，开发出20个典型案例，将业绩评价与激励机制理置于财务共享与大智移云区物新技术环境中，进行情景描述与管理决策再现。教材共分10章，呈现业绩评价与激励机制的业绩评价部分（第一至四章）、激励机制部分（第五章）、评价模式部分（第六至十章）相关知识的动态应用过程，全景式地复现了财务共享中心、PS系统、财务大数据、人效管理、财务数字化、数据中台、业财一体化等新信息技术的业务场景。

版权专有　侵权必究

图书在版编目（CIP）数据

业绩评价与激励机制案例／乔鹏程主编. --北京：
北京理工大学出版社，2022.11
ISBN 978-7-5763-1857-9

Ⅰ．①业… Ⅱ．①乔… Ⅲ．①企业-激励制度-研究
-中国 Ⅳ．①F279.23

中国版本图书馆 CIP 数据核字（2022）第 222994 号

出版发行 ／ 北京理工大学出版社有限责任公司
社　　址 ／ 北京市海淀区中关村南大街5号
邮　　编 ／ 100081
电　　话 ／ （010）68914775（总编室）
　　　　　　（010）82562903（教材售后服务热线）
　　　　　　（010）68944723（其他图书服务热线）
网　　址 ／ http：//www.bitpress.com.cn
经　　销 ／ 全国各地新华书店
印　　刷 ／ 涿州市新华印刷有限公司
开　　本 ／ 787 毫米×1092 毫米　1/16
印　　张 ／ 20.5　　　　　　　　　　　　　　　责任编辑／武丽娟
字　　数 ／ 457 千字　　　　　　　　　　　　　文案编辑／武丽娟
版　　次 ／ 2022 年 11 月第 1 版　2022 年 11 月第 1 次印刷　责任校对／刘亚男
定　　价 ／ 98.00 元　　　　　　　　　　　　　责任印制／李志强

图书出现印装质量问题，请拨打售后服务热线，本社负责调换

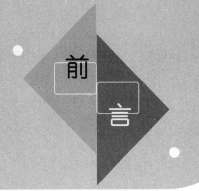

前言

业绩评价与激励机制是经济管理类专业硕士研究生及本科生,特别是会计专业硕士(MPAcc)与工商管理专业硕士(MBA)培养中教指委规定的核心课程。随着数字经济和新信息技术管理环境的变化,业绩评价与激励机制的先进理论、成熟方法和本土化经典案例不断推陈出新。财务共享与大智移云区物新技术使得管理数字化与财务信息化成为当前理论与实务的关注热点,基于此背景,本书基于财务共享与大智移云区物新技术,深度融合业绩评价与激励机制进行教学案例开发。

全书《业绩评价与激励机制案例(财务共享与大智移云区物新技术版)》共分10章,每章设置了2个案例,共20个教学案例。全书写作过程中严格按照全国会计专业学位研究生教育指导委员会(http://mpaccesc.ruc.edu.cn/)的案例写作要求与格式规范,以及中国工商管理案例共享中心(http://cmcc.dlaky.cn/)的教学案例写作要求,每个案例分为案例正文与案例说明书两部分。书中案例基于当前会计中"财务共享与大智移云区物新技术"热点、"2020、2021、2022年影响中国会计人员的十大信息技术",每个案例都集中体现出财务共享与大智移云区物新技术下,业绩评价与激励机制理论联系实践的结合。

通过本书学习,可以促使研究生和本科生了解业绩评价和激励制度的基本理论,系统掌握业绩评价与激励制度的基本方法,并能在财务共享与大智移云区物新技术下的实际工作中研究性地熟练应用,涉及的知识点:(1)业绩评价部分:业绩评价的概念、业绩评价的动因和业绩评价的作用;业绩评价主体、业绩评价程序、业绩评价指标、业绩评价报告;业绩评价的财务模式(如综合评分)、业绩评价的价值模式(如EVA)、业绩评价的平衡模式(如平衡计分卡);中国企业业绩评价的历史演进、现状及对策。(2)激励机制部分:激励制度的基本理论;薪酬体系的设计;股权激励、员工持股计划、管理层收购计划、股票期权激励计划;中国企业激励制度的历史演进、现状及对策。(3)评价模式部分:业绩评价的成本模式、财务模式、价值模式、平衡模式(平衡计分卡)、其他模式。

特别感谢西藏民族大学会计学研究生李思雨、刘天琦、张梦琦、王瑾、黄沁、徐祥兵、张岩松、邓美利、彭文睿、朱琳、高佳睿、鲍炳冰、尹湾湾、李欣桐、金铭泉、王震、孙玮琦、李珊珊同学为本书收集内控管理系统案例基础材料和对全书的多次校稿工作。

乔鹏程　咸阳
2022年8月

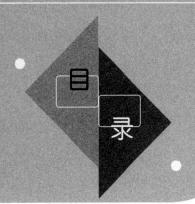

目录

第一章　业绩评价与激励机制概述 ……………………………………………（001）
　　案例1　榆能集团财务共享中心建设与平衡计分卡业绩评价与激励机制 ………（001）
　　案例2　丝路事务所业绩评价与激励发展史：员工不断辞职困扰与破解 ………（018）

第二章　业绩评价指标 ……………………………………………………………（035）
　　案例3　海底捞财务共享中心的业绩评价指标与总体业绩评价 …………………（035）
　　案例4　伊利集团业绩评价指标设计与PS系统诞生记 …………………………（048）

第三章　业绩评价标准 ……………………………………………………………（070）
　　案例5　复星集团：财务共享下人效管理的业绩评价标准行业启示 ……………（070）
　　案例6　海尔集团业绩评价标准与财务共享中心技术转型之路 …………………（084）

第四章　业绩评价技术 ……………………………………………………………（101）
　　案例7　业财一体化下的财务共享与业绩评价技术
　　　　　——兆弛公司财务数字化之路 ………………………………………………（101）
　　案例8　财务数字化技术扩张之路：数据中台助力阿里巴巴业绩评价 …………（117）

第五章　激励计划 …………………………………………………………………（136）
　　案例9　"绝"处逢生？山穷水"绝"？
　　　　　——后疫情下绝味食品股权激励方案 ………………………………………（136）
　　案例10　用友网络股权激励模式变革之路 …………………………………………（149）

第六章　业绩评价之成本模式 ……………………………………………………（171）
　　案例11　中国一汽：数字化转型业绩评价实现降成本和提业绩 ………………（171）
　　案例12　业绩评价成本模式视角的四川长虹财务共享服务中心实施成本与
　　　　　　效果 …………………………………………………………………………（185）

第七章　业绩评价之财务模式 ……………………………………………………（203）
　　案例13　华夏幸福：基于平衡计分卡的财务共享中心业绩转型 ………………（203）
　　案例14　财务大数据赋能：东莞农商银行对财务模式业绩评价的再优化 ……（218）

第八章　业绩评价之价值模式 ……………………………………………………（236）
　　案例15　基于EVA计算的价值评价模式与腾讯股权激励 ………………………（236）

案例16　美的集团高度绑定公司核心高管和公司利益的股权激励 …………（252）

第九章　业绩评价之平衡模式 ……………………………………………（267）
　　案例17　海底捞：平衡计分卡多维平衡的财务共享中心业绩评价 ……………（267）
　　案例18　基于平衡计分卡的蒙牛乳业财务共享业绩评价体系 …………………（283）

第十章　业绩评价之其他模式 ……………………………………………（298）
　　案例19　字节跳动：基于跨体系数字化转型从KPI到OKR的业绩创新路 ……（298）
　　案例20　兰州新东方的听诊器与园丁剪：教育培训行业主观业绩评价 ………（309）

第一章 业绩评价与激励机制概述

案例1 榆能集团财务共享中心建设与平衡计分卡业绩评价与激励机制

专业领域：会计专硕（MPAcc）、审计硕士（MAud）、工商管理硕士（MBA）、会计、审计、财务管理、工商管理、人力资源管理等本科专业

适用课程："公司业绩评价与激励机制""大数据与财务决策""企业数字化转型理论与实务"

选用课程："财务共享""绩效评价与薪酬激励""业绩考核理论与实务"

编写目的：本案例旨在引导学员了解榆能集团的发展历史和现状，在掌握基于平衡计分卡原理的业绩评价与激励机制基本理论的前提下，探讨榆能集团的财务共享的建立经历了怎样的变革和创新，探讨榆能集团如何应用财务共享与大智移云区物新技术去进行业绩改革？基于战略的业绩评价与激励系统框架，其改革后的业绩评价机制如何运行？构建财务共享中心给榆能集团业绩评价带来了怎样的影响？

知识点：业绩评价的概念、激励系统的概念、财务共享服务、基于战略的平衡计分卡业绩评价体系

关键词：榆能集团；财务共享服务中心；业绩评价；平衡计分卡；目标评价法

中文摘要：本案例详细讲述了榆能集团基于平衡计分卡原理的财务与业绩评价的转型之路。面对煤炭市场的疲软，以煤炭为主营业务收入的榆能集团随着业务不断扩展，公司体量不断增大，传统分散的财务核算难以满足公司的发展，榆能集团与时俱进，在现有的管理模式基础上，通过对业务流程梳理再造，对现有资源进行重新规划和整合，实现财务集中管控及业财一体化，进而为公司运营发展提供支撑。案例总结榆能集团在大背景下财务共享服务中心的建立经历了怎样

的变革和创新，并思考财务共享服务中心对于公司业绩评价产生怎样的影响，财务共享体系建立之后榆能集团平衡计分卡业绩评价体系的构建思路，财务共享系统存在的问题以及公司业绩评价需要改进之处。

英文摘要：This case describes in detail the transformation of Yuneng Group's financial and performance evaluation. Faced with the weakness of the coal market, Yuneng Group, whose main business income is coal, continues to expand and the company's size continues to increase. Traditional decentralized financial accounting is difficult to meet the company's development. Yuneng Group keeps pace with the times. On the basis of the existing management model, by reorganizing and reengineering business processes, re-planning and integrating existing resources, centralized financial management and control, and integration of industry and finance are realized, thereby providing support for the company's operation and development. This article summarizes the changes and innovations that Yuneng Group has experienced in the establishment of the financial shared service center under the general background, and considers what impact the financial shared service center has on the company's performance evaluation. After the establishment of the financial sharing system, the idea of constructing the balanced scorecard performance evaluation system of Yuneng Group and problems in the financial sharing system and areas for improvement in corporate performance.

案例正文

2010年煤炭市场疲软，众多煤炭公司陷入困境，陕西乃至全国的能源示范地区，很多煤炭公司面临破产危机。作为市属第一大能源公司，榆能集团与时俱进，利用财务共享与大智移云区物新技术创新财务管理，优化业绩评价，短短几年跻身陕西能源公司前三，国家能源类公司36强。那么近年来榆能集团是如何进行财务数据处理改革，如何进行公司业绩评价创新，实现参与争夺煤炭市场信息优势的呢，集团财务共享中心处的马主任陷入了深深的回忆。

一、案例背景介绍

（一）榆能集团简介

陕西榆能集团有限公司是经陕西省人民政府批准，于2012年7月在榆林正式挂牌成立的国有独资公司，注册资本金30亿元，资产规模近500亿元，现有员工7 000多人，位居中国煤炭公司前50强。到2022年，榆能集团已形成了煤炭、电力、化工、物流贸易、新能源五大产业板块。煤炭产业：核定产能3 000万吨/年；电力产业：燃煤发电装机3 070MW（承担全市城区的供热保障任务）；化工产业：120万吨/年盐化工、50万吨/年煤焦油深加工多联产项目，在建40万吨/年煤制乙二醇项目，规划建设500万吨/年煤制清洁燃料项目；物流贸易产业：铁路集运站年发运中转能力5 000万吨；新能源产业：光伏发电装机100MW，在建光伏发电装机300MW。

(二) 榆能集团传统业绩评价制度概况

榆能集团下设综合管理部、物资部、财务部、党群纪检部、计划部、人资部、工程部、资产管理部,这八部门都由人力资源部进行评价,存在松散的状态,业绩评价不突出,工作业绩评价不显著。

又到了下班时间,集团财务共享中心处的马主任和往常一样,脸上洋溢着笑容带着她负责的实习生小李走出了公司大门,看着自己学徒欲言又止的神情,马主任不由得笑出声来,"小李,你好像有什么想说的哦。"听到这句话的小李不由得有点忐忑,但迫切想要解惑的她还是问了出来:"马主任,我刚从学校里出来,但是听说只要保证业绩达标就能在共享中心过得很轻松,可是咱们这……"听到这句话的老马歪了歪头,想了想说道:"你是看公司里所有人都是一副忙碌认真的样子才这么想的吧?以前我们的确是像你说的一样,完成指标就松懈下来躺平了,因为做多做少差不多一个样,反正没人管,但是自从领导引入财务共享与大智移云区物新技术后就不一样了。"深知自己老师性格的小李迫切地做出回应:"什么不一样啊,不是什么机密的话告诉我呗"。老马笑道:"我给你对比着说吧,以前公司关于业绩的问题可多了……"

(三) 榆能集团业绩评价现状

榆能集团业绩评价机制主要以业绩评价为主,业绩评价主要分为部门评价、员工评价、年度评价、月度核,评价结果主要关系到员工业绩工资,业绩工资占员工总工资的比例小。由于受传统国企体制影响,榆能集团主要是进行部门领导确认考勤和业绩评价。有个别部门人员较多,在业绩评价过程中,关键业绩指标根据部门不同进行不同的设计,并根据岗位、职责不同设定不同的业绩指标标准,指标数量繁多,指导性差,业绩指标周期性变动大,记录不够全面、不准确,分公司间、部门间、岗位间对业绩指标的概念、统计口径和规定不同,数据来源各不相同。榆能集团在业绩评价机制的业绩评价阶段,各个分公司对于结果业绩的数据统计时间周期不同,只有极其个别的分公司能做到每日对结果业绩的实现程度进行统计,并及时反馈给员工,大部分分公司结果业绩指标实现程度的统计速度极其滞后,业绩评价主要以人为主观评价为主,具有极大的不准确性,易使员工对于结果业绩失去信心,挫伤其工作积极性。榆能集团在业绩评价的业绩反馈过程中,由于数据不足、平台数据有限,业绩反馈数据不理想;根据经验进行指导,与员工协调的方式比较单一,没有心理反馈。

简而言之,榆能集团的业绩评价,缺乏足够数据支持,业绩评价效率低下,严重影响了业绩评价和管理效果及效率。此外,榆能集团目前的业绩评价存在着业绩评价指标设定不合理、量化程度低、数据不准确、过程业绩缺失等重要问题,导致员工找不到清晰的工作方向和工作目标,不能有效激励员工的工作动力,甚至挫伤了员工工作积极性。

"哦,原来以前有这么多问题啊,那中间肯定是发生了什么了不得的事情让前辈们都认真起来了吧,嘻嘻!"马主任看出正在嬉皮笑脸的学徒小李想要知道这场变革的经过,她也没有隐瞒,当即说道:"这都是因为2018集团里引进大数据平台,它稳定运转后我们就没过过清闲日子了。"小李看了看马主任的表情,奇怪道:"马主任,你说归说,但是这满脸开心地抱怨是怎么回事?"马主任回应道:"没清闲日子过不也挺好的嘛,在工作中进步,每天都很充实,当然,主要是心里踏实,知道自己的努力是有回报的。"小李这才明白过来:"嗯嗯,看来这个大数据平台真的能激励士气啊!"

二、榆能集团财务共享中心的建立

财务共享是指依托财务共享与大智移云区物新技术以财务业务流程处理为基础，以优化组织结构、规范流程、提升流程效率、降低运营成本或创造价值为目的，以市场视角为内外部客户提供专业化生产服务的分布式管理模式。中国公司对财务共享中心（FSSC）的建立高峰期是从中兴在2018年建立财务共享中心并取得了非常显著的成效后开始的，许多公司看到了财务共享服务模式的可行性和先进性，但是榆能集团所处的煤炭市场由于2012年全球煤炭市场疲软，国内外煤炭公司受到严重的重创，直至2015年才开始全面恢复正常，所以榆能集团财务共享服务中心于2018年11月才成功上线投入运营，其建设历程涵盖四个阶段：准备阶段（2017.10—2018.1）、试点先行阶段（2018.2—2018.4）、全面推广阶段（2018.5）、运营提升阶段（2018.6—至今）。图1-1为榆能集团财务共享服务中心建设过程。

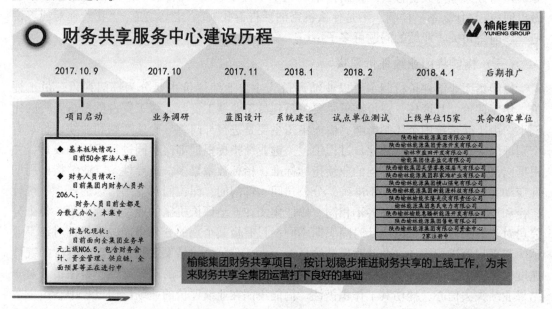

图1-1 榆能集团财务共享服务中心建设过程

（一）榆能集团财务共享中心组织结构及职能划分

榆能集团财务共享中心具有明确的五大定位：会计核算中心、资金支付中心、管理数据中心、人才中心、知识中心。基于集团多元化发展战略，财务共享通过专业分工，形成了以"战略财务+共享财务+业务财务"为组合职能的集团财务管理新格局。榆能集团财务共享中心由集团总会计师直接领导，由财务部长负责整个项目的建设、运营与优化。

榆能集团对集团的业务单元进行了梳理，继而设立了资金中心、财务资产管理部、共享服务中心这些业务循环部门，集团科技部提供财务共享与大智移云区物新技术和数据支持。各部门间权责分明，密切配合保证财务共享的有序、高效运行。图1-2为榆能集团财务共享服务中心战略结构。

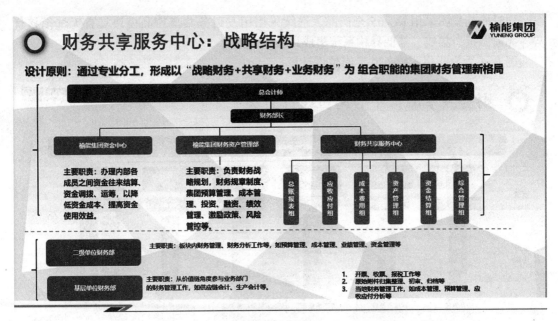

图 1-2　榆能集团财务共享服务中心战略结构

集团财务共享服务中心采取业务组小组长负责制,下设多个分组,包括应收应付组、成本费用组、资产管理组、总账报表组、资金结算组、综合管理组。应收应付组和成本费用组负责审核及复核的对比分析,资产会计负责资产核算和固定资产结账等,总账报表组制定核算办法,负责对各单位总账报表的数据对比分析,资金会计负责集团资金的收支结算,综合管理组主要对共享流程和正常运营提供支持,同时进行流程维护优化以及档案和主数据的维护。

图 1-3 为财务共享服务中心架构及职责划分。

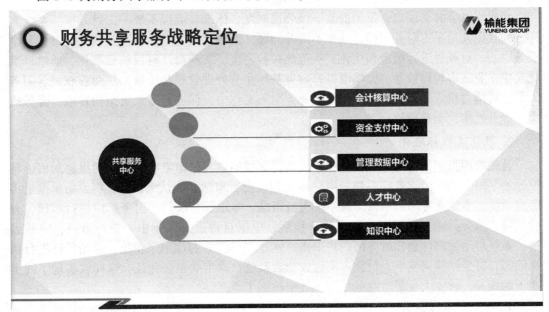

图 1-3　财务共享服务中心架构及职责划分

同时榆能集团采用 NCv65 全产品，继续采用用友财务共享产品模块具有无缝衔接优势，无需做接口集成，降低异构系统集成风险。

图 1-4 为榆能集团财务共享岗位设计图。

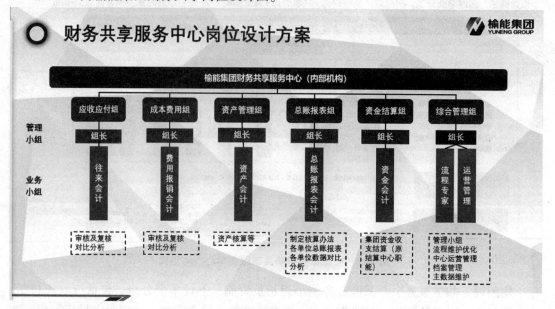

图 1-4　榆能集团财务共享岗位设计图

（二）榆能集团财务共享中心信息系统

集团通过财务共享，梳理业务单元，统一财务信息口径，对现有业务流程进行再造，实现了资源优化配置，提高了经济业绩。

1. 梳理业务单元，统一财务信息口径

在实施财务共享以前，集团面临下级公司制度、标准、流程不统一，财务核算系统多样，尚存在大量手工财务工作，效率不高等问题，面对这种困境，集团开始建设财务共享服务中心，对流程进行梳理和优化，规范统一的制度，实现会计科目的标准化，通过标准化集中作业获取规模效益，大幅度提升财务基础业务处理效率和质量，从而解放大量财务人员，将精力投入战略财务工作和一线业务财务工作中，促进财务人员结构转型，降低成本，提升效率，创造价值。

2. 报销流程标准化

首先费用报销流程的标准化。业务人员提交报销单，打印带有二维码的报销封面，粘贴原始票据，提交给财务部门初审岗（本地扫描岗）审核，确认无误后，将原始单据上传影像系统，本地业务部门根据影像系统进行审核，本地预算部门、财务部门进行审核，分管领导、总会计师、总经理、董事长审核后，单据自动进入共享中心进行审核，审核通过，系统自动发邮件通知财务部门初审岗（本地扫描岗）打印电子单据，原始凭证进行当地归档，资金结算岗签字、付款；支付成功后系统自动生成总账凭证，这样就实现了线上线下的统一，较少大量手工财务工作，效率得到了提高。

3. 供应链系统推行

分子公司如果有供应链系统（采购、销售、库存、存货），应收单和收款单由 ERP 系统自动生成，否则由本地财务人员手工录入对应的应收单，出纳录入收款单、预收单，提交相关纸质文件给财务部门初审（本地扫描岗）。财务部门初审（本地扫描岗）审核往来单据，审核的主要内容为：电子单据信息和原始凭证等，并上传影像；共享中心审核。在审核时可以对单据部分信息进行修正；应收类单据审核后生成应收凭证，收款类单据审核后生成应收凭证。

4. 报表自动生成，实现报表共享

通过财务共享平台的单据处理，实现了报表的自动生成和取数，月底结账各子公司需要按期提交数据，财报使用部门自动生成报表。

三、榆能集团基于平衡计分卡的财务共享中心业绩评价

（一）基于平衡计分卡原理榆能集团财务共享中心业绩体系

"嗯嘛，说激励士气也没错，毕竟它在评价和辅导方面作用大一点，评价方面，做多做少不是一个样了，越努力，奖励越多，荣誉越多；辅导嘛，系统会给我们的工作提出改进措施，虽然也有一定的监督成分在啦！"小李追问道："详细讲啦，马主任"。马主任随即解释说："是这样的……"

榆能集团财务共享中心业绩体系建立了适合自身的机制，其主要包括五个统一、五个再造、五个中心三大模块，实现了人才中心、数据中心、知识中心业绩评价过程。

榆能集团财务共享服务中心的组织业绩主要是对该中心运营业绩评价水平进行评价，基于平衡计分卡原理，对于涉及的各项财务各个维度指标进行细化，利用与财务共享特点相关指标的设计，进而达到对共享中心进行全面评价。图1-5 为财务共享服务中心服务标准示例。

图1-5 财务共享服务中心服务标准示例

（1）财务维度：财务维度指标设置与自身定位的关系十分紧密。独立的财务共享服务中心，其财务维度指标和服务业的相关指标是相似的，侧重于投资回报、成本、利润等，而处于基本模式、市场模式下的财务共享服务中心，主要是服务于集团内部，定位于成本中心，主要将达成度作为指标集中的目的。榆能集团财务共享服务中心的财务维度指标主要是体现预算达成比例，用于评价预算的执行情况。其次通过资金归集，进行资金的再分

配，将长期闲置资金进行合理分配或购买相关理财产品，实现资产的长期保值增值。

（2）客户满意度维度：客户维度指主要能够反映出客户与财务共享中心的关系。对于内部客户来说，能够取得客户的满意评价，这对于沟通渠道和方式十分重要。同时，关注客户体验，对于持续改进更为重要。榆能集团财务共享服务中心客户维度的指标主要有：①客户服务满意度：根据问卷调研所形成的客户服务满意度指标是针对客户评价的综合反馈。榆能集团财务共享服务中心的客户服务满意度调研问卷从采购、资产、费用报销、付款、总账报表业务、主数据、客户服务等维度设计问题，包含日常对接不顺畅环节的反馈，基于服务水平协议商定的一些标准财务共享服务中心是否达标进行提问，以及财务共享服务中心流程梳理之后的改进，基于信息系统、现有的通信软件实现的一些有助于提升客户体验的措施进行提问并反馈。同时，保持前后期调研结果的可比性，逐步提升榆能集团财务共享服务中心的客户服务满意度。②客户有效投诉次数：榆能集团财务共享服务中心通过内部设有邮件接收、组建微信群、负责人电话等多方面建立有效的沟通渠道。为保证业务问题能高效、高质地解决，在客户服务满意度指标之外设定客户有效投诉次数指标，更进一步提升客户服务满意度。

（3）内部运营维度：财务共享中心内部运营的情况关系紧密，其中包含业务运营过程中的时效、质量、效率、内部流程的优劣情况。榆能集团财务共享服务中心内部流程运营维度指标主要包括时效、质量、效率三个维度，时效维度主要体现出其对业务客户反映的及时程度，质量维度体现了榆能集团财务共享服务中心处理业务的准确性，效率主要是员工处理业务的数量，员工的业务量可以反映出财务共享中心对业务处置的效率，同时财务共享中心对流程的管理能力也可由运营效率反映出来。

图1-6为财务共享服务中心审批流程。

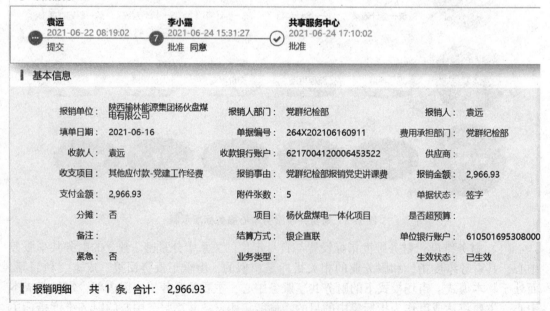

图1-6　财务共享服务中心审批流程

（4）学习创新维度：学习创新维度是财务共享中心能够形成竞争优势的基础之一。学习创新不仅能够体现出组织对员工的培训与学习的营造，同时还能够组织人员适应或主动接受组织的创新的动力与能力。组织内拥有良好的学习和创新气氛可以为组织发展、培养出大量专业人才，并以此形成组织内良好的创新文化氛围。

榆能集团财务共享服务中心设计的学习创新维度指标，具体包括两个：一方面提升业务创新能力，创新能力是增强组织核心竞争力、实现战略目标的重要途径之一，具体指标有创新及特殊贡献，其中创新方面主要包括流程优化、风险规避、质量改进等。流程优化、风险规避、质量改进等创新观点提出的数量、采纳的数量以及落地运行的数量，能够反映出组织的创新主动性与积极性，而实施比例则体现了组织对创新的实施能力。另一方面提升员工技能及素质，组织员工的整体素质提升，对于战略目标和管理水平提高有着重要的指导意义。因此，提升员工素质和专业技能，对于公司发展来说意义重大，主要有财务职称的考取、学历的深造、日常考试。职称考取以及学历深造的过程在一定程度上代表专业知识、能力提升的过程，同时能为组织营造不断学习的氛围。

（二）基于战略的财务共享服务中心业绩评价系统（图1-7）实施

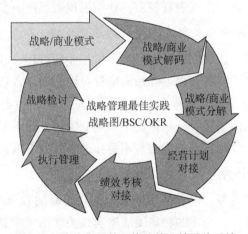

图1-7　榆能集团基于战略的业绩评价系统

1. 基于战略的业绩评价与激励系统框架的人员业绩

榆能集团的战略定位围绕"做世界一流高端能源化工基地的重要建设者、国家级能源革命创新示范区的勇敢先行者、市转型升级高质量发展的突出贡献者、在榆投资公司履行社会责任的模范带头者"。员工业绩与组织业绩是公司战略的延伸与细化，基于SPEMS框架，榆能集团基于战略的业绩评价与激励系统认为榆能集团财务共享服务中心的人员业绩与组织的业绩维度一致，组织业绩是人员业绩的汇总，只有在人员业绩同组织业绩保持一致的前提下，才能激励人员较好地促进财务共享服务中心发展，最终达成组织的目标。榆能集团财务共享服务中心的人员，一般可以分成从事共享服务的专业会计和系统技术服务管理的支持人员。专业财务人员是财务共享服务中心所有人员之中最重要的组成部分，他们是直接服务于财务共享中心的。同时他们在共享服务中心从事已经设计好的标准业务，因为工作的标准化，使其具有技能同质化、工序经验丰富、流动性强等特点，针对这些特点，业绩评价主要表现在两个方面，一方面是量化业绩评价，以多劳多得为导向，在保证量的同时需保证时效及质量，另一方面是对员工做出的创新型改进工作给予激励。榆能集团财务共享服务中心指标库具有固定的计算逻辑，秉承着公平性、客观性原则，将运营业务指标及客户服务指标全部量化且采取统一的计算规则、统一的计算公式，即同类岗位相同工作的人员目标值、基准值相同，根据实际完成情况利用信息系统提取指标值并计算指标得分。

榆能集团财务共享业绩评价可以分成几个部分，即业绩数据分析、业绩实时看板、人员业绩评价、组织业绩评价，以上四部分业绩大部分数据来源于各信息系统，很大程度上规避了管理者判定数据的人为因素。业绩数据分析报表体现了财务共享整体业务运营情况达成，包括整体时效、准确性、退单情况、人均效率等。为更进一步激励员工的工作热情，榆能集团财务共享中心开发实时业绩看板，员工通过实时业绩看板能够看到每日审单量前十排名、每月审单量前十排名以及本月单据处理量情况。榆能集团业绩等级评价分为四个等级：S、A、B、C，S等级业绩表现超出了预期水平，取得理想结果，超出组织内很多同事（同级别/工作性质），是组织内公认的杰出员工。C等级业绩表现低于预期水平，与组织内其他同事相比，个人表现较差，业绩表现需要进一步提升。

2. 基于战略的业绩评价与激励系统框架的业绩反馈

基于面谈为主的形式，能够促进管理者与下属在业绩目标、计划等方面达成共识，并对于下属的困惑、问题进行解答，通过业绩面谈针对性地制订改进计划。业绩面谈之前管理者和下属都需做好充分准备，管理者应选择适当的时间，约定一个双方都有空闲的时间，选择适当的地点准备面谈材料，包括员工本期业绩等，员工需自我梳理、回顾本期业绩表现及工作特色成果，梳理自己的优势与不足，准备好向管理者提问的问题。

3. 基于战略的业绩评价与激励系统框架的业绩应用

榆能集团财务服务于业务，财务共享中心工作效率影响着全集团各方面业务的实现，业绩评价与激励系统框架设计与实践和集团战略实现关联作用明显。财务共享中心业绩评价结果应用分为两个层面：

第一个层面是管理应用，主要体现在业绩薪酬、季度年度评优激励、任职资格评定、培训福利、岗位轮换等方面，以上业绩应用一方面可以激励员工工作热情，促进员工积极主动、高质高效地完成工作，并在工作过程中提升主人翁意识，主动发现组织现存问题并推动解决，进而增强组织的核心竞争力。另一方面管理者根据员工的业绩评价结果，分析各个岗位优秀员工的优秀品质及业绩特征，这会为管理者在招聘过程的甄选环节提供十分有益的参考。

第二个层面是个人发展计划，其是指在某一时间内，完成工作目标的能力提升培训计划。个人发展计划的目的主要是在现有基础上提高工作业绩，挖掘员工潜能。

图1-8为榆能集团基于战略的业绩评价体系。

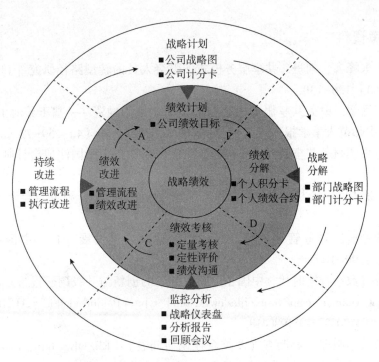

图1-8 榆能集团基于战略的业绩评价体系

四、榆能集团财务共享服务中心业绩评价体系特色

榆能集团财务共享服务中心业绩体系下比较大的亮点是实现业绩数据的客观及透明化，有效的业绩评价激励基于公平、健全的评价激励机制，为了让员工更明确地了解自己高业绩水平及低业绩水平的根本原因，榆能集团财务共享服务中心开发了业绩评价系统，并为员工开放查询业绩的权限，员工可登录业绩查询系统实时查看本人业绩水平，包括时效、质量、退单情况、审单量以及综合业绩分数等，及时发现工作中存在的问题并纠正。

榆能集团财务共享服务中心开发的业绩看板，其主要是基于共享中心的派单模式，即客户根据业务类型在信息系统提交各种类型的单据，单据经过客户各环节的审批流转至财务共享服务中心，待原始凭证的影像扫描上传至信息系统之后，单据会进入财务共享单据池，单据池根据员工审单的阈值固定时间循环派单，例如员工每天审单最多30单，阈值即设定为30，只要员工在审单平台签到，单据池便会检测到该员工在线，进而检查该员工审单平台单据量是否满足阈值，如单据池存在单据，且阈值未满，单据池就会循环派单。直至单据池无剩余单据或到下班时间，下班时间之后，员工审单平台待审单量如果为零，员工可到单据池领单，即抢单模式。业绩系统中的业绩看板正是基于这样的派单、抢单模式，将每个组的审单量排名放到工作区域的大屏幕上，3分钟刷新一次，将数据可视化、透明化，更进一步促进员工审单积极性，形成良性竞争，进而提升组织整体业绩水平。

"哦，原来这个大数据平台这么靠谱，难怪咱们越做越好，前辈们不仅业务能力越来越强，工作热情也每天都那么饱满"。小李越是深入了解，越是感到震惊，她不由得握紧了拳头说道"我决定了，我这段时间也要努力工作学习，给公司留个好印象，以后努力和前辈们做同事！"接着，小李又问"那您觉得咱们目前财务共享有没有需要改进的地方呢？"马主任思考了片刻……

五、参考资料

[1] 丁玉芳,朱峰鑫,刘丹. 共享服务模式下财会人员的转型路径研究 [J]. 会计之友, 2021 (16): 126-130.

[2] 李闻一,潘珺. 财务共享服务中心与公司商业信用融资——基于异时DID模型研究 [J]. 华中师范大学学报(人文社会科学版),2021,60 (4): 59-72.

[3] 郭慧金. 集团财务共享服务中心构建的案例研究 [J]. 中国注册会计师,2021 (6): 116-120.

[4] 李东华. Z集团财务共享服务中心员工绩效考核路径 [J]. 财务与会计,2021 (10): 78-79.

[5] 王超,曹艳蓉. 财务管理转型升级助力企业高质量发展 [J]. 中国注册会计师, 2021 (3): 99-100.

[6] 元年科技《数字智能时代,中国企业财务共享的创新与升级调研报告》[EB/OL]. https://www.yuanian.com/ycsgx/jjfa/cwgx.html?type=Baidu&sdclkid=AL2i152R15q615fD&bd_vid=94130838310519580418.

[7] 中国财务共享服务行业调查(A类企业调研问卷)[EB/OL]. http://survey.askform.cn/140275-272452.aspx.

六、讨论题目

1. 基于共享服务理论榆能集团为什么要实行财务共享中心,它的体系有什么特点?

2. 基于SPEMS框架,榆能集团公司战略与财务共享下的业绩评价体系如何结合在一起?平衡计分卡有哪些作用?

3. 基于战略的业绩评价与激励系统框架分析,在财务共享下的业绩评价与传统的业绩评价有哪些优势?给榆能集团带来了什么影响?

4. 榆能集团目前的业绩评价管理体系中财务指标与非财务指标如何组合?未来能否有进一步的发展?

5. 基于财务共享中心的榆能集团公司战略与业绩评价体系的结合经验给同行业是否带来借鉴作用?具体在哪个方面?

案例使用说明书

一、本案例要解决的关键问题

通过本案例的应用,引导学员分析:公司SPEMS框架的应用;在财务共享的模式下,榆能集团基于战略的业绩评价与激励体系发生了哪些转变?财务共享与大智移云区物新技术能否让榆能提升会计信息质量与财务信息效果,最终实现公司战略与经济效益?

二、案例讨论的准备工作

为了有效实现本案例目标,学员应该具备下列相关知识背景:

（一）理论背景

1. 业绩评价概念

业绩评价的主要思想是首先确定业绩计划与目标，然后执行业绩计划所确定的目标，通过制定业绩指标和标准来衡量和评价，对业绩目标执行的情况在整个过程中管理者与被管理者需要频繁沟通将目标层层分解，执行过程中管理者需要提供相应的辅导，业绩评价的结果需要及时反馈，做得好的进行奖励，让他做得更好，从而完成更高的目标，更重要的是，发现不好的地方，通过分析找到问题所在，进行改正，使工作做得更好，这个过程就是业绩评价过程。公司为了完成这个管理过程，所构建起来的管理体系，就是业绩评价体系。有关业绩评价需要强调三点：第一，业绩评价涵盖管理的所有职能，包括计划、组织、协调和控制。认为业绩评价是只是人力资源部的事情的想法是存在误差的。第二，业绩评价是由计划、执行、监控、反馈四个环节组成的一个持续不断的循环过程，该过程的开端是员工和他的直接主管之间达成协议，形成业绩计划。第三，业绩评价不仅强调工作结果，而且重视达成目标的过程，在业绩执行过程中员工与领导之间的有效沟通非常重要。

2. 基于战略的业绩评价与激励系统（SPEMS）与业绩评价概念

随着企业内外部环境的变化和企业战略管理的推行，需要构建一种与企业战略的实施和实现非常匹配的企业业绩评价体系。从企业战略目标出发，寻找实现这些战略目标的途径，进一步分析了关键的业绩指标，构建了与公司发展战略相结合的业绩评价指标体系。

业绩评价的主要思想是首先确定业绩计划与目标，然后执行业绩计划所确定的目标，通过制定业绩指标和标准来衡量和评价，对业绩目标执行的情况在整个过程中管理者与被管理者需要频繁沟通将目标层层分解，执行过程中管理者需要提供相应的辅导，业绩评价的结果需要及时反馈，做得好的进行奖励，让他做得更好，从而完成更高的目标，更重要的是，发现不好的地方，通过分析找到问题所在，进行改正，使工作做得更好，这个过程就是业绩评价过程。公司为了完成这个管理过程，所构建起来的管理体系，就是业绩评价体系。有关业绩评价需要强调三点：第一，业绩评价涵盖管理的所有职能包括计划、组织、协调和控制。认为业绩评价是只是人力资源部的事情的想法是存在误差的。第二，业绩评价是由计划、执行、监控、反馈四个环节组成的一个持续不断的循环过程，该过程的开端是员工和他的直接主管之间达成协议并形成业绩计划。第三，业绩评价不仅强调工作结果，而且重视达成目标的过程，在业绩执行过程中员工与领导之间的有效沟通非常重要。

3. 共享服务理论与财务共享服务概念

共享服务理论是共享经济时代的一种新型管理模式，它由一个独立的实体或部门为多个分支机构或公司提供跨组织或跨地区的专业服务，以达到整合资源、降低成本、提高效率等目的。共享服务是财务转型不可或缺的发展基础，企业财务共享服务是目前共享服务中成长较快、发展较成功的管理模式之一。

财务共享服务是指将公司各业务单位"分散式"进行的某些重复性的业务整合到共享服务中心进行处理，促进公司集中有限的资源和精力专注于自身的核心业务，创建和保持长期竞争优势，并达到整合资源、降低成本、提高效率、保证质量、提高客户满意度的目的。1993 年 Gunn Partners 公司的创始人 Robert Gunn 联合其他几大公司的负责人 David Carberry、Robert Frigo 和 Stephen Behrens 第一次提出共享服务理念，并尝试付诸财务实践，这里的财务共享是指通过财务共享与大智移云区物新技术的不断发展，以一种规范化、流程化的财务管理制度来解决企业财务处理分散的问题，从而达到提高企业整体服务质量、降低企业运营成本的效果。自此越来越多的跨国公司采用共享服务这种组织重构形式，财务共享服务受到了各界的关注。Robert Gunn 等人在 1993 年提出的共享服务还只是一种管理理念，随着实践发展，人们的认识不断深化，1997 年 Moller 在此理念基础上提出 SSC（Shared Service Center，共享服务中心）的构想，集团公司可以将企业内部重复性的、非关键业务相关的财务职能和流程集中到一个本地或远程的中心，通过这个中心批量处理这些业务并向分散在不同地区或不同国家的各分支机构提供服务。Quinn 等人则将共享服务定性为一种创新管理模式。国内学者吸收了西方的研究成果，并结合中国企业实际进行提炼，财务共享服务定义为"将财务业务进行流程再造与标准化，由共享服务中心统一对其进行处理，达到降低成本、提升客户满意度、改进服务质量、提升业务处理效率目的的作业管理模式"。学者们对财务共享服务的定义有不同表述，但是概括起来有四个共同点：第一，财务共享服务本质上是一种新的管理模式；第二，依托财务共享与大智移云区物新技术或手段；第三，需要将财务业务标准化（或规范化）与流程再造；第四，追求降低成本、提高效率、提升服务质量等目标。

4. 财务集中与财务共享服务的区别

虽然集中和共享服务都是将分散的资源和业务集中到一起处理，都存在 2015 年全国 MPAcc 教学案例公示启动成本和人员转移等问题。但是，两者将资源业务集中的方式、过程和目的是截然不同的。更确切地说，将共享服务模式下的"集中"叫作"整合"或许更加合理，而不是简单地集中。

5. 平衡计分卡

平衡计分卡源自哈佛大学教授 Robert Kaplan 与诺朗顿研究院的执行长 David Norton 于 1990 年所从事的"未来组织业绩衡量方法"的一种业绩评价体系。平衡计分卡是从财务、客户、内部运营、学习与成长四个角度，将组织的战略落实为可操作的衡量指标和目标值的一种新型业绩评价体系。设计平衡计分卡的目的就是要建立"实现战略制导"的业绩评价系统，从而保证公司战略得到有效执行。

（二）中国财务共享服务建设史

20 世纪 80 年代美国福特公司在底特律创建了全球第一个财务共享服务中心，财务共享开始进入人们的视野，给世界各国的财务工作者提供了新的思路。据美国《财富》杂志 2014 年统计，世界 500 强中 86% 的企业、欧洲半数以上的跨国公司都已建设了财务共享中心。相比国外，国内企业的财务共享实践起步稍晚，2005 年中兴通讯建立了中国企业的第一个共享服务中心，自此财务共享服务在企业的应用拉开序幕，近年来财务共享服务呈现快速增长的趋势，根据中兴新云的统计，截至 2020 年年底中国境内财务共享服务中心已经超过 1 000 家。

（三）煤炭行业背景

2021 年数据原煤产量前 20 家企业产量合计为 26.56 亿吨，同比增加 7 869.9 万吨，增长3.1%，占全国原煤产量的65.3%。国家能源集团产量占比最高达14%；榆能控股集团、山东能源集团排名第二和第三，产量占比分别为9.4%、6.3%；中煤能源集团、陕煤集团产量占比超5%，分别为6.1%、5.2%。

随着大型煤炭公司"走出去"步伐加快，国内竞争将趋向国际化，煤炭公司在资源整合中将再次"洗牌"。资本将向拥有技术、产业链优势的公司聚集，使强者更强。中国煤炭行业的业绩能力出现下滑趋势，"投入即利润"的时代即将结束，煤炭行业必须承受住深度调整的阵痛，才能实现行业的健康稳定发展。2020年2月25日，国家发改委、能源局等8部委联合印发《关于加快煤矿智能化发展的指导意见》，针对一些煤矿正在开展智能化建设工作中存在的基础理论研发滞后、技术标准与规范不健全、平台支撑作用不够、技术装备保障不足、高端人才匮乏等问题提出相关意见及保障措施。

2021年，全国规模以上煤炭企业营业收入32 896.6亿元，同比增长58.3%；应收账款4 313.7亿元，同比增长60.1%；资产负债率64.9%；利润总额7 023.1亿元，同比增长212.7%。前5家、前10家大型煤炭企业利润占规模以上煤炭企业利润总额的比重分别达到25.7%和30.2%，经济效益进一步向资源条件好的企业集中。初步分析，大型企业原煤产量占全国规模以上煤炭企业的70.4%，利润总额仅占全行业的37.6%。煤炭产业链各环节和煤矿生产区域利润分布不均衡的问题突出。

三、案例分析要点

（一）需要学员识别的关键问题

本案例需要学员识别的关键问题包括：什么是财务共享？什么业绩评价？榆能的财务共享中心是如何构建的？基于战略的业绩评价与激励系统框架分析，榆能建立财务共享后的业绩评价体系是如何的？财务共享与大智移云区物新技术给榆能带来什么影响？

（二）分析关键要点

(1) 案例分析关键点：榆能是什么样的业绩评价与激励机制系统。

(2) 案例教学关键知识点：财务共享的概念、业绩评价的概念以及业绩评价体系的运作机制。

(3) 案例教学关键能力点：从传统的业绩评价体系到如今财务共享下的业绩评价体系，财务共享与大智移云区物新技术下榆能从中有什么价值创造。

（三）分析思路

基于公司战略对财务部门的会计信息质量提升，改革是必然的，一成不变的管理模式也不可取，榆能对业绩评价的改革其实是对公司财务风险、经营风险的规避。而榆能公司的性质就是销售，管理中心的人员仅占非常小的部分，大部分员工的工作内容就是推销，此时对部门、对员工的业绩评价就上升到了一个非常高的位置，公司业绩评价科学、公平且报酬高，就能激励员工的工作热情，提高工作效率。榆能作为行业的标杆公司，其业绩评价的案例具有典型性。

基于此，本案例的分析思路如下：

第一，要深入了解财务共享与业绩评价的基本概念，对公司业绩评价的相关指标有一定的认识。

第二，在分析榆能案例时，引导学员把重点放在业绩评价上，不要对财务共享有过度的探究。

第三，在案例里财务共享的理念是如何融入业绩评价上，财务共享与大智移云区物新技术重点体现在哪些方面。

第四，榆能的传统业绩评价体系有什么缺点，而财务共享模式下的业绩评价体系最大的不同在哪方面。

第五，阐述改革后的榆能业绩评价体系带来的经济效益，并指出该体系的不足之处，同时核实是否可以解决该问题。

榆能构建财务共享服务中心业绩评价体系的目标：业绩评价的本质是一种过程管理，构建榆能财务共享中心业绩体系主要有三大目标：一是助力财务和集团目标达成，确保榆能财务共享中心业绩的质量和时效得到保障，进而促使榆能财务共享中心的目标达成。二是挖掘问题，业绩评价的过程是一个制定目标、执行、改进的循环过程，可以通过业绩评价的结果倒推业务问题，分析原因并改进。三是分配利益，榆能财务共享中心是财务管理模式中的执行层，业务主要是集中的、大量的重复性工作，不同员工的经验、熟练程度不同，则员工的工作完成情况会相差甚大，包括工作量、工作质量、工作效率等，员工取得的报酬应当不同，业绩正是有效衡量并解决这一问题的工具。四是促进成长，业绩评价的主要目的就是促进公司和员工成长，利用评价发现并改进问题，进而实现双赢。五是人员激励，利用业绩评价为员工提供职务晋升和培训的机会，让公司激励机制得到充分发展。与此同时，业绩评价利于员工自我心理激励模式开展。

基于战略的业绩评价与激励系统框架分析，榆能集团财务共享服务中心业绩需要继续优化建议：

（1）共享人员的管理。财务共享服务中心人员编制归属建议统一归属于本部。财务共享服务中心所有人员归属于本部，这样易于统一管理，增加共享中心员工的集体归属感和工作积极性；同时共享中心员工独立于各分支机构，利于发挥共享中心财务监管和公正核算的职能。同时必须优化财务共享的业绩评价体系，实现多劳多得、多劳能得的体系机制，激励财务共享人员的积极性。

（2）智能财务化分析。加大财务共享与大智移云区物新技术投入，进一步推动向财务智能化发展，做账报表自动化，减少人为过分干预，因为目前报表取数也需要人工辅助，存在一定的误差，耗费大量的精力。

（3）财务共享与大智移云区物新技术下的电子会计档案。在政策推动的大背景下，针对榆能集团会计档案管理现状进行了深入分析，主要有以下特点：第一，据统计榆能集团财务账套61个，整个集团每年凭证数量8万多笔，装订会计账册上千册，单笔凭证分录多、附件张数多；第二，公司所处煤炭、煤电、化工交易行业的业务特点是金额大、数量多、交易频繁。例如单一批次的收发附件清单能达到上百页，打印成本非常高；第三，公司财务共享与大智移云区物新技术水平在行业内处于领先地位，80%的财务信息来源于ERP，标准化程度高，管理层坚持创新理念，这些都为公司电子会计档案的实施打下了良好的基础。

基于以上考虑，集团公司应用财务共享与大智移云区物新技术，进一步实现了电子会计档案，首先无纸化管理，减少了公司打印成本、IT耗材、存管人力和空间成本等，节能减排，绿色环保，帮助公司减少生产办公成本，其次使用的电子档案管理系统能够有效接收、管理、利用电子会计档案，符合电子档案的长期保管要求，并建立了电子会计档案与相关联的其他纸质会计档案的检索关系，便于共享和查阅；通过电子签章技术、数据传输和存储加密技术以及访问控制等措施，保证用户信息的安全应用；通过数据备份、容灾技术以及扩展存储技术，保证会计信息的安全管理；电子会计档案管理系统可实现查阅人员的分权控制、智能监测非法行为、归档信息自动签章，提升会计工作监管成效，最大限度地防范财务风险。

四、教学组织方式

（一）问题清单及提问顺序、资料发放顺序

本案例讨论题目依次为：

（1）基于共享服务理论榆能集团为什么要实行财务共享中心，它的体系有什么特点？

（2）基于 SPEMS 框架，榆能集团公司战略与财务共享下的业绩评价体系如何结合在一起？平衡计分卡有哪些作用？

（3）在财务共享下的业绩评价与传统的业绩评价有哪些优势，给榆能集团带来了什么影响？

（4）榆能集团目前的业绩评价管理体系中财务指标与非财务指标如何组合，未来能否有进一步的发展？

（5）基于财务共享中心的榆能集团公司战略与业绩评价体系的结合经验给同行业是否带来借鉴作用，具体在哪个方面？

本案例的参考资料及其索引，在讲授有关知识点之后一次性布置给学员。

（二）课时分配

本案例可以作为专门的案例讨论课来进行。如下是按照时间进度提供的课堂计划建议，仅供参考。

整个案例的课堂时间控制在 90 分钟以内。

（1）课前计划：请学员在课前完成阅读和初步思考。

（2）课中计划：简明扼要地发表课堂前言，介绍案例主题（3~5 分钟）。

（3）分组并开展讨论（30 分钟）。

（4）小组发言（每组 8~10 分钟，全部发言完毕控制在 40 分钟）。

（5）对小组发言进行总结，引导同学展开进一步思考（15 分钟）。

（6）课后计划：可以请每组同学采用书面报告形式提交更加具体的分析结果。

（三）讨论方式

本案例可以采用小组式进行讨论。

（四）课堂讨论总结

课堂讨论总结的关键是：归纳发言者的主要观点；重申其重点及亮点；提醒大家对焦点问题或有争议观点进行进一步思考；建议大家对案例素材进行扩展调研和深入分析。

案例2　丝路事务所业绩评价与激励发展史：员工不断辞职困扰与破解

专业领域：会计专硕（MPAcc）、审计硕士（MAud）、工商管理硕士（MBA）、会计、审计、财务管理等本科专业

适用课程："公司业绩评价与激励机制""绩效管理与量化考核""会计师事务所管理"

选用课程："绩效管理与量化考核""绩效考核与薪酬激励""业绩考核理论与实务"

编写目的：本案例旨在引导学员了解中国业绩评价与激励机制简史，基于战略的业绩评价与激励系统框架。认识到良好的业绩评价具有重要战略管理意义，不良的业绩评价与激励会对组织产生巨大损失。基于会计师事务所的管理和运营方式，分析中普事务所管理系统和平衡计分卡理论，考虑会计师事务所业绩评价中运用了哪些方法，这样的业绩评价能否对会计师事务所的运营带来好的影响，提高会计师事务所的内部管理。

知 识 点：业绩评价体系、平衡计分卡、战略管理、中国业绩评价与激励机制简史、基于战略的业绩评价与激励系统框架、事务所管理系统与数字化审计平台

关 键 词：业绩评价简史；审计质量；会计师事务所管理；员工流失；审计数字化管理

中文摘要：会计师事务所属于知识导向型公司，其竞争实力主要来源于会计职员的专业知识与能力，人才的吸纳、人才的培养、人才的持有是维持其长期发展的资源保证。丝路会计师事务所最近却遭遇了员工的相继离职，如何在财力实力尚且相对薄弱的情况下长期持有人才，困扰着该会计师事务所的管理层。员工离职的症结在哪里？如何能摆脱这一困境？在摆脱困境后又如何将会计师事务所扩大发展？这些问题值得深思和探究。

英文摘要：Accounting firm is a knowledge-oriented enterprise, and its competitive strength mainly comes from the professional knowledge and ability of accounting staff. The absorption of talents, training and holding of talents is to maintain their long-term development. Resource assurance. accounting firm recently encountered the departure of employees, how in the financial strength and relatively weak cases of long-term holding of talents, troubling the management of the firm. Where is the knot? How can you get rid of this dilemma? How to expand the firm after getting rid of the trouble? These questions are worth pondering and exploring.

案例正文

偌大的办公室，空调呼呼地吹着，丝路会计师事务所的张所长，并未感到丝毫的舒服与惬意，盯着手边的辞职信，唯恐三声敲门声后，递过来的又是一份辞呈。张所长为事务所的业绩评价与激励机制不断努力，可是在半年内已经流失了6位员工，这对于只有30多人的中小公司来讲，痛如失去了半壁江山。被燃到手指的疼痛感使张所长回过了神，"为什么业绩评价与激励总是做不好？""业绩评价与激励系统框架怎么办？"已经在所长

的心中问了千百遍，但是他眼中似乎多了几分清明，将副所长叫进了办公室……

一、丝路会计师事务所简介

（一）基本情况介绍

丝路会计师事务所有限责任公司成立于 2002 年，业务集中在陕西省。注册资本为 500 万元人民币，办公地点在西安，现有从业人员 58 人，其中：中国注册会计师 15 人、注册税务师 19 人、高级会计师若干。经陕西省注协认定，被评为 A 级事务所。

丝路会计师事务所的资质比较齐全，可以承接的业务有：①基建工程竣工决算审计，审计查证，主要审计公司年度财务报表，出具审计报告。公司发生转让、收购、合并、分立、改组时的审计，公司清算审计，管理者离任审计，金融升级、预算、决算审计以及按照国家法律法规规定的其他业务的审计。②会计代理：代理记账（审核原始凭证、填制会计凭证、登记会计账簿、编制会计报表）；代理报税（填制纳税申报表、填写各类税费缴款书、月份季度纳税申报、年度汇算清缴）；装订会计凭证等。③税务审计：公司所得税审计、土地增值税清算、研发费加计扣除等审计，并出具相关的报告。

丝路会计师事务所客户涉及领域较广，包括金融、商贸、农业、行政机关和事业单位等。该所具有良好的商业信誉，无违法、违规、违约记录，未被银行和有关监管部门等单位列入黑名单，成立至今在陕西省注册会计师协会每年的会计师事务所执业质量检查中，没有被惩罚的记录；该所还具有较强的技术实力和项目管理能力，近年来该所承办了数十家农业银行固定资产清理鉴证项目，受到改制公司和监管部的广泛好评。

（二）组织结构及人员

2002 年丝路会计师事务所成立之初，只有所长、总经理和副所长 3 人为核心员工，审计业务开展较为简单，如图 2-1 所示，所长以及总经理和副所长共同商讨审计业务，再由总经理和副所长将任务分配给对应的组员。

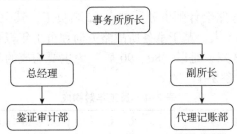

数据来源：根据丝路会计师事务所公司章程整理

图 2-1　丝路会计师事务所组织结构图

在事务所成立初期，人员较少，审计工作分配与工作业绩评价的决定作出依靠简单的"商量"，分配审计便捷而高效，无需专门的业绩评价与激励系统框架（SPEMS）构建。随着时间的推移，事务所的规模扩大，新的人员带来新的观点以及新的问题，原来"人治"的业绩评价与激励的管理方式已不足以支撑运行，事务所亟须进一步业绩评价与激励系统的体制改革。

2015 年，丝路会计师事务所实现了组织机构的改革，如图 2-2 所示，分为四个职能部门，分别设有部门经理，负责指导该部门的日常审计工作，各部门内部下设有相关业务主要负责人。

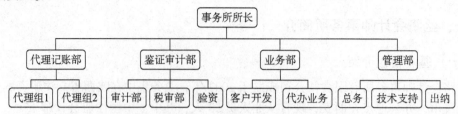

数据来源：根据丝路会计师事务所官网材料手工整理

图2-2　2015年之后丝路会计师事务所组织结构图

从图2-2可以明显看出，丝路会计师事务所职位体系发生了很大的改变，业绩评价与激励系统框架（SPEMS）构建需求产生。新的组织结构中包含：普通员工、高级员工、经理助理、部门经理、合伙人、所长六个部分，其中：

（1）合伙人：统领事务所各个部门的相关业务，对部门经理工作进行管理监督，人员指派、调配，项目进度审核、跟进。事务所政策方针执行监督，相关涉外事宜的处理。参与年底事务所利润分红，并承担风险。

（2）部门经理：在合伙人的领导下，负责该部门内部所有相关项目的管理工作，具体负责管理各个项目的执行，确保工作质量。享有经理岗位工资，以及项目计件薪酬、年底奖金。税代部目前有一位部门经理，两名副经理，审计部只有一位部门经理。

（3）经理助理：协助部门经理工作，完成部门经理交给的各项任务。负责单个项目的执行、进度监控与掌握；享有计件薪酬。

（4）高级员工：拥有3~5年工作经验，在丝路会计师事务所工作3年以上。可负责较复杂的客户业务，例如出口退税业务申报。提供附加值业务，例如日文财务报表。培训新员工。无级别工资，享有中高收入计件薪酬。

（5）普通员工：拥有3年以下工作经验，在事务所工作1~2年，可负责较简单的客户业务，享有计件薪酬。

截至2022年6月，丝路会计师事务所共有62名员工，其中税代部18人，审计部26人，业务部7人，管理部5人。基于事务所战略方向和员工年轻化目标，从整体年龄段来看，员工平均年龄为27.3岁，是以"80、90后"为主要构成的年轻队伍，老员工所占比例不高。年龄分布数据见表2-1。

表2-1　员工年龄构成

年龄/岁	25~29	30~35	36~40	40以上
人数/人	11	10	6	5
比例/%	54.85	18.23	6.41	2.56

丝路会计师事务所员工的学历情况由表2-2可见，本科及本科以上学历的员工占到了总数的93.75%，会计人员学历均在本科及以上。

表2-2　员工学历构成

学历	专科及以下	本科	硕士	博士
人数/人	2	26	4	0
比例/%	6.25	81.25	12.5	0

（三）业绩评价及激励机制状况

丝路会计师事务所的薪酬与激励主要由基本工资、奖金、补助、津贴、业务提成五部分组成，各部分的内容见表2-3。

表2-3 薪酬组成内容

基本工资	提成	奖金	补助（元/月/人）		津贴（元/月/人）	
	按银行账户收款情况在下月提成	年底所长根据每个员工的工作情况决定奖金多少，金额1 000~10 000元不等	交通补助100元/月	电话费、餐费补助100元/月	职务津贴：经理以下0元、副经理100元、经理300元	职称津贴：中级会计师200、高级会计师400、注册会计师1 000

（1）津贴、补助与计件提成、年终奖。补助主要分为交通补助、午餐补助、电话费补助。津贴主要分为职务津贴和职称津贴。职务津贴是副经理及以上的管理层人员在岗位上的管理补助；职称津贴是会计专业拥有中级会计师以上的职称补助。补助与津贴每月随着固定工资一同发放。工资发放日为次月5日发放上月工资，每月休假的工资扣除在下月计算。

业绩评价与提成激励状况：

①计件提成。按照项目组每个员工实际的工作量和项目的收入按一定的比例来计算提成。按照实际担当的业务量，根据每个客户业务收入的一定比例来计算提成奖金。例如：某客户的收入为2 500元/月，按照项目复杂程度评级得出担当的提成比例为5%~10%，则该客户担当的月提成奖金为125~250元。到目前为止，丝路会计师事务所对于什么样的客户应按照什么样的标准来核算该业务的计件提成比例，尚没有一个明文标准规定。日常操作中，都是按照合伙人以及部门经理的经验来判断提成比例。

②年终奖金。年终奖金是指在每年农历春节假期之前，丝路会计师事务所所长给员工发放的奖金。该年终奖金的计算没有标准的评价系统和数据依据，是凭借事务所所长以及合伙人对于平日里每个员工表现的掌握而定的金额。奖金的金额也只有每个员工自己知道，通常在1 000~10 000元不等。

（2）福利状况。丝路会计师事务所的职工福利主要包括五险一金、带薪休假、节日礼品、事务所旅游及活动。

①五险一金。事务所依法为所有正式员工缴纳五险一金，事务所缴纳比例与个人承担比例见表2-4，五险的缴费基数为所在地区的年度平均工资，公积金以2 000元为基准进行缴纳，但是员工转正需要六个月的评价期。

表2-4 丝路会计师事务所五险一金缴纳比例

项目	单位缴纳比例/%	个人缴纳比例/%
养老保险	20	8
医疗保险	6	2
失业保险	2	1
生育保险	1	0
工伤保险	1	0
住房公积金	10	10

②节日礼品。在中国的春节、中秋节等传统节日，丝路会计师事务所会为全体员工发放节日礼品，以示慰问。节日礼品的形式不定，通常为食品和日常用品。近几年来，由于超市购物卡的流行，并且可按照员工个人意愿采购，所以基本上采取了发放面值100元购物卡的形式。

③丝路会计师事务所旅游及活动。每年5月、8月，丝路会计师事务所会分别举行集体郊游活动，促进内部交流，增进员工友谊和加深了解，以便在工作上更好地相互配合，增强组织凝聚力。但由于经济不景气，近两年员工流失，每次计划的实施总会因为业务无法完成，已几年没法出去旅游。

二、丝路会计师事务所接二连三痛失人才

（一）经理得力助手不干了

小李在大四实习期就来到了丝路会计师事务所，毕业后被事务所聘用，加入税代部从事会计代理和税务代理工作。从实习生到转正，不是每个实习人员都有这样的机会。小李很珍惜这份工作，用心学习日常接触到的每个新的财务知识和业务内容，立志成为丝路会计师事务所一名出色的员工。

不到一年时间，小李便能独立完成部分客户的简单业务。小李认真、虚心、好学且执行力好的特质，也博得了部门王经理的赏识，被作为经理助理的候选人之一。这在毕业刚工作一年的新人中是少有的，更促进了小李在工作中的干劲儿，不断努力学会更多复杂业务，不断承担更多的客户责任，她希望在职位和薪资上得到进一步提升，将来成为像部门王经理一样财务精通的管理人员。经过两年的业务磨炼，不断在错误中改进与成长，小李成为王经理的得力助手，王经理所负责的大部分涉及出口退税的基础业务，都由她进行操作。虽然偶尔也出点小错误，但是王经理并没有加以责怪，而是给予避免再次犯错的意见和改进建议。这让小李的业务能力迅速成长。在经理会议上，经常听到王经理提到小李的名字，称小李是税代部的潜力员工。

一晃间，小李已经毕业三年有余，小李的业务能力越发熟练，能熟练处理手中现有的工作任务。在和自己大学好友聊天时，小李得知班里不少同学已经至少跳过一次槽，薪资和职位也随着跳槽有了相应的改善；而那些没有跳槽的同学，也在工作中得到了升职加薪的机会，这样的对比让她心有不甘。同时，她了解到她的大学室友小文，毕业便回老家找了一家小公司做会计；一年后，便跳槽到了当地一家本土会计师事务所工作。小文的工作内容与小李的基本相同，甚至业务复杂程度还不如小李，但是就目前工资来讲，小李的工资不及小文工资的一半。据小文描述，在她们所，对每个人的业务能力都有定期评价，每个人担当的每个客户业务也会有一个业务能力需求等级评价，她们的工资也是参照这两个评价，最后结合业绩评价来计算的。小文说，不是每个同一岗位的同事，都有她这样的工资，自己能有现在的工资，都是凭借自己不断努力、业绩评价好得来的。不同的业绩评价结果，对于工资的影响会很大。所以在她们所，员工都干劲十足，多劳多得。谈笑中，小李还了解到，张松毕业之后一直没有跳槽，一直在一家工厂负责财务相关工作，工作第二年提升到了高级员工之后，今年职务又提升到了财务主管。工资也随着员工级别和职务的提升有了相应的提高，年底更是有相当于三个月工资的年终奖金。

小李在不甘的同时，四处打听、求职网上了解其他事务所的工作强度、业绩评价与激励以及薪资等，了解到同行业规模相近的边疆会计师事务所、乡远会计师事务所和治边会计师事务所的业绩评价与激励和员工薪资水平的对比情况，见表2-5。

表2-5 三所会计师事务所员工收入对比表（元/月）

事务所	新入职应届生	1~2年	3~4年	5~6年
边疆会计师事务所	1 800	3 500	5 800	6 400
乡远会计师事务所	3 200	4 400	6 200	7 800
治边会计师事务所	4 300	5 200	8 500	10 000

她回想起自己刚入职的时候，每个月收入只有2 000元，一年后才涨到2 500元，现如今才开始拿3 500元的月收入，然而其他会计师事务所的业绩评价与激励和薪资都比在丝路事务所好很多。

小李内心还是比较纠结，在丝路会计师事务所，同事关系比较和睦，经理又很器重她，从情感上来讲她还是有些舍不得的，去到一个新事务所又是一种新环境，业务不一定完全熟悉，但是考虑到将来业绩评价与激励、收入发展、西安买房等一系列问题，她便下定决心投递了简历。不久便跟丝路会计师事务所提交了辞职报告。

（二）副经理甩手而走

同小李的经历相似，芳芳在毕业之后进入丝路会计师事务所税代部实习，后转为正式员工。由于自身学习能力、沟通能力强，没多久便能独立完成一些简单的客户业务。同时，工作仔细认真是她一贯的工作作风和职业素养。随着处理比较复杂的公司业务的机会增多，其业务能力逐渐增强，三年后她被提升为副经理，事务所还给她配备了一名业务助手，和她一同分担客户的工作，并一同分享业务提成。

可是令她头疼的是，新的业务助手不熟悉工作，几乎在新助手来的头三个月里，大部分业务都是她独自完成的。税务代理不同于其他财务工作，这项工作每个月必须在征税期内完成报税的工作，所以在每个月的头半个月内，她基本上没有闲暇时间去培训新人助手，更多时间埋头于眼前紧急的报税任务。助手能做的大多是帮忙跑跑国税地税的申报资料提交、发票校验、票据粘贴等诸如此类的简单事务性工作。这导致她经常加班到很晚，才能完成当月的工作。在她的努力下，新接手的客户、业务逐渐趋于稳定，她也有一些闲暇时间可以指导她的助手学习更多新的会计业务。可让她烦心的是，助手往往不到一年便会提出离职，这让她时常处于被动。这意味着她又要接手助手的工作，加班加点做业务不说，后任助手迟迟招聘不上来，招聘上来之后又要她从头培训和磨合。芳芳感觉很疲劳，跟上级领导反映了情况，希望事务所能够考虑修改提成的分配比例以及经理和助手之间的分配比例，以防止人员流失。可管理层并不认同，还指出人员流动有可能是她个人沟通和管理出了问题造成的，并且希望她能独自解决这个问题。

芳芳注意到，在丝路会计师事务所的审计部、税代部，每个员工都多少存在一些不满的情绪，从刚入职半年多的新人到入职多年的老员工，从普通员工到中层管理者，都能听到他们私底下各有各的怨言。抱怨比较严重的要数入职一两年的普通员工，每当有同事离职，他们便聚在一起打听该同事的离职去向，言语间透出羡慕和赞赏。芳芳深感工作进行着一个恶性循环，已对业绩评价与激励机制失去了信心，看不到未来职业发展的方向，在担任副经理两年后，便毅然决然地选择了离开。

三、张所长了解到同行业的业绩评价与激励常态

随着中国中小公司逐渐增多并且发展，为其服务的专业会计需求也在不断扩大，会计服务市场的日益扩大，为会计人员发展提供了新的思路。身为中小规模的丝路会计师事务所，同样也具有中小会计师事务所的很多特点和管理方式。

第一，大多数的中小会计师事务所的特点就是，前期不需要投入太多的资本，只是对办公的场所和条件有要求，同时拥有至少五位注册会计师证的会计从业人员，便可开展业务。中小会计师事务所是十分注重人力资源的，其核心就是基于业绩评价与激励机制的注册会计师人才的竞争。

第二，不论何种中小会计师事务所，其主营业务的构成也都是大同小异的，均为审计业务、验资业务、评估业务等，这样相似的业务往来，使得会计师事务所缺乏针对性的服务，例如缺乏针对各种行业的细分化、专业化、个性化服务，这样长期的发展会导致市场竞争激烈，甚至出现价格战现象，劣币驱逐良币，长此以往，很多中小事务所人员工资较低，业绩评价与激励机制不足，薪酬低后随之而来的就是人员流动性加大，很多重要岗位会计人员频繁离职的现象也常有发生。

第三，丝路会计师事务所属于"人合"性质的组织，通常不会设置很多合伙人，中小会计师事务所的任职注册会计师与合伙人承担的风险程度大致相同，业绩评价与激励方面，注册会计师的薪酬为每月的固定工资和业务量提成奖金，而合伙人可在年底参与事务所利润分红。

第四，中小会计师事务所服务对象通常为中小事务所，大部分中小会计师事务所注重短期业绩，忽略了审计质量潜在的风险，更没有根据平时的工作情况制定评价制度以及根据评价结果制定薪酬。其出具的审计报告、验资报告、评估报告的利益相关者较少，社会公众的关注较低，所以风险通常滞后或者不易被发现。

四、所长对业绩评价与激励机制的"痛定思痛"

丝路会计师事务所精于审计的张所长，以细致入微的侦探素质见长。他不是没有看到员工们的窃窃私语、暗流涌动，不论小李、芳芳还是其他员工，哪一个不想涨工资？又有哪一个不想升到更高的职位，不想参加培训提升自己以更有竞争力呢？这些所长都看在眼里，所长很清楚员工的这些要求。可是到底先满足哪一样能立竿见影地留住人才？

伴随着敲门声，副所长走进了办公室，打破了所长的沉思，副所长讲述了他所知的中国业绩评价与激励机制的理论与实践发展史：由于历经了计划经济的模式到市场经济模式的转变，对企业业绩评价也以对国有企业的评价为主导，其方法也在逐步地改变。曾先后制定实施过三个企业业绩评价指标体系：一是1993年财政部出台的《企业财务通则》所设计的一套财务业绩评价指标体系，二是1995年财政部制定的企业经济效益评价指标体系，三是1999年由财政部等四部委联合颁布的国有资本金业绩评价指标体系。这三个企业业绩评价指标体系将中国业绩评价与激励机制的理论与实践发展史分为四个阶段。但随

着财务共享与大智移云区物新技术应用，2022年进入了新的业绩评价与激励机制时代。

张所长与副所长讨论认为，中国会计师事务所数量众多，规模大小不一，层次高低不平，恶性竞争现象屡见不鲜。中小会计师事务所，由于其结构简单，规模较小，都是由合伙人说了算，大多走低价服务路线来达到抢占市场的目的。这种做法使得事务所短期内的收益可观，可却为事务所长期发展留下了安全隐患。如何推动事务所规模化发展，实现做大做强的目标是当前事务所行业发展面临的重大课题。随着时代的进步、经济的发展，世界各国之间的经济合作不断加强，企业也随着这股浪潮不断地改良和更新，其中业绩评价系统的改良就是一个方面，结合企业自身的特点，各具特色的业绩评价理论体系成为企业不断发展的优良产物。对于一个企业来说，最适合的评价方法就是最佳评价方法，通过对员工、部门、整个企业进行评价才能够发现企业发展中存在的问题，及时做出调整。

综合国内会计师事务所的业绩评价情况来看，整体水平与国外的业绩评价存在差距，无论是评价系统、评价方法还是评价指标都需要进一步的完善和提高。如果丝路会计师事务所能根据会计行业本身具有的特性，和业绩评价相互结合，一定能够达到很好的效果，提高员工整体职业素养，提升丝路会计师事务所的社会公信力与职业声誉。

五、以史为鉴，丝路会计师事务所的艰难抉择

根据中国业绩评价与激励机制简史，以史为鉴，在两人的探讨中，所长恍然间发现，原来仅仅靠以前的"人情、家庭、商讨"观念是没有办法将事务所做大做好的，一个成功的事务所，更需要用明确的业绩评价与激励机制的指标体系，基于事务所发展战略层层划分，应用先进的平衡计分卡理论来评价和监督员工，在财务共享与大智移云区物新技术的赋能下，才能有条不紊地发展。于是丝路会计师事务所基于平衡计分卡的业绩评价与激励系统框架，应用SPEMS框架设计如下：

（一）基于平衡计分卡新的业绩评价标准

丝路会计师事务所基于SPEMS框架原理，经过长达一个月的商议和讨论后，在原有的业绩激励方面颁布了新的基于平衡计分卡的评价标准。

1. 财务方面指标

丝路会计师事务所在2022年年初基于平衡计分卡制定了关键财务指标40%的提升目标，在业务选择上由所长以及总经理确定项目负责人，并且确定小组人数以及能力要求；由项目负责人确定参与业务的成员，在项目进行过程中由项目负责人监督和管理小组成员，成员按时完成分配人的任务，再由项目负责人根据成员完成程度决定分配提成比例。在目标完成度的计分评价方面，主要是将以上目标作为主要的参考指标。年度评价主要针对总经理，与其年终业绩奖惩挂钩，作为年终综合评价的依据。

2. 客户方面指标

丝路会计师事务所设计客户满意度调查表，详见表2-6。此外，评价指标还包括老客户变动数、客户满意度、客户投诉率（在评价时应对客户投诉情况作具体调查，避免将审计师为保证质量和独立性而遭到投诉的事件列入评价范围）、新客户的增加数量或比率。该项指标作为对总经理项目负责人年度评价的项目。

表 2-6　委托人满意度调查问卷

受托事务所名称：											
委托单位						工商营业执照号					
委托项目											
满意度	满意		基本满意			不满意					
分数	100	90	80	70	60	50	40	30	20	10	0
审议意见											
委托人评价											

3. 内部流程方面指标

考虑到事务所提供的是智力服务，产品为无形的，因此，丝路会计师事务所针对服务质量从业务完成量、完成时间方面对员工进行评价。具体而言，对审计业务评价及时性和正确性；对内部风险管理从事务所购买保险的数量、诉讼和纠纷事件的发生率、事务所及其注册会计师受到处罚和批评的次数方面进行评价。

4. 学习与成长方面指标

评价关键员工为事务所服务的年限、丝路会计师事务所提供的晋升机会等情况。在提升员工的业务能力方面，鼓励和选派员工参加各项培训，评价指标有培训费投入、培训次数、CPA 考试通过率。为了配合多元化经营，开展税务筹划、管理咨询等非审计业务，还应鼓励员工参加注册税务师、注册内部审计师等考试，并且通过人员素质方面的指标，如 CPA 人数及增长数、行业领军人才备选数、新员工引进数等来判断打造高素质团队战略目标的实现程度。

丝路会计师事务所在所长等管理人员一个月紧张细致的筹划下，新的业绩评价制度"新鲜出炉"了，员工们仔细阅读了解新的业绩评价制度，纷纷投入工作中，有了明晰的晋职渠道、奖惩制度，事务所的管理也越来越规整化，所长通过这次的"教训"，也会经常和员工沟通，考察新的业绩评价体系有无缺陷，是否需要改进。

（二）丝路会计师事务所的中普事务所审计系统技术革新

这天中午，张所长正准备下班去吃午餐，就听到过道里传来员工讨论的声音。A员工说："哎，花花，你电脑好着吗，下午借我用一下，我的电脑实在是太卡了，连个序时账都打不开，你说这电脑工龄也够久了，什么时候才能换啊。"B员工回答道："下午不确定啊，我这家审计的结果还没出来，感觉软件又要崩了……"

张所长听着员工的对话，恍然间醒悟过来，好的"下层信息技术基础建筑"才是员工产出的关键，随即，立刻联系管理部人员，强化财务共享与大智移云区物新技术赋能，准备升级审计软件，同时盘点办公室电脑等电子产品，对办公用品进行更新换代。

经过各部门的商讨以及信息的采集，丝路会计师事务所最终决定引进"中普事务所审计系统"，来提升整个事务所的信息处理效率，实现财务共享与大智移云区物新技术赋能效果。

六、参考资料

[1] 练森源，蔡鑫博. 中小会计师事务所内部治理缺陷及其应对机制 [J]. 湖北经济学

院学报（人文社会科学版），2021，18（10）：68-70.

[2] 林燕玲，刘继承. 新时代中小会计师事务所的战略选择［J］. 中国注册会计师，2021（5）：20-23+3.

[3] 涂建明，叶童，刘慧中. 中小会计师事务所业务发展与监管平台构建探讨［J］. 中国注册会计师，2021（5）：24-28.

[4] 王玲琳. 运用云计算相关技术助力中小会计师事务所信息化建设［J］. 中国注册会计师，2019（6）：25-27.

[5] 陈可嘉，闫晓梅，杨淑琴. 会计师事务所全面质量管理与绩效关系SD研究［J］. 科研管理，2018，39（11）：146-157.

[6] 李元珍，吕德文. 干部数字化考核：组织内部激励创新路径［J］. 理论与改革，2022（2）：99-111+150.

[7] 权小锋，朱宇翔. "员工关爱"文化、成本黏性与公司绩效［J］. 财贸经济，2022，43（7）：118-133.

[8] 中普软件具体介绍［EB/OL］. http://www.zhongpuyunji.com/productshow2.asp?ArticleID=515.

七、讨论题目

1. 基于业绩评价和激励系统的概念，丝路会计师事务所最开始为什么会痛失人才？
2. 丝路会计师事务所最早的业绩评价与激励模式是什么？
3. 基于战略的业绩评价与激励系统框架分析丝路会计师事务所对业绩评价与激励机制做出了哪些改变？是否还存在问题？
4. 根据中国业绩评价与激励机制简史，去预测事务所采用新的业绩评价与激励机制能否进一步使事务所向更好的方向发展？财务共享与大智移云区物新技术赋能发展会体现在哪些方面？

案例使用说明书

一、本案例需要解决的问题

通过本案例的应用，首先带领学员们了解会计师事务所的工作模式，引导学员分析丝路会计师事务所原先的业绩体系有什么漏洞，新的业绩体系又有什么突出优点，在制定业绩评价标准时又需要注意哪些关键评价因素。

二、基础理论

（一）人力资源信息化管理的相关理论

（1）优化事务所的内部组织管理结构。

近年来，全球经济发展已基本实现信息化，随着大数据时代的到来，各行业内的公司已经对其内部结构进行了相应的调整和更改，以更好地适应时代发展趋势。在大数据时代的背景下，事务所必须对其内部组织结构进行适当调整，并建立合理的组织团队和更完整的管理体系以适应当前的社会形式。事务所人力资源管理进入信息化应用过程必将对事务所原有的内部结构和员工的各种情况产生一定的影响。在实际管理过程中，事务所不能盲目调整内部结构和相关管理人员职责，必须要对事务所的实际情况和发展趋势进行具体调整，优化业务管理模型，并分配人员和相关任务。事务所要全面了解各种情况，合理调整内部结构，科学合理组织团队，避免在实际业务流程中出现各种问题，提高事务所在市场中的竞争地位，并提高事务所的整体社会业绩，而财务共享与大智移云区物新技术的普遍应用为实现该目标提供了有力的支持。

（2）规范事务所的基本管理。

尽管在事务所人力资源管理中实现信息化是一种发展趋势，但有必要仔细考虑事务所是否有条件在具体的实施过程中巩固自身状况并实现高效的人力资源信息化管理；有必要确保事务所具备必要的条件和相应的管理水平。只有确保事务所具有良好的实践基础，才能更好地管理特定的实施过程并进一步提高业务效率。为了全面实现事务所的人力资源管理的信息化，有必要为其实施创造良好的条件，并做好基础管理工作。

（3）加强人力资源团队建设。

国家提倡通过财务共享与大智移云区物新技术革新实现社会主义现代化的建设，人力资源管理知识包括很多领域。当前的人力资源信息管理系统除了采用人工智能技术、区块链和5G等新技术应用外，还使用了其他许多先进的科学技术，为此需要有能力使用和管理先进应用技术的管理人员。要建立一支专业技术技能团队，就要加大人才和事务所组织的建设和管理力度，并培养更多的专业人才，使他们更好地服务于事务所的人力资源管理工作。信息化管理的发展趋势要求事务所还要必须及时培训这些相关人员，引导员工建立终身学习的理念，不断采用新知识，发掘新财务共享与大智移云区物新技术并帮助他们更好地适应事务所发展的趋势，同时进一步刺激人力资源管理信息化的发展。财务共享与大智移云区物新技术的应用提高了相关人员的专业素质和综合能力，培养了他们良好的适应性和工作能力，从而为事务所人力资源管理提供了人力资源保证。

（4）优化人力资源配置。

事务所应在应用人力资源管理知识之前，做好优化人力资源分配的工作。事务所必须不断更新内部晋升方式来吸引更多更好的专业技能人才，事务所需要充分分析员工特点和事务所的管理模式与方法，把有专业技能的人才放在合适的工作岗位上。事务所必须要建立科学合理的奖惩制度，对表现卓越、业绩高的员工应给予适当的物质奖励，对工作积极性不高员工应给予必要的处罚。同时，应及时优先考虑在一段时间内表现出色的员工进行晋升鼓励，充分调动广大员工的积极能动性，让他们创造和发挥更大的价值。

（二）中普事务所审计系统

中普事务所管理系统V10.0，集管理系统与作业系统于一体。管理系统，可以满足事务所对所承接的项目，从项目承接到项目收款、项目费用的全面项目业务管理需要；同时也提供审计办公协同、客户关系管理、财务收支管理、人力资源管理、行政事务管理等其他管理功能。作业系统，可实现年报审计、IPO审计、财务审计、税务审计、高新专项审计、清算审计、信贷风险审计、内部控制审计、注销清算审计、专项资金审计、尽职审计、外币审计、经济责任审计、财务收支审计、离任审计、资产评估、财务数据分析、账证查询打印等业务。

中普事务所管理系统 V10.0，在设计上注重系统功能的全面性、流程的可控性、技术的先进性和系统的易用性，具有流程灵活、功能直观、操作简便等特点，能够帮助会计师事务所提升管理质量和工作效率，减轻工作负担。

通过互联网使用本系统，（审计外勤小组）审计作业系统的底稿、报表、报告、对重大事项以及专业意见的分歧等，均可无缝对接到管理系统，再经本所或总所技术委员会执行流程审批、发表各种意见，指导外勤审计小组开展工作，从而全面、实时进行项目监控与监督。

中普事务所管理系统 V10.0（BS 版），采用 Html5+Css3+JavaScript 的新一代 Web 开发技术，基于 KnockoutJS 的 MVVM 数据绑定技术，支持 PC/平板/手机多屏应用；基于 DevExpress MVC Excel/Word Web 控件实现底稿、报表等 Office 文档在线编辑，无需安装 Office。

中普事务所智能数字化审计平台：采用 GO 语言开发，基于 GraphQL 技术的全配置后端、基于 React+Antd 的全配置前端 UI、业务逻辑插件开发技术，纯 Web 应用模式，面向客户需求定制，支持大数据、多端应用、国产化安可部署。

二、案例讨论的准备工作

（一）激励机制理论

激励机制指的是依据组织目标，在分析被管理者需求和动机的基础之上，通过对组织管理资源的合理配置和管理方式方法的合理组合，制定并实施的、能够在较长时间内引导和强化被管理者思想、动机、行为的一系列制度和工作规范。

对企业而言，激励机制是企业为了激励员工而建立的一系列有机的制度和措施的集合。它包括目标激励体系、薪酬福利激励体系、企业文化激励体系、员工培训体系、晋升体系及相关制度体系。其本质在于通过科学的、系统的制度建设，对员工的不同需求进行不同程度的限制和满足，以引导员工向着组织目标不断地迈进。同时通过不断地正负强化，使员工产生努力工作的内生动力，将组织目标与个人目标统一起来。健全、科学的激励机制有利于企业吸引人才，协调个人与组织之间的矛盾，建立良好的人才环境，最大限度地激发员工的潜能、提高员工的素质。因此，激励机制是决定一个企业竞争力的重要因素。

（二）平衡计分卡相关指标

平衡计分卡作为一种战略管理工具，将事务所的战略落实到可操作的目标、衡量指标和目标之上，基本的平衡计分卡认为组织业绩应该从财务、客户、内部业务流程和学习与成长四个方面进行衡量，并给出了以战略为导向的平衡计分卡四个维度的基本构成关系。

1. 财务层面

经营单位的财务评价已经很成熟，但具有局限性。平衡计分卡保留了财务层面，财务指标概括了过去已经取得的容易衡量的经济结果，有存在的价值。财务业绩衡量方法显示事务所的战略及其执行是否正在为最终经营结果的改善作出贡献。财务目标和指标确定战略的预期财务业绩，成为所有其他平衡计分卡维度目标和指标的最终目标值。财务目标通常与获得能力有关，其衡量指标主要有营业收入、资本报酬率，还有近年流行的经济增加值，也可能是销售额或者现金流量。

2. 客户层面

在平衡计分卡的客户层面，管理者确认其经营单位准备竞争的客户和市场部分，以及这些目标部分中对本单位业绩的衡量指标。这些衡量指标包括客户满意度、客户保持率、客户获得率、客户盈利率和事务所在目标市场上所占的份额。同时，客户层面也应针对特定的市场因素，包括特定的指标来衡量事务所提供给目标客户的价值主张。客户层面帮助业务单位的管理者阐明客户和市场战略，从而为事务所创造良好的财务回报。

3. 内部业务流程层面

内部业务流程所重视的是对提高客户满意程度和实现组织财务目标影响最大的那些内部流程。传统方法试图监督和改进现有的业务流程，它们可能包括质量和时效方面的指标，但重点是改善现有流程。平衡计分卡方法通常是确定全新的流程，特别是一些虽然目前并未采用但可能对事务所战略的成功却至关重要的流程。对经营流程的关注使事务所提出价值建议以吸引和留住目标市场上的客户，满足股东对出色财务回报的期望。同时，平衡计分卡把创新流程引入内部业务流程之中，为了获得长期的财务成功，可能要求事务所创造全新的产品和服务来满足现有和未来目标客户的需求。

4. 学习与成长层面

学习与成长层面关注如何提高事务所应变能力和持续改进能力。平衡计分卡的学习与成长层面确立了要实现事务所长期成长和业绩改善所必须建立的基础框架。它主要来源于人、系统和组织程序。这三个层面一般会提示出事务所的实际能力和实现突破性业绩所需能力之间的差距。为了弥补差距，事务所必须投资于员工技术的再造、财务共享与大智移云区物新技术和系统的加强、组织程序和日常工作的理顺。这个层面强调了保持事务所无形资产与战略一致的重要性。这三个方面的目标必须与内部流程目标保持一致并彼此融合，以保证事务所战略的实施。平衡计分卡各个维度之间不是孤立的。一个精心构建的平衡计分卡由一系列的目标和指标构成。这些目标和指标包括从学习与成长维度的业绩激励因素，到最终体现出来的财务维度的财务业绩改善。这些指标通过一系列的因果关系贯穿在一起，构成各种重要变量之间的因果关系链，很好地描述了事务所组织战略的轨道。

（三）中国业绩评价的四个时期

1. 中华人民共和国成立后至《企业财务通则》颁布时期

中华人民共和国成立后，进入国民经济恢复时期，开始了大规模的经济建设。借鉴了苏联的做法，实行高度集中的计划经济体制，由此形成了一套与计划管理相应的国有企业财务管理体系。这一体系以资产管理、成本管理和利润管理为主要内容，以计划控制为基本环节。

这一时期的企业财务业绩评价体系主要有：固定资产产值率、定额流动资金周转天数、可比产品成本降低率、利润总额完成率、销售成本利润率、销售利润率、资金利润率等。但是在这种高度集中的计划管理体制下，政府评价业绩采用的方法是对照指令性生产计划，评价企业的产品产量和规格质量以及节约降耗。虽然产值和利润指标也在评价范围内，但因为能源原材料价格由国家定价，生产的产品也由国家按计划价格收购和调拨，整个价格体系不能反映出产品成本，产值和利润就不能反映出企业的真实业绩。国家只能采用产品产量、产品质量、节约降耗等作为主要评价指标，并以计划任务作为评价的标准。党的十一届三中全会以来，国家对企业经营评价逐步过渡到以产值和上缴利税为主要内容，尤其是在承包制度中基本上是以上缴利润的完成情况作为评价中心的。

2. 《企业财务通则》颁布至《企业经济效益评价指标体系（试行）》出台

进入 20 世纪 90 年代后，经济体制正在逐步地由计划经济向市场经济转变，原有的评价体系已经不适应市场经济的要求。于是在 1992 年，国家计委、国务院生产办和国家统计局提出了 6 项评价工业企业经济效益的指标。这 6 项指标主要是从企业各项生产要素的投入产出对比关系以及工业产品满足社会需要等方面进行设计的。具体包括产品销售率、资金利税率、成本费用利润率、全员劳动生产率、流动资金周转率、净产值率（后改为增加值率）。同时根据指标的重要性程度，对每项指标进行了权数分配，并采用了标准值的概念，使用全国统一的标准值进行评价计分。

进入 20 世纪 90 年代后，计划经济逐步被市场经济所取代，原有的适应计划经济体制的较单一的企业财务业绩评价指标体系已完全不能适应市场经济对企业财务业绩评价的要求。在这种时代背景下，《企业财务通则》于 1993 年 7 月颁布实施。《企业财务通则》第十一章财务报告与财务评价第四十三条规定，企业总结、评价本企业财务状况和经营成果的财务指标包括：流动比率、速动比率、应收账款周转率、存货周转率、资产负债率、资本金利润率、营业收入利税率、成本费用利润率等。企业业绩评价指标体系由 8 个指标组成，分别从偿债营运能力和获利能力方面对企业的经营业绩进行全面、综合的评价。

3. 《企业经济效益评价指标体系（试行）》出台至国有资本金业绩评价指标体系出台

1995 年财政部在反复研究和论证的基础上，出台了《企业经济效益评价指标体系（试行）》。这套指标体系由"销售利润率、总资产报酬率、资本收益率、资本保值增值率、资产负债率、流动比率或速动比率、应收账款周转率、存货周转率、社会贡献率、社会积累率等 10 项指标组成"。这 10 项指标中，有 5 项指标是《企业财务通则》已做了规定的，即资本收益率、资产负债率、流动比率或速动比率、应收账款周转率、存货周转率。新的经济效益评价指标体系对加强企业财务管理起着重要的促进作用：首先，引导企业从过去注重追求产值、追求高投入逐步转向注重提高企业综合经济效益，增强资本保全意识，正确处理国家、企业和职工三者之间的关系。其次，有利于开展企业之间的横向比较。企业可以通过同国内外同类企业之间的比较，找到自己在同行业中的位置，找出自己的差距，从而加强管理，挖掘潜力，达到提高经济效益的目的。最后，有利于投资者、债权人及相关人上对企业财务业绩做出较综合的评价，从而对企业的经营管理水平做出正确的评价。

4. 《国有资本金业绩评价规则》出台至今

为了有效地对企业的经营业绩进行科学评价，财政部等四部委于 1999 年 6 月 1 日联合印发了《国有资本金业绩评价规则》及《国有资本金业绩评价操作细则》，对国有企业的业绩评价进行了重新规范，重点是评价企业资本效益状况、资产经营状况、偿债能力状况和发展能力状况 4 项内容，以全面反映企业的生产经营状况和经营者的业绩。对这 4 项内容的评价由基本指标、修正指标和专家评议指标 3 个层次，共计 32 项指标构成，至此，初步形成了财务指标与非财务指标相结合的业绩评价指标体系。为适应企业业绩评价工作深入开展的需要,进一步规范企业业绩评价行为,增强评价结果的客观公正性,建立有效的激励与约束机制,财政部、国家经贸委、中央企业工委、劳动保障部和国家计委根据《国有资本金业绩评价规则》,于2002年2月又做了修订,将企业业绩评价指标体系由32项指标改为28项。与原评价体系相比,该体系更加科学、完整,较好地适应了社会主义市场经济的要求。

三、案例分析要点

(一) 事务所激励性薪酬的特点

第一,关注核心人才。薪酬管理的目的主要是使事务所将组织的有限资源聚焦于核心人力资源的投入,同时能兼顾事务所多数人的公平与感受,从而达到激励留住核心员工的目的,支撑组织战略的实现。所谓的核心人才,首先是岗位价值高,以会计师事务所为例:在市场领先战略模式下,市场开发及销售岗位、大客户的业务负责人员都是事务所关键增值岗位;其次是业绩好:具备核心人才候选资格的人力资源人员必须能够长期保持良好的业绩水平,在岗位上持续为组织提供高品质服务,稳定并拓展老客户二次或多次深度合作;最后是能力强:能力强是承担高价值岗位责任的前提,也是保持良好业绩的基础。但现有能力水平只是能力强的一个方面,想成为组织的核心人力资源还必须具备进一步开发与提升的潜能。岗位价值高、业绩好、能力又强的人才对组织的贡献度明显高于其他人员,事务所要能够及时将组织的薪酬政策向这些核心人才倾斜。

第二,激励关键行为。不同的战略导向对各岗位的业绩要求、行为要求也不尽相同。一般来说,处于初创期、成长期的事务所薪酬设计中会侧重于短期行为指标;而处于成熟期的事务所则更加侧重于员工的长期行为,侧重于对长期指标的奖励。因此,事务所在明确岗位薪酬定位的同时,还要合理设计薪酬结构及岗位业绩指标,以最大限度地、最长期有效地激励员工的工作热情,保证各岗位业绩指标对组织战略的支撑作用。会计师事务所属于知识导向性事务所,生产力主要来源于会计职员的专业知识与业务能力,人才的吸纳、人才的培养、人才的持有是维持会计师事务所竞争实力以及长期发展的资源保证。会计师事务所的竞争力主要在于人的竞争,注册会计师与骨干会计师更是事务所生存与发展的核心竞争力。然而,会计人才培养选拔的周期较长。因此,员工离职,尤其是重要岗位员工的离开对于任何事务所都是重大的资源损失。从短时间内来讲,他们的离开会给客户带来负面影响;从长远来看,如果他们到了竞争对手的团队中,对于原来就职的事务所更是不利。不少会计师事务所已经使出了"高薪吸引人"的战略来抢夺人才。

(二) 基于战略的业绩评价与激励系统框架问题讨论思路

丝路会计师事务所员工平均离职工龄为3年,离职率较高。这已经不再是正常的人员流动,而是属于人才流失。从人才流失的三因素分析,该事务所人才流失的主要原因与其现行的薪酬及福利制度有关。这在工作5年以下的员工身上体现得尤为明显。飞飞、芬芳、李博以及其他员工对于薪酬或多或少都存在抱怨,员工的抱怨越大,工作积极性就越低,从而便会影响整个事务所的工作效率以及对客户业务服务的质量,影响事务所整体的稳定性。

因此分析并解决薪酬及福利制度存在的问题,特别是解决薪酬及福利制度缺乏激励性的问题,是解决丝路会计师事务所人力资源管理中的知识型人才流失问题的重要环节。具

体的问题如下:

(1) 工资内部不公平、外部差距大。虽然丝路会计师事务所对于员工工资情况,要求员工保密,但是根据事务所工资设定的流程、奖金补助金额的设定规律,加上工作久了员工之间彼此了解业务量以及提成比例,久而久之,员工之间的工资情况早已被掌握,新老员工同工不同酬问题就会暴露出来,外部的同行业薪酬差距问题往往更加剧了离职的决心。

(2) 奖金确定不合理。在丝路会计师事务所内部没有建立业绩评价制度,没有明文规定的评价标准,这就使每个员工的工作效率直接影响他所能承担的客户业务量,从而决定其计件提成总收入。浮动工资的衡量指标仅与担当业务量相联系,使得激励系统只有一个工作量指向目标。至于工作质量如何,员工职业风险把控能力如何,职业道德怎样,工作技能如何,都没有相应的关联评价数据,也不会对下一年的工资有什么影响,工资不会有所涨幅。一个业务优秀的员工,无论他在具体的业务中干得多么优秀,他永远只能在有限的时间内,完成有限的工作量,得到固定的提成奖金份额。交给员工的工作是否真正保质保量完成,事务所无法真正把握。这对于事务所的风险控制而言,无疑是一个严重的管理漏洞。年底奖金的分发,依靠的只是部门经理对员工工作状态的主观印象,业务量的多少和业务复杂程度难以有效评价。特别对于审计部门而言,部门经理不会常常参与审计现场工作,这样就更无从了解员工的审计作业时间数据,也无从了解审计工作的努力程度。员工当然也不了解自己体现在年底奖金的额度上的评价结果。普通员工之间的奖金金额基本相差不大,对于员工的技能水平、工作能力与效果质量等真正能为事务所业绩产生影响的关键因素并没有在业绩中得以反映,使得员工产生了干好干坏没区别的印象,从而导致工作积极性不高,效率低下。

(3) 在丝路会计师事务所现行的五险一金、带薪休假、节日礼品、事务所活动及旅游等福利,不仅在同行业,在整个社会经济大环境中大多数事务所也都有这样的福利,没有丝路会计师事务所自己的能够吸引员工、提高员工归属感的特色福利。虽然丝路会计师事务所为员工缴纳了五险一金,但事实上并没有按照国家相策规定以工资总额为缴纳基数,而是以丝路会计师事务所所在地区的年度平均工资为缴费基数缴纳五险。而公积金则是以2 000元为基准进行缴纳的,与同行业其他会计师事务所相比,该项员工福利待遇处于劣势地位。外勤审计人员的高负荷工作以及移动交通过程中的人身意外风险等,事务所并无任何福利措施,甚至没有加班工资,而只凭业务提成一项指标来激励员工,是远远不够的。

(4) 对于员工的工龄计算,是以员工进入丝路会计师事务所工作的年限为基准的,员工之前的工龄并没有计算在内,那些已经有二三十年的资深老会计员工,在带薪休假福利待遇上并没有凸显出更多的优势。

(5) 旅游及活动的福利是每个员工都可以享受到的,而且金额并不是很高,从员工激励的角度而言,力度较弱。而且,那些由于某些原因不能参加事务所活动的员工在某种程度上会失掉本应有的福利项目。

以上各方面的问题表明,丝路会计师事务所薪酬及福利制度缺乏激励性,更注重营业收入的短期业绩,而未拿出时间、精力、人力制订一套全面评价客户类型、业务种类、执行者能力需求、工作人员实际工作效果的系统评价体系,没有将评价与激励很好地相结合。更缺乏针对不同的员工、不同的业务类型,采取不同的激励方法,因岗位制宜,因能力层级制宜。对于员工的晋升，也应该参照评价的结果而定，使业绩评价与激励机制找到一个结合点，奖惩有据。

另外，在人力资源管理中，事务所往往指派老员工对新员工进行帮带，这样一来，更加大了老员工的抵触情绪，导致工作态度消极，甚至将情绪转移给新员工，这也使得新员工的工作压力很大，甚至没有超过试用期便提出了辞职。

四、建议课堂计划

整个案例课堂时间控制在 80~90 分钟。

（一）课前计划

提出启发思考题，请学员在课前完成案例阅读和初步思考，并自行收集关于会计师事务所的资料。

（二）课中计划

1. 简要的课堂前言，引发讨论的问题（8 分钟左右）

播放"四大"会计师事务所的资料片、财务精英对此职业的追求以及未来的职业发展可能。这样，一方面对此案例的行业有进一步的了解，另一方面引发学员的兴趣。调查有多少学员愿意到此会计师事务所工作。

2. 分组讨论，并告知发言要求（25 分钟）

告知各小组可以有倾向性地选择案例问题组合，不要求一对一完整地回答。所有问题，可以按照小组自己的分析逻辑，选择 2~3 个问题重点分析，以避免千篇一律，没有新意，抑或由于问题太多，分析泛泛，没有重点。

3. 小组发言（每组 5 分钟，控制在 30 分钟）

将整个黑板至少分成 7 块，每组（至多 6 组）派 1 人分问题记录发言重点的关键词，以形成明显的比对。

4. 教师结合案例问题进行讲解，引导全班进一步讨论，并进行归纳总结（15~20 分钟）

通过至多 6 组的同一问题的比对、侧重，在黑板上标示不同观点和增量信息，以便将理论分析插入，深化对相关理论的理解。

（三）课后计划

请学员完善自己的分析，并给出学习的心得和收获，采用报告形式给出更加具体的分析结论，并 Email 给教师。

第二章　业绩评价指标

案例 3　海底捞财务共享中心的业绩评价指标与总体业绩评价

专业领域： 会计专硕（MPAcc）、审计硕士（MAud）、工商管理硕士（MBA）、会计、审计、财务管理等本科专业

适用课程： "公司业绩评价与激励机制""大数据与财务决策""企业数字化转型理论与实务"

选用课程： "绩效管理与量化考核""绩效考核与薪酬激励""财务共享"

编写目的： 本案例旨在基于业绩评价指标相关理论，引导学员通过了解海底捞的发展历史和现状，在掌握业绩评价基本理论（流程再造理论、资源配置理论、标准化理论、扁平化组织结构理论）与方法的基础上，总结海底捞的财务共享服务中心的建立经历了怎样的变革和创新，对业绩评价指标体系的分类、时间、空间、因果结构进行把握与理解。海底捞的全球财务共享服务中心对于公司业绩评价产生了怎样的影响？财务共享体系建立之后海底捞业平衡计分卡业绩评价体系的构建思路是什么？

知 识 点： 国际企业的业绩评价指标改进史知识、财务共享服务、业绩评价指标、平衡计分卡业绩评价体系、流程再造理论、资源配置理论、标准化理论、扁平化组织结构理论

关 键 词： 业绩评价指标；海底捞；财务共享服务中心；业绩评价；平衡计分卡

中文摘要： 本案例讲述了海底捞在财务共享下的业绩评价体系。如今财务共享与大智移云区物新技术迅猛发展，为现代公司发展带来了许多机遇，但同时也使公司面临更大的挑战，这就需要公司管理者从战略的角度为公司未来的发展壮大未雨绸缪，通盘考虑。而业绩评价指标作为公司重要的组成部分，所发挥的影响往往十分关键，不仅能够促进人才的激励与开发，也可为薪酬管理体系制定提供有

效的参考条件。作为火锅行业的翘楚，海底捞管理层运用财务共享模式和国际企业的业绩评价指标改进史知识到本公司的业绩评价体系中，以此提升公司竞争力，实现公司的战略发展目标。

英文摘要：This case describes the performance management system of Haidilao Hotpot under financial sharing. Nowadays, the rapid development of network technology has brought many opportunities for the development of modern enterprises, but at the same time it has also caused enterprises to face greater challenges. This requires corporate managers to comprehensively consider the future development and growth of the enterprise from a strategic perspective. As an important part of an enterprise, performance management is often critical. It not only promotes the motivation and development of talents, but also provides effective reference conditions for the formulation of the salary management system. As a leader in the hotpot industry, Haidilao's management employs a financial sharing model into the company's performance management system to enhance its competitiveness and achieve its strategic development goals.

案例正文

一、公司概况

四川海底捞餐饮成立于1994年，是一家以经营川味火锅为主的大型跨省直营餐饮民营公司。2018年海底捞的股票发行价是17.8港元/股，上市当天公司市值达到945亿港元，四个大型物流配送基地分别设立在北京、上海、西安、郑州，以"采购规模化，生产机械化，仓储标准化，配送现代化"为宗旨，形成了集采购、加工、仓储、配送为一体的大型物流供应体系。位于成都的生产基地，其产品已通过HACCP认证、QS认证和ISO国际质量管理体系认证，创新的特色服务赢得了"五星级"火锅店的美名。

但是，海底捞2021年全年业绩公告显示，营收411亿元，亏损高达41.6亿元，几乎相当于此前三年的利润总和。亏损情况在其一个月前发布的"预期净亏损38亿元至45亿元"预警范围内。业绩公告显示，到2021年年底，海底捞门店总数为1 443家，年内关闭了276家门店，其中，有260家永久关闭。此次业绩公告中，海底捞表示将重新打磨门店管理体系，从原区域统筹教练和资深家族长中选拔出15位大区经理；下设家族长管辖门店，原有小区经理与家族长合并。更重要的是，家族长除了享受家族扩大的红利，还需要对门店表现负责；各级管理层薪酬与工作成果挂钩，按照评价成绩优胜劣汰。

分析师认为海底捞除了向现代化管理机制转变，目前还亟须改善门店结构、提升数字化管理能力，在此基础上保持主品牌的增长。事实上海底捞多年来一直通过建设财务共享中心提升会计核算能力和数字化管理能力。2021年11月，杨利娟在公司内部开始推行"啄木鸟计划"：这是堪称"攘外"与"安内"并重的一项系统改革，内容主要包括——外要收缩业务扩张，关闭部分门店，以稳为主；内要对经营状况不佳的门店保持关注，持续推进和打磨门店管理体系，强化内部管理和评价机制，同时改组架构，精简层级，重视和加强职能部门以及强调企业文化，完善员工培训，持续向员工输出博爱、奉献的价值观。2022年数据显示，海底捞的"啄木鸟计划"现已初见成效，2022年1—2月的运营状况持续转好,翻台率已经有所提升。

二、海底捞提升数字化管理能力的努力——建设财务共享中心

2021年7月22日,以中国企业财务评价专家委员会为指导单位、中国CFO发展中心主办的"2021第九届中国企业财务智能化转型高峰论坛暨2021中国十大资本运营TOP CFO与中国十大企业财务智能化转型年度人物颁奖盛典"在北京成功举办。海底捞国际控股有限公司财务总监李朋获得"2021中国十大企业财务智能化转型年度人物",颁奖词是:数字化技术及AI赋能的先行者、业务财务一体化平台的搭建者、集团财务智能化战略的制定者、海底捞财务智能化体系的开创者。

海底捞财务共享中心位于西安,建立于2012年,目前分为凭证组、收入组、费用组、应付组、付款组、总账组,共有103人(表3-1)。财务共享中心负责全国500多家门店以及职能部门的费用报销、付款、往来核对、收入和工资核算,以及包括境外门店在内的全集团财务报表的出具。

表3-1 财务共享中心各小组人数状况

项目	凭证	收入	费用	应付	付款	总账
人数/人	21	6	28	17	19	12
占总人数比例/%	20	6	27	17	18	12

数据来源:作者整理所得

在财务共享的所有员工中,费用组的人数最多,达到总人数的27%,凭证组其次,占总人数20%,收入组人数最少,只有总人数的6%。

从财务共享中心员工的学历分布来看,占比最高的是本科学历,总共有65人,达到总人数的63.11%,研究生共10人,占总人数的9.71%,其他学历为28人,占总人数的比例为27.18%(图3-1)。

数据来源:作者整理所得
图3-1 海底捞财务共享中心员工学历结构

作为财务共享中心核心的财务共享平台系统,目前上线的功能模块包括商旅申请、借贷还款、个人报销、合同管理、对公管理等。随着财务共享中心运营管理的逐步发展,其业务将逐渐包含集团预测、业务分析、风险管理等较为高端的财务模块,财务共享中心也升级为公司的信息数据处理中心。在海底捞财务共享中心中,主要的业务流程有以下5个:

(一)费用报销流程

费用报销流程分为电子流、影像流、实物流3个流程。业务报销人员在系统提交单据,同时打印单据封面,将其与粘贴好的票据一起邮寄至财务共享中心。员工提单后,由

主要负责审核业务真实性的业务负责人批准,同时,财务共享中心的扫描员收到快递后将实物票据扫描入影像系统。当业务负责人审批通过,扫描员将影像上传成功后,单据流转到审核会计,会计调阅影像进行单据审核,保证发票的合规以及金额、会计科目的准确。审核通过后,生成费用凭证,付款会计发送指令,资金会计进行付款,支付成功之后归档员对实物票据进行归档。另外,系统还可以实现自助查询,提单人可以自行查询报销的进度、历史已报销单据以及借款是否到期,财务部门有专门的顾问岗,负责培训各部门、各门店的财务共享系统以及对系统使用人员进行答疑。具体流程如图3-2所示。

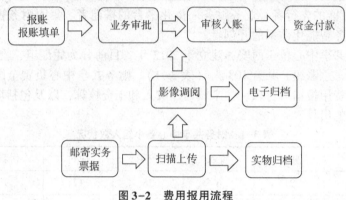

图3-2 费用报用流程

(二)付款申请流程

付款申请流程主要负责处理大额和固定的商店费用,如水电气费、租金、固定供应商的货款以及商店资金管理系统以外的其他费用,其业务流程与费用报销流程大致相同,对于门店的大额费用,系统会按照根据公司制度预先设定好的审批权限,自动转交给相应的审批人,一旦批准,会计师将审查并付款。此流程解决了在传统方式中流程报备烦琐、由于基层员工不清楚审批权限导致报备至错误审批人而造成层层审批、耗时较长的问题,也保证了充足的备用金用于门店的日常经营,确保了公司的资金安全。

(三)商旅订票流程

财务共享平台是公司统一的商旅订票入口,为出差员工提供机票、酒店、火车票等商旅订票服务,同时将公司标准的差旅管理融入商旅系统。系统会根据员工的级别和相应的差旅费标准,自动检验员工订票信息是否超标,并对超标预订申请启动超标审批流程。同时,财务共享平台还支持商旅对账功能,月底公司将统一在线对账、统一进行结算,员工不需要提前垫支款项,通过商旅平台预订的火车票出行后只需要将原车票邮寄到财务共享中心即可。但目前只支持因公出差订票,年假、探亲假等福利假期的订票功能暂未开放。

(四)借款、还款流程

借款、还款流程主要针对的是门店向总公司申请固定或临时备用金以及员工向公司借款的业务。首先由门店发起借款申请,填写申请时可以自行填写还款方式,如通过报销单据冲销、银行转账,或月薪扣除等方法,经业务负责人批准后转入财务会计,财务会计审核后由资金会计一并支付资金。同时提交时会要求填写预计还款时间,在预计还款日前3天会自动发送邮件提醒还款,以免延误。

(五)合同管理流程

在合同管理模块中,提单员将首次签订的店面租赁和集体宿舍租赁合同等录入财务共享系统中，按照合同约定填写供应商信息、付款期限、付款日期、金额合约，提交后直接进行审核，由财务人员检查系统中的信息是否与合同信息一致，审核通过后进行自行存档。提单员再填写对公报账单提交付款申请，并根据当前付款周期，引入审核通过的合同流程，财务人员重新审核合同和付款申请信息，确认无误后通过申请并将打款信息发送至资金会计处付款。此外，当一个付款周期结束时，系统会自动发送电子邮件提醒，按照提单上注明的付款日期进行下期付款，避免产生违约金。

三、海底捞财务共享中心当前的业绩评价方式

海底捞财务共享中心组织架构、各项业务流程、工作内容等都相较于传统的财务部门有着较大的差异，但是其业绩评价方式却未作出任何改变，依然沿用以往的业绩评价方式，主要体现在以下几个方面：

（一）业绩评价措施

海底捞财务共享中心的业绩评价措施为个人自评与上级评定相结合，每月月底财务人员根据账务检查出来的做账错误、流程处理不及时等问题，在业绩评价表上打分后提交给主管，主管结合日常工作的实际情况对分数进行复核，主管复核后的得分即为该员工当月的业绩得分。

（二）业绩评价指标

海底捞财务共享中心的业绩评价表中的业绩评价指标共分为基础工作、客户服务、执行力、综合能力4个方面（表3-2），总分100分。其中基础工作占比70%，包括票据审核的及时性与正确性、备用金的追踪、税金的计提、缴费明细编制等日常工作的各个流程，所占比重最大。执行力、综合能力和客户服务分别占比10%，执行力主要评价临时交办的工作是否及时准确完成，综合能力评价人员沟通与团队协作能力，客户服务则评价出现的外部门投诉的次数。

表3-2 海底捞财务共享中心业绩评价表模板

评价项目	权重/%	评价指标	评比方式	评价依据	自评结果	上级评价依据	评价结果
基础工作	70	票据审核是否及时准确	此项总分70分（扣分制）				
		账务检查是否及时准确					
		备用金是否及时清理，逾期的是否向门店追踪					
		工程结算工作是否及时准确，完工资料交接是否完整准确					
		税金计提与缴纳核对是否按时准确完成					
		水电气计提是否及时准确，往期差异是否及时处理					
		缴费明细编制是否及时准确					
		提交报表数据是否及时准确					

续表

评价项目	权重/%	评价指标	评比方式	评价依据	自评结果	上级评价依据	评价结果
客户服务	10	是否出现外部门投诉	此项总分10分（扣分制）				
执行力	10	临时交办是否及时准确完成	此项总分10分（扣分制）				
综合能力	10	沟通、团队协作能力是否优秀	此项总分10分（扣分制）				
合计	100		自评业绩分数			上级评业绩分数	

数据来源：作者整理所得

（三）业绩结果反馈

评价方式均为级别工资×业绩系数，会计人员根据其能力、掌握的业务模块等共分为8个不同的级别，每个级别有各自对应的薪资标准。业绩系数则是根据业绩评价表的打分进行确定，评价得分96~100分，个人业绩系数为100%，即员工当月可以拿到所有的工资；评价得分86~95分，个人业绩系数为95%，即员工当月实际发放工资=应发工资×95%；评价得分81~85分，个人业绩系数为90%，即员工当月实际发放工资=应发工资×90%；评价得分80分及以下（包含80分），个人业绩系数为80%；即员工当月实际发放工资=应发工资×90%。

四、海底捞财务共享中心业绩评价指标构建

（一）海底捞财务共享中心业绩评价指标设计原则

业绩评价能够促进员工明确自身的职位和工作职责目标，帮助管理者了解公司的真实情况，使管理更加的科学有效。一个恰当的业绩评价方法和合理的业绩评价体系可以给公司的管理带来极大的便利，作为一种战略业绩评价工具，平衡计分卡已经在众多公司中被成功实施。平衡计分卡从四个方面来评价员工业绩：学习与成长、内部流程、客户和财务方面。海底捞基于平衡计分卡的业绩评价指标如图3-3所示。

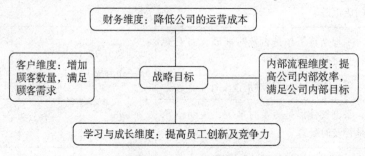

数据来源：作者整理所得

图3-3 海底捞基于平衡计分卡的业绩评价指标

学习与成长要求提高创新力和竞争力,财务目标是降低公司的经营成本,为公司获取经济利益,内部流程可以促进财务目标的实现,改进服务流程,提高员工的创新能力,客户维度是为客户提供高水平的服务。平衡计分卡将公司的总体目标和各部门、每个员工的目标分解为 4 个方面,并建立具体的指标,使公司可以根据这些指标和目标的重要性以及公司的宣传活动来分配资源,公司的经营活动也会更加有针对性,最终实现公司的战略规划。

(二) 业绩评价优化方案的设计原则

1. 目标一致性原则

平衡计分卡作为一种管理工具,它从公司的战略目标出发,将战略目标层层分解为各个部门的目标,每个部门的目标再次分解为各个员工的目标,公司的战略目标可以通过结合具体的岗位,使各个部门都可以认识到自身在实现公司目标中所起到的作用。战略的层层分解不是教条式地宣传给各个员工,而是要将组织战略分解成一系列具体化的目标,各个部门根据不同的工作领域和内容对员工进行宣贯,使每个员工都能正确认识到自身的目标就是为公司的战略目标服务。海底捞的公司战略是成为世界领先的餐饮公司,财务共享中心的目标则是为集团实现这个目标而提供足够的数据支撑、准确的财务信息,详尽的分析报告,财务共享中心各个员工的目标则是为实现共享中心的目标而做到账务处理准确及时、简化流程、提升自我、实现成本管控和价值创造。

2. 科学性原则

在为海底捞财务共享中心的业绩评价设计优化方案时,应以平衡计分卡理论为框架,参考各个岗位的实际情况,从不同角度设定合理的评价指标,评价指标应该简单明确,不能造成歧义,业绩评价的结果应该明确反映出工作的结果。在确保公平、合理的基础上,应尽量避免设置太多的主观性指标,选择概念明确、容易量化的指标,也便于优化方案的实施。

3. 全面性原则

对于公司来说,业绩评价指标是与公司的目标密切相关的,业绩评价指标是衡量公司目标是否实现的重要标准,体现了员工工作的方向及要求。财务共享中心各个岗位的财务人员工作内容不尽相同,其工作要求和目标也有所差异,因此在设定业绩评价指标时要考虑员工工作内容的各个方面,并且设置相应的激励机制,将合理的奖惩机制与业绩评价结果相结合。

(三) 业绩评价优化方案的设计思路

基于以上原则,结合国际企业的业绩评价指标改进史知识,针对海底捞财务共享中心的实际情况,设计海底捞财务共享中心业绩评价优化方案的基本思路。

1. 明确业绩评价的主体和目标

业绩评价的主体是财务共享中心的每个员工,评价目标是评价员工的工作结果,提升员工的个人素质与工作能力,保障组织目标的实现。

2. 选择业绩评价的指标和方法

设计优化方案的重点工作是细化业绩评价的内容、量化指标、明确评价的标准。根据财务共享中心不同组别的工作范围,设定相对应的评价指标,能够更加全面地评价员工的工作完成情况。

3. 业绩评价优化方案的预期效果及保障措施

根据层次分析法确定各项评价指标的权重,通过模糊评价法对海底捞财务共享中心进行整体评价,并且提出了保障此优化方案良好运行的具体措施。

(四) 基于平衡卡业绩评价指标海底捞财务共享中心业绩评价方案设计

基于平衡卡的四个维度,以下将对每一个维度的指标进行分析,确定海底捞财务共享中心整体层面上的优化方案(表3-3),并针对财务共享中心内部的组别划分,将财务共享中心的整体目标分解到各个不同职能的小组,为每个组设计其业绩评价方案。

表3-3 海底捞财务共享中心整体业绩评价指标优化方案

部门业绩评价	小组级业绩评价指标类	分层指标
海底捞财务共享中心综合业绩	凭证组业绩评价	学习与成长维度
		客户维度
		内部流程维度
		财务维度
	收入组业绩评价	学习与成长维度
		客户维度
		内部流程维度
		财务维度
	费用组业绩评价	学习与成长维度
		客户维度
		内部流程维度
		财务维度
	应付组业绩评价	学习与成长维度
		客户维度
		内部流程维度
		财务维度
	付款组业绩评价	学习与成长维度
		客户维度
		内部流程维度
		财务维度
	总账组业绩评价	学习与成长维度
		客户维度
		内部流程维度
		财务维度

数据来源:作者整理所得

五、参考资料

[1] 陆强. 海底捞财务共享中心的绩效评价研究 [D]. 西安石油大学, 2020.
[2] 周雨昕, 刘春燕. 疫情冲击下龙头餐饮企业财务战略选择与效果——基于海底捞的案例 [J]. 财会通讯, 2022（6）: 97-103.
[3] 海底捞修订股份奖励计划的计划规则. https: //website. hdlcdns. com/website/file/dae062356f3c4acc816d83c69d814cea.
[4] 戴子月. 员工持股、行业特征和财务绩效——基于大型上市企业的经验证据 [J]. 投资研究, 2022, 41（3）: 147-158.
[5] 石颖, 崔新健. 员工持股计划对企业财务绩效的影响研究 [J]. 经济体制改革, 2022（4）: 129-136.
[6] 何瑛, 赵映寒, 杨琳. 海底捞价值链成本管控分析 [J]. 会计之友, 2022（4）: 25-31.

六、讨论题目

（1）海底捞在建设财务共享服务中心初期, 遇到了哪些方面的困境？
（2）海底捞应用财务共享服务中心模式时有哪些不足之处？
（3）从流程再造理论和标准化理论上讲, 海底捞的财务共享中心如何影响公司业绩评价体系？
（4）从业绩评价指标角度, 财务共享服务为公司业绩评价体系的构建提供哪些方面的支持？
（5）根据国际企业的业绩评价指标改进史知识, 海底捞的财务共享模式是否对其他公司具有借鉴意义？

案例使用说明书

一、本案例要解决的关键问题

通过本案例的应用, 引导学员分析: 海底捞在全球化发展战略下, 如何进行财务管理模式的转变？遇到了哪些困境？公司基于何种理念和方法进行了逐步改进？在构建财务共享服务中心的过程中, 如何利用并发挥作用, 如何实现了价值创造？

二、案例讨论的准备工作

为了有效实现本案例目标, 学员应具备下列相关知识背景。

（一）国际企业的业绩评价指标改进史

20世纪80年代, 随着美国企业竞争力的不断衰退, 才引起学术界和实务界对继续使用财务指标评价在新的竞争环境中的企业经营业绩的适用性进行了广泛的讨论。国际学术界认为当时的财务指标的缺陷主要表现为:

第一, 会计系统本身的局限性影响了财务指标的有效性。第二, 滞后地反映过去的经营成果。第三，不能揭示业绩动因。第四，忽视对企业外部影响因素的分析与评价。第五，没有充分反映无形资产的价值和作用。

（二）财务共享模式相关理论

1. 流程再造理论

流程再造理论是结合财务共享与大智移云区物新技术，对公司组织构架、数据资源进行最优化整合，并且对原有业务流程进行改造，改善公司原先存在的问题，以此提升公司运营效率和服务质量，提高顾客满意度。公司在刚开始构建共享中心的时候，初始成本会比较高，有过多冗余环，这时公司意识到必须进行流程再造，而这也是构建共享中心必不可少的过程，公司借助财务共享与大智移云区物新技术和流程再造，将重复性高的业务集中进行处理，进而为公司提高运作业绩。

2. 资源配置理论

资源配置是指公司经营管理活动中的各种资源的分配，是对现代技术业绩与各种投入要素进行组合，从而减少资源浪费，帮助公司实现更佳的利益。也就是说，资源配置的目标就是实现利益最大化。公司可以通过合理利用资源，减少浪费，提高经济业绩。而资源配置理论的运用在财务共享服务中心的构建过程中得到了体现，公司通过将财务业务进行集中处理，减少了人力资源浪费，让原来从事财务基础核算工作的人员从中得以解放，转而投入战略决策支持工作中去，形成业务财务、战略财务、财务共享服务协同效应和规模经济效应，实现财务管理的价值最大化。资源的有效配置，不仅节约了公司资源、提高了资源的利用效率，还提升了公司整体竞争力。

3. 标准化理论

英国标准化专家 Saunders 认为对事物进行标准化管理就是通过建立规范来处理业务，这个处理过程将更加简化，便于公司管理。1972 年，松浦四郎对 Saunders 的标准化理论进行了深化，进一步、全面且系统地概括了标准化活动过程的基本规律，并提出了 19 项原理，提出用数学方法来解决简化及其经济效果问题。财务共享服务借助标准化理论对重复的财务工作设立统一的标准，各个成员按照标准化流程进行业务处理，实现了公司对人力、物力、财力资源的节约，实现了公司价值最大化。

4. 扁平化组织结构理论

扁平化组织结构的核心即最大限度减少决策层与操作层中间的中级管理层，这一理念的作用可以将顶层决策权最大可能延长至最远的底层，客观层面减少决策下达模式来科学提高公司生产效率。在竞争形势残酷而资源十分有限的市场中，商业机构需要随时应变，用更优质的机制来面对各种政策及信息。财务共享这一个建立于集团之中却又自成体系的组织，可以有效减少管理层的设置，实现集中管理，通过资源共享、信息共享、服务共享来凝缩时间与空间，加速信息的全方位运转。在建立起扁平化的财务共享模式后，管理部门的层级和数量都得到了有效控制，这就能够高效地共享资源，为决策提供有力支持。

（三）海底捞财务共享建设背景

2021 年海底捞人工成本是 148.75 亿元，比 2020 年增加了 51.99 亿元，员工成本占收入的比例由去年的 33.8% 升至 36.2%。海底捞目前有 146 584 名员工，根据公开数据测算，海底捞人均年薪为10.15万，同比增长37.5%。

海底捞拥有众多分公司和子公司，每一家门店都是作为一个分公司存在，并分布在世界各地，公司资产规模较大，门店设立专门的财务岗位，财务人员众多，业务水平不一，管理起来较难，也难以控制资金收支和经营质量。因此，随着海底捞门店越来越多，规模不断扩大，其财务部门也处于转型期。由于公司对财务质量和效率的战略规划要求，再加上国内外大型公司建立财务共享中心的经验，海底捞也设立了财务共享中心，集中处理财务会计的所有操作，实现降低成本、增加成本有效和改进管理控制的目的。

（四）海底捞业绩评价与指标特色

1. 海底捞业绩评价注重过程与公平

海底捞不评价利润，按照海底捞自己的说法，"利润只是做事的结果，事做不好，利润不可能高；事做好了，利润不可能低"，但不评价不等于不关注。海底捞自己总结到，"稍有商业常识的干部和员工，不会不关心成本和利润。不评价，仅仅是核算，大家都已经很关注了；你再评价，关注必然会过度"。因此，海底捞业绩评价注重的是取得利润这个过程，过程做好了，利润自然上来。

同时，海底捞采取的是小区评价门店。因为每个区打的分值不一样，海底捞就采用绝对值判断，分为A、B、C三个等级。这个机制的好处在于让门店有危机感，促进门店之间的优良竞争，因为不知道分数会排到第几名，就会各方面去做好。

2. 海底捞业绩评价指标的设置——体现战略

海底捞对每个火锅店的评价只有三类指标：一是客户满意度，二是员工积极性，三是干部培养。所有这些指标，都是围绕海底捞的战略来进行设置的。即想尽一切办法提升客户满意度，海底捞相信"客人是一桌一桌抓来的"，而唯有满意的员工，才能提供令客户满意的服务，所以注重员工积极性的提升，而只有符合海底捞要求的干部，才能带出能提供令客户满意服务的员工，这相当于是一环扣一环的关系。

对指标进行评价很容易，但关键是对这些指标的坚守。在海底捞，这三个指标不仅决定了店长的奖金，甚至提升和降职也根据这三个指标。例如，海底捞的店长只是业绩做得好还不行，还要看你能不能培养干部。"能下蛋的母鸡最值业绩评价钱"，在海底捞，能培养干部的干部晋升得最快。如果你只能自己干，不会用人和培养人，说明你是"公鸡"，人家跟着你，没有大出息。2010年，海底捞就一口气免了三名这样兢兢业业的"公鸡"店长。

基于对客户满意度的极端关注，海底捞充分对员工进行授权。不论什么原因，只要基层员工认为有必要，都可以给客人免一个菜或者加一个菜，甚至免一餐。其实在服务业，基层员工充分授权并不是海底捞的首创。以服务享誉全球的五星级酒店——丽思卡尔顿酒店为例，其员工就享有多项服务客户的自主决策权。对基层员工的尊重和信任是海底捞和丽思卡尔顿酒店的共同特性。这些企业的指标设置与其战略和管理是一致的。正是因为这种高度一致性，让基层员工明确公司的战略，让所有人的行为都围绕战略而展开。

3. 另辟蹊径的评价办法——业绩评价的关键是中层干部

海底捞现在的评价体系全部都是由上级评价下级，上级评价有一个班子和团队，这个团队在海底捞工作很多年，非常有经验，而且很多当过店长，之后才进入业绩评价团队。

海底捞对"客户满意度"的评价，不是通过给客人发满意度调查表来进行的，而是让店长的直接上级——小区经理经常在店中巡查。小区经理不断地同店长沟通，客户哪些方面的满意度比过去好，哪些比过去差，熟客是多了还是少了。对员工满意度的评价，也是通过上级的判断来进行的，同时摸索出一套验证流程和标准，如抽查和神秘访客等方法对各店的评价进行复查。建立越级投诉机制，当下级发现上级不公平，特别是人品方面的问题时，下级可以随时向上级的上级，直至大区经理和总部投诉。

不难看出，海底捞的业绩评价和门店扩张，靠的是能够理解、执行和贯彻海底捞使命、文化和管理要求的店长等中层干部。对员工的业绩评价，靠的是懂行的管理者的"人"的判断，而不是简单地用定量化的评价工具。由于海底捞的经理都是从服务员做起的，评价基本都会比较真实地反映实际情况，消除了主观因素。相比较而言，很多公司的客户满意度评估是通过让客户填写"客户满意度调查问卷"来进行的，这种方式无法保证及时性和准确性。

4. 业绩政策制定与实施的关键——坚持人性第一标准

很多企业把业绩评价当作检测、评价和监督员工的工具，企图通过强制性的指标监控来代替管理。为了保证业务质量、降低成本，加大了对员工的监督力度，严格考勤、请假制度等；为了让员工按照标准做事，从原有的工资中拿出一块作为业绩工资，与业绩指标挂钩，如果未达到就扣发业绩工资等。

在海底捞，任何好的业绩制度与政策，要想执行得好，必须基于人性。人不幸福，就不可能提供令客户舒心满意的服务。只有理解员工心理和诉求，知道员工在想什么，才能有的放矢地采取最佳激励员工的方式。制定政策时考虑人性，执行政策时顾及人性。海底捞对客户满意的高标准，对员工服务的高要求，对激励员工的高信任是一体化的。海底捞不以利润为评价指标，不以利润为终极导向，但在服务客户过程中却收获到利润。

三、案例分析要点

（一）需要学员识别的关键问题

通过本案例的应用，引导学员分析：什么是财务共享服务？财务共享服务是如何与公司战略相匹配，以及如何运作的？影响公司价值创造的因素有哪些？

财务管理模式的转变对公司价值创造有何影响？

（二）分析关键要点

（1）案例分析关键点：财务共享服务中心模式逐步推进的过程以及构建方案。

（2）案例教学关键知识点：财务共享服务中心的运作机制、业绩评价体系构建要素的思考。

（3）案例教学关键能力点：海底捞财务共享服务中心的构建和平台建设、财务共享服务的价值创造、业绩评价体系构建。

（三）分析思路

作为火锅行业的领军，海底捞飞速发展所取得的业绩有目共睹。海底捞之所以能取得这样的成功，是因为无论从公司精神、产品创新，乃至组织管理、商业模式、战略转型等方面，其都走出了一条开创性的独特道路。海底捞在财务管理模式转变下的业绩评价体系

的构建是一个成功的案例,本案例基于此,分析思路如下:

首先,要深入理解公司财务管理模式的基本概念及其在公司中发挥的作用。

其次,流程再造理论、资源配置理论、标准化理论、扁平化组织结构理论等分析介绍了财务共享以及财务管理业绩相关理论知识体系。

再次,以海底捞为调研案例,介绍了基本情况以及构建财务共享模式的方法流程。

最后,通过国际企业的业绩评价指标改进史知识,设计财务管理业绩指标,分析海底捞实施财务共享模式对财务管理业绩的影响。

四、教学组织方式

(一)课前计划

发放案例材料,提出启发思考题,并请学员在课前上网查找相关资料和文献。

目标:完成阅读并进行思考。

(1)海底捞在建设财务共享服务中心初期,遇到了哪些方面的困境?

(2)海底捞应用财务共享服务中心与业绩评价指标还有哪些不足?

(3)根据业绩评价指标的相关理论,海底捞财务共享中心如何影响公司业绩评价指标和指标体系设计?

(4)财务共享服务业绩评价指标体系的构建形成了什么互助共生关系?

(5)海底捞的财务共享业绩评价指标体系对其他公司具有什么借鉴意义?

本案例的参考资料及其索引,在讲授有关知识点之后一次性布置给学员。

(二)课时分配(时间安排)

本案例可以作为专门的案例讨论课来进行。如下是按照时间进度提供的课堂计划建议,仅供参考。

整个案例的课堂时间控制在90分钟以内。

(1)教师引言,明确主题,告知分析和作业要求(5分钟)。

(2)学员分组讨论并于课下制作PPT,在课堂上演示(30分钟)。

(3)同学们讨论,并对疑惑处进行提问,小组讨论回答(每组10~15分钟)。

(4)同学们与教师分别进行归纳总结(10~15分钟)。

(三)讨论方式

本案例可以采用小组式进行讨论。

(四)课堂讨论总结

课堂讨论总结的关键是:归纳发言者的主要观点;重申其重点及亮点;提醒大家对焦点问题或有争议观点进行进一步思考;建议大家对案例素材进行扩展调研和深入分析。

五、案例的后续进展

随着海底捞的发展,基于财务共享的共享中心业绩评价体系将进一步完善深化,适应业务的快速增长,本案例还会持续关注。

案例 4　伊利集团业绩评价指标设计与 PS 系统诞生记

专业领域：会计专硕（MPAcc）、审计硕士（MAud）、工商管理硕士（MBA）、会计、审计、财务管理等本科专业

适用课程："公司业绩评价与激励机制""大数据与财务决策""企业数字化转型理论与实务"

选用课程："绩效管理与量化考核""绩效考核与薪酬激励""业绩考核理论与实务"

编写目的：本案例目的在于引导学员进一步学习指标体系时间结构、指标体系空间结构、指标体系因果结构。学员可以掌握如下的知识：业绩评价指标设计与"PS 系统"、主要做法以及可达成的效果；业绩评价与公司发展战略的关系，在业绩评价中引进员工激励的价值；业绩评价结果反馈与运用的方法，以及对于公司员工业绩评价的影响。

知 识 点：指标体系时间结构、指标体系空间结构、指标体系因果结构、业绩评价指标设计原则、指标分解

关 键 词：公司战略；伊利集团；业绩评价与激励机制；关键业绩指标

中文摘要：随着后疫情时代的不断发展，虽然中国乳制品行业经济得以一定程度的恢复，但对于部分乳业公司而言，其在发展中仍然面临着内忧外患的困境。特别是在人力资源管理与公司战略发展方面，如何对员工业绩进行系统性评价以充分调动员工工作积极性，这已经成为后疫情时代下伊利集团发展的重点。基于此，案例调研对伊利集团的业绩评价方法、核心思想、业绩评价与激励的融合情况以及业绩评价结果反馈与运用等进行深度剖析，旨在掌握伊利集团员工业绩评价的相关内容，并从中总结出一些经验与启示。

英文摘要：With the continuous development of the post epidemic era, although the economy of China's dairy industry has recovered to a certain extent, for some dairy enterprises, they are still facing the dilemma of internal and external problems in the development. Especially in human resource management and enterprise strategic development, how to systematically evaluate the performance of employees to fully mobilize the enthusiasm of employees has become the focus of the development of Yili Group in the post epidemic era. Based on this, this paper deeply analyzes the performance appraisal methods, core ideas, the integration of performance appraisal and incentive, as well as the feedback and application of performance appraisal results of Yili Group, in order to master the relevant content of employee performance appraisal of Yili Group, and summarize some experience and enlightenment.

案例正文

一、案例背景介绍

（一）伊利集团基本简介

内蒙古伊利实业集团总部位于内蒙古自治区呼和浩特市，伊利集团位居全球乳业五强，连续七年亚洲乳业第一，且在营业收入方面呈现出超百亿级的持续性增长特征。根据2020年的相关数据可以得出，伊利集团应收达到968.86亿元。在2008年的北京奥运会期间，伊利集团为参赛运动员及观众提供乳制品。根据2020年伊利集团的公司年报可以看到，2020年的营业总收入达到968.86亿元，其中，净利润等于70.78亿元，逆势达到高位的双增长目标，这意味着公司的主营业务呈现出健康增长趋势，且公司的盈利能力比较突出。根据2020年9月10日国家发布的民营公司五百强公告，伊利集团排名第70位。

（二）因果结构下员工流失率居高不下的业绩指标转变之道

目前，伊利集团在全球很多地区都建立了乳制品生产车间，并在全球乳制品核心市场占有一定的市场地位。对于伊利集团而言，其当下的业务部门比较完善，例如，生产部、加工部、包装部、采购部、质检部、仓储部等。由于生产与销售乳制品是伊利集团的核心业务，导致许多部门都具备劳动密集型特征，对于这些劳动密集型岗位而言，由于深受工作强度、员工学历层次、家庭环境等的影响，员工流失率呈现出居高不下的特征。根据2020年伊利集团的相关数据，员工流失率已突破25.0%。而在2020年之前，伊利集团员工流失率并没有突破25.0%。例如，2016年的员工流失率为14.3%，2017年为15.9%，2018年为14.6%，2019年为19.1%，且对于这些员工流失率数据统计而言，大多数数据都来源于员工的主动离职，这些离职之后的员工去向为同行业其他公司或者其他行业。在员工流失率居高不下的背景下，如何建立科学的业绩评价机制来对员工业绩进行公平与公正的评价，并充分维护员工劳动权益与社会权利，已经成为伊利集团中长期发展中的重点工作。业绩评价作为公司人力资源管理、战略制定的核心内容，只有建立健全业绩评价机制，才能更好地控制员工流失率，让员工在现有工作岗位上充分看到自身的存在价值，进而提高自我效能感，并提升员工满意度和忠诚度。因此，在这种环境下，伊利集团各个基层部门与高层也在致力于研究员工业绩评价方案，并想方设法发挥出员工业绩评价方案的价值与作用。

伊利集团2021年年会消息，伊利实现自身高质量发展的同时，凝心聚力从三大路径撬动共同富裕：在企业层面，通过一系列举措让员工共享发展成果，2021年向员工发放的各项激励金额超12亿元。2022年，董事长潘刚签发了伊利第11个"春雨计划"，从员工发展、业绩评价、身心健康等方面为员工提供全方位保障。

（三）时间结构下的后疫情时代伊利集团战略调整与业绩评价改革

在2020年新冠肺炎疫情下，对于伊利集团而言，其在后疫情时代背景下也需要制定出一系列的新业绩评价制度。业绩评价作为公司人力资源管理的重点内容，与公司财务管理、员工业绩评价、公司战略调整、公司发展目标重新定位等存在着密切的关系。由于后疫情时代下伊利集团内外部环境发生着巨大变化，对于业绩评价工作也提出了更多的要求。在后疫情时代的不断推进下，伊利集团为更好地生存下去，也在公司内部管理与战略发展方面作出一些调整。而员工业绩评价方案必须要与公司发展战略保持同步发展，因为公司发展战略的变化，意味着公司各方面管理制度都要进行变化与创新，只有如此，才能更好地满足公司战略发展要求。在伊利集团的发展中，公司管理者对传统环境下的员工业绩评价方案进行重新优化，例如，对员工业绩评价方法进行重新设计，对业绩评价结果反馈与运用进行改善，对员工业绩评价的过程与流程进行重整等，这些操作都是为了满足公司战略调整的需求。自从进入2020年上半年以来，伊利集团管理者就主动对员工业绩评价方案进行优化，其主要目标在于充分激励各个部门员工的工作积极性，并培养员工的工作责任感，利用科学的业绩评价方法来引导员工不断进步，提高员工的综合素养。

特别是在2020年肺炎疫情背景下，对伊利集团部分乳制品业务的出口影响比较大，乳制品公司的出口规模深受影响。因此，为更好地实现公司发展目标，需要伊利集团管理者从员工业绩评价着手。员工作为公司发展中的核心力量，不管是公司发展理念的坚守，还是对于公司发展愿景的实现而言，都与公司各个部门员工存在着密切的关系。在这种背景下，伊利集团也深刻意识到员工的价值，并对现有的员工业绩评价方案进行优化设计。一方面，通过科学的业绩评价方案，引导员工关注乳制品的质量，重视产品质量管理，并在潜移默化中形成全员质量管理意识，对坚守伊利集团发展理念产生重要意义；另一方面，利用先进的员工业绩评价方案，有助于更好地进行市场拓展，并在伊利集团拓展海外市场的过程中控制人力资源风险与其他风险。从这个层面上来说，员工业绩评价在伊利集团发展中的重要性比较突出，而伊利集团管理者目前也意识到业绩评价方案优化与改善的重要性。特别是在后疫情时代下全球市场的管理与拓展中，制定出健全与合理的员工业绩评价方案，能够为伊利集团带来有利的发展条件。

二、伊利集团业绩评价方案

（一）伊利集团业绩评价的设计原则

为更好地实现伊利集团整体性发展目标，针对各个部门的工作特征制定出相应的业绩评价方案，且在员工业绩评价过程中形成核心的业绩评价依据与指标，这可以加快伊利集团业绩文化制度的创新与改革，对优化公司内部各个部门的工作产生重要意义，且可以对公司内部的整体业绩状况进行系统性分析。在伊利集团的评价方面，各项业务部门的主要负责人需要结合评价内容来评分，然后报告给伊利集团的财务部门。例如，对于公司生产部员工业绩评价而言，其评价内容如下（表4-1）。

表4-1 伊利集团生产部员工业绩评价的主要内容

生产部评价内容	评价等级
员工工作态度与责任心	分成三个等级，分别为不合格、合格与良好，在具体的业绩评价中采取定性与定量指标来对员工业绩进行评价
员工作业操作合格率	分成三个等级，分别为不合格、合格与良好，在具体的业绩评价中采取定性与定量指标来对员工业绩进行评价

续表

生产部评价内容	评价等级
生产的产品质量	分成三个等级，分别为不合格、合格与良好，在具体的业绩评价中采取定性与定量指标来对员工业绩进行评价
员工出勤率	分成三个等级，分别为不合格、合格与良好，在具体的业绩评价中采取定性与定量指标来对员工业绩进行评价
员工为公司带来的价值	分成三个等级，分别为低下、一般与很多，在具体的业绩评价中采取定性与定量指标来对员工业绩进行评价

在具体的业绩评价过程中，伊利集团的评价组采取月度跟踪方法，对被评价对象的工作完成情况进行分析，并推进业绩评价结果与月度薪酬有效融合，评价结果越好，月度薪酬越高；反之，如果评价结果比较差，意味着员工月度薪酬将有所降低。员工业绩评价结果的等级与业绩提奖呈现出正相关关系，业绩评价等级越高，员工的提奖等级越高，通过这种业绩评价方法，有助于提高生产部员工的工作积极性。除此之外，公司管理者也会利用产品质量合格率来评价生产部员工的作业操作能力以及工作态度。

而对于伊利集团各个部门的员工业绩评价而言，业绩评价综合内容可概括如下（表4-2）。

表4-2　伊利集团各个部门的业绩评价内容

评价内容	具体内容分析
工作表现	评价员工在工作中是否存在着良好积极性与热情，个人目标是否与组织目标融为一体，个人组织行为如何，与其他员工沟通情况如何
个人业绩	公司每个月都会给员工安排一些工作任务，在业绩评价中对员工工作业绩情况进行评价
其他	在其他评价方面，主要是员工对公司规章制度的遵守情况，个人人际交往能力等内容

在员工业绩评价方面，伊利集团也会采取年度评价方法，且通过对公司顾客满意度进行系统性评价，来分析公司销售部工作的执行情况。也会采取年度民主评价方法来赋值，并对不同权重展开系统性计算，最终形成年度评价的综合关键性指标。随着后疫情时代的不断发展，伊利集团管理者越来越意识到员工业绩评价的重要性与必要性，进入2020年上半年之后，为满足伊利集团复工生产的需求，伊利集团管理者对员工业绩评价方案进行了优化设计。对各个部门制定出针对性比较强的业绩评价方案，在这些业绩评价方案中，重点关注员工的专业技能与综合素养。与同行业相比较，伊利集团当下的业绩评价情况良好，能够集中发挥出乳制品行业员工业绩评价制度的优势，与此同时，针对性与创新性更为突出。

（二）业绩评价的主要指标与KPI分解

在伊利集团进行业绩评价的过程中，伊利集团管理者擅长于分析公司的内外部发展环境，并针对公司实际的业务发展情况来制定出相应的业绩评价指标。通过对伊利集团业绩评价指标的分析可以看到，在业绩评价指标方面，KPI业绩评价指标法已成为伊利集团的核心内容，对于公司内部核心部门的KPI业绩评价指标而言，具体如下表所示（表4-3）。

表 4-3 部门薪酬业绩评价表

项目及评价内容		配分	自评	上级审核
领导能力 15%	善于领导部署，提高工作效率，积极达成工作计划和目标	15		
	灵活运用部署，顺利达成工作计划和目标	13~14		
	尚能领导部署，勉强达成工作计划和目标	11~12		
	不能部署信赖，工作意愿低沉	7~10		
	领导方式不佳，常使部署不服或反抗	7以下		
策划能力 15%	策划有系统，能力求精进	15		
	尚有策划能力，工作能力求改善	13~14		
	称职，工作尚有表现	11~12		
	只能做交办事项，不知策划改进	7~10		
	缺乏策划能力，需依赖他人	7以下		
工作任务及效率 15%	能出色完成工作任务，工作效率高，具有卓越创意	15		
	能胜任工作，效率较高	13~14		
	工作不误期，表现符合标准	11~12		
	勉强胜任工作，无甚表现	7~10		
	工作效率低，时有差错	7以下		
责任感 15%	有积极责任心，能彻底完成任务，可放心交代工作	15		
	具有责任心，能达成任务，可交付工作	13~14		
	尚有责任心，能如期完成任务	11~12		
	责任心不强，需有人督导，亦不能如期完成任务	7~10		
	无责任心，时时需督导，亦不能如期完成任务	7以下		
沟通协调 10%	善于上下沟通平衡协调，能自动自发与人合作	10		
	乐意与人沟通协调，顺利达成任务	8~9		
	尚能与人合作，达成工作要求	7		
	协调不善，致使工作较难开展	5~6		
	无法与人协调，致使工作无法开展	5以下		
授权指导 10%	善于分配权力，积极传授工作知识，引导部署达成任务	10		
	灵活分配工作或权力，有效传授工作知识达成任务	8~9		
	尚能顺利分配工作与权力，指导部署完成任务	7		
	欠缺分配工作权力及指导部署之方法，任务进行偶有困难	5~6		
	不善分配权力及指导部署之方法，内部时有不服及怨言	5以下		

续表

项目及评价内容		配分	自评	上级审核
工作态度 10%	品德廉洁，言行诚信，立场坚定，足为楷模	10		
	品行诚实，言行规矩，平易近人	8~9		
	言行尚属正常，无越轨行为	7		
	固执己见，不易与人相处	5~6		
	私务多，经常利用上班时间处理私事，或擅离岗位	5以下		
成本意识 10%	成本意识强烈，能积极节省，避免浪费	10		
	具备成本意识，并能节约	8~9		
	尚有成本意识，尚能节约	7		
	缺乏成本意识，稍有浪费	5~6		
	无成本意识，经常浪费	5以下		
备注：关于"工作任务"必须另附上工作计划及工作总结，提供参考和审核。				
评价人签名：		上级确认：		评价日期：

在业绩评价过程中，伊利集团管理者比较重视销售岗位，销售与伊利集团发展愿景存在着密切的关系。只有不断提高销售岗位员工的工作积极性，才能更好地提升员工销售量，从而对增强伊利集团的核心竞争力产生重要意义。因此，在本次案例分析中也对伊利集团的销售部门进行分析，对销售岗位的评价指标情况展开系统性剖析。在伊利集团的销售部门发展中，其评价指标包括销售额指标、涨价指标、标准工作执行率、平均回款天数等，且销售部门年终奖金=全年销售额×销售额奖金系数×85%+销售额×价格奖金系数×15%×价格系数，如表4-4所示。

表4-4 销售部门评价表

考核人姓名：　　　考核时段：　　　填表日期：　　年　　月　　日

考核项目	考核指标	考核标准	满分	自评得分	经理评分	备注
业务日报表（30分）	时间	0~3分：缺6份以上报表。4~5分：缺2~6份报表。6~8分：每日全部报表发出，有2~6份未按时发出。9~10：分按时发出	10分			
	数量	0~3分：每日联络客户5家以下。4~5分：每日联络5家以上。6~8分：每日联络6~8家。9~10分：每日联络10家以上	10分			
	内容	0~3分：40%以上报表内容详细。4~5分：20%~40%报表内容详细。6~8分：10%~20%内容详细。9~10分：所有详细	10分			

续表

考核项目	考核指标	考核标准	满分	自评得分	经理评分	备注
客户资料表（30分）	时间	0～3分：缺6份以上报表。4～5分：缺2～6份报表。6～8分：每日全部报表发出，有2～6份未按时发出。9～10分：按时发出	10分			
	数量	0～3分：每月客户资料建档19家以下。4～5分：月客户资料建档20～29家。6～8分：建档30～39家。9～10分：月40家以上	10分			
	内容	0～3分：40%以上客户咨询不完整。4～5分：20%～40%不完整。6～8分：10%～20%不完整。9～10分：100%农户资讯完整	10分			

考核项目	考核指标	考核标准	满分	实际完成数值	比率	自评得分	经理评分	备注
工作绩效（40分）	销售完成率	本月任务	10分	实际销售额				完成比率=实际销售额÷销售任务×100%/销售计划KPI
	应收账款	逾期应收金额/当月销售金额	10分	逾期账款/万元				完成比率=逾期应收金额÷当月销售金额×100%/应收账款计划KPI
	拜访量	实际拜访量/计划拜访量	10分	家				完成比率=实际拜访量÷当月计划拜访量×100%
	出勤率	请假/迟到次数	5分	请假： 次 迟到： 次				出勤率达到100%（出差不计）得满分，请假超过3天或迟到3次此项不得分
	日常行为	公司制度	5分	违规 次				现制度违规2项不得分

自评：			经理评语：		
自评得分：	经理评分：	（盖章）	年	月	日

伊利集团在对销售部员工进行业绩评价的过程中，主要采取月度评价方案。而在对其他部门进行业绩评价的过程中，伊利集团管理者也比较关注月度评价方法。从工作性质可

以看到，伊利集团对内部部门进行分类，第一类为职能部门，第二类为项目部门，并针对工作性质来设计出相应的员工评价方案。例如，在生产经营部中，伊利集团对于员工的评价除了采取项目部门的评价表之外，其他部门都只使用相应的职能部门评价表，利用这些业绩评价表来对员工业绩进行系统性评价与综合评价。对于伊利集团的员工业绩评价表而言，详见表4-5。

表4-5　职能部门员工月度评价表

_____年员工_____月评价表（职能部门）

编号			姓名		部门	评价周期	
	季度初填写，确认目标				评价时填写		
	以下员工填写，部门负责人修正				以下员工填写	以下部门负责人填写	
维度	月度重点工作目标/项目（一般不超过5个）	权重/%		评价标准	完成结果	上级评分	备注
工作业绩目标（80%）							
工作能力与态度（20%）	纪律性	4		参照公司评价标准评价			
	敬业精神与责任心	4					
	专业技能	4					
	学习创新能力	4					
	团结协助	4					
	合计	100%			合计		
	季度重点工作目标/项目确认（以下季初确认填写）				评价结果确认（以下评价结束填写）		
					评价总分	评价等级	
	员工确认/日期：		负责人审核/日期：		面谈记录/日期：	部门负责人签字/日期：	总经理审核/日期：

表格填写说明：季度工作目标和评价标准由员工草拟，部门负责人修正，完成结果由员工填写，并由部门负责人直接评分。此表最后交人事部存档。

业绩评价与员工薪酬存在着密切关系，对于伊利集团而言，其员工薪酬主要包括四个部分。第一部分为岗位基础工资，第二部分为业绩工资，第三部分为工作结束后的活动佣金，第四部分为公司提供给员工的福利补贴金额。关于伊利集团员工薪酬等级的情况，概括如表4-6所示，其中也包括不同等级工作人员在评价中指标所占的比重以及享受酬劳的金额。

表4-6　各层级业务人员薪资标准及评价权重表　　　　元

岗位设置	岗位基础工资	业绩工资标准	工作目标	部门目标	行政评价
总经理	22 000	18 000	30%	50%	20%
部门经理	12 000	8 000	30%	50%	20%

续表

岗位设置	岗位基础工资	业绩工资标准	工作目标	部门目标	行政评价
中层管理人员	6 000	2 000	30%	40%	30%
业务员	3 500	1 500	50%	25%	25%
文员	3 000	1 000	50%	10%	40%

在对伊利集团员工业绩评价的案例分析中可以看出，伊利集团管理者也推进业绩评价与激励模式的相结合。在对员工进行业绩评价的过程中，同时也关注激励。通过这种方法，有助于更加充分激励出员工工作积极性，且在业绩评价与激励的有效融合中，伊利集团引进最新的激励理论。例如，随着需求层次理论的不断发展，阿尔德弗在该理论基础上提出了新的理论内容，并对个体的需要进行充分分类，分别为生存需要、关系需要以及成长需要。作为美国知名度比较高的心理学工作者，麦克利兰在经过中长期的研究中，也提出相应的激励理论内容。其对个体在工作中产生的需求、动机进行概括，归纳为三种需要，第一种属于业绩需要，第二种属于权利需要，第三种属于亲和需要。对于伊利集团员工激励模式来说，公司管理者结合以上的需求理论内容来对不同层次的员工激励需求进行调研。比如说，对于公司核心员工来说，相比较普通员工而言，核心员工对于精神激励的需求比较大，如常见的员工职业晋升、业绩评价、领导赞美、目标激励等，在对核心员工激励需求进行充分调查之后，对公司不同层次员工激励模式进行优化设计，这可以让公司部门员工的激励需求在潜移默化中得以充分满足。除此之外，对于基层员工来说，他们的激励需求往往为保健需求与物质需求，同时希望公司管理者可以提供良好工作环境，在这种情况下，公司管理者也可以对基层员工的相关激励模式进行优化，设计出更加完善的员工激励制度，从而提高公司员工的工作质量，让公司不同层次员工的自我效能感得以提升。

在推进员工业绩评价与激励机制的有效结合中，伊利集团从总经理、部门经理、主管以及普通员工四个方面出发，对员工底薪进行规划。在底薪满足公司当地社保部门的要求之后，对员工进行业绩评价，并在业绩评价过程中，根据业绩评价等级与结果来适当增加员工薪酬，这可以充分满足公司员工业绩评价工作的要求，让公司内部各个部门员工的工作积极性得以充分提高。伊利集团不同层级员工的底薪规划方案如表4-7所示。

表4-7 伊利集团不同层级员工底薪规划方案　　　　　　　　　　元/月

等级	职务	起薪点
一级	普通员工	3 500
二级	主管	6 000
三级	部门经理	12 000
四级	总经理	22 000

在公司员工业绩评价与薪酬激励的有效结合中，由于会涉及业绩奖金的问题，因此，必须要在员工业绩评价过程中对业绩提奖的系数进行设计。而伊利集团管理者也意识到设计业绩提奖系数的重要性，伊利集团当下的业绩提奖系数设计方向如表4-8所示。

表4-8 伊利集团业绩提奖系数设计方向

销售额度/元	提奖系数
5 000 以下	1.2
5 000 ~ 10 000	1.25
10 000 ~ 15 000	1.5
15 000 以上	1.75

业绩评价的终极目标在于，一方面，充分调动员工工作积极性，让那些平时在工作中态度不端正、个人业绩能力薄弱的员工主动提高个人能力，并产生一种强烈危机感；另一方面，通过业绩评价的结果运用，来为那些表现优秀以及个人工作能力比较突出的员工提供一些奖励与福利，从而可以更好地提升员工自我效能感，体现出公司良好的人文关怀意识。对此，伊利集团在员工业绩评价过程中也对员工福利进行设计，对于伊利集团员工福利而言，主要设计方向如表4-9所示。

表4-9 伊利集团员工福利设计方向

福利名称	实现方式
通信补助	50/月
交通补助	100/月
降温费	1 000/年
伙食补助	500/月
员工体检	1 次/年
带薪休假	7 天/年
国内旅游	1 次/年

由此可见，对于现如今伊利集团员工业绩评价而言，伊利集团管理者高度关注员工业绩评价指标设计，且在业绩评价过程中推进其与公司员工激励工作的一体化融合。对于伊利集团员工业绩评价指标设计而言，其主要特征如下：第一，伊利集团员工业绩评价指标存在针对性。伊利集团管理者针对不同部门与不同工作性质的员工设计出相应激励方案，这可以更好地激励出员工工作积极性；第二，伊利集团在业绩评价指标设计中关注对员工的激励，擅长利用各种激励理论来激励员工；且采取正激励与负激励相结合的方法，这可以更好地实现公司员工业绩评价目标。总而言之，对于伊利集团这种大型的乳制品公司而言，公司管理者在员工业绩评价指标的设计过程中关注系统性与综合性，比较注重员工各方面能力的培养与提升，且在业绩评价指标设计中采取定性指标与定量指标相结合的方法。

（三）伊利集团"PS系统"的业绩评价

伊利集团将结果导向当作核心宗旨，在对员工进行业绩评价的过程中，积极坚持结果导向的基础性原则，并引进关键业绩指标法（KPI），这一种业绩评价方法已经被应用于伊利集团各个部门的员工业绩评价中，且在伊利集团内部的应用历程比较长。为提高员工业绩评价的质量，伊利集团管理者也在员工业绩评价中引进信息系统，科学利用财务共享与大智移云区物新技术，在对系统平台的应用方面，公司研发部自主开发出相应的人力资源系统（简称"PS系统"）。

在业绩评价过程中，对评价周期进行科学界定，这也是伊利集团员工业绩评价的重点内容之一，对于伊利集团后疫情时代下的业绩评价而言，其周期主要有两种，第一种业绩评价周期为月度评价，第二种业绩评价周期为季（年）度挂钩。对于评价方式而言，主要采取公司直接上级打分方法，并同时辅助公司评价方法。具体的评价流程如图4-1所示。

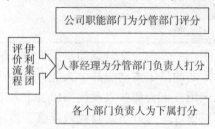

图4-1 伊利集团评价流程

从员工业绩评价工作开始，公司内部各部门管理者或者负责人就根据伊利集团各个部门员工业绩评价的要求以及标准来为部门所属下级进行打分。因此，要求各个部门管理者或者负责人必须要掌握伊利集团不同部门或者不同工作岗位性质的业绩评价要求与制度，在这个过程中，伊利集团会对各个部门管理者或者负责人进行培训，让他们全方位掌握不同部门或者工作岗位的员工业绩评价标准，并严格按照业绩评价标准来打分。

在伊利集团业绩评价过程中，从整体角度来说，其步骤有以下几步，如图4-2所示。

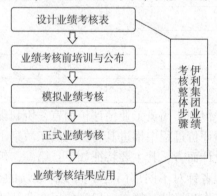

图4-2 伊利集团业绩评价整体步骤

在每一次员工业绩评价过程中，伊利集团管理者都要求各个部门或者团队严格按照以上的评价流程与步骤来执行。

（四）基于因果结构的业绩评价结果反馈与利用

在员工业绩评价工作结束之后，其中，最为重要的一点内容就是如何利用员工业绩评价的结果。在伊利集团员工业绩评价过程中，只有科学利用各项业绩评价结果，才能更好地提高员工工作积极性，增强公司员工业绩评价的效果。对于员工业绩评价结果的反馈而言，伊利集团坚持实时性，并将通过员工业绩评价工作得到的结果应用于后续的工作中。伊利集团的业绩评价结果反馈与运用归纳为如下几点（图4-3）：

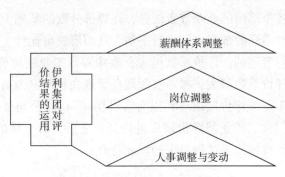

图4-3 伊利集团对评价结果的运用

在伊利集团对员工业绩评价结果的反馈与利用中,管理者也参考管理学中的"积分制管理"思想,评价的评分采用120分制。"积分制管理"是指将积分制度应用在人员管理上的一种管理方法,以积分来衡量人的价值、评价人的综合表现,然后再把各种物质待遇、福利与积分挂钩,并向高分人群倾斜,从而达到激励人的主观能动性、充分调动人的积极性的作用。通过每日评价对员工的工作进行评定,员工本人制定的每日的工作目标,完成不扣分,若未完成或给公司造成损失则当月员工评价分直接降到50分及以下,每月最高分为120分,最低分为0分(表4-10)。

表4-10 业绩周期指标

评价等级/完成天数	A(60分)	B(45分)	C(0分)
20日内	√		
20~28日		√	
28日以上			√

第一,月度评价:由公司专门成立的业绩评价小组,对于各个部门员工的各项指标进行评价,作为当月的评价得分。

第二,季度评价:业绩评价小组每季度末对员工本季度任务的完成情况进行统计并完成评价,对于完成本季度评价任务的人员给予3 000元的现金奖励,未完成本季度评价任务的人员处罚2 000元。

第三,年度评价:每年年末;业绩评价小组针对本年度的整体业务完成情况进行评价。

伊利集团的评价结果分为5个等级:A、B、C、D、E。评价等级具体划分标准(表4-11)如下。

表4-11 伊利集团员工评价结果等级

得分(W)	对应评价系数	评价等级	评价结果
110≤W<120	1.3	A	优秀
100≤W<110	1.2		优良
90≤W<100	1.1	B	良好
80≤W<90	1.0	C	称职
70≤W<80	0.9	D	基本称职
50≤W<70	0.8		待提高
W<50	0.7	E	不合格

评价系数指根据各个部门的业绩或者任务，在评价分数的基础上折算一个系数然后进行处理，这样就可以在不同的部门之间进行平衡，从而形成可比性。一般在计算和打分的时候是由上级部门进行管理的。评价系数越大，意味着员工业绩评价结果的等级越高。A等级为优秀与优良，评价系数最大，参考查阅现存管理文献确定为1.3。

对于伊利集团员工业绩评价反馈与利用而言（图4-4），公司管理者从业绩评价结果层面出发，对各个部门员工的业绩评价结果进行分析之后，对个体的业绩情况进行评价，然后根据具体的业绩评价结果来评价员工的职业晋升。

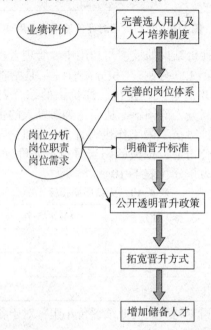

图4-4 基于职业晋升的业绩评价结果反馈与利用

对于实际中的员工业绩评价工作而言，一方面，伊利集团高度关注内部的标准评价；另一方面，也重视员工的分数评价。根据伊利集团员工业绩评价制度的内容，对于业绩结果为良好的员工占比而言，应当将比例控制于30%以下，而业绩评价结果良好是员工参与其他评选的主要条件之一，对于今后员工的职业晋升以及工作发展而言非常重要。表4-12为伊利集团业绩评价结果表。

表4-12 伊利集团业绩评价结果表

评价结果	小于60分（包含60分）	大于60分
月度评价	业绩不合格	业绩合格
年度评价	业绩不合格	业绩合格或者良好

为更好地反馈和利用员工业绩评价结果，伊利集团管理者在员工业绩评价过程中也设计独立的监管部门。根据亚当斯提出来的公平理论，每一位员工都非常关注公平性问题。这种公平往往可以分成内部公平、外部公平以及个人公平。也就是说，员工一方面会高度关注个人付出以及收获的关系，另一方面也会重视个人收获与其他员工的对比。在公司发展中，只有坚持公平性与公正性的基础性原则，才能达到提高激励与业绩评价作用的目

标。所以，在公司发展中需要建立激励模式监管机制。例如伊利集团管理者在业绩评价中设置一个独立的监管部门，该监管部门主要负责公司内部员工业绩评价的公平性。该监管部门的成员来源于公司内部各个部门的领导者或者主管等，定期对各个部门员工业绩评价情况进行调查，形成相互监督和相互管理的员工业绩评价模式。伊利集团也建立员工信息沟通机制，对于在工作中遇到的不公平业绩评价行为，公司员工可以直接通过投诉渠道进行处理，直接反映给公司相关部门领导。这可以迅速解决员工业绩评价中存在着的不公平问题，并逐步形成公平与公正的管理环境。

三、问题思考

（1）伊利集团"PS系统"的业绩评价指标是如何分解的？业绩评价指标设计的原则是什么？

（2）根据业绩评价指标时间结构，伊利集团业绩评价是否与企业整合周期符合？吸引人才方面的优势体现在哪里，应如何改进指标体系？

（3）根据业绩评价指标体系的空间结构，伊利集团根据组织层级与业绩评价指标有哪些特征和不足？如何改进不足？

（4）根据业绩评价指标体系的因果结构，伊利集团战略实现与业绩评价指标如何关联？业绩评价指标的执行是否面临着挑战性？

（5）基于不断改进的因果模型，伊利集团业绩评价对公司业绩的效果有哪些？

四、参考资料

[1] 米莉，苗馨. 资源行动演化下动态能力对战略绩效的影响——以伊利集团为例 [J]. 管理案例研究与评论，2021，14（1）：91-110.

[2] 颉茂华，王娇，刘远洋，殷智璇. 绿色供应链成本管理信息化的实施路径——基于伊利集团的纵向案例研究 [J]. 管理案例研究与评论，2019，12（4）：431-448.

[3] 王晶. 伊利集团数字化战略提升企业价值的路径 [J]. 财务与会计，2022（6）：79.

[4] 长青，王鑫，王福. 从外挂到内生：社会责任如何驱动商业模式创新——基于伊利集团的案例研究 [J]. 中国流通经济，2022，36（3）：48-59.

[5] 关静怡，刘娥平. 对赌协议是兴奋剂抑或长效药——基于标的公司财务绩效的时间结构检验 [J]. 山西财经大学学报，2022，44（6）：113-126.

[6] 高珊. 基于EVA模型的伊利公司价值评估研究 [D]. 东北石油大学，2019.

[7] 伊利集团："1234金字塔党建工作模型"助力企业健康稳定发展. https://baijiahao.baidu.com/s?id=1682865179472209325&wfr=spider&for=pc.

[8] 邱敏. 绩效考核目的对员工主动行为与创新绩效的影响机理研究 [D]. 华中科技大学，2016.

[9] 伊利股份董事长宣布员工涨薪，共同推动业务实现更好的发展. http://finance.sina.com.cn/stock/relnews/cn/2020-02-27/doc-iimxxstf4911817.shtml.

[10] 内蒙古伊利实业集团股份有限公司第十二届职工代表大会第五次会议决议公告. https://www.163.com/dy/article/FL01GKLV053469RG.html.

案例使用说明书

一、案例要解决的关键问题

案例以内蒙古伊利集团为调研与讨论对象，对该乳制品公司的员工业绩评价进行分析。本案例的分析目的在于引导学员进一步学习战略业绩评价的知识，并重视公司战略、业绩评价二者的相关性。通过本次案例分析之后，学员可以掌握如下的知识：①业绩评价指标体系的时间结构、空间结构、因果结构。②业绩评价与公司发展战略的关系，在业绩评价中引进员工激励的价值。③业绩评价结果反馈与运用的方法，以及对公司员工业绩评价的影响。

二、案例讨论的准备工作

业绩评价是公司人力资源管理、战略管理、财务管理等的重要内容，与公司当前及今后发展存在着密切关系。对于现如今公司员工业绩评价而言，其常见理论基础为委托代理理论、组织变革理论以及科学管理理论，而业绩评价方法与基础性原则也是理论基础的核心内容，公司员工业绩评价的理论基础概括如下：

（一）理论背景

1. 组织变革理论

组织变革主要是培养成员的思想意识，使他们能够适应新的组织模式，并针对组织以及与其相关的其他组织进行优化。公司组织变革对公司的发展影响深远，组织结构的不断完善为公司的稳定健康发展奠定基础，同时公司的发展又促进组织的优化。因此，组织变革和公司发展相辅相成，公司要加强对组织变革的关注。

2. 委托代理理论

委托代理理论（Principal-agent Theory）来源于20世纪30年代，伯利和米恩斯作为美国知名度比较高的经济学家，他们熟悉公司内部经营管理。对于一个公司而言，如果公司所有者也作为经营者，往往会导致许多管理层面的弊端。因此，这两名经济学家在中长期的探索中提出委托代理理论。对于该理论而言，高度强调公司所有权、经营权二者进行分离的重要性，公司所有者可以暂时保留自身的索取权，而将经营委托给其他主体。随着委托代理理论的不断发展，该理论已成为现代化公司治理的主要内容，也是逻辑起点。对于公司员工业绩评价而言，也可以利用委托代理理论，这可以转变公司经营管理混乱的不良局面。

3. 科学管理理论

在公司员工业绩评价过程中，坚持正确与科学的管理思想，对公司长久性发展非常重要。对于科学管理理论而言，该理论充分倡导，在公司的日常经营与管理中应当应用科学方法，需要围绕具体工作事务的特征来寻找最佳方法。概括为：科学，而不是单凭经验办事；和谐，而不是合作；合作，而不是个人主义；以最大限度的产出取代有限的产出，每人都发挥最大的工作效率，获得最大的成功，就是用高效率的生产方式代替低成本的生产方式，以加强劳动力成本控制。

4. 扁平化组织结构理论

扁平化组织结构的核心即最大限度减少决策层与操作层中间的中级管理层，这一理念的作用可以将顶层决策权最大可能延长至最远的底层，客观层面减少决策下达模式来科学提高公司生产效率。在竞争形势残酷而资源十分有限的市场中，商业机构需要随时应变，用更优质的机制来面对各种政策及信息。财务共享这一个建立于集团之中却又自成体系的组织，可以有效减少管理层的设置，实现集中管理，通过资源共享、信息共享、服务共享来凝缩时间与空间，加速信息的全方位运转。在建立起扁平化的财务共享模式后，在管理部门的层级和数量都得到有效控制的前提下，能够高效地使得资源得到共享，为决策提供有力支持。

（二）乳制品行业背景

随着2020年肺炎疫情的发展，给中国各个行业带来了严重冲击。而在乳制品行业的发展中，很多中小型乳制品公司也出现经营不善甚至直接倒闭的现象。根据中国产业研究报告，2020年全国由于疫情冲击而倒闭的中小乳制品公司数量超过2 000余家。在肺炎疫情的持续性影响下，对于大型乳制品公司的影响也比较大。对于伊利集团这样的龙头公司而言，由于其乳制品业务分散在全球许多地区，而2020年肺炎疫情危机的出现，导致伊利集团全球乳制品业务受到影响，特别是美国、非洲、印度等地区的业务发展面临着诸多困境。而从伊利集团所处行业的人力资源竞争而言，乳制品行业竞争仍然比较突出，人才竞争已成为众多乳制品公司发展的重点战略。在这种内忧外患的背景下，伊利集团管理者只有设计出科学的员工业绩评价方案，才能更好地增强公司竞争力。

（三）制度背景

从现代公司管理理论来说，虽然业绩评价属于公司人力资源管理的重点范畴，但与公司各方面存在着密切关系。例如，公司发展战略、公司人力资源优化、公司集团的创新以及研发投入、公司短期内的股价波动等，这些都与公司员工业绩评价工作息息相关。随着现代化公司管理理论的不断发展以及乳制品行业竞争环境的不断加剧，员工业绩评价已成为众多乳制品公司发展的重点。越来越多的乳制品公司在发展中进行重新定位，并坚持理论与实践相结合的导向，对公司内部员工业绩评价制度进行不断优化，一方面，引进新的员工业绩评价理论；另一方面，也密切联系公司的行业特征、业务发展情况以及公司危机等进行考量。由此可见，公司员工业绩评价制度处于瞬息万变的背景中，只有密切联系时代发展背景以及公司发展特征来优化员工业绩评价方案，才能充分发挥出公司员工业绩评价的重要作用，从而推进公司的现代化与可持续发展。

（四）业绩评价的方法

业绩评价是指评价主体对照工作目标和业绩标准，采用科学的评价方式，评定员工的工作任务完成情况、员工的工作职责履行程度和员工的发展情况，并且将评定结果反馈给员工的过程。其是公司业绩评价中的一个环节，常见业绩评价方法包括BSC、KPI及360度评价等，主流商业管理课程如EMBA、MBA等均将业绩评价方法的设计与实施作为针对经理人的一项重要人力资源管理能力要求包含在内，是人力资源部门的核心工作之一。

三、案例分析要点

（一）伊利集团业绩评价的要点分析

1. 业绩评价的指标分析

业绩评价指标对于伊利集团员工业绩评价工作的影响比较大，是进行员工业绩评价的依据。直接上级在评价过程中需要对照业绩评价指标来进行评分。对于现如今伊利集团员工业绩评价而言，伊利集团管理者高度关注员工业绩评价指标设计，且在业绩评价过程中推进其与公司员工激励工作的一体化融合。对于伊利集团员工业绩评价指标设计而言，其主要特征如下：第一，伊利集团员工业绩评价指标存在着针对性。伊利集团管理者针对不同部门与不同工作性质的员工设计出相应激励方案，这可以更好地激励员工工作积极性；第二，伊利集团在业绩评价指标设计中关注对员工的激励，擅长利用各种激励理论来激励员工，且采取正激励与负激励相结合的方法，这可以更好地实现公司员工业绩评价目标。总而言之，对于伊利集团这种大型的乳制品公司而言，公司管理者在员工业绩评价指标的设计过程中关注系统性与综合性，比较注重员工各方面能力的培养与提升。在业绩评价指标设计中采取定性指标与定量指标相结合的方法。

2. 业绩评价的方法分析

业绩评价方法的选择对于业绩评价效果的影响比较大。通常情况下，只有确保业绩评价方法的科学性与合理性，才能更好地提高员工业绩评价质量。在本次案例剖析中对伊利集团员工业绩评价方法进行了分析。根据案例分析结果可以得出，在现如今伊利集团的员工业绩评价方法上，伊利集团将结果导向当作核心宗旨，在对员工进行业绩评价的过程中，积极坚持结果导向的基础性原则，并引进关键业绩指标法（KPI），这一种业绩评价方法已经被应用于伊利集团各个部门的员工业绩评价中，且在伊利集团内部的应用历程比较长。为提高员工业绩评价的质量，伊利集团管理者也在员工业绩评价中引进信息系统，科学利用财务共享与大智移云区物新技术，在对系统平台的应用方面，公司研发部自主开发出相应的人力资源系统（简称"PS系统"）。通过引进财务共享与大智移云区物新技术来对公司员工业绩评价工作进行优化，有助于在业绩评价过程中及时统计每一位员工的业绩评价结果情况，并迅速制定出相应的奖惩措施。

3. 业绩评价结果反馈与运用分析

在业绩评价结果反馈与利用过程中，伊利集团从精神激励与物质激励两个方面出发，根据员工业绩评价结果的具体情况来选择相应方案。除此之外，在对业绩评价结果的运用方面，伊利集团管理者也比较关注公平性。例如，为更好地反馈和利用员工业绩评价结果，伊利集团管理者在员工业绩评价过程中也设计独立的监管部门。根据亚当斯提出来的公平理论，每一位员工都非常关注公平性问题。这种公平往往可以分成内部公平、外部公平以及个人公平。也就是说，员工一方面会高度关注个人付出以及收获的关系，另一方面也会重视个人收获与其他员工的对比。在公司发展中，只有坚持公平性与公正性的基础性原则，才能达到提高激励与业绩评价作用的目标。所以，在公司发展中需要建立激励模式监管机制。例如伊利集团管理者在业绩评价中设置一个独立的监管部门，该监管部门主要负责公司内部员工业绩评价的公平性。该监管部门的成员来源于公司内部各个部门的领导者或者主管等，定期对各个部门员工业绩评价情况进行调查，形成相互监督和相互管理的员工业绩评价模式。伊利集团也建立员工信息沟通机制，对于在工作中遇到的不公平业绩评价行为，公司员工可以直接通过投诉渠道进行处理，直接反映给公司相关部门领导。这样可以迅速解决员工业绩评价中存在着的不公平问题，并逐步形成公平与公正的管理环境。

（二）基于不断改进的因果模型，伊利集团业绩评价的效果分析

1. 基于股价波动的业绩评价效果分析

股价是公司经营管理效果的重要评价工具与指标，在对伊利集团员工业绩评价效果的评价中，可以对公司股价波动情况进行分析，2020年上半年伊利集团股价波动如图4-5所示。

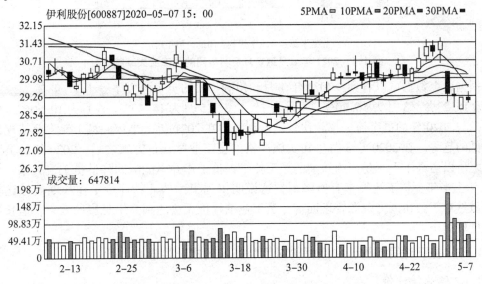

图4-5　2020年上半年伊利集团的股价波动情况

在2020年2月13日到3月18日，由于深受肺炎疫情以及各方面因素的影响，伊利集团股价呈现出显著性降低趋势，且在2020年3月18日达到最小值。而在2020年3月中旬之后，伊利集团管理者立足于自身的内外部环境发展情况来优化员工业绩评价方案，并制订出更加严格与公平的业绩评价计划，并从2020年3月中旬开始引进最新的员工业绩评价方案。结合图4-5可以看到，从2020年3月中旬开始，一直到4月月底，伊利集团股价呈现出持续性增长趋势，且成交量比较大。由此可见，在实施严格与科学的员工业绩评价方案之后，伊利集团的股价得到提高，这说明员工业绩评价对于伊利集团经营管理的影响比较大。也从侧面充分证明，在公司经营管理中应关注员工业绩评价的重要性，因为业绩评价对于公司股价的影响比较突出，并且伊利集团的员工业绩评价工作已取得一定的效果。

2. 基于员工流失率波动的业绩评价效果分析

根据2020年伊利集团的相关数据，员工流失率已突破25.0%。而在2020年之前，伊利集团员工流失率并没有突破25.0%。例如，2016年的员工流失率为14.3%，2017年为15.9%，2018年为14.6%，2019年为19.1%，且对于这些员工流失率数据统计而言，大多数数据都来源于员工的主动离职，这些离职之后的员工去向为同行业其他公司或者其他行业。在员工流失率居高不下的背景下，如何建立科学的业绩评价机制来对员工业绩进行

公平与公正的评价，并充分维护员工劳动权益与社会权利，这已经成为伊利集团中长期发展中的重点工作。从 2020 年 3 月中旬开始，伊利集团管理者对公司内外部环境因素进行充分分析之后，开始执行严格的员工业绩评价方案。案例对 2021 年上半年的员工流失率进行了统计，如图 4-6 所示。

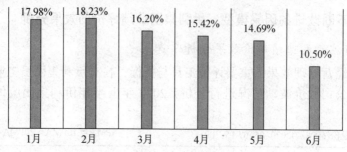

数据来源：来源于伊利集团的公司年报

图 4-6　2021 年 1 月到 6 月伊利集团的员工流失率统计

根据以上数据可以看到，2021 年 1 月，伊利集团的员工流失率等于 17.98%，2021 年 2 月为 18.23%，3 月为 16.20%，4 月为 15.42%，5 月为 14.69%，6 月为 10.50%。由此可见，与 2020 年的员工流失率相比较，伊利集团在 2021 年上半年的员工流失率呈现出有所降低的趋势。在 2020 年 3 月中旬实施严格的员工业绩评价方案之后，2020 年的员工流失率之所以居高不下，是因为短期的员工业绩评价工作并不能瞬间降低员工流失率，而在 2021 年上半年，员工流失率有所降低，这说明伊利集团的业绩评价工作长期效果比较显著。虽然对于公司人力资源管理而言，员工业绩评价无法达到立竿见影的效果，但长期性效果比较突出。

（三）基于时间结构，业绩评价对伊利集团的成长性影响

1. 总体业绩评价

根据 2020 年伊利集团的公司年报可以看到，2020 年的营业总收入达到 968.86 亿元，其中，归母净利润等于 70.78 亿元，逆势达到高位的双增长目标，意味着公司的主营业务呈现出健康增长趋势，且公司的业绩能力比较突出。随着"全球织网"战略的不断发展，伊利集团已成为亚洲、欧洲、美洲、大洋洲等地区的重要乳制品公司，并在这些地区广泛布局乳制品业务。作为乳制品领域的龙头公司，伊利集团已生产出多种产品，且在市场的中长期发展过程中处于绝对的领先位置，伊利集团的整体营业额也在不断提高，可以说是遥遥领先，是全球乳业市场中的亚洲乳企之一，并处于乳制品领域的第一阵营。根据 2020 年 9 月 10 日国家发布的民营公司五百强公告，伊利集团排名第 70 位。

2020 年上半年，疫情对乳制品行业的冲击比较大，很多中小乳制品公司在肺炎疫情下逐步黯然失色甚至直接宣布破产倒闭。而通过对 2020 年伊利集团相关财务指标的分析可以看到，在乳制品行业发展中，伊利集团仍然存在着显著优势。在 2020 年 3 月中旬采取严格的员工业绩评价方案之后，伊利集团的整体性业绩得以提升，这说明员工业绩评价工作已取得一定的效果，这对于今后伊利集团的发展来说非常重要。

2. 发展能力分析

商业价值、社会价值二者存在着相辅相成的关系，只有推进社会价值、商业价值的有效融合，才能不断发掘新的需求与商业模式。对于伊利集团而言，其在发展中的激励力为

社会价值。伊利高度关注股东权益，且对中小投资者的权益也比较关注。伊利股份于1996年发展成为中国乳制品领域的第一家A股上市公司，截至2020年12月31日，伊利股份的市值从4.2亿增加为1 874.3亿，其增长倍数超过420倍，在A股市场中是知名度比较高的白马股。在发展过程中，伊利集团的现金分红累计达到205.43亿元，分红率为58.71%。由此可见，伊利集团的发展能力比较强。

中国产业研究报告提示，乳制品行业存在着突出的马太效应，行业的市场集中度逐步提升。龙头公司对于市场份额的收割比较多，行业集中度逐步攀升。尼尔森数据证明，2020年第三个季度，伊利集团的市场份额还在提升，常温奶的市占率增长38.8%；低温奶的市占率增长为15.2%。而在2020第二季度，蒙牛乳业常温与高端品牌的市场份额从1.5%提高到28.2%，鲜奶业务的市场占有率还在继续提高，截至2020年第一季度，鲜奶的市场份额处于乳制品行业的第二名。

3. 业绩能力分析

根据尼尔森零研数据，在伊利集团的发展中，液态类乳产品的零售额业绩能力比较强，且市场占有率达到33.3%。与2019年相比较，同比增长率为0.9%；对于婴幼儿的配方奶粉而言，其零售额与市场份额的比值为6%，与2019年相比较，处于基本持平的状态。在中国的乳制品行业发展中存在着激烈的竞争，由于奶源的分布比较广泛且产品的物流配送有所缺陷以及储存条件受到影响，当下中国乳制品领域出现大公司占有主导性地位的特征。2020年，乳制品行业的整体市场份额中，伊利集团与蒙牛的份额合计为48%，伊利集团为26.5%，蒙牛为21.5%，2021年还在继续增加。根据2019年中国产业研究报告的数据，中国乳制品领域的CR2已远超40%。这充分证明中国的乳制品市场高度集中，呈现出双寡头的竞争性特征。而伊利集团之所以成为乳制品行业的巨头，与其良好的业绩能力息息相关。在2016年到2020年度的伊利集团的发展中，2016年的营业成本等于383.8亿元，2017年的营业成本等于374.3亿元，2018年的营业成本为423.6亿元，2019年的营业成本为491.1亿元，2020年的营业成本为563.9亿元。而对伊利集团的毛利率进行计算，2016年为35.89%，2017年为37.94%，2018年为37.28%，2019年为37.82%，2020年为37.35%。图4-7为2016—2020年伊利集团的营业成本与毛利率统计。

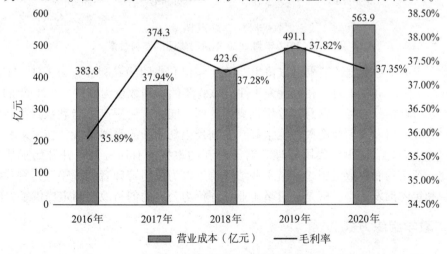

数据来源：来源于伊利集团公开信息整理

图4-7　2016—2020年伊利集团的营业成本与毛利率统计

根据以上数据可以看到,在伊利集团的中长期发展中,其存在着相对稳定的毛利率,且整体维持在37%上下,这充分说明,伊利集团的产品竞争力比较突出,业绩能力也很强。

4. 公司研发投入分析

研发投入对于伊利集团的未来发展产生了重要意义。随着伊利集团的不断发展,管理者通过业绩评价工作也意识到研发投入的重要性,并在公司发展中关注研发投入。根据2020年伊利集团年报数据统计可以得出,2020年伊利集团的研发投入等于4.65亿元,而2019年的研发投入为4.20亿元。与2019年相比较,伊利集团管理者在研发方面的投入有所增加。这是由于在对员工进行业绩评价的过程中,在对业绩评价结果进行利用时,公司管理者通过业绩结果分析发现公司的研发投入问题,并认为研发投入还需要增加,因此在2020年的发展中继续增加研发投入。研发投入是乳制品公司进行创新的前提条件之一,只有确保研发投入处于高水平状态,才能更好地提高伊利集团的市场竞争力与技术创新能力。

在目前乳制品行业的发展中,伊利集团的研发投入处于领先水平,蒙牛集团2020年的研发投入为4.05亿元,该数值低于伊利集团的研发投入数据。由此可见,在采取严格的员工业绩评价方案之后,伊利集团的管理者对研发投入的关注度比较高,并意识到加大研发投入的重要性,这对伊利集团的可持续发展产生了重要意义。

5. 创新业绩分析

创新业绩对于伊利集团的影响比较大,通常情况下,创新业绩可以用来评价一个公司的创新能力。创新业绩越多,意味着公司的创新能力越强,而创新业绩越少,意味着公司的创新能力越差。在案例研究中对2017年到2020年伊利集团的专利数量进行了统计,结果如图4-8所示:

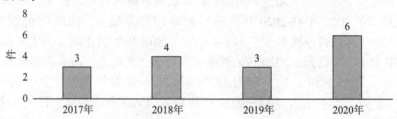

数据来源:来源于同花顺

图4-8　2017年到2020年伊利集团的专利数量

根据图4-8的数据统计结果可以得出,2017年伊利集团的专利数量为3件,2018年的专利数量为4件,2019年的专利数量为3件,2020年的专利数量为6件。2020年的专利数量呈现出显著性增长趋势,这意味着伊利集团的创新能力有所提高。专利数量的增加,也说明公司管理者对发展创新的关注度很高。专利是创新业绩的重要呈现,在采取科学的员工业绩评价方案之后,伊利集团管理者对于创新的重视度有所提高,并开始加快创新步伐,因此,产生的专利数量很多。员工业绩评价可以为公司管理者的战略制定提供科学参考,在伊利集团的发展中,就是通过员工业绩评价为公司的创新战略制定提供了方向。

四、教学组织方式

(一)问题清单及提问顺序、资料发放顺序

(1)伊利集团"PS系统"的业绩评价指标是如何分解的?业绩评价指标设计的原则

是什么？

（2）根据业绩评价指标时间结构，伊利集团业绩评价是否与企业整合周期符合？吸引人才方面的优势体现在哪里，应如何改进指标体系？

（3）根据业绩评价指标体系的空间结构，指出伊利集团的组织层级与业绩评价指标有哪些特征和不足？如何改进不足？

（4）根据业绩评价指标体系的因果结构，伊利集团战略实现与业绩评价指标如何关联？业绩评价指标的执行是否面临着挑战性？

（5）基于不断改进的因果模型，伊利集团业绩评价对公司业绩的效果有哪些？

（二）课时分配

（1）课前小组讨论并分工（1学时）。

（2）课前小组查阅资料并撰写分析报告（5学时）。

（3）课堂小组报告（可采用角色扮演的形式，4学时）。

（4）课堂小组提问并进一步讨论（2学时）。

（5）报告总结1学时。

（三）讨论方式

本案例适于采取小组合作的形式讨论并展示。

第三章 业绩评价标准

案例5 复星集团：财务共享下人效管理的业绩评价标准行业启示

专业领域：会计专硕（MPAcc）、审计硕士（MAud）、工商管理硕士（MBA），会计、审计、财务管理等本科专业

适用课程："公司业绩评价与激励机制""大数据与财务决策""企业数字化转型理论与实务"

选用课程："绩效管理与量化考核""绩效考核与薪酬激励""业绩考核理论与实务"

编写目的：本案例的主要目的是引导学员通过复星集团业绩评价标准，实践运用标杆法选择业绩评价标准，运用递进平均法确定业绩评价标准，能够表达出复兴集团的人效评价情况，并分析复星集团业绩评价标准选取的战略导向，对复星集团业绩评价现实情况提出自己的创新思路。

知识点：业绩评价标准的制定、人效管理、财务共享中心建设、标杆法、递进平均法

关键词：公司业绩评价体系；财务共享；人效评价；复星集团

中文摘要：本案例讲述了复星集团在财务共享下的人效评价情况。当今社会经济发展迅速，这给很多公司的发展带来了机遇。从内部情况来看，一个公司能够高效地利用自身资源，最大化降低内部消耗的成本则是内部情况的重中之重。财务共享中心的构建则是很好的例子。它的建立不但提高了内部工作的效率，也降低了很多成本，同时还能提供很多数据完善公司其他方面的不足。本案例通过展示复星集团的实际情况，并分析其存在的问题，给出建议意见，使复星集团能在财务共享的模式下，找出其在人效评价时的问题，并不断改正，从而使自身的发展得到保障。

英文摘要：This case describes the human efficiency evaluation of Fosun Group under Financial Sharing. Today's rapid social and economic development has brought opportunities to the development of many enterprises. The opportunity we know is nothing more than a bigger market and a broader source of customers. But this is from the perspective of external development, from the perspective of internal situation, a company can effectively use its own resources, maximize the cost of reducing internal consumption is the top priority of the internal situation. The construction of Financial Sharing Center is a good example. Its establishment not only improves the efficiency of internal work, but also reduces a lot of costs. At the same time, it can provide a lot of data to improve other aspects of the enterprise. This case shows the actual situation of Fosun Group, analyzes its existing problems, and gives suggestions, so that Fosun Group can find out its problems in human efficiency evaluation under the mode of financial sharing, and constantly correct them, so as to ensure its own development.

案例正文

复星集团创建于1992年，健康、快乐、富足、智造四大板块，为全球家庭客户提供高品质的产品和服务。作为一家创新驱动的家庭消费产业集团，复星集团先后投资复星医药、复地、豫园商城、建龙集团、南钢联、招金矿业、海南矿业、永安保险、分众传媒、Club Med、Folli Follie、复星保德信人寿等。2007年，复星国际（00656.HK）在香港联交所主板上市。2011年，复星集团纳税89亿元，提供就业岗位8.9万个，年度员工薪酬超50亿元人民币。20年来，复星集团已累计向社会捐赠超6亿元。复星集团内部成员既优秀又能默契配合，还取得了优异的业绩。郭广昌的用人哲学：复星从来不对高级人才实行定编、定岗、定责式的管理，这种"三定"管理方式只在复星的底层员工管理中采用。高级人才的激励方案不与纵向比（同一岗位的历史比）、不与横向比（集团同一级别、规模的其他人比），主要应与这个人才的市场行情比、与他进入企业后可能带来的价值比。高级人才引进上的"一人一议"政策，极大地增强了复星与国有企业甚至外资企业的人才竞争力。

复星把人才作为资产来管理，即把好人才资产的保值增值关。以前企业丢了一部相机都会有人赔偿负责，可走了一个人才却很少有人承担责任，这种制度最大的缺陷是没有把人才当成资产来管理，容易造成人才流失。复星中高层人才的流动率之所以能保持在很低的水平，重要原因就是复星把人才当成资产在管理，充分重视人才，流失了一个人才，相关领导都是要负责任的。

复星集团在财务共享模式下不但做出了良好的业绩，并且也得出了很多关键数据来支持人效评价的构建与发展，所以，要通过复星集团的案例来对人效评价开展调研。

一、案例背景介绍

（一）复星集团简介

复星集团的前身是"广信科技发展有限公司"。1992年成立之初，上海"广信"只是一家小规模的科技咨询公司，主营业务为市场调查和科技咨询，创业资本不过3.8万元。2021年总收入达人民币1 612.9亿元，公司总资产达人民币8 064亿元，在2022福布斯全球上市公司 2000 强榜单中列第 589 位，MSCI ESG 评级为 AA，拥有深度产业布局的国家和地区数近 30 个，全球员工数 96 000 人，科创投入 89 亿元（人民币）。

（二）人效评价解释

人效顾名思义，人效即人的效率，"人效"是管理人的有效能力，人效能力是能够被发挥出来的。人效同时也是用来衡量公司人力资源价值，形成一种计量现有人力资源获利能力的指标。人效的本质特征取决于人力资源的性质特点，归纳起来有以下六个方面：

（1）能共性。人是"有思维、有感情、有理想的动物"，这是人力资源与物质资源的根本区别。在生产劳动过程中，人具有鲜明的目的性、无限的适应性和应变能力。因此，调动人的主动性、积极性，增强人的应变能力是提升人效水平的关键点。

（2）增值性、发展性。人力资源存在生成、积累、发展的过程，其"资源性"是通过劳动生产创造和增加的。在这个螺旋式上升的过程中，必须不断加强人力资源能力建设，持续积累人力资本，这是不断提升人效的重要基础。

（3）持久性、时效性。存在于人的生命之中的人力资源，其开发、使用受到时间的限制。在人力资源的个体成长、发展、成熟的过程中，一定要根据个人情况和工作需要，选人适用，及时使用。另一方面，人力资源相对于其他资源其收益率更具有长期性和持久性，若管理手段得当，人力资源的投入产出可呈现持续的增长。这也是人效管理必须注意的问题。

（4）社会性、团队型。人力资源来自不同地域、不同民族、不同文化，具有不同的思想观念和价值观念，在生产活动中、在人与人的社会交往中必须强调团队精神、加强团队建设，处理好人与人、人与群体、人与社会的关系，协调和照顾各方面利益，形成一个和谐合作、具有战斗力的组织。这是提升人效的重要前提。

（5）多样性、复杂性。人力资源是一个整体的、宏观的、集合的概念。一个生产运营组织是由各种不同身份、不同岗位的人员组成的，有投资者、经营者、生产者，有领导人员、管理人员、技术人员和一线员工。按照现代经济学原理，包括人力资源在内的各种生产要素的配置比例，只有处于现有工艺技术条件所规定的区间时，才能形成有效的、最大化的生产能力。各种人员配置结构、水平若不合理，就会影响投入产出比例，甚至产生负面效应。因此，不仅需要人力资源的合理结构，还需要合理配置其他资源与人力资源的比例，使之平衡，这是提高"人效"必不可少的条件。

（6）管理科学性。人力资源的生成、配置、使用、培训、分配、激励，是一个复杂的管理过程。涉及每一个人的切实利益，必须坚持科学合理、公平公正、竞争择优，做到人尽其才、才尽其用、各得其位、各得其利。可见，作为管理学的人效管理更是一门艺术，人与人之间的沟通、交流，运用艺术性的语言和手段达到理想的效果。

本案例中人效评价体现在财务共享模式下对复星集团中员工业绩的管理评价。

二、复星集团财务共享中心的建立

财务共享服务中心（Financial Shared Service Center，FSSC）是近年来出现并流行起来的会计和报告业务管理方式。它是将不同国家、地点的实体的会计业务拿到一个 SSC（共享服务中心）来记账和报告，这样做的好处是保证了会计记录和报告的规范、结构统一，而且由于不需要在集团的每个公司和办事处都设会计，节省了系统和人工成本，但这种操作受限于某些国家的法律规定。中国公司财务共享中心（FSSC）的建立高峰期是中兴在2007年建立财务共享中心并取得了非常显著的成效后开始的，许多公司看到了财务共享服务模式的可行性和先进性。

复星集团财务共享服务中心成立于2017年年初，主要有四个定位：做高性价比的财务运营服务提供者、财务风险的1.5道防线守护者、财务基础大数据的制造者以及集团财务人才的重要培养基地。其业务范围包括：全球化的财务审核、资金结算、会计核算、数据信息维护等基础业务，总账税务、财务控制、合并报表及分析等增值管理业务等。目前，复星集团财务共享服务覆盖的公司数高达700多家，境内、境外的公司各占一半左右。

2021年7月22日，以中国企业财务评价专家委员会为指导单位、中国CFO发展中心主办的"2021第九届中国企业财务智能化转型高峰论坛暨2021中国十大资本运营TOP CFO与中国十大企业财务智能化转型年度人物颁奖盛典"在北京成功举办。上海复星高科技（集团）有限公司财务共享服务中心总经理徐伟获得"2021中国十大企业财务智能化转型年度人物"，颁奖词是：凭借过硬的财务功底，丰富的财务共享实战经验，成功打造可快速复制的集中化、标准化财务体系，有效协助复星生态企业进行快速、全面的财务转型迭代，用实力实现了复星财务共享管理模式的行业示范作用。

（一）复星集团财务共享服务中心发展规模及组织架构

复星集团财务共享服务中心发展的规模呈现出每年都上升的趋势，所纳公司数量由2016年3月的48家逐步上升到2018年的650家；所含员工数量也从2016年3月的12人通过快速发展，在2018年12月成功扩增到150人。

整个运营体系分成三部分：人员管理和业绩评价体系、制度和质量监控体系、服务模式，通过这三部分综合把共享服务中心的运营质量、服务打造好。在架构组织中，复星财务共享服务中心包括了资金结算、财务审核、人力行政等九个部分。

复星集团财务共享服务中心持续探索构建四化合一即自动化、专业化、智能化、规范化的共享组织作业体系并随财务共享与大智移云区物新技术和业务的进化而动态完善。同时作为打开成功之门的金钥匙，复星集团主张正能量不抱怨，要提出问题、分析问题、解决问题。在纪律方面恪尽职守财务职业道德，坚持原则，遵从公司纪律。先做好螺丝钉，以客户体验为中心，结果导向形成闭环。在定位方面，强调坚守服务支持决策的定位，守护价值，创造价值。

（二）复星集团财务共享服务中心精细化运营四个方向

（1）打造财务共享运营的操作平台，自主设计研发第三代智能财务运营平台，深度剖析现状，依托"业财平台"，承担"打通"的枢纽，谋划数据全局协同，推动财务全面迈向数字化。

（2）在共享运营平台的基础上不断迭代和进化各项专业智能化模块和功能。自主研发、引进自动化投资会计核算模块，由于复星集团的投资业务比较多，将核算的规则都嵌入这一模块中，前端录入相关数据，后端可以自动生成凭证；智能单据柜，可以做到扫码挂接、极速找单、一键开柜、红绿灯状态提醒等；智能化运营看板，实时展现财务共享服务的700多家公司财务运营的所有状态，钻取查看明细等；打造财务机器人，包括纳税申报机器人和回单下载机器人等。

（3）市场化的透明计费机制。启动了非量化任务运营管理，"复星集团财务共享服务中心存在大量非传统的财务共享业务，如账户管理、涉税事项处理等，如果该部分工作量不能得到很好的计量，会既影响共享运营业绩的评定，也影响对外公平计费。"张立纲解释道。复星集团财务共享服务中心自行设计的非量化任务管理模块，可以将非量化的工作通过工时等要素转换为量化指标，按标准成本计入相关服务客户项目，从而达到既公平透明计费，又有效统计人员非量化任务工作量的目标。

(4) 坚持质量和服务双优，打造服务标杆。一方面，通过增强财务金三角（战略财务、业务财务、共享财务）三位一体的组织体系，以及借助智能化的风险库、大数据等工具，进行预警，实现智能化风险管控；另一方面，智能共享平台构建透明SLA，提升服务水平和服务意识。从建立合作关系开始就跟客户签订服务协议，满足客户个性化的需求。同时，明晰合约双方分别承担的责任，实现服务、时效和定制化等标准的公开化、透明化。徐伟强调："质量是生命底线和红线；良好客户服务则是可持续发展的保障。"

(三) 复星集团财务共享服务中心三大特点

1. 全场景定制化服务

复星集团财务共享服务中心是集团人才梯度培养的基础，作为公司的1.5道防线，是公司大数据的提供者，因为多样化的行业与公司，组织方式包括有限责任公司、合伙公司、非营利机构，行业很多，包括金融银行保险、健康养老、医院、演出、影视制作还有婚恋服务和教育等，且海外服务也较多，所以有很多全场景定制的服务。

2. 共享中心的风险防控

共享中心的风险防控与一般财务风险防控不同，关键在于境内外资金付款风险、税务风险、重大会计核算风险、系统信息安全风险。准确无误的付款和及时的报税是红线，任何的付款错误和报税延误是需要严肃处理的。内部控制在于规则的设置，复星集团财务共享服务中心除了有详细的财务内控管理制度手册、各小组岗位操作纪律、SOP标准操作流程，还有自己整理的风险库汇编。复星集团财务共享服务中心有10个团队，包括影像档案、财务审核、会计核算、资金结算、总账税务、投资及合并报表、流程创新、质量控制、人力行政、运营管理，每个组都有相应的细则与制度，同时风险库不断汇总更新，复星集团财务共享服务中心进行了3年内所有风险的整理，并定期组织员工考试。

3. 财务人员的梯队培养

复星集团财务共享服务中心的人员来源是校企合作、境外留学、社会招聘，尤其是校企合作。

21%的员工有境外留学经验，一方面境外留学人员因为毕业时间差，可以补充一年四季的招聘需求；另一方面因为语言或者文化的匹配，可以进一步支持境外工作。财务共享中心的大部分员工为20~30岁，多数员工是实习生转正的。社会招聘的人多数具有四大或者内资事务所工作经验，根据复星集团自己的统计，发现实习生转化人员的离职率更低，认同感更高。目前，复星集团财务共享服务中心已成为各级财务组织的黄埔军校，为财管中心专业岗、集团核心公司的BP岗、共享中心的管理岗输送人才，目前输送比例10%。

三、基于财务共享模式下的复星集团人效管理

(一) 复星集团人效管理概况

复星集团财务共享服务中心自成立伊始，积极构建专业序列、管理序列双轨道发展模

式,积极探索复星集团财务体系人才流动机制,用时间和实践推进复星集团财务人才孵化基地的培养和发展。

郭广昌通过"人本管理"理论学习,创新了复星集团的人效管理模式。人本管理是一系列管理活动的总称,具体指把公司员工作为管理活动中最核心的部分,协调每一个人的利益,最大限度地激发员工潜能,实现个人综合实力的提升,并最终提升企业整体竞争力。当前,个人最基本的温饱需求、安全需求已得到满足。个人精神层次上或者说作为人的较高层次也需要得到满足。企业发展的内外部条件不断更新,单一追逐利润的模式难以迎接新的挑战。人本管理模式较旧的管理模式更为先进,是在其基础上充分考虑每一位员工的感受、自尊、价值观等。只有这样,员工的重要性才能够体现出来。企业是员工的总和,个人进步了,企业才能进步。领导在安排工作时,也要充分考虑到不同员工的专业背景、兴趣爱好、个人能力以及心理素质等。这样,员工们的工作热情能够有一个较强的持续性,从而有利于计划的完成。"以人为本"的人本管理模式常见的实施路径主要有设计激励机制、构建和谐氛围、培养优秀人才等。具体地,构建激励机制是指通过物质或非物质途径提升员工的积极性、主动性。实施过程中要设计灵活的评价制度、有效的福利保障,真正使员工产生内生动力,提升企业内部控制。构建和谐氛围是指消除员工之间的矛盾、误会,使人们之间和睦相处,让员工热爱自己的工作环境,产生归属感。培养优秀人才是指构建长远的人才战略计划。在这过程中,要建立优秀人才储备库,为员工提供相应的培训,实现企业的长远发展。

那么财务共享是如何与人效进行结合的?对于这个问题复星集团所采取的基本措施是立足人才培养机制,设立整体和个人目标通过一系列激励促进措施来予以运作。首先设立财务共享中心,紧接着从各公司部门吸纳人员,让各人员高强度、高效率地见证并完善公司的各项财务任务,先是培养了员工的能力,然后潜移默化地对员工进行了激励,这才能将财务共享模式下的人的效能发展到最大。

具体的人才培养机制:协同型,是指向复星集团各财务领域积极输送优秀人才,积极推进共享财务人员向战略财务和业务财务的转型。管理型,是指用平台和业务考察和锻炼优秀的财务人员,有效促进具有领导潜力的核心骨干从专业序列向管理序列转型。精细化的人效评价与运营机制。一方面是通过搭建员工业绩评价模块,每个员工都可看到业绩的明细表,透明化的业绩评价也可让员工了解自身的定位,从而不断地自我提升。另一方面是自主设计财务共享的人效评价模块,为共享招聘与内部运营管理提供有效的数据支撑。

(二)复星集团人效管理实例及分析

复星集团的人效管理从零开始步履艰辛。一开始随着复星集团财务共享中心的建立,人数也呈一个逐年大幅度递增的趋势,如图5-1所示。

再经过人数上的扩增补充之后,复星集团财务共享中心的规模逐渐扩大了起来,并且形成了许多专门职能工作的各个部门团队。在每个部门团队中,每一个工作人员都是不可缺少的,也是非常有前途的。正是由于在每个部门团队中出色的工作,给每一个在财务共享中心工作的财务人员,不但强化了奋斗意识,更积累了丰富的工作经验。据此,通过以下真实的案例,对不同类型的员工进行分析,学习复星集团在财务共享下的人效评价的业绩。

数据来源：根据复星集团公开数据手工整理

图 5-1 复星集团 2016—2018 年员工人数变化

（1）员工 A：南方航空公司五年工作经验，从事各项财务基础工作。2016 年 8 月加入复星集团财管中心，助群成立伊始转入助群。面对繁杂的各种历史信息和不断新生的业务，精心梳理归纳，主动沟通，自我激励。2017 年 9 月成功内推至复星集团某上市公司担任财务部负责人。

（2）员工 B：具有四年零售及互联网公司财务背景，2017 年 4 月加入助群后，积极配合业务要求，不断挑战公司新业务，在人员调剂紧张时，主动承担过渡期工作。2018 年 3 月成功内推至复星集团旗下星恒保险担任财务高级经理。

结合公司概况以及两名员工的人效管理实例：首先，公司内部在人效管理方面有专门设置的联网系统，即存在强大的内部推送系统，只要足够努力、足够优秀就可以被公司内部进行安排晋升。有着强大的人效管理系统是进行人效管理的先决条件。其次，财务共享中心的成立是很多优秀员工可以得到发展的契机，如同这两名员工都是在成立了财务共享中心之后，通过在建设初期的努力学习、不断实践才得以抓住机会发展自身。其中很明显他们具有主动要求进步、不怕困难，愿意通过自身努力去解决困难的精神，这也侧面体现了一个财务共享中心建立的不易。最后就是，两人都非应届毕业生，而是有过工作经验的人士。一开始在他们原有的工作上进步缓慢或者没有进步，来到复星集团的财务共享中心后，因为复星集团在人效管理上有自己独特的方法及要求，促使二人快速学习，快速成长。

（3）员工 C："90 后"，香港中文大学硕士毕业。香港工作 3 年，担任会计。助群作为内地的第一份工作，充分发挥自身优势，快速适应境外总账，积极探索新兴业务，时刻保持学习状态。2018 年 6 月成功内推至复星集团影视集团担任财务 BP。

（4）员工 D：上海财经大学毕业，安永+通用的 6 年工作经验，自 2016 年 5 月加入复星集团财管中心，助群成立伊始转入助群，迅速响应，自我激励，善于团结。加入助群两年，从普通总账、控制团队核心骨干再到总账税务团队负责人，助群的开阔平台更离不开她个人的努力付出。2017 年 4 月正式晋升为高级经理，2017 年 10 月特别晋升为副总监并担任总账税务团队负责人。

通过两人的学习经历和工作经历，可知复星集团财务共享服务中心不仅仅有接触过类似行业的"老人"，也有高学历高水平高层次的名校学员。他们在高校里学习了先进的科学文化知识，在复星集团财务共享服务中心这个舞台下，发挥自己的本领，并且时时刻刻不忘拿实际情况与自身所学过的知识进行对比，从而发现理论与自己所经历的现实的差距,最终调整好心态,对每一个出现的问题进行分析、思考以及讨论,直到给出一个相对最优的解答。有了这样的优质解答及解决问题,就是员工对公司的一种正向积极的反馈。同时,也应注意到,公司也会以更积极的方式予以同样的反馈。在人效评价中,把最好的条件赋予财务人员,使其能够对自己的职业充满信心以及自豪感,从而加速了对工作的奋进。

(5)员工 E:"90 后",上海师范大学档案学毕业。自 2017 年 9 月入职助群,充分发挥档案专业特长,填补共享中心短板,从零开始,发挥主观能动性,承担多项档案行政工作。2018 年 4 月正式晋升并担任新组建的档案管理团队副经理。

(6)员工 F:"90 后",中国银行上海分行 5 年,从事银行中后台具体工作。自 2017 年 8 月入职助群,任资金结算经理。快速融入复星文化,从零做起,勇挑重担,利用专业优势,树立并发挥团队管理能力,带领团队快速实现平稳运营。2018 年 4 月正式晋升为高级经理,并担任资金结算部门负责人。

从员工 E 和员工 F 的工作经历和对工作的态度可以看出,他们的成功必然离不开自己对工作积极主动的追求。再看其工作经历,其实他们的工作与财务贡献中心的主流核心业务一开始是并没有直接相互的联系的,他们一开始的经历其实本质上是一笔宝贵的财富,为其日后工作的开展奠定了良好的基础。这种情况反映了复星集团对人才培养的综合性,即先观察工作人员具有哪些技能或者知识,再找工作岗位或者工作相近的位置。通过积极引导以及一系列科学合理的办法,有效地调动起工作人员对工作的积极性,并最终综合学习,上升到新高度。

(7)员工 G:"90 后",中粮国际资金结算岗工作一年,因职业需求发展,2017 年 2 月加入助群。准确定位,踏实肯干,善于总结,乐于沟通,积极推动核算岗位自动化进程。2018 年 4 月正式晋升并担任新组建的会计处理团队副经理。

(8)员工 H:"90 后",商务咨询公司财务工作 2 年,自 2017 年 4 月入职助群,积极拥抱变化,不断挑战境外新业务,吃苦耐劳,正能量代言人,同时迅速融入复星文化并得到相关团队的一致点赞。2018 年 4 月正式晋升为高级经理,并担任总账税务团队境外组负责人,同时为该团队核心梯队培养对象。

结合员工 G 和员工 H 这两名员工的工作经历,这二位都具有的共同的优秀品质是踏实肯干,吃苦耐劳,敢于面对困难。在复星集团财务共享服务中心建立的初期,员工工作人员的数量极少,工作压力非常大。如果有人不能够吃苦耐劳,不能对自己手头的工作中的困难予以积极的、正确的面对,复星集团财务共享中心就不会慢慢建设起来。这两位员工继承且发扬了这种吃苦耐劳的精神,而后许许多多的员工也同样做到,最终使得复星集团财务共享中心得以高水平发展。同时,两人也在自己努力的工作中积累了经验,为后面的发展做好了准备工作。

综上所述,在财务共享模式下,复星集团从财务共享中心出发,立足每一个员工自己的工作效能,开启了一种新的模式,即结合先进的制度和计算机水平,以点带面,全面地发展人效管理。

在内部 KPI 评价方面,建立了一套可量化的业绩评价体系。通过线上线下的手段收集评价指标,开展季度员工自评、年中他评、年底综合评价,进而决定员工的轮岗、晋升和薪资。在专业人才的成长通道上,复星采取财务内部轮岗制。在每个岗位一般是一年,做得好,就轮到下一个岗位,做不好,就淘汰。基础岗,除了总账这个岗位外招比较多,其他基本不外招。技术岗也不外招,如费用审核岗和资金结算岗等,基本上在校的大三学生就会到公司来实习，实习6个月到1年，增加相互了解，如此加入公司后的流失率是很低的。除特殊原因，总体流失率不超过5%，社会招聘的流失率在30%甚至更高，坚持人才一定要自己培养。

走进复星的大展示厅，迎面墙上一行"修身、齐家、立业、助天下"的大字十分引人注目。这是郭广昌心目中的复星企业文化精髓，也是一种企业哲学。郭广昌非常清楚地认识到这一点，他时时告诫大家："市场就是以成败论英雄。"一个看似无情的评判标准，却包含了郭广昌矢志将每一个复星人培养成才的良苦用心。"以发展来吸引人，以事业来凝聚人，以工作来培养人，以业绩来评价人"，复星用有情的鼓励和无情的鞭策，让每一个复星人都能以积极的心态工作在最合适的岗位上，实现自我，超越自我。

四、参考资料

[1] 复星集团：人才管控. http://k.sina.com.cn/article_1226857230_49205b0e00100ugj2.html.

[2] 财务共享案例汇总：蒙牛、复星、汉高、GE. https://baijiahao.baidu.com/s?id=1649283384967123557&wfr=spider&for=pc.

[3] 在途商旅与复星携手共同打造智能差旅平台解决员工差旅出行问题. https://www.sohu.com/a/478552608_120915513.

[4] 路博. 高管特征对上市公司经营绩效的影响效应［J］. 商业研究，2022（2）：133-141.

[5] 崔九九，刘俊勇. 董事会连通性与高管薪酬有效性——来自相对业绩评价的经验证据［J］. 山西财经大学学报，2022，44（3）：100-113.

[6] 案例KU｜复星集团财务共享中心建设之路. https://new.qq.com/omn/20210219/20210219A0DTR000.html.

[7] 冯银波，刘雨佳. 中国民营企业跨行业海外并购财务绩效分析——以复星并购Folli Folli为例［J］. 管理现代化，2016，36（3）：73-75.

[8] 国资委考核分配局. 2022年企业绩效评价标准值［M］. 北京：经济科学出版社，2022-6.

[9] 吴树畅. 民营企业参与国有企业混合所有制改革的经验——以复星集团参与国药集团混合所有制改革为例［J］. 财务与会计，2015（6）：28-29.

[10] 孙早，肖利平. 多元化战略对企业自主创新，是促进还是抑制？——来自复星医药的案例分析［J］. 企业管理，2015（4）：44-49.

[11] 郭广昌：我用了4年，让复星管理层年轻了5岁. https://baijiahao.baidu.com/s?id=1631658479991145642&wfr=spider&for=pc.

五、讨论题目

（1）复星集团如何将业绩评价与财务共享中心相结合？

（2）复星集团的人效管理现状是什么，如何有效制定与人效管理相适应的业绩评价标准？

（3）复星集团的"人效管理"与其他企业的"人本管理"理论与实践有什么不同？

（4）财务共享下的复星集团人效管理中的业绩评价标准有什么特点？复星集团人效管理业绩评价标准还有哪些进一步的提升空间？

（5）复星集团的财务共享、业绩评价标准和人效管理为同行业带来的借鉴作用是什么？具体在哪个方面？

（6）人效管理中业绩评价标准制定的最大难点是什么？如何使用大智移云区物新技术改善这些业绩评价标准制定的难点？

案例使用说明书

一、本案例要解决的关键问题

通过本案例的应用，引导学员分析：在财务共享的模式下，复星集团的人效管理有哪些特点？又有哪里需要提升改进？

二、案例讨论的准备工作

在对本次案例进行学习前，各位学员应该做好预习以下内容的准备：

（一）理论背景

1. 人本管理

所谓人本管理，就是将员工的切身利益作为管理基础，尽量满足企业中每一位成员的合理需求。实际上，"以人为本"的管理思想也是企业文化的表现，这种管理方式会让员工对企业产生强烈的归属感，从而激发员工潜能，使员工与企业的目的、价值观最大限度地重叠，实现真正意义上的双赢。只有这样，才能够提高员工的主观能动性，强化企业整体竞争力。

突出人在管理过程中的核心地位，围绕人的积极性、创造性展开一系列的管理活动。作为一种提高员工劳动生产效率的方式，以人为本的管理理念已被社会各界接受。

2. 人本管理思想的特点

人本管理思想的特点归纳为如下五点：①员工是企业进行人本管理的核心目标。人本管理思想一直强调以人为本，而员工作为一个企业巨大的财富，必然要放到管理方案中最重要的位置。相应地，企业中的物质资源也要作为员工的附属物尽量辅以其工作目标。因此，企业在设计本公司管理制度时，要充分考虑人的重要性，把握人是管理核心的关键，打破以往将员工视为工具的旧思维，关注员工成长，并基于此实现公司的发展规划。②人本管理实施的对象是企业全体员工。众多案例研究的结果表明，管理层在实施管理方案时，往往过分关注高层员工的意见，忽视基层员工的感受。业绩评价则是公司会结合外界市场环境和实际情况来制定的一种对员工业绩进行评价的标准，公司会根据员工的个人业绩和工作态度等对其进行综合的评价，然后根据评价的结果对员工进行相应的奖励和惩罚。通过业绩评价能够激励员工对工作的积极性，从而让员工能够为公司创造更大的价值。一个合理客观的业绩评价机制能够让员工提高工作效率，并且在公司内部形成一种良性的竞争氛围，同时还能够让员工对公司充满认同感和归属感。企业管理层的人数一般都呈金字塔式分布，高层员工数量少，基层员工数量多。以人为本的管理模式强调重视每一位员工的感受，对基层意见漠不关心，对高层过分关注必然使管理偏离最初的目的，引起广大员工的反感，不利于企业各项计划的执行。现阶段，"90后"员工占比较高，这一年龄段的员工潜力巨大，但也个性十足。他们十分注重分工合作，强调价值的实现，对以前那种严格的上下级关系较为抵触。因此，粗糙的、领导至上的管理理念是绝对行不通。这些客观条件决定了企业在实施人本管理的过程中要考虑企业全体员工的感受。③人本管理能够提升企业竞争的可持续性。随着社会发展，技术进步，各种信息能够快速传播，企业之间的技术差异性越来越小，真正决定企业核心竞争力的是企业的员工。如果一个企业频繁地更替员工，势必要在新人培训、业务交接等方面产生大量摩擦，内部成本偏高，定然会导致企业在市场竞争中丧失优势。相反，如果一个企业员工流失率较低，则无需在业务承接方面担心太多。人员变动小，员工之间互相了解的程度会更强，配合上也会更加默契，企业预先设置的战略目标也更容易实现。人本管理理念使企业在管理过程中重视员工切身感受，人员流失率大大降低，并且在充分了解员工的情况下，能够最大限度地发挥员工能量，大大提高企业生产效率。④人本管理有利于企业所有的利益相关者。一个成熟完善的人本管理体系对企业所有的利益相关者都是有益的。对内来说，人本管理体系有助于企业在当下复杂的经济环境中提升竞争力，获得的利润满足了股东的需求。企业能够长期保持市场竞争力，不仅解决了员工的生产需求，还能为员工提供一种不断提升个人能力的实践环境，一种实现自我价值的锻炼平台。对外来说，正向的、积极的人本管理体系下的员工制造的产品质量也必然过硬。因此，成熟完善的人本管理体系有助于客户企业，同理也有助于上游供应商，因而造福于整体经济。此外，完善成熟的人本管理体系的结果就是一个更有社会责任感的企业，一群素质更高的员工，从而有利于整个社会环境。⑤实践是人本管理不断完善的动力。人本管理并不是单纯喊口号，更不是盲目照搬照抄。企业管理层要在熟知相关理论的前提下，紧密结合企业自身特点，同时主动学习同业进展，积极调研本公司员工的意见。通过不断地修正公司激励制度，完善相关评价指标，提供必要福利保障，建立优秀人才储备库等措施完善企业人本管理体系，真正达到员工与企业双赢的局面。

3. 业绩标准设置的理论基础

业绩标准体系的建立发轫于目标管理理论、标杆管理理论以及全面质量管理理论等众多经典管理理论的广泛应用，当然这些理论也在20世纪70、80年代兴起的"新公共管理"运动中被西方国家广为使用。当时西方众多国家在新公共管理运动的冲击下不断探索对于行政组织管理效果和效益的追寻，在公共部门引入政府业绩评价这一管理工具之后开始尝试借鉴已有理论成果建立科学的业绩标准并为之努力，因为当时的行政管理机构和管理人员一致认为任何组织都需要通过设置业绩标准或目标值以及与业绩相关的奖惩机制来激励工作人员提高业绩。除了上述经典的企业管理理论之外，近年来新兴的业绩差距与业绩反馈理论也在一定程度上为其提供了理论源泉。简单来说，业绩差距就是通过系统比较分析组织预期业绩与实际业绩之后发现的一种业绩差值，这种对比可以借鉴以往的历史业绩标准，也可以利用来自其他外部组织的社会绩效标准。因此，组织在进行业绩差距测度与分析过程中便暗含了要参考多种以往的或者同行的、主观的或者客观的业绩标准。

4. 人效概念和人效特点

人效顾名思义，即人的效率，"人效"是管理人的有效能力，人效能力是能够被发挥出来的。人效同时也是用来衡量公司人力资源价值，形成一种计量现有人力资源获利能力的指标。人效的本质特征取决于人力资源的性质特点。

人效的本质特征取决于人力资源的性质特点，归纳起来有以下六个方面：

（1）能共性。人是"有思维、有感情、有理想的动物"，这是人力资源与物质资源的根本区别。在生产劳动过程中，人具有鲜明的目的性、无限的适应性和应变能力。因此，调动人的主动性积极性，增强人的应变能力是提升人效水平的关键点。

（2）增值性、发展性。人力资源存在生成、积累、发展的过程，其"资源性"是通过劳动生产创造和增加的。在这个螺旋式上升的过程中，必须不断加强人力资源能力建设，持续积累人力资本，这是不断提升人效的重要基础。

（3）持久性、时效性。存在于人的生命之中的人力资源，其开发、使用受到时间的限制。在人力资源的个体成长、发展、成熟的过程中，一定要根据个人情况和工作需要，选人适用，及时使用。另外，人力资源相对于其他资源其收益率更具有长期性和持久性，若管理手段得当，人力资源的投入产出可呈现持续的增长。这也是人效管理必须注意的问题。

（4）社会性、团队型。人力资源来自不同地域、不同民族、不同文化，具有不同的思想观念和价值观念，在生产活动中、在人与人的社会交往中必须强调团队精神、加强团队建设，处理好人与人、人与群体、人与社会的关系，协调和照顾好各方面利益，形成一个和谐合作、具有战斗力的组织。这是提升人效的重要前提。

（5）多样性、复杂性。人力资源是一个整体的、宏观的、集合的概念。一个生产运营组织是由各种不同身份、不同岗位的人员组成的，有投资者、经营者、生产者，有领导人员、管理人员、技术人员和一线员工。按照现代经济学原理，包括人力资源在内的各种生产要素的配置比例，只有处于现有工艺技术条件所规定的区间时，才能形成有效的最大化生产能力。各种人员配置结构、水平若不合理，就会影响投入产出比例，甚至产生负面效应。因此，不仅需要人力资源的合理结构，还需要合理配置其他资源与人力资源的比例，使之平衡，这是提高"人效"必不可少的条件。

（6）管理科学性。人力资源的生成、配置、使用、培训、分配、激励，是一个复杂的管理过程。涉及每一个人的切实利益，必须坚持科学合理、公平公正、竞争择优，做到人尽其才、才尽其用、各得其位、各得其利。可见，作为管理学的人效管理更是一门艺术，人与人之间的沟通、交流，艺术性的语言和手段会达到理想的效果。

（二）公司背景

复星集团创建于1992年。作为一家致力于成为全球领先的专注于中国动力的投资集团，复星集团先后投资复星医药、复地、豫园商城、建龙集团、南钢联、招金矿业、海南矿业、永安保险、分众传媒、Club Med、Folli Follie、复星保德信人寿等。

2007年，复星国际（00656.HK）在香港联交所主板上市。复星集团与员工、社会共享公司发展。2011年，复星投资公司纳税89亿元，提供就业岗位8.9万个，年度员工薪酬超50亿元人民币。20年来，复星已累计向社会捐赠超6亿元。

复星集团的前身是"广信科技发展有限公司"。1992年成立之初，上海"广信"只是一家小规模的科技咨询公司，主营业务为市场调查和科技咨询，创业资本不过3.8万元。最初选择做市场调查业务，一是同为第一次创业的创业者都没有过产业经营的经验，而且当时允许私人参与的行业也有限；二是市场调查和咨询行业不需要很大的资本金，主要是靠智力因素，而且客户还会支付预付资金，很适合初次创业；三是当时市场有需求，却没有专业的市场调查公司，"广信"作为第一批进入这个市场的公司，很快打开了局面，成为行业中的领先公司。这从一定意义上鼓舞了士气和勇气，激励了团队的战斗力。"广信"还有另外一个业务，就是科技咨询或科技推广，现任复星集团副董事长、首席执行官梁信军先生说："我们当时想的一个很朴素的想法，就是把大学的这些技术能够产业化，在社会上被广泛地应用"。

三、案例分析要点

（一）需要学员识别的关键问题

本案例需要学员识别的关键问题包括：什么是财务共享？什么人效管理？复星集团的财务共享中心构建的情况？复星集团建立财务共享后的人效管理精细化管理是如何体现的？复星集团人效管理的情况？

（二）分析关键要点：

（1）案例分析关键点：复星集团人效管理情况的描述。
（2）案例教学关键知识点：财务共享的概念、人效管理的概念以及人效管理实例的分析。
（3）案例教学关键能力点：通过对人效管理方式的业绩评价方法实例分析找出优点及不足，并尝试给出解决方法。

（三）分析思路

公司的重要资源不仅仅是实物，在现代公司管理中人力资源是重要的组成部分。复星集团也非常重视人才的发掘及培养，因此在财务共享中心建立之后建立起了强大的公司内部人才网络，方便了公司内部的人才流动。但是在实际操作中还是存在一定问题的，以此来引出分析思路：

第一，要深入了解财务共享与人效管理的基本概念，对公司的人效管理有一定的认识。

第二，在分析复星集团案例时，引导学员把重点放在人效管理和评价上，不要只对财务共享这个问题产生过多的疑问。

第三，在案例里财务共享的理念是如何与人效管理有机结合的，要抓住问题重点。

第四，复星集团的人效管理有什么问题，通过在财务共享模式下的人效管理的实例进行分析。

最后，阐述复星集团人效管理产生的问题，并指出不足之处，同时提出自己的观点以解决该问题。

复星在财务共享服务中心的建立与人效管理过程中，逐步形成了规模化、知识集中、聚焦、扩展四大闪光点。

（1）规模化。复星财务共享服务中心将集团人效资源进行有效整合，经测算累计降本应达到30%~40%，实现最大限度地共享人才、降低成本。

（2）知识集中。财务人才的梯队分布以及财务工作得到有效精简，进一步提高了管理效率。

（3）聚焦。将原来分散在各个国家或地区的财务运营全部集中到上海，既节约成本，又标准化运营流程，加强了风险管控；同时，还有利于孵化项目的协同与扩张。

(4) 扩展。在移管、运营共享过程中，专门的人才为客户提供流程梳理、运营预警等管理支持，满足用户需求。

复星集团财务共享中心人效管理整体做得很好，但是在细节上存在一些小问题，可以进行修正改进。首先，人效管理以个人业绩进行导向，可能会造成不良的内部竞争，此时可以结合团队业绩，加入新的团队指标，来丰富个人的团队精神。其次，过于透明化的人效管理系统，可能会导致集团内部出现抢人的情况，此时为了整个集团的利益，可以实行轮岗制度，将最合适的人才安排在最合适的岗位，避免不必要的内耗。最后就是应站在长远发展的角度，如果仅仅是在公司内部进行人员流动，还是会缺少复合型人才，所以集团应该同时加强对校招及社招的重视，全方面接纳人才，使公司的人力资源不断更新，公司时刻充满活力和竞争力。

四、教学组织方式

（一）问题清单及提问顺序、资料发放顺序

本案例讨论题目依次为：

(1) 复星集团如何将业绩评价与财务共享中心相结合？
(2) 复星集团人效管理现状是什么，如何有效制定与人效管理相适应的业绩评价标准？
(3) 复星集团"人效管理"与其他企业的"人本管理"的理论与实践有什么不同？
(4) 财务共享下的复星集团人效管理中的业绩评价标准有什么特点？复星集团人效管理业绩评价标准还有哪些进一步的提升空间？
(5) 复星集团的财务共享、业绩评价标准和人效管理为同行业带来的借鉴作用是什么？具体在哪个方面？
(6) 人效管理中业绩评价标准制定的最大难点是什么？如何使用大智移云区物新技术改善这些业绩评价标准制定的难点？

本案例的参考资料及其索引，在讲授有关知识点之后一次性布置给学员。

（二）课时分配

本案例应专门进行探讨，以下为建议时间，整个案例的课堂时间控制在135分钟以内。
(1) 课前计划：请学员在课前完成阅读和初步思考。
(2) 课中计划：简明扼要的课堂前言，介绍案例主题（10~15分钟）。
(3) 分组并开展讨论（40分钟）。
(4) 小组发言（全部发言完毕控制在40分钟）。
(5) 对小组发言进行总结，引导同学展开进一步思考（40分钟）。
(6) 课后计划：请所有同学将自己的观点以书面形式予以记录并及时上交。

（三）讨论方式

本案例可以采用小组以及辩论的形式进行讨论。

（四）课堂讨论总结

课堂讨论总结的关键是：对每个同学的主要观点进行记录，归纳出有价值的观点，并且就该观点展开讨论，并在课下通过让学员查资料等方式深化学习。

案例6　海尔集团业绩评价标准与财务共享中心技术转型之路

专业领域： 会计专硕（MPAcc）、审计硕士（MAud）、工商管理硕士（MBA），会计、审计、财务管理等本科专业

适用课程： "公司业绩评价与激励机制""大数据与财务决策""企业数字化转型理论与实务"

选用课程： "财务共享""绩效考核与薪酬激励""业绩考核理论与实务"

编写目的： 本案例旨在引导学员了解海尔集团的发展历史和现状，在掌握业绩评价标准制定基本理论的基础上，总结海尔集团的财务共享中心的建立经历了怎样的变革和创新，并挖掘背后的战略部署和业绩评价标准是什么？当前互联网+、云计算、大数据的背景对财务共享服务有何影响？海尔集团业绩评价标准制定的框架是什么？运作机制又是怎样的？

知 识 点： 业绩评价标准制定模式、网络化与国际化、价值创造、财务共享服务

关 键 词： 财务共享服务；全球财经管理体系；战略财务；业务财务一体化、网络化与国际化

中文摘要： 本案例详细描述了网络化与国际化中海尔集团的财务系统以及财务共享中心转型之路。海尔集团之所以能取得这样的成功，是因为无论从公司精神、产品创新，乃至组织管理、商业模式、战略转型等方面，都走出了网络化与国际化的财务共享中心再造——海尔集团业绩评价财务共享与大智移云区物新技术转型之路。2007年海尔集团为了保障其"全球化"战略目标的实施，开始了以共享服务为切入点的财务变革。通过组织再造、流程再造和人员再造，将交易频繁且标准化程度高的财务核算业务和出具标准财务报表的活动集中到财务共享中心进行处理，强化了公司管控能力、实现了财务信息的高效传递、降低了公司的经营和财务风险，提升了资源的使用效率和业绩。

英文摘要： This case describes in detail the financial transformation of HR Group. As a representative of the success of Chinese manufacturing enterprises, HR Group's achievements in its rapid development are obvious to all. The reason why HR has achieved such success is that HR has taken a pioneering and unique road in terms of enterprise spirit, product innovation, organization and management, business model and strategic transformation. In 2007, in order to ensure the implementation of its "globalization" strategic goal, HR Group started a financial reform starting from shared services. Through organization re-engineering, process re-engineering and personnel re-engineering, the financial accounting business with frequent transactions and high degree of standardization and the activity of issuing standard financial statements are centralized in the financial sharing center for processing, which strengthens the enterprise's control ability, realizes the efficient transmission of financial information, reduces the enterprise's operation and financial risks, and improves the efficiency and benefit of the use of resources.

案例正文

海尔集团的财务共享不仅是会计交易的处理者,更是资金管控者、风险管理者、预算及业绩支持者。还有人说,网络化与国际化的财务共享中心再造海尔集团的财务共享是海尔集团财务变革的基础。对此,海尔集团主计长邵新智表示:"海尔集团的财务共享不仅是一种组织形式,更是一种能够强化公司管控能力、实现财务信息高效传递、降低公司经营和财务风险、优化资源配置、提升资源使用效率和业绩的管理模式。"海尔的业绩评价体系是典型的以市场业绩水平为导向的目标管理评价体系。为了表达海尔"人人是人才,赛马不相马"的人力资源管理理念,集团在业绩评价体系建立上做了不少的创新。

海尔集团的评价包括日清评价、周评价、月度评价、年度评价。日清评价是每天评价工作效果,日清日高。周评价是每周根据刚性指标完成结果开展优劣评价。月度评价是每月根据业绩评价排序。年度评价的目的是对员工产生正鼓励和负鼓励,树立"今天赢了明天还要赢,不能停顿"的观念。

海尔集团 SBU 经营机制是将员工的工作经营化、数字化的表达,将各经营效果的量化指标与业绩评价标准挂钩,实现了标准透明、评价公开的公平鼓励政策。如:每个 SBU 可以实时通过共享的信息系统查询自己的经营效果、工资与报酬,这样不仅可以鼓励员工的创新经营,而且还能建立起一种科学性的评价模式。

海尔集团 SBU 经营机制下的评价模式,充分表达了"量"与"质","劳"与"效"长期以来倒挂的场面。SBU 经营机制打破了那种传统"多劳多得"的分配机制,形成了一种业绩评价机制,按照经营效果兑现报酬,实现企业与员工、市场咬合的关系,企业赚钱,员工才能赚钱,企业亏损,员工也会亏损。这样就迫使每个人都与企业齐心协力,共担风险,使企业营运风险最小化。

一、背景简介

海尔集团作为一家大型家电品牌,成立于 1984 年 12 月 26 日,那年张瑞敏带领新的领导班子来到青岛小白干路上的青岛电冰箱总厂。2022 年 6 月 15 日,全球品牌数据与分析公司凯度集团发布了"2022 年凯度 BrandZ™ 最具价值全球品牌 100 强"排行榜,腾讯、阿里、华为、海尔等 14 家中国品牌入选。海尔连续四年作为全球唯一物联网生态品牌百强,品牌价值逆势增长 33%,位居全球第 63 名。

随着海尔集团规模的不断壮大,营业额与营业利润的不断增长,公司的业务量也随之增加,包括国内与国外的业务,但是,海尔集团的发展并没有因此受到业务量增加的限制,反而很好地处理了这些烦琐的基础业务,而这一切的顺利解决,得益于海尔集团财务共享模式的实施,海尔集团顺应国际潮流,结合自身发展情况,构建了财务共享服务中心,不仅很好地处理了大量业务,提高了效率,还降低了管理成本,有效控制了集团风险。

2021 年 7 月 22 日,以中国企业财务评价专家委员会为指导单位、中国 CFO 发展中心主办的"2021 第九届中国企业财务智能化转型高峰论坛暨 2021 中国十大资本运营 TOP CFO 与中国十大企业财务智能化转型年度人物颁奖盛典"在北京成功举办。海尔集团全球财务共享服务中心总经理宋金成获得"2021 中国十大企业财务智能化转型年度人物",颁奖词是：建立"价值共创"体系、引领共享模式发展、实现了业绩评价标准制定的转型升级，积极推进财务中台体系的建设，开创了"智慧无感"的最佳用户体验，秉承"自我变革和创新"的理念，为海尔财务共享的腾飞持续贡献力量。

二、海尔集团管理者的业绩评价标准

业绩评价标准是评价者通过测量或与被评价者约定所得到的衡量各项评价指标得分的基准（表6-1）。

表6-1 海尔集团管理者的业绩评价标准

业绩等级	定义	业绩评价标准	结果确认
PBC=A	非常出色的年度顶级贡献者	取得杰出的成果；业绩明显高于其他（同级别/工作性质）的人；超出或有时远远超出业绩目标；为他人提供极大的支持和帮助并表现出其职能岗位所需的各项能力素质	直线经理评价 二线经理审核
PBC=B+	出色的高于平均的贡献者	工作范围和影响力超越其工作职责；业绩表现超过大多数同事，有发展的眼光及影响力；总是能达到或有时超出业绩目标；为他人提供有力的支持和帮助并表现出其职能岗位所需的各项典型能力素质	直线经理评价 二线经理审核
PBC=B	胜任力扎实的贡献者	始终如一地实现工作职责；具有适当的知识、技能、有效性和积极性水平；基本能达到或有时超出业绩目标；为他人提供相应的支持和帮助并表现出其职能岗位所需的各项技能	直线经理评价 二线经理审核
PBC=C	需要改进提高的最低贡献者	与他人相比，不能充分执行所有的工作职责，或者虽执行了职责但水平较低或成果较差；并且/或者不能证明具有一定水平的知识、技能、有效性和积极性；连续的PBC=C业绩是不可接受的，需要提高	直线经理评价 二线经理审核
PBC=D	不能令人满意的	不能证明其具备所需的知识和技能，或不能利用所需的知识和技能；不能执行其工作职责；在连续被定级为PBC=C之后仍未显示出提高	直线经理评价 二线经理审核

业绩评价标准设定（表6-2）应遵循的SMART方法：S-Specific 具体化的：指目标必须明确，并清楚地用可执行的用语描述员工需要实现的目标；M-Measurable 可衡量的：指目标的确定应达到一定的准确程度；衡量方法应是可信赖和数量化的，至少应该能够确定目标是否完成；A-Attainable 可实现的：指目标具有挑战性并在员工付诸努力之后可以达到；R-Realistic 实际的：指目标应当与公司和部门的目标相一致，而不是凭个人兴趣而定；T-Time-related 时效性的：指在制定目标时应包含截止期和各阶段任务完成时间表。

表6-2 海尔集团业绩评价标准设定检核

海尔集团业绩评价标准设定检核	是	否
目标是否反映了大多数的需要完成的关键结果？		
目标设定是否伴随合适的难度水平？		
目标是否与员工的岗位和能力等级相匹配？		

续表

海尔集团业绩评价标准设定检核	是	否
汇总所有员工的目标是否与组织目标吻合？		
目标是否反映海尔的价值观？		
目标是否支持行为来超越客户的期望？		
目标是否鼓励创新？		
目标是否帮助建立信任和尊重的关系？		
目标是否明确、具体？		
目标是否明确结果怎样被衡量？		
目标是否与企业目标和部门目标保持一致？		
目标是否是结果导向的？		
目标是否包含时间因素？		
是否预定时间与员工讨论目标并达成一致？		

在宏观经济形势不景气的大环境下，海尔集团6位副总裁受经营业绩评价排名靠后影响被免职。

2015年1月，海尔集团某负责人向《第一财经日报》表示，喻子达、高以成等6位集团副总裁分别负责彩电、电脑、物流等业务，他们被免除"副总裁"职位之后并没有离开海尔集团，还会负责各自区域的业务。例如，喻子达会继续担任海尔集团信息产品本部本部长，负责彩电业务；高以成会继续担任海尔集团计算机本部本部长，负责电脑业务。

"升迁靠竞争"是海尔集团重要的人事管理原则之一，意图建立一种"能者上，劣者下"的紧张氛围。

在海尔集团内部的核心高管团队中，从低至高的职位分别为本部长、副总裁、高级副总裁、常务副总裁、总裁、CEO等。负责彩电业务的喻子达和负责电脑业务的高以成，当初也是因为业绩突出才从本部长提升为海尔集团副总裁的。

例如，电脑产业销售额的增长速度在海尔集团所有产品领域中是第一位，所以高以成才被升职为海尔集团副总裁。

高以成升职为副总裁之后，代表计算机本部与海尔集团签订了"军令状"——计划将海尔电脑的销售额增长一倍。但是，中国乃至全球的电脑市场总体需求量的增长速度都明显受到影响，实际上海尔集团的电脑销售额仅增长了30%出头，因为没有完成销售业绩计划，经营业绩评价又排在海尔集团事业部的"靠后"位置，导致了高以成被免除了"副总裁"的职位。

"只要没有完成年初既定业绩目标，即使获得了一定的增长，那也有可能会被免职或降职"，海尔集团该负责人表示，在海尔集团这是很正常的事情。在2014年海尔集团各个事业部中，冰箱、洗衣机等基数很大的传统强势业务表现得非常出色，同样是受宏观经济形势不景气的影响，冰箱、洗衣机等事业部不但超额完成了销售指标，而且市场份额还进一步得到明显提升。相比而言，基数本来就比较小的电脑、彩电等业务增长却不如预期，所以，相关副总裁被免职也是能够理解的。

"海尔集团内部类似于军事化管理，10/10淘汰制度更是残酷"，海尔集团另一位人士解释道。海尔集团每个员工每年都要经历10/10淘汰制度的排序,排名在前10%的员工会被奖励、具有优先升职资格;而排名在后10%的员工则会受到批评、免职、降级等惩罚;如果连续3年都排名后10%,那就要辞职或者转岗。

"人人是人才,赛马不相马"是海尔集团的人才观,赛马机制包含三条原则:一是公平竞争,任人唯贤;二是职适其能,人尽其才;三是合理流动,动态管理。在用工制度上,海尔集团实行一套优秀员工、合格员工、试用员工"三工并存,动态转换"的机制。

"海尔集团这6位副总裁被免职,其实也是海尔集团上述人才观和淘汰制度的体现",海尔集团该人士表示,这些貌似残酷的管理机制旨在充分发挥每个人的潜在能力,让每个人每天都能感到来自企业内部和市场的竞争压力,又能够将压力转换成竞争的动力。

三、海尔集团财务共享与业绩评价案例概况

(一)网络化与国际化的海尔集团财务共享中心的建设历程

纵观网络化与国际化的海尔集团的战略转型历程(表6-3),我们不难发现,战略创新是海尔集团永恒的方向,从1984年12月到现在,差不多每7年作为一个发展阶段,每个发展阶段海尔集团的战略转型都有着明确的战略目标。而网络化与国际化的海尔集团的财务变革始终与不同阶段战略目标相适应,与其组织体系管理创新密切相关。海尔集团每个战略阶段的成功转型,体现财务组织创新紧跟战略的重要性,也更是体现财务共享在公司战略转型中的重要性。案例通过整理,将按照五个不同时期的公司发展战略分阶段进行具体描述并提出战略转型对海尔集团财务共享创新在组织结构上的要求。

表6-3 网络化与国际化的海尔集团的战略转型历程图

时间	战略阶段	战略目标	战略转型下的财务共享
1984—1990	名牌战略	打造冰箱第一品牌	无财务共享
1991—1997	多元化战略	实现家电第一品牌	无财务共享
1998—2004	国际化战略	创造国际品牌	无财务共享
2005—2011	全球化品牌战略	铸就全球家电第一品牌	财务共享建设与发展阶段
2012—至今	网络化战略	创建互联网时代管理模式	财务共享成熟阶段

数据来源:根据公开数据整理

1. 名牌战略阶段,为后期海尔集团财务共享模式的实现奠定基础

在名牌战略阶段的7年里,海尔集团基本上采用的都是直线职能权式组织结构。像一个金字塔一样,底层是普通员工,高层是领导制组织结构,能够对每一名员工实现有效的管控。在公司发展初期,由于产品品种及经营形式比较单一,所以在这种高度集权的管理下海尔集团的内部资源能够得到合理分配,适应发展的战略要求,业绩评价标准制定效率不断提高,为当时正处于发展初期的海尔集团提供了源源不绝的发展动力,为后期海尔集团财务共享模式的实现奠定了基础。

2. 多元化战略阶段,有效支持了后期财务共享的推行

然而随着海尔集团慢慢发展壮大,庞大的组织结构阻碍了海尔集团的进一步发展,海尔集团出现人浮于事、效率低下的大公司病。于是,海尔集团学习日本丰田的做法,进行

了"权力分散化",1993年在国内开创了事业部制管理体系的先例。在原直线职能制的基础上,推进事业部制,形成了集团总部决策中心、事业部利润中心和分厂成本中心三个层级,且以事业部为核心。根据这种职能型金字塔式组织结构,海尔集团开始实行分权的业绩评价标准制定体系,灵活地反映市场信息,捕捉商业机会。此外,在财务方面推行了全流程预算闭环管理,从设立目标开始,经过业务计划、财务预算、预算控制、分析调整到业绩评价,使得预算更细化、数据更精确,有效支持了后期财务共享的推行。

3. 国际化战略阶段,加快财务共享实施的发展步伐

然而在国际化战略导向下,市场规模的迅速扩大,组织结构愈发庞大,传统公司金字塔式的组织结构使公司和市场之间隔着重重层级,导致市场信息沟通不畅,用户的需求得不到最大限度的满足。因此,在这一阶段,海尔集团实行业务流程再造,推行以计算机信息系统为基础的"市场链"SBU管理,对全球供应链资源和用户资源进行整合,把员工相互之间的同事和上下级关系转变为市场关系,形成扁平化结构,以努力实现公司与市场之间的零距离。单元的部分自主性,灵活运用市场信息,形成部分分权式业绩评价标准制定。集权与分权相结合的管理使得海尔集团可以在国际化进程中有效地实现全球资金的不落地和全流程的资金增值,提升集团业绩评价标准制定质量,加快财务共享实施的发展步伐。

4. 全球化品牌战略阶段,海尔集团财务共享模式日渐成熟

为了更好地实施全球化品牌战略,海尔集团也开始了财务共享之路,帮助海尔集团在迅速扩张过程中也能准确地满足不同客户的需求,通过财务共享中心实现单据的电子化、数据的标准化及流程的集中化,为公司不断扩张规模、收购、并购的战略决策提供数据支撑。为了使公司与用户之间达到零距离,大量财务人员从核算角色变革到支持一线经营体上,变为资源提供者,形成以用户需求为主导的服务型财务共享模式。

5. 网络化战略阶段,海尔集团财务共享为战略提供有效支撑

在这一阶段,为了与网络化战略相适应,在组织上抹去组织边界,将组织结构转变为网络化节点。在财务上,2013年海尔集团的财务共享已经发展到了一个相对成熟的阶段,实行了扁平化管理、信息化管理、流程化管理,形成的真实的会计数据、财务信息,也能准确有效地传达给各个经营体,帮助他们能够及时根据公司实际状况而制定战略目标,通过财务共享中心输出标准的会计报告以及并联,为公司经营分析和战略决策提供更多地支持公司中非常精准的节点、结构化数据,实现公司经营核算端和管理节点的数据。

(二)网络化与国际化的海尔集团的财务共享中心建设实践

海尔集团财务共享的发展可以分为三个时期:初创期、发展期和成熟期。2007—2010年为初创期,海尔集团主要完成财务共享中心平台的搭建。首先以共享服务为切入点,在青岛进行试点,将各单位成员的业务量大、重复性高的基础财务核算业务进行统一核算处理,然后逐步摸索,逐渐在其他地区建立共享中心,实现财务共享。并且海尔集团还使集团数据定义统一、会计语言统一、会计核算流程统一以及会计制度统一,易于对业务进行分类规范管理,并进一步设计了会计核算的流程,为建立财务共享服务中心打下了基础。2011—2012年为发展期,海尔集团实现了共享中心的初步运行。海尔集团构建网络化的财务共享信息平台,实现了集团内部不同地区的会计集中核算和资金集中管理,同时完善共享中心平台与系统的管理,这不仅提升了财务工作效率,降低了成本,还有效地控制了财

务风险。2013年至今,海尔集团财务共享已经达到一个相对成熟的阶段,该期间各单元的核算中心完成了集中共享,实现了流程化、信息化管理,并完成了业绩评价标准制定模式的成功转型。

海尔集团于2007年正式启动了网络化与国际化财务共享中心的建设项目,目标为"以最低成本为各成员单位提供最优质服务",中心设计从"SRORTS",即选址、流程、组织、政策法规、IT技术的开发利用、服务六个维度评价。

1. 财务共享服务中心的选址(Site)

选取建立财务共享服务中心地址,需要考虑到各个方面的问题,首先是选择将共享中心建立在某个城市,然后将其他分子公司的业务集中到这个城市的共享中心办理,还是分区域来建设共享中心,其次选取的城市还要考虑该地方的竞争力。综合各方面的考虑,海尔集团确定的城市主要在北京、上海、青岛、武汉等,然后设计指标从运营成本(25%权重)、人力资源(25%权重)、商务基础设施(10%权重)、商务环境(40%权重)四个维度出发,运用定量定性的评价方法对这几个城市进行综合分析,最终确定的建设共享中心的地址为青岛。国内其他成员单位的会计核算业务,都将在青岛的共享中心进行核算。各成员单位通过扫描程序向共享中心传输原始单据的影印件,共享中心根据各个成员传输的影印件来统一处理账务。

2. 财务共享服务中心的流程设计(Process)

网络化与国际化的海尔集团按照"海尔集团全球价值信息化系统"的运行要求,基于财务共享中心的运作模式,结合公司相关的内部控制规范,对财务组织和业务流程进行重新梳理、有效分析,并对流程的标准、财务的可实现性进行优化,对相关流程标准进行了统一。建立的财务共享中心财务处理流程如图6-1所示。

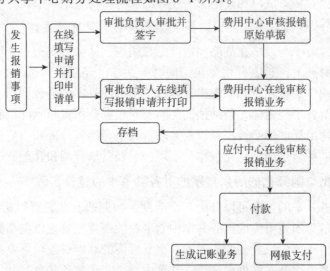

图6-1 海尔集团财务共享中心财务处理流程设计

海尔集团将需要调整的业务模块和流程进行梳理,标准统一后的业务处理效率大大地提高了,并且加强了公司管控能力、提高了信息透明度。海尔集团还在共享中心运行过程中不断完善流程管理,不断提高流程处理效率。以图6-2费用报销流程为例,反映海尔集团业务流程执行的标准化。

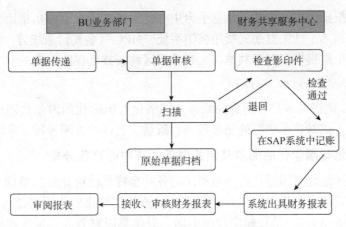

图 6-2　财务共享中心下的费用报销流程图

3. 财务共享服务中心的组织架构（Organization）

海尔集团在集中管理的模式下，在共享中心重新构建了会计组织，而在构建会计组织时又以业务流程为主干，将相关的会计流程整合在一起，按照不同类型设立岗位，分岗位进行流程处理。组织再造后，共享中心分为资金平台和会计平台两部分（图6-3）。共享中心平台的各个板块岗位各司其职，将各成员单位的同一个业务在共享中心按照统一设置的标准流程进行操作，实现规模经济的同时使财务部门和业务部门都从中受益。

会计平台								资金平台		
质量管理	费用稽核	资产核算	往来清账	总账报表	税票服务	收付服务	税务申报	金融风险	资金运营	融资平台
风险管控	诚信管理	采购校验	银行对账	凭证审核	税票管理	资金归集	纳税管理	行情分析	预测体系	信用管理
合规审计	费用审核	资产管理	往来清账	账务月结	政策兑现	票据管理	涉税申报	滚动预测	资金计划	融资规划
流程穿刺	执行评估	税票认证	未达解析	外审协同	收入确认	资金收付	税务关系	模型解析	资金监控	渠道评审
绩效监控	在线咨询		风险跟踪	合规报表	同步入账	缺口预警	稽查协同	政策解析	现金流预测	合理负债
全球GAAP	系统优化			解析预警	税金匹配	统一清算	税险预警	敞口预测	运营评价	账户管理
	单证管理							风险管控		银企关系

图 6-3　海尔集团会计平台与资金平台财务核算流程设计

4. 政策法规的遵循（Regulatory）

由于不同地区法律法规的要求存在差异，可能会影响 FSSC 的业务流程和组织架构，所以网络化与国际化的海尔集团在设立 FSSC 时考虑了《会计法》以及财务部和国家税务总局的相关法律法规的要求。同时，在后期运行过程中也应充分考虑地方性法规的差异性。

5. IT 技术的开发利用（Technology）

网络化与国际化的海尔集团于 2005 年建立了 SAP/ECC 系统，能够将集团内部各个分子公司的财务数据集成在一个共享信息平台中。此后依次建立了海尔集团全球价值信息化系统（HGVS）、SG&A员工自助式费用核销系统、MPC资金支付系统等，为财务共享中心展开高效的财务工作提供了财务共享与大智移云区物新技术保障。

6. 签订服务水平协议（Service）

为保障FSSC能提供客户所满意的服务，网络化与国际化的海尔集团通过与客户签订服务水平协议的方式对共享中心的服务范围、质量、责任等方面进行了界定。

（三）网络化与国际化的海尔集团的财务共享中心特色分析

在上文中对网络化与国际化的海尔集团财务共享特色模块介绍的基础上，进一步分析新时代下与时俱进的海尔集团财务共享与传统财务共享相比的不同之处（表6-4），具体有以下几点（表6-5）：一是目标定位的不同，海尔集团财务共享以实现价值最大化为目标，为战略转型提供有力支撑；二是功能设计上的不同，海尔集团结合自身现状整合业务系统，开发出质量管理等功能模块；三是平台搭建角度的不同，海尔集团通过持续优化流程的标准化、信息的一体化，搭建共享"云"平台；四是底层思维的不同，海尔集团财务共享模式充分激励员工自我认同和创造性。

表6-4 海尔集团传统模式下与财务共享服务模式下财务工作比较

内容	传统模式	财务共享服务模式	差别的主要表现
财务人员数量	多	少	财务人员数量减少
财务管理成本	高	低	财务的运行成本降低
财务人员工作	日常记账	支持决策	更多参与预算管理、业绩评价、财务计划、现金流预测等价值更高的工作
业务流程	不规范	规范	执行财务共享模式后，所有涉及财务入账的业务，全部转入共享服务平台在线处理
业务处理方式	不统一	统一	统一业务规范和审核流程
资金集中管理	不集中	集中	实现账户集中管理
对业务的监控	困难	简单	通过影像系统，所有会计凭证全部被影像化，并且可以远程调阅、查询
财务制度的执行	无效	有效	必须严格按照业务指导书规定的提单程序、附件等要求进行，否则不能完成记账
财务信息披露	不及时	及时	设置业务处理节点，强化时间观念
应对变化能力	较差	强	建立风险预警体系、实施重大经济事项逐级上报制度、定期发布财务共享运行情况通报

数据来源：根据公开数据整理

1. 目标定位不同

从目标定位看，传统财务共享中心最初的构建动机就是降低成本、提高效率，带来规模效益，一般未考虑公司的战略规划。但随着共享模式的成熟度逐渐提高，仅仅以降本增效作为财务共享中心的目标已经远远落后于时代发展，新时代下的财务共享目标还应包括为公司提供决策支持，以实现价值最大化为最终目标。为了满足战略转型对海尔集团财务共享创新的要求,在每一个战略发展阶段,海尔集团财务都相应地变革了财务组织结构,在帮助公司降本增效的基础上,更好地服务于公司战略。

2. 功能设计不同

传统共享服务的功能薄弱,大部分缺乏对公司自身的信息系统现状的评价,缺乏特定功能模块的开发设计,缺乏依据公司不同发展阶段的实际情况对财务共享的持续优化和改造,而功能设计上的缺陷导致传统共享服务平台面临挑战。海尔集团结合自身现状,服务中心的系统功能充分利用现有资源对现有的业务系统进行整合,在一般基础上,开发出了质量管理功能模块。而质量中心是海尔集团财务共享服务中心区别于其他公司财务共享服务中心的一大特色,也是海尔集团财务共享承接战略支持的重要表现。

3. 平台搭建角度不同

传统的共享财务组织和业务流程持续地完善和优化,平台搭建视角狭隘,数据挖掘上具有局限性,难以获得对管理决策支撑作用的有效数据。而海尔集团财务共享的平台搭建角度与传统财务共享的不同之处在于,海尔集团财务共享顺应"云"计算、大数据等主流趋势,财务组织和业务流程随着环境变化不断优化,灵活发挥财务职能,为经营决策提供数据支撑,为战略决策提供有力支撑,实现从财务会计领域向管理会计领域的延伸。充分利用互联网资源,通过流程的标准化、信息的一体化,搭建了可扩展服务范围的"云"平台,帮助实现"海尔云"下的"云抢单""云单证""云往来",使得海尔集团财务共享中心成为以数据共享为核心的数据中心,成为公司未来决策的最重要的数据支持平台,这也是未来财务共享中心迈入发展的高级阶段的表现。

4. 底层思维不同

财务共享必须有明显的效率提升,这是财务共享最直接的建设动因。传统财务共享模式下,通常的做法是建立财务共享中心,要求将人员和业务集中在一起,通过业务标准化和分工提升工作效率。这一做法的底层思维是会计工作效率的提高来自专业化分工。而海尔集团始终以人的价值创造为主线,建立了"共享大抢单"平台,以激励员工自我认同和创造性为出发点来提高效率。通过将员工从职能管理的客体变成市场链经营的主体,从被动地执行上级布置的任务变为主动地经营任务,激励员工潜能,让海尔集团的每一个"细胞"都充满活力。每一个人都可以代表海尔集团,每一个人都要面对市场,每一个人都要抢订单。突破传统思维定式,帮助员工发挥主观能动性,具备"速决"的能力,实现自身资源升值,给财务部门带来了工作效率的大幅提高,较之传统财务共享模式效率至少高出 5~10 倍。

表 6-5　海尔集团传统财务共享模式和财务共享模式对比

不同之处	传统财务共享模式	海尔集团财务共享模式
目标定位上	成本的降低、效率的提升	提供战略支持、实现价值最大化
功能设计上	"旧瓶装新酒"、功能薄弱	开发出具有海尔集团特色的质量管理等功能模块
平台搭建上	一般认为上一套系统就等同于实现了财务共享	持续优化组织和流程,搭建了可扩展服务范围的"云"平台
底层思维上	依赖专业化分工提高效率	依赖激励员工自我认同和创造性提高效率

数据来源:根据公开数据整理

(四）海尔集团财务共享实施效果财务分析

1. 基于成本效率的财务分析

首先，通过对海尔集团财务共享服务中心建设前后，在业务规模、财务人员数量、服务标准、关账日期等方面的对比（表6-6），我们可以清晰地看到海尔集团实施财务共享后的优势所在。特别是财务人员数量总体有所减少，原来负责会计核算的财务人员将近一半转向了负责财务管控，财务角色的重新定位促使财务人员从以前机械重复的工作中解放出来，成为公司的业务伙伴和价值的创造者，为战略发展提供支持。

表6-6 海尔集团财务共享服务中心建设前后对比

对比指标	财务共享服务中心建设前	财务共享服务中心建设后
业务规模	约1 000亿元人民币	约1 500亿元人民币
财务人员数量	约1 400人	约1 040人
其中会计核算	约1 100人	约240人
其中财务管控	约300人	约800人
服务标准	以财务部会计制度为标准	以财务共享与业务单元签订的服务水平协议约定双方的责任权利
关账日期	10个工作日	3个工作日
资源管理	各个子、分公司流程、标准、原则各异	整合资源、统一流程

数据来源：根据公开数据整理

其次，财务共享服务已普遍成为公司降低成本、提高业务效率、提升服务水平最为卓著的一种管理方式。这些目标的实现主要体现在同等规模下管理人员数量、财务人员数量及管理费用等方面。所以，财务共享模式下的成本效率评价一般选取管理人员数量、财务人员数量、管理费用和公司资产规模的增长速度来比较。因此，案例选取2009—2019年海尔集团管理人员数量、财务人员数量、管理费用和资产总额的有效数据（表6-7），进行海尔集团实施财务共享后的运行效率趋势变化分析。假设不考虑其他因素，当资产总额的增长率超过管理人数、财务人数以及管理费用三项的增长率时，说明公司的运行效率是最优的。

表6-7 海尔集团2009—2019年相关数据增长率变化表　　　　　　　　　%

年份	管理人数增率	财务人数增长率	管理费用增长率	资产总额增长率
2009	-56.28	-42.44	54.69	31.99
2010	7.02	6.57	42.34	9.31
2011	-4.71	3.42	25.13	43.05
2012	78.06	247.68	61.48	67.27
2013	10.99	1.14	18.61	35.73
2014	-15.13	0	28.03	25.03
2015	-6.15	20.15	4.89	22.85
2016	-7.92	-2.04	10.14	22.93
2017	42.58	39.84	9.24	1.27

续表

年份	管理人数增率	财务人数增长率	管理费用增长率	资产总额增长率
2018	50.47	14.19	27.99	72.79
2019	4.43	3.01	32.82	15.40

数据来源：根据公开年报数据整理

从表6-7可知，2009年和2010年这两年中管理费用增长率均高于资产总额增长率，公司运行效率有待改善。此时是海尔集团财务共享的建设阶段，作用不显著。随着海尔集团财务共享模式进入发展阶段，2011年资产总额的增长率超过了其他三项，说明此时财务共享发挥了作用，运行效率处于较高水平。2012年家电行业快速发展，在海尔集团的扩张需求下，财务人员骤增，财务人员增长幅度远远大于资产增长幅度，然而个别现象并不能影响整体趋势。2013年起，海尔集团财务共享的运行效率再次恢复上升趋势，并且这种良好的效率提升态势一直维持到了2014年。而且2018年海尔集团完成了对GE Appliances（以下简称GE）的收购，资产总额增长率的大幅提高也在情理之中，因此整体而言，实施财务共享对效率的提升作用、对战略的支撑作用是十分明显的。

2. 基于风险管理战略决策的财务分析

首先，选取资产负债率作为衡量海尔集团实施财务共享后风险的变化原因在于，资产负债率能够综合反映公司偿债能力，有效监督公司的风险与收益。当资产负债率指标过高时，一般表明公司通过扩大举债规模的方式能获得较多的财务杠杆利益，其财务风险也较大。因此，选取海尔集团2009—2019年的资产和负债的值，计算出海尔集团2009—2019年资产负债率情况（表6-8）。

表6-8 海尔集团2009—2019年资产负债率情况表

年份	负债总额/亿元	资产总额/亿元	资产负债率/%
2009	21.47	84.77	25.33
2010	41.33	111.89	36.94
2011	45.30	122.31	37.04
2012	87.45	174.97	49.98
2013	197.78	292.67	67.58
2014	281.85	397.23	70.95
2015	342.62	496.66	68.98
2016	410.22	610.16	67.23
2017	458.87	750.07	61.18
2018	936.75	1 312.55	71.37
2019	1 047.13	1 514.63	69.13

数据来源：根据公开年报数据整理

2009—2011年间，海尔集团的资产负债率一直处于50%以下，财务风险较小。到了2013年，在家电行业整体扩张的背景下海尔集团也开始了规模扩张，扩大了举债规模，因此2013年海尔集团的资产负债率显著提高，财务风险非常之高。而当2015年海尔集团进入了网络化战略阶段，海尔集团的财务共享模式进入了相对成熟阶段时，资产负债率呈现出逐年下降趋势。直到2018年海尔集团收购了GE，直接导致了当年公司的资产负债率出现了达到71.37%的特殊情况。基于财务共享模式的数据支撑，网络化与国际化的海尔集团总是能够及时调整负债规模，稳步降低财务风险，使得财务风险保持在一个较优水平，为公司战略目标的实现保驾护航。

四、参考资料

[1] 王曙光，刘伟乐，张子山．"大智移云"下企业集团财务共享能力构建研究——基于资源编排理论视角［J］．财会通讯，2021（11）：147-151．

[2] 孙淑文，王勇，周筱莲．中国家电行业经销商角色外利他行为对其经济绩效的影响研究——基于海尔集团分销商调研数据的实证分析［J］．统计与信息论坛，2020，35（12）：30-38．

[3] 马晓苗，罗文豪，彭剑锋，等．基于量子思维的平台型组织建设：核心理念与实践策略——以海尔为案例［J］．企业经济，2020，39（9）：44-52．

[4] 仝自强，李鹏翔，杨磊．商业模式创新的绩效评价体系演化研究——以海尔集团为例［J］．管理现代化，2020，40（3）：43-46．

[5] 王文倩，肖朔晨，丁焰．数字赋能与用户需求双重驱动的产业价值转移研究——以海尔集团为案例［J］．科学管理研究，2020，38（2）：78-83．

[6] 张珂，王金凤，冯立杰．面向颠覆式创新的后发企业价值网络演进模型——以海尔集团为例［J］．企业经济，2020（2）：68-75．

[7] 王丽娜，张超，朱卫东．互联网时代制造业服务化价值共创模式研究——基于海尔的服务化转型实践［J］．企业经济，2019（8）：68-76．

[8] 成畅．企业集团财务共享服务创新研究——基于海尔集团的管理实践［J］．会计之友，2019（3）：90-94．

[9] 王方华．立足"人单合一"管理创新，推进中国管理理论探索——访谈海尔集团张瑞敏先生观点内容摘编［J］．管理学报，2018，15（6）：814-817．

[10] 长虹、中兴、平安和海尔财务共享实践揭秘．https://baijiahao.baidu.com/s?id=1647563052857918248&wfr=spider&for=pc．

[11] 海尔集团的绩效考核，"三工并存，动态转换"．https://www.163.com/dy/article/EM4M65NV05169V47.html．

五、讨论题目

（1）海尔集团如何制定业绩评价标准，遇到了哪些方面的困境？如何解决？

（2）海尔集团应用财务共享服务中心模式时有哪些不足之处？应该网络化与国际化的，如何改良？

（3）从理论上讲，网络化与国际化的海尔集团的财务共享中心如何影响公司业绩评价标准体系？

（4）网络化与国际化的财务共享服务为公司业绩评价标准体系的构建提供哪些方面的支持？

（5）海尔的财务共享模式财务共享与大智移云区物新技术转型之路是否对其他公司业绩评价标准具有借鉴意义？

案例使用说明书

一、本案例要解决的关键问题

通过本案例的应用,引导学员分析:海尔集团在全球化发展战略下,如何进行业绩评价标准制定模式的转变?遇到了哪些困境?公司基于何种理念和方法进行了逐步改进?在构建财务共享服务中心的过程中,如何利用并发挥作用,如何实现价值创造?

二、案例讨论的准备工作

为了有效实现本案例目标,学员应具备下列相关知识背景:

(一)财务共享模式相关理论

1. 流程再造理论

流程再造理论是结合财务共享与大智移云区物新技术,对公司组织构架、数据资源进行最优化整合,并且对原有业务流程进行改造,改善公司原先存在的问题,以此提升公司运营效率和服务质量,提高顾客满意度。公司在刚开始构建共享中心的时候,初始成本会比较高,有过多冗余环,这时公司意识到必须进行流程再造,而这也是构建共享中心必不可少的过程,公司借助财务共享与大智移云区物新技术和流程再造,将重复性高的业务集中进行处理,进而为公司提高运作业绩。

2. 资源配置理论

资源配置是指公司经营管理活动中的各种资源的分配,是对现代技术业绩与各种投入要素进行组合,从而减少资源浪费,帮助公司实现更佳的利益。也就是说,资源配置的目标就是实现利益最大化。公司可以通过合理利用资源,减少浪费,提高经济业绩。而资源配置理论的运用在财务共享服务中心的构建过程中得到了体现,公司通过将财务业务进行集中处理减少人力资源浪费,让原来从事财务基础核算工作的人员从中得到解放,转而投入到战略决策支持工作去,形成业务财务、战略财务、财务共享服务协同效应和规模经济效应,实现业绩评价标准制定的价值最大化。资源的有效配置,不仅节约了公司资源、提高了资源的利用效率,还提升了公司整体竞争力。

3. 标准化理论

英国标准化专家 Saunders 认为对事物进行标准化管理是通过建立规范来处理业务,这个处理过程更加简化,便于公司管理标准化理论进行深化,进一步、全面且系统地概括了标准化活动过程的基本规律,并提出了 19 项原理,提出用数学方法来解决简化及其经济效果问题。财务共享服务借助标准化理论对重复的财务工作设立统一的标准,各个成员按照标准化的流程进行业务处理,实现了公司对人力物力财力资源的节约,实现公司价值最大化。

(二)海尔集团业绩评价

海尔集团业绩评价标准设定原则:体现最重要的贡献、涵盖关键任务领域、体现对客户关键影响领域、体现对团队的贡献、确保目标不重复、定量和定性指标保持平衡。海尔集团实施业绩评价的主体一般包括：海尔集团的董事会成员、同级各部门经理、直接下属、自我评价、外部专家的360°评价。

海尔集团评价流程一般包括以下几个步骤：①确定被评价者的工作内容，即生产部门经理日常工作内容、职责。②将评价指标分为定性和定量指标，尽可能量化，避免主观因素造成的不公平现象。③每位评价者要明确评价内容、评价标准。④将评价表发放到各位评价者手中，给予一定时间进行观察评分。⑤最后将所有表格收回，根据所占比例作出综合分值评定。⑥根据业绩评价分值情况进行适度的职位奖惩、调整，以期更适合组织发展。

（三）业绩评价标准的分类

业绩评价标准从不同的角度可以有不同的分类。通常的分类方法有如下几种。

1. 按评价的手段分，可把评价标准分为定量标准和定性标准

（1）定量标准，就是用数量作为标度的标准，如工作能力和工作成果一般用分数作为标度。

（2）定性标准，就是用评语或字符作为标度的标准，如对员工性格的描述。

2. 按评价的尺度分，可将评价标准分为类别标准、等级标准、等距标准、比值标准和隶属度标准

（1）类别标准，是用类别尺度作为标度的标准，它实质上同定性标准中的数字符号为标度的标准相同。

（2）等级标准，是用等级尺度作为标度的标准。

（3）等距标准，是用等距尺度作为标度的标准。与等级标准不同的是，用等距标准测得的分数可以相加，而等级标准测得的分数不能相加。

（4）比值标准，是用比值作为标度的标准。这类标准所指的对象通常是工作的数量与质量、出勤率等。

（5）隶属度标准，是用模糊数学中隶属系数作为标度的标准。这类标准基本上适用于所有评价内容，能回答经典标度无法解决的问题，因而被广泛使用。

3. 按标准的形态分类，可分为静态标准与动态标准

（1）静态标准，主要包括分段式标准、评语式标准、量表式标准、对比式标准和隶属度标准等五种形式。A. 分段式标准，是将每个要素（评价因子）分为若干个等级，然后将指派给各个要素的分数（已赋予权重）分为相应的等级，再将每个等级的分值分成若干个小档（幅度）。B. 评语式标准，是运用文字描述每个要素的不同等级。这是运用最广泛的一种。C. 量表式标准，是利用刻度量表的形式，直观地划分等级，在评价了每个要素之后，就可以在量表上形成一条曲线。D. 对比式标准，就是将各个要素的最好的一端与最差的一端作为两级，中间分为若干个等级。E. 隶属度标准，就是以隶属函数为标度的标准，它一般通过相当于某一等级的"多大程度"来评定。

（2）动态标准，主要有：行为特征标准、目标管理标准、情景评价和工作模拟标准。A. 行为特征标准，就是通过观察分析，选择一例关键行为作为评价的标准。B. 目标管理标准，是以目标管理为基础的评价标准，目标管理是一种以业绩为目标、以开发能力为重

点的评价方法，目标管理评价准则是把它们具体化和规范化。C. 情景评价标准，是对领导人员进行评价的标准。它是从领导者与被领导者和环境的相互关系出发来设计问卷调查表，由下级对上级进行评价，然后按一定的标准转化为分数。D. 工作模拟标准，是通过操作表演、文字处理和角色扮演等工作模拟，将测试行为同标准行为进行比较，从中作出评定。

4. 按标准的属性分类，分为绝对标准、相对标准和客观标准

（1）绝对标准，就是建立员工工作的行为特质标准，然后将达到该项标准列入评价范围内，而不在员工相互间作比较。绝对标准的评价重点，在于以固定标准衡量员工，而不是与其他员工的表现做比较。

（2）相对标准，就是将员工间的业绩表现相互比较，也就是以相互比较来评定个人工作的好坏，将被评价者按某种向度作顺序排名，或将被评价者归入先前决定的等级内，再加以排名。

（3）客观标准，就是评价者在判断员工所具有的特质，以及其执行工作的业绩时，对每项特质或业绩表现，在评定量表上每一点的相对基准上予以定位，以帮助评价者作评价。

三、案例分析要点

（一）需要学员识别的关键问题

通过本案例的应用，引导学员分析：什么是财务共享服务？财务共享服务是如何与公司战略相匹配，以及如何运作的？影响公司价值创造的因素有哪些？

业绩评价标准制定模式的转变对公司价值创造有何影响？

（二）分析关键要点

（1）案例分析关键点：财务共享服务中心模式逐步推进的过程，包括困境与解决方案。

（2）案例教学关键知识点：财务共享服务中心的运作机制、业绩评价体系构建要素的思考。

（3）案例教学关键能力点：海尔集团财务共享服务中心的构建和平台建设、财务共享服务的价值创造、业绩评价体系构建。

（三）分析思路

无论从公司精神、产品创新，乃至组织管理、商业模式、战略转型等方面，海尔集团都走出了一条开创性的独特道路。海尔集团业绩评价体系构建是一个成功的案例，本案例基于此，分析思路如下：

（1）海尔集团如何制定业绩评价标准，遇到了哪些方面的困境？如何解决？

（2）海尔集团应用财务共享服务中心模式时有哪些不足之处？应该网络化与国际化的，如何改良？

（3）从理论上讲，网络化与国际化的海尔集团的财务共享中心如何影响公司业绩评价标准体系？

（4）网络化与国际化的财务共享服务为公司业绩评价标准体系的构建提供了哪些方面的支持？

（5）海尔的财务共享模式财务共享与大智移云区物新技术转型之路是否对其他公司的业绩评价标准具有借鉴意义？

四、教学组织方式

（一）课前计划

发放案例材料，提出启发思考题，并请学员在课前上网查找相关资料和文献。目标：完成阅读并进行思考。

（1）海尔集团在建设财务共享服务中心初期，遇到了哪些方面的困境？

（2）海尔集团应用财务共享服务中心模式时有哪些不足之处？

（3）简要说明财务共享服务中心下的付款流程，试举例说明。

（4）海尔集团的财务共享服务是如何影响公司业绩评价体系的？财务共享服务为公司共享中心业绩评价体系的构建提供了哪些支持？

本案例的参考资料及其索引，在讲授有关知识点之后一次性布置给学员。

（二）课时分配（时间安排）

本案例可以作为专门的案例讨论课来进行。如下是按照时间进度提供的课堂计划建议，仅供参考。

整个案例的课堂时间控制在90分钟以内。

（1）教师引言，明确主题，告知分析和作业要求（5分钟）。

（2）学员分组讨论并于课下制作PPT，在课堂上演示（30分钟）。

（3）同学们讨论，并对疑惑处进行提问，小组讨论回答（每组10~15分钟）。

（4）同学们与教师分别进行归纳总结（10~15分钟）。

（三）讨论方式

本案例可以采用小组式进行讨论。

（四）课堂讨论总结

课堂讨论总结的关键是：归纳发言者的主要观点；重申其重点及亮点；提醒大家对焦点问题或有争议观点进行进一步思考；建议大家对案例素材进行扩展调研和深入分析。

五、案例的后续进展

随着海尔集团的发展，基于财务共享的共享中心业绩评价体系将进一步完善深化，适用业务的快速增长，本案例还会持续关注。

第四章 业绩评价技术

案例7 业财一体化下的财务共享与业绩评价技术
——兆弛公司财务数字化之路

专业领域：会计专硕（MPAcc）、审计硕士（MAud）、工商管理硕士（MBA），会计、审计、财务管理等本科专业

适用课程："公司业绩评价与激励机制""大数据与财务决策""企业数字化转型理论与实务"

选用课程："绩效管理与量化考核""绩效考核与薪酬激励""财务共享"

编写目的：本案例旨在引导学员通过了解兆弛公司采取功效系数法和综合分析判断法，在掌握业绩评价技术基础上，讨论兆弛公司财务共享服务中心的建立经历了怎样的变革和创新，并挖掘其背后的战略部署和激励力是什么？业财一体化下的兆弛公司的全球财务共享服务中心对于公司财务数字化的业绩评价产生了什么样的影响？财务共享体系建立之后兆弛公司平衡计分卡财务数字化的业绩评价体系的构建思路是什么？对采取功效系数法和综合分析判断法把握与理解。

知 识 点：采取功效系数法、综合分析判断法、财务共享服务、平衡计分卡、财务数字化、业绩评价技术

关 键 词：财务共享服务中心；业绩评价技术；业财一体化；目标评价法

中文摘要：本案例详细讲述了采取功效系数法和综合分析判断法，业财一体化下的兆弛公司前期分散的财务管理模式无法满足竞争格局对财务管理的需求。业财一体化下的兆弛公司财务人进而将财务共享管理模式与云计算、移动互联网、大数据等新技术有效融合。财务共享提供了更多关于公司运营数据、预算管理、业绩分析等方面的决策和支持，然而在财务共享实施过程中，公司往往很难发现财务共享服务模式与公司战略的内在关系，在对财务共享中心制定相应的业绩评价目标时大多只是依据以往的经验进行简单调整，并没有根据财务共享中心的实际情况制定相适应的业绩评价办法。因此，如何才能针对公司财务共享中心

的具体情况制定出有效的业绩评价体系？本案例从平衡计分卡和目标评价法相结合的角度出发，深入业财一体化下的兆弛公司财务共享中心内部，建立以共享中心组织业绩为评价机制的创新型业绩评价体系。

英文摘要：This case details the financial transformation of mega-chi company. The previous financial management model of mega-chi company could not meet the demands of the competition for financial management. Therefore, how to develop an effective performance management system according to the specific situation of corporate financial sharing center? The research is of certain significance for enterprises to evaluate the value of the new organizational structure of the enterprise internal sharing center from the perspective of performance, and find the existing problems and risks of the sharing center, so as to strengthen the staff service level of the sharing center and establish the future development direction of the sharing center.

案例正文

2021年7月22日，以中国企业财务评价专家委员会为指导单位、中国CFO发展中心主办的"2021第九届中国企业财务智能化转型高峰论坛暨2021中国十大资本运营TOP CFO与中国十大企业财务智能化转型年度人物颁奖盛典"在北京成功举办。深圳市兆弛股份有限公司副总裁兼CFO严志荣获"2021中国十大企业财务智能化转型年度人物"，颁奖词是：热爱财务但不止于财务，是同时精通财务和IT的"双面手"，财务共享模式的开创者、财务投资风控体系的完善者、集团信息化系统规划者、系统深度应用的一线实践者，用"3个链接+3个赋能"为兆弛开拓了智能制造新时代。

由于财务共享改革使得兆弛公司功效系数法——财务业绩定量评价得到进一步技术与数据支持。业财一体化下的兆弛公司财务部以及人事部工作得到了极大改善，究竟是采用了什么样的方法让财务部和人事部的工作从冗杂变得简单呢？

案例将调研焦点放在基于业绩评价技术（功效系数法——财务业绩定量评价）与业财一体化下的兆弛公司如何进行财务共享模式的转变上。

一、兆弛公司原有业绩评价技术（功效系数法）应用过程

兆弛公司一直采用综合业绩评价方法进行业绩评价。综合业绩评价方法是当前传统、普遍采用的业绩评价技术，兆弛公司运用数理统计与运筹学方法，采用特定指标体系，对照统一评价标准，按照一定程序，通过定量、定性对比分析，对兆弛公司一定营销期间营销效益和营销者业绩，做出客观、公正和准确的综合评判。兆弛公司依据系统全面性、客观公平性、成本效益性、发展与可比性、灵活操作性、科学实用性、可拓展性原则。兆弛公司业绩评价其由财务业绩定量评价和管理业绩定性评价两部分组成。

兆弛公司赋分方法采取功效系数法和综合分析判断法。其中，功效系数法应用于财务业绩定量评价指标赋分，综合分析判断法应用于管理业绩定性评价指标赋分。二者相互促进、相得益彰。

第一步：功效系数法———财务业绩定量评价

功效系数法是根据多层级目标规划原理，把所要评价的各项指标按照多档次标准，通过功效函数转化为可以度量的评价分数，据以对被评价对象进行总体评价得分的有效方

法。将其引入财务综合分析中，可以用来以弥补加权平均法缺陷。其利用功效函数和确定的标准值，对评价对象的各项指标实际值进行计算，既实现了评价指标分值和评价分值转换，又可以进行层级功效函数计算，实现了多层级指标的综合评价。同时，在确定的赋分公式、指标值及权重情况下，可以同时引入批量评价指标值，其具有较强的实用性，能够综合兆弛公司不同业绩因素，包括财务和非财务、定量和非定量（表7-1）。

表7-1 功效系数法进行兆弛公司四方面定量对比和设定

评价类别	评价内容	得分标准
盈利能力	资本及资产报酬水平、成本费用控制水平、营销现金流量状况等	投入产出、盈利质量
资产质量	周转速度、运行状态、结构、有效性等	资源利用效率、管理水平与安全性
债务风险	债务负担水平、资产负债结构或有负债情况现金偿债能力等	债务水平、偿债能力、债务风险
经营增长	销售增长、资本积累、效益变化、技术投入等	增长质量、资本增值、发展后劲

兆弛公司从反映企业盈利能力状况等四方面、八项基本指标和十四条修正指标出发，综合评价企业财务报表所反映的营销业绩质量。其中，基本指标体现企业一定时期财务业绩的正能量，并获得其定量评价的基本结果。修正指标则根据财务指标迥异性与彼此互补性，对基本指标评价结果及时作出补充和矫正。各项财务业绩定量评价指标及权重，如表7-2所示。指标权重实行百分制。

表7-2 兆弛公司业绩评价指标及权重

评价内容与权重		财务业绩			
		基本指标	权重	修正指标	权重
盈利能力状况	34	净资产收益率	20	销售（营业）利润率	10
				盈余现金保障倍数	9
		总资产报酬率	14	成本费用利润率	8
				资本收益率	7
资产质量状况	22	平均资本	10	不良资产比率	9
				流动资产周转率	7
		应收账款周转率	12	资产现金回收率	6
债务风险状况	22	资产负债率	12	速动比率	6
				现金流动负债比率	6
		已获利息倍数	10	带息负债比率	5
				或有负债比率	5
经营增长状况	22	销售（营业）增长率	12	销售（营业）利润增长率	10
				总资产增长率	7
		资本保值增值率	10	技术投入比率	5

兆弛公司根据国家统一颁布的国民经济行业分类标准，结合企业实际情况，按照不同行业、规模及指标类型划分标准（表7-3）

表7-3　兆弛公司标准系数

水平档次	标准系数	说明
优（A）	1.0	
良（B）	0.8	标准系数：评价标准水平参数水平档次：评价指标对应评价标准
中（C）	0.6	
低（D）	0.4	
差（E）	0.2	

兆弛公司赋分：包括基本指标和修正指标赋分。

（1）基本指标赋分按照功效系数法赋分原理，将评价指标实际值对照行业评价标准，根据规定公式计算各项基本指标得分（表7-4）。

表7-4　兆弛公司功效系数

计算公式	说明
基本指标总得分=∑单项基本指标得分 单项基本指标得分=本档基础分+调整分　本档基础分=指标权数×本档标准系数 调整分=功效系数×（上档基础部分-本档基础部分） 上档基础部分=指标权数×上档标准系数 功效系数=（实际值-本档标准值）÷（上档标准值-本档标准值）	本档标准值是指上下两档标准值居于较低等级一档

（2）修正指标指在基本指标赋分结果基础上，运用功效系数法原理，逐项计算盈利能力等四部分综合修正系数，再据此计算出修正后的得分（表7-5）。

表7-5　兆弛公司功效系数

计算公式	说明
修正后总得分=∑各部分修正后得分 各部分修正后得分=各部分基本指标分数×该部分综合修正系数 某部分综合修正系数=∑该部分修正指标加权修正系数 某修正指标加权修正系数=（修正指标权数/该部分权数）×该指标单项修正系数 某指标单项修正系数=1.0+（本档标准系数+功效系数×0.2-该部分单项指标分析系数） 某部分单项指标分析系数=该部分基本指标得分÷该部分权数	单项修正系数控制幅度为0.7~1.3

（3）特殊情况处理是指在计算修正指标单项修正系数过程中，对于特殊情况应予以再分析、再调整，因事而异（表7-6）。

表 7-6 兆弛公司计算修正指标单项修正系数

数值范围	计算公式	说明
优（A）值以上	单项修正系数=1.2+本档标准系数-该部分基本指标分析系数	盈余现金保障倍数分子为正数，分母为负数，单项修正系数定为1.1；分子为负数，分母为正数，单项修正系数定为0.9；分子、分母同为负数，单项修正系数定为0.8
差（E）值以下	单项修正系数=1.0-该部分基本指标分析系数	销售（营业）利润增长率指标：上年为负数，本年为正数，单项修正系数为1.1；上年为零，本年为正数，或者上年为负数，本年为零，单项修正系数定为1.0
0分（资产负债率≥1）	其他情况按规定公式赋分	难以确定行业标准的个别指标，单项修正系数定为1.0

评价程序包括基础评审数据提取、基础数据调整、评审赋分、评价结论形成等内容（表7-7）。

表 7-7 兆弛公司形成评价结论

评价内容	具体阐释
基础评审数据提取	经评价组织机构核实确认的年度财务会计报表为基础评审数据提取
调整基础数据	调整业绩基础评价数据，客观、公正评价业绩
评审赋分	对照行业评价标准值，采用软件或手工赋分
评价结果形成	深度分析定量评审分数，诊断薄弱环节

第二步：综合分析判断法———管理业绩定性评价

兆弛公司在企业财务业绩定量评价基础上，采取专家评审赋分方式，对企业营销管理水平进行定性分析与综合评判。其评价内容、指标、标准及计分方法如表7-8所示。

表 7-8 兆弛公司专家评审赋分的定性分析

内容	指标	权数	标准	系数	公式
管理战略	战略规划制定的科学性；员工认知程度、保障措施、执行力、实施效果等	18			管理业绩定性评价指标分数=∑单项指标分数 单项指标分数=（∑每位直接给定单项指标分数）÷专家人数
创新发展	创新管理、革新工艺、技术改造、开发新品培育品牌、开拓市场、申请专利及研发核心技术等	15	优（A）	1.0	
营销决策	决策管理、程序、方法、执行、监督、责任追究等，重点反映有无重大营销决策失误	16	良（B）	0.8	
控制风险	财务、市场、技术、管理、信用和道德风险等	13	中（C）	0.6	
基础管理	制度建设、内部控制、管理重大事项、信息化建设、管理标准化等	15	低（D）	0.4	
人力资源	人才结构、培养、引进、储备、人力资源调配业绩评价、分配与激励、文化建设、工作激情等	8	差（E）	0.2	
行业影响	市场占有率、经济发展影响与带动力、产品市场认可度、核心竞争力、产业引导力等	8	差（E）以下	0	
社会责任	资源集约、环境保护、吸纳就业、工资福利、安全生产、上缴税收、商业诚信、和谐建设等	8			

评价程序包括整理收集营销管理业绩评价资料、评审专家聘请（≥7）、召开评审会、形成定性评价结论报告等内容。

第三步：归纳总结法———综合业绩评价

兆弛公司充分体现市场经济原则和资本营销特征，以投入产出分析为核心，运用定量分析与定性分析相结合、横向对比与纵向对比互为补充的方法，综合评价企业业绩和努力程度，促进企业提高市场竞争力。

兆弛公司赋分：计算出财务业绩定量评价分数和管理业绩定性分数后，按照规定的权重，即70%为财务业绩定量评价指标；30%为管理业绩定性评价指标。二者之和为综合业绩评价得分。

（1）综合业绩评价分数=财务业绩定量评价分数×0.7+管理业绩定性评价分数×0.3。兆弛公司计算各项财务综合业绩评价指标及权重（表7-9）。其中，指标权重实行百分制。

表7-9 兆弛公司综合评价指标及权重表

评价内容与权重		财务业绩（70%）				管理业绩（30%）		说明
		基本指标	权重	修正指标	权重	评议指标	权重	
盈利能力	34	净资产收益率 总资产报酬率	20 14	销售（营业）利润率 盈余现金保障倍数 成本费用利用率 资本收益率	10 9 8 7	管理战略 创新发展	18 15	计算评价分数后，应计算年度间业绩改进进度，以反映年度间营销业绩变化
资产质量	22	总资产周转率 应收账款周转率	10 12	不良资产比率 流动资产周转率 资产现金回收率	9 7 6	营销决策 控制风险	16 13	
债务风险	22	资产负债率 已获利息倍数	12 10	速动比率 现金流动负债 比率带息负债比率 负债比率	6 6 5 5	基础管理 人力资源	14 8	
经营增长	22	销售（营业）增长率 指标保值增值率	12 10	销售（营业）利润增长率 总资产增长率 技术投入比率	10 7 5	行业反响 社会责任	8 8	

（2）业绩改进进度=本期业绩评价得分÷基期业绩评价得分；其中，业绩改进>100%，营销业绩指数上升；业绩改进<100%，营销业绩指数滑坡。

兆弛公司对于经济效益增幅显著、具有一定营销规模，走科技创新之路的企业，给予合理加分，以充分财力、内功深厚程度和量变与质变管理难度，激励企业加快科技创新步伐。兆弛公司对于被评价企业评审期间发生重大事项，造成一定影响，一律追加扣分。实际加分值=（1−X%）×6.6Y。其中：X表示评价得分，Y表示表内因素合计加分。

兆弛公司综合业绩评价结果以评价得分、评价类型和评价级别表示。兆弛公司根据评价分数对企业综合业绩所划分的水平档次，用文字和字母表示，分为优（A）、良（B）、中（C）、低（D）、差（E）五种评价类型。兆弛公司对每种类型再划分级次，以体现同一评价类型的不同差异，采用在字母后标注"+、-"号方式表示评价级别。以85、70、50、40分作为类型判定分值，即为兆弛公司综合业绩评价结果（表7-10）。

表7-10 兆弛公司综合业绩评价结果表

评价类型	评价级别	评价得分
优（A）	A++	≥95
	A+	≥90
	A	≥85
良（B）	B++	≥80
	B	≥75
	B-	≥70
中（C）	C	≥60
	C-	≥50
低（D）	D	≥40
差（E）	E	<40

兆弛公司根据评审结论编制、反映被评价企业业绩状况的文本文件，其报告由正文和附件构成。报告正文应说明评价目的、依据、方法、过程、结论及重大说明事项，要求文字明了简洁、主旨突出、脉络清晰、通俗易懂。兆弛公司报告附件包括营销业绩分析报告、评审赋分表、调查问卷结论分析、专家评审意见等。其中，兆弛公司报告应对企业营销业绩状况、影响因素、存在问题等进行把脉和会诊，并向兆弛公司提出相关建设性管理建议。

二、兆弛公司全球财务共享服务中心建立与业绩评价技术改进

兆弛公司为更进一步加强采取功效系数法和综合分析判断法进行业绩评价的数据与信息条件改善，规范公司业绩评价技术、财务处理流程、经营效率，在业财一体化背景下，于2015年8月正式全面实施财务共享。

1. 财务共享服务设计

（1）梳理业务单元。

为保障财务共享服务实施的有效性，首先将公司的财务业务进行了分类，将业务总量大、简单且重复性强、核算流程标准化高的业务全部纳入财务共享业务范围，无法标准化的工作，或虽然可以标准化但必须在当地处理的财务工作则不纳入该范围。在这一分类基础上，集团确立了共享服务中心的业务范围，以此构建了新的财务中心组织架构。

如图7-1所示，财务共享服务中心的资金管理部主要负责对子公司的资金进行统一筹划和调配，起到资金统管的作用；而税务管理方面，则将深圳地区的税务工作统一交到母公司财务中心税务管理部，并由它负责对其进行筹划，深圳以外子公司的税务工作仍由子公司负责。财务共享中心会计核算部下设费用核算、资产核算、收入成本、总账报表等五个小组。

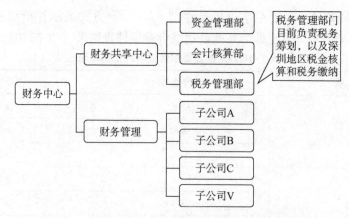

图 7-1　业财一体化下的兆弛公司财务中心组织架构

目前，母公司财务中心下属财务共享服务中心的资金管理部和会计核算部已完全实现财务共享，税务管理部门部分实现财务共享。母公司所属财务中心的财务管理部主要负责预算方案的制定，依据共享中心汇总的数据进行相应的财务分析，以及整个集团子公司财务管理的统筹工作。

（2）统一财务信息口径。

业财一体化下的兆弛公司在对现有业务流程梳理的基础上，在全集团范围内对公司内部业务单据的填写标准和相关格式要求，以及相关业务流程都制定了统一标准与规范。这一举措既保证了票据的规范性和子公司之间财务制度的统一，同时规范了集团内部的财务处理流程，极大地降低了因内部会计人员个人的职业判断不同给整个集团会计核算的准确性带来的不良影响，另一方面也为集团实施财务共享管理奠定了坚实的基础。

（3）构建业务、财务一体化信息系统（图 7-2）。

在业务、财务信息系统建设方面，为了更好地实现财务共享，集团于 2014 年购入 SAP 公司软件——公司管理解决方案（SAP）标准版，并将其作为公司 ERP 主系统。最初购入时，SAP 系统仅有"供产销"的主流程，即从接到销售订单到生成物料需求（物料不足的部分相应生成采购需求），再到物料入库、领料、生产、出库、销售等一整套流程。集团本着"让数据在源头产生，减少人工干预"的原则，在 SAP 系统的基础上购入 MES（生产过程执行系统）、CRM（客户关系管理系统）、eTIMS（企业税务信息管理系统）、SRM（供应商关系管理系统）和 TR（SAP 系统子模块、资金管理系统）等。

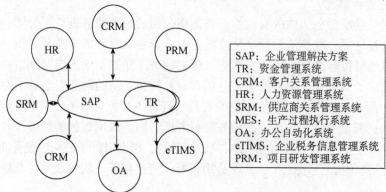

图 7-2　兆弛公司信息一体化平台系统架构示意图

联合公司本身拥有的 HR（人力资源管理系统）系统、OA（办公自动化系统），由 IT 部门对各个系统进行财务共享与大智移云区物新技术对接、内部维护和二次优化，使其在各系统内产生的信息能同 SAP 系统进行完美对接，最终搭建一套较为完整和适应公司实际情况的业务、财务数据信息一体化平台。

其中，PRM（研发项目管理系统）并未与主系统 SAP 进行对接，eTIMS（企业税务信息管理系统）仅进行了部分对接。

目前，基础财务业务处理已经实现较高程度的自动化。以 SRM 系统和 SAP 系统对接后的情况为例，对接后，供应商登入系统后可以直接看到公司当前因库存物料不足而直接生成的采购订单，供应商可以根据采购订单直接交货，之后在系统里进行对账，对完账之后系统进行记录并开发票，其中原本需要会计人员手工做的账务处理就由系统自动生成所取代了。

（4）对现有业务流程进行再造。

最终设计出的流程包括支付审核、收入结算、资产管理、成本核算、资金管理、总账和报告六个主流程和多个子流程（图 7-3）。

以优化后的费用报销流程为例，目前业务人员只需在 OA 系统内录入相关报账单，并将原始单据扫描作为附件上传，相关业务领导对其进行审批，审批通过则由中心费用审核人员审核，通过后系统自动生成记账凭证，待票据稽核通过需要支付资金的，由资金管理部在 TR 系统里确认通过后，向银行发送付款请求，银行则据此直接付款。

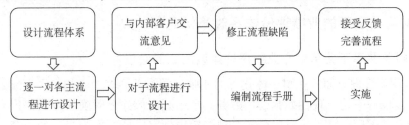

图 7-3　兆弛公司流程体系设计程序示意图

其中，对内部自制原始凭证实物部分的核对，和母公司在同一地区的子公司，其原始凭证一周传递一次，外地子公司的原始凭证则统一在产生的当月月末邮寄至母公司财务中心，其核对完毕后转交至母公司档案中心存放。

此外，在流程再造基础上，为保证效率，经办人超出系统设定时间未能对流程要求的工作作出处理的，个人后台会产生信息提示，超时三天未处理的，系统将以短信方式通知经办人所在部门的主管人员处理。

2. 财务共享服务的构建过程

2013 年年底，时任兆弛公司财务部负责人的副总向集团管理层提出，在集团内部实施财务共享服务，以规范公司财务处理流程、提高公司经营效率。集团管理层在通过可行性分析后，最终决定在集团范围内实施财务共享服务，其实施范围包括公司的全资子公司和占股超过 51% 的非全资子公司。

与此同时，正式将共享中心职责定位为：在对现有业务流程标准化的基础上，简化流程，降低成本，加大对子公司的管控力度，随后制定出符合自身实际情况的财务共享服务实施方案。根据实施方案，2014 年年初，确立了实施财务共享服务的业务范围，并在此基础上对内部业务单据的填写标准和相关格式要求,以及相关业务流程制定了统一标准与规范。

此后,通过商业谈判和协议定价方式,以较优惠的价格购入多个系统软件,搭建起以 SAP 为主系统的财务、业务信息一体化平台。

2014 年 6 月,新 ERP 系统初步测试确认完成后,业财一体化下的兆弛公司旗下的节能照明公司率先成为实施财务共享服务的试点公司,试点时间为一年,2015 年 8 月,业财一体化下的兆弛公司正式实施财务共享服务。

为保证实施效果,对每个部门的具体情况和业务范围,都制定了有章可循的"方圆"操作标准及手册,使得每项工作都有章可循。在业绩评价方面,暂未对财务共享服务中心制定针对性较强的业绩评价办法,目前实施的业绩评价方案为:将资金管理部成员利用公司闲置资金进行理财业务所获得的收益,作为对其进行业绩评价的主要指标。在 ERP 系统维护和优化方面,由专门的财务共享与大智移云区物新技术部门负责对现有 ERP 信息管理系统进行定期和不定期的维护。财务人员与业务人员在日常工作中若发现该系统存在漏洞,则在第一时间通知 IT 部门处理,若遇到 IT 部门解决不了的系统问题,则直接交由系统供应商解决。此外,还建立了系统应急响应制度与措施,以保证 ERP 系统的稳定运行并避免系统风险的产生。

目前,财务共享服务中心已初步实现业务、财务相融合,财务、业务流程运行已实现高度自动化。

三、财务共享下的业绩评价体系改革机遇

(一)财务共享下共享中心业绩评价体系改革的必要性

(1)在薪酬管理方面,业财一体化下的兆弛公司财务共享中心的人员薪酬划分仍然呈现出相当程度的扁平化,现在兆弛公司财务共享中心内部并无明确的业绩评价办法,目前仍和公司的其他部门一样,每月以公司实现的销售额完成情况作为当月的业绩。显然,此办法缺少一定的公允,并在一定程度上挫伤了业财一体化下的兆弛公司共享中心财务人员工作的积极性。

(2)由于缺乏有效的业绩评价体系,中心人员流动比率奇高,甚至超出了公司其他部门。近年来,财务共享中心人员流动率由实施财务共享前的 7% 逐年攀升到 46%。较于公司其他部门而言更为频繁的人员变动情况,已经给业财一体化下的兆弛公司共享中心的日常工作造成了一定影响。

综上所述,业财一体化下的兆弛公司需要构建更科学的业绩评价体系,提高公司管理水平,将公司战略目标与员工个人目标紧密结合,实现公司价值最大化,以便更好地对公司未来的发展战略进行支撑。

(二)财务共享下共享中心业绩评价体系改革的重要性

通过实施财务共享,能够有效提高公司的资金使用效率、会计信息质量和公司的资产管理,保证公司内部管理制度的有效执行,最终为公司的财务数字化的业绩评价体系的构建及发展战略起到一定的支撑作用。

财务共享服务中心的建立可以降低公司成本、提高资源整合率、提高会计信息质量、增强风险管理能力、强化业务支撑能力,从而为公司创造价值,这些目标的实现依赖于业

绩评价，业绩评价作为实施财务共享中心目标的保障手段，在公司价值最大化上有着至关重要的地位。

四、基于财务共享服务的新业绩评价体系的构建

财务共享服务中心业务处理流程的特殊性决定了公司很难使用与其他部门相仿的业绩评价方法对其进行管理和评价。因此，实施财务共享后，面对崭新的业务处理流程和工作内容，如何针对共享中心财务人员的具体工作情况制定出积极有效的业绩评价机制，实现对共享中心及其工作人员的整体评价，对于公司而言至关重要。

1. 从公司战略出发选择合适的业绩评价目标

要想运用平衡计分卡，首先需要了解业财一体化下的兆弛公司的公司战略。上文中提到，业财一体化下的兆弛公司目前实施的是成本领先战略。因此，从公司的战略出发，一个能够在业务流程标准化的基础上提高公司的经营效率、控制财务风险、降低成本费用的财务共享服务中心将更有利于公司的战略发展。

2. 共享中心组织业绩评价指标确定

在以公司愿景为第一出发点的基础上，结合业财一体化下的兆弛公司目前的公司战略和集团内的财务共享服务中心的自身定位，公司运用平衡计分卡原理，对财务共享服务中心这一整体进行相应的业绩评价指标选取（表7-11）。

其中，在财务维度方面公司主要从资金成本控制率、财务费用控制率、税务费用节约目标完成率和投资报酬完成率这四个指标着手对其进行衡量。前三个的选取目的是为体现业财一体化下的兆弛公司实施财务共享服务后财务中心在成本、费用控制以及税务管理等方面的成效。而投资报酬完成率，有利于公司了解本期计划投资理财收益额与实际收益额的完成情况，便于衡量财务中心本期直接为公司创造的价值。

表7-11 业财一体化下的兆弛公司共享中心平衡计分卡业绩指标设定

维度	具体指标	权重/%	指标说明
财务维度	资金成本控制率	10	本部门所发生的实际成本/目标成本
	财务费用控制率	10	本部门所发生的实际财务费用/目标财务费用
	税务费用节约目标完成率	7	实际节约额/目标节约额
	投资报酬完成率	7	实际净资产回报率/计划净资产回报率
客户维度	客户平均满意度	10	客户在接受服务后对服务质量打的平均分
	客户沟通效率	7	沟通回馈及时性和解决问题的效率效果
	客户投诉率	7	客户投诉的次数/总业务量
	投诉处理率	5	当期处理成功的投诉/总投诉量
内部流程维度	业务差错率	7	处理错误的业务数量/业务处理总数量
	业务标准化率	7	执行过程标准化的数量/业务处理总数量
	业务完成率	7	本期实际完成业务量/本期应完成业务量

续表

维度	具体指标	权重/%	指标说明
学习与创新维度	创新观点数量	2	本期部门内人员提出的创新观点总数量
	创新观点实施个数	2	提出的创新观点经领导审批通过后的实施个数
	培训次数完成情况	5	计划培训次数-员工实际平均完成培训次数
	员工流失情况	7	本期部门员工离职人数-公司主动辞职人数

数据来源：相关指标及其权重根据兆弛公司公开资料整理

客户维度方面，由于业财一体化下的兆弛公司的财务中心目前并未承接对外服务，因此这里的客户所指代的对象主要指的是子公司的业务员和财务中心信息的使用者，其中，使用者包括但不限于子公司的财务管理人员、集团内部的高管等。前者录入的业务单据是一切业务处理流程的开端，后者直接或间接使用财务中心所汇总和提供的详细数据。而在内部流程维度这一块，应选取业务差错率、业务标准化率和业务完成率这三个较易量化的指标对财务中心进行评定。

学习与创新维度方面，考虑到共享中心目前存在的人才继续教育问题、员工的创新能力以及人才流失的问题，公司选取了创新观点数量、创新观点数量实施次数、培训次数完成情况和员工流失情况这四个指标对业财一体化下的兆弛公司财务中心的业绩进行综合评定。

基于以上考虑并在财务共享中心 2017 年年末业绩达成情况的基础上征询业财一体化下的兆弛公司多名高层管理者和财务共享中心负责人意见对 2018 年财务共享中心业绩评价指标进行了权重划分。

业绩评价主要体现在日常工作中，因此财务共享中心的各级管理人员和全体员工不能仅仅集中在年度或者季度某一时间强化业绩评价工作，更应该要重视平日的日常业绩评价，做好日常业绩评价工作是保证业绩评价体系有效实施的关键。为保证共享中心日常业绩评价的有效性，业财一体化下的兆弛公司可以运用信息化手段，实现员工和部门业绩当期动态完成情况实时查阅，让共享中心负责人和部门管理者实时了解员工和部门的目标执行情况，并根据相关情况，及时调整员工的工作内容。此外，需注意的是，由于业绩评价是一个动态的过程，其相关业绩指标的选择具有一定的时效性，因此，公司应当根据自身发展和实际需要，定期对相应业绩评价指标的权重和内容作出相应改动和调整，以适应公司的发展。

五、参考资料

[1] 李闻一，刘姣，卢文. 财务共享服务中心建设的回顾、趋势与建议 [J]. 会计之友，2020（9）：14-20.

[2] 林晓红. 基于区块链的企业"业财一体"信息系统构建 [J]. 技术经济与管理研究，2022（3）：46-50.

[3] 兆弛股份：2家机构2021年业绩预测情况. https：//finance.ifeng.com/c/890NmjhskXd.

[4] 三大生态助力兆弛股份增厚业绩. https：//baijiahao.baidu.com/s？id=15968072114 81299058&wfr=spider&for=pc.

[5] 刘俊勇，刘明慧，孙瑞琦. 数字化背景下财务共享服务中心的质量管理研究——以

HX 财务共享服务中心为例［J］.管理案例研究与评论,2021,14（5）：547-558.

［6］兆驰股份业绩炸裂,四年时间营收增加 127.41 亿元. https：//new.qq.com/rain/a/20210422A03NU400.

六、讨论题目

（1）兆驰公司原有综合业绩评价体系与评价技术包括哪几个方面,与其他单位有什么不同?

（2）兆驰公司功效系数法和综合分析判断法的应用过程是什么,兆驰公司业绩评价技术有什么优点和不足?

（3）业财一体化下的兆驰公司的财务共享服务怎样影响公司综合业绩评价体系?财务共享服务为公司业绩评价技术与体系的构建提供哪些支持?

（4）兆驰公司财务共享服务下共享中心平衡计分卡指标的设定是基于怎样的考虑?

（5）设想一下,将来如何升级兆驰公司业财一体化下的数字化业绩评价技术的体系?

案例使用说明书

一、本案例要解决的关键问题

通过本案例的应用,引导学员分析：业财一体化下的兆驰公司在全球化发展战略下,如何进行财务共享模式的转变?总结业财一体化下的兆驰公司的财务共享服务中心的建立经历了怎样的变革和创新,并挖掘其背后的战略部署和激励力是什么?兆驰公司的全球财务共享服务中心在公司财务数据收集方面对于公司共享中心业绩评价体系的建立产生了怎样的影响?财务共享体系建立之后兆驰公司共享中心业绩评价体系的构建思路是什么?加深对平衡计分卡业绩评价体系的理解与掌握。

二、案例讨论的准备工作

为了有效实现本案例目标,学员应该具备下列相关知识背景。

（一）兆驰公司财务共享中心业绩评价

兆驰公司财务共享中心现有在岗员工 23 人。财务共享中心目前分为三个职能部门：会计核算部、资金管理部和税务管理部。确立财务共享服务中心目标：

1. 财务工作标准化、信息化

业财一体化下的兆驰公司所处地区人员流动比较大,人员发生变动时,如果交接工作没做好,就容易出现错误。且各子公司财务制度没有统一标准,大量业务需要依靠会计人员的职业判断,如子公司财务部人员做会计核算和资金管理,因每个人专业水平不一致、理解也不同,会产生集团财报合并时口径不一致问题,整个集团核算的准确性会受到很大影响。在日常财务工作中也容易出现金额输入错误和业务重复记录错误,如两个财务人员同时对同一笔业务进行处理。通过建立财务共享中心,把重复性、标准化的工作集中到总部实行统一管理,杜绝手工账,提高业务处理效率;同时提高各项业务的正确率,避免财务人员录入、重复做账和核算错误,保证财务信息的准确性和及时性。

2. 业财融合

业财一体化下的兆弛公司业务部门和财务部门原先各行其责、泾渭分明，导致二者在很多问题上不能兼容，无法更好地沟通。要改变业财分离、各司其职的状况，实现业财融合，则需要财务对业务的运作提供支持，将业务信息与财务信息有机结合。如票据传递和业务处理从源头发起，由发生业务的负责人进行提交，财务部门员工审核把关。只有财务了解业务工作，管理才能更精准，才能实现财务监管向业务端方向延伸，确保财务数据和信息从源头追溯，保证公司业务交易的真实性和可控性。

3. 核算权力集中

业财一体化下的兆弛公司在开始实施财务共享时分部机构较少，但随着多元化发展，子公司或分部机构不断增加，母公司与子公司之间容易存在信息核对不对称和传递不及时问题。由于子公司分散独立、母子公司距离遥远、信息传递不及时等原因，各子公司管理层接受母公司的监督十分有限且低效，这就使子公司容易出现舞弊问题。而通过建立财务共享服务中心，不断完善公司各类工作流程，可以把子公司的会计核算工作集中到一起，对子公司的财务进行控制，对其各项资金流入与流出加强管理，通过财务中心财务核算管理，实现对子公司全方位的间接监控管理。

4. 控制成本

重视成本领先战略的公司往往依靠其成本上的领先地位来赢得市场竞争优势。作为一家奉行成本领先战略的公司，业财一体化下的兆弛公司通过财务共享中心有效地整合了财务数据和信息，把相关财务信息与数据及时向管理者反映，为子公司或部门提供创造价值的可能性，各子公司财务部的资源和人员则把更多精力投放到为公司创造价值的活动中，如做好成本的预测、分析，利用财务数据和信息切实为业务部门与生产部门提供帮助与协作，平衡好产品性能、质量与成本的关系，保证公司利润。

5. 强化财务监管

业财一体化下的兆弛公司在扩张过程中，通过统一的制度规范及信息系统高效运行，降低公司财务风险，减少相关系统的人工干预，资金安全得到保障，不用担心业务出现造假和人员卷走款的出逃现象，防止了舞弊现象的出现。如当公司收到款项时，由与这笔业务对应的业务员确认负责，确保数据从源头产生。数据越在源头产生越准确，而且越不容易作假；越到后面产生，经过的环节越多，作假成本越小。实施财务共享可确保每笔业务追溯到最前端，职责明确，从而加强财务监督。

6. 支持公司发展战略

实施财务共享对于成长型公司来说至关重要，这可以为公司扩大规模打下扎实基础，便于公司复制和扩张，消除成立和收购子公司过程中的财务障碍，降低收购子公司的管理风险，使被收购子公司能快速融入和适应兆弛公司。子公司财务核算和资金管理的部门只需将相关系统安装好，与财务共享中心对接，财务共享中心就能对其会计核算进行处理，加快业财一体化下的兆弛公司掌控子公司的进程。同时，财务共享服务中心为财务数据快速、准确的传递提供了基础保障，给兆弛公司发展战略决策带来更多的支持。

（二）业财一体化下兆弛公司财务共享服务中心

业财一体化下的兆弛公司开始建立财务共享服务中心，进行母子公司间各类系统的对接，规范业务流程，统一会计核算制度，规范基础财务信息与数据，确保会计信息的及时性、准确性，减少人工干预，减少基础重复的会计核算工作量。

业绩评价体系的实施意味着将设计的业绩评价方案投入使用。业绩评价能否取得预期的效果，除了体系设计本身的科学性和合理性外，实施环节也具有决定性的作用。对此，公司管理者应当大力支持业绩评价在共享中心的推进。如果管理者不能及时认识到共享中心为公司所创造的价值，其业绩评价的准确性和有效性必然大大受损。

三、案例分析要点

（一）需要学员识别的关键问题

本案例需要学员识别的关键问题包括：什么是财务共享服务，其与集中财务管理模式有何关系？分散财务管理模式和集中财务管理模式的联系与区别，各自的适用条件是什么？影响公司业绩评价体系构建的因素有哪些？财务管理模式的转变对公司业绩评价有何影响？

（二）分析关键要点

（1）案例分析关键点：财务共享服务中心模式逐步推进的过程，共享中心业绩评价体系的构建。

（2）案例教学关键知识点：财务共享服务中心的实现机制、管理会计信息化、业绩评价体系构建要素的思考。

（3）案例教学关键能力点：全球财务共享服务中心的构建和平台建设、业绩评价体系构建。

（三）分析思路

在全球背景下，公司要想应对竞争，传统的财务管理模式的变革势在必行，传统财务模式的转变必然引起业绩评价体系的变革。业财一体化下的兆弛公司在财务管理模式转变下的业绩评价体系的构建是一个成功的案例，本案例基于此，分析思路如下：

第一，要深入理解公司财务管理模式的基本概念及其在公司中发挥的作用。

第二，把握财务管理模式转变的内在需求，分析这种转变经历了几个阶段。

第三，传统的财务管理模式的转变对业绩评价体系提出了哪些新的要求。

第四，要在传统财务模式转变的情况下把握业绩评价体系构建的内在要求，同时理解平衡计分卡业绩评价体系的构建过程。

第五，能对平衡计分卡业绩评价体系形成历程进行梳理，从全局把握平衡计分卡业绩评价体系模式。

四、教学组织方式

（一）问题清单及提问顺序、资料发放顺序

本案例讨论题目依次为：

（1）兆弛公司原有综合业绩评价体系与评价技术包括哪几个方面，与其他单位有什么不同？

（2）兆弛公司功效系数法和综合分析判断法的应用过程是什么，兆弛公司业绩评价技

术有什么优点和不足？

（3）业财一体化下的兆弛公司的财务共享服务怎样影响公司综合业绩评价体系？财务共享服务为公司业绩评价技术与体系的构建提供哪些支持？

（4）兆弛公司财务共享服务下共享中心平衡计分卡指标的设定是基于怎样的考虑？

（5）设想一下，将来如何升级兆弛公司业财一体化下的数字化业绩评价技术的体系？

本案例的参考资料及其索引，在讲授有关知识点之后一次性布置给学员。

（二）课时分配

本案例可以作为专门的案例讨论课来进行。如下是按照时间进度提供的课堂计划建议，仅供参考。

整个案例的课堂时间控制在90分钟以内。

（1）课前计划：请学员在课前完成阅读和初步思考。

（2）课中计划：简明扼要的课堂前言，介绍案例主题（3~5分钟）。

（3）分组并开展讨论（30分钟）。

（4）小组发言（每组8~10分钟，全部发言完毕控制在40分钟）。

（5）对小组发言进行总结，引导同学展开进一步思考（15分钟）。

（6）课后计划：可以请每组同学采用书面报告形式提交更加具体的分析结果。

（三）讨论方式

本案例可以采用小组式进行讨论。

（四）课堂讨论总结

课堂讨论总结的关键是：归纳发言者的主要观点；重申其重点及亮点；提醒大家对焦点问题或有争议观点进行进一步思考；建议大家对案例素材进行扩展调研和深入分析。

五、案例的后续进展

随着业财一体化下的兆弛公司的发展，基于财务共享的共享中心业绩评价体系将进一步完善深化，适应业务的快速增长，本案例还会持续关注。

案例8　财务数字化技术扩张之路：数据中台助力阿里巴巴业绩评价

专业领域：会计专硕（MPAcc）、审计硕士（MAud）、工商管理硕士（MBA），会计、审计、财务管理等本科专业

适用课程："公司业绩评价与激励机制""大数据与财务决策""企业数字化转型理论与实务"

选用课程："绩效管理与量化考核""绩效考核与薪酬激励""业绩考核理论与实务"

编写目的：本案例旨在引导学员通过数据中台对业绩评价的技术支持与帮助作用，认识到大多数企业数据分散、缺失、数据质量和数据利用率不高，企业信息化程度越来越高，经营效率却得不到提升。因此需要一个平台来解决业绩评价技术的这些痛点。通过平台整合分散在各个孤岛上的数据，快速形成数据服务能力，为企业的业绩评价技术提供支撑，数据中台就此应运而生。理解战略业绩系统在公司管控中的重要作用；分析公司数据中台建设过程与内容，公司如何构建自身的业绩评价与激励机制；思考设计业绩评价与激励机制需要考虑的因素，通过分析讨论提升学员的业绩评价技术思辨能力。

知识点：数据中台、业绩评价技术、激励机制、业绩评价系统、数据资产

关键词：业绩评价技术；财务数字化；业绩评价；阿里巴巴、关键业绩指标

摘　　要：在中国公司不断发展壮大、逐渐走向世界的今天，一个能够帮助公司实现战略目标的业绩评价体系正显得愈发重要。优秀的业绩评价模式可以使公司充分地发挥自身优势，激励员工的积极性与创造性，而不恰当的业绩评价模式则有可能拖累了公司发展的步伐。案例通过对阿里巴巴数据中台在公司内部的应用，讲解了业绩评价在公司实现战略目标过程中的重要性，分析了公司如何在财务共享与大智移云区物新技术的背景下构建与完善自身的业绩评价与激励机制，以期为公司发展提供借鉴。

英文摘要：As Chinese enterprises continue to grow and gradually globalization, a performance management system that can help enterprises achieve strategic goals is becoming more and more important. Excellent performance management model can make the enterprise. Give full play to their own advantages to stimulate the enthusiasm and creativity of employees, while inappropriate performance management mode may slow down the pace of enterprise development. Through the application of Alibaba data in the company, this paper explains the importance of performance management in the process of realizing strategic goals, and analyzes how enterprises construct and improve their performance evaluation and incentive mechanism in the context of new era and new technology, so as to provide reference for the development of enterprises.

案例正文

一、阿里巴巴发展与数据技术问题

阿里巴巴集团是由曾担任英语教师的马云为首的18人,于1999年在中国杭州创立的电商公司,总部设在杭州,并在海外设立硅谷、伦敦等分支机构。阿里巴巴是全球公司间(B2B)电子商务的著名品牌,公司业务包括核心商业、云计算、数字媒体、娱乐以及创新业务。阿里巴巴的发展十分之迅速,从创立之初到2019年短短的二十年间就成长为全球最大的网上贸易平台。

作为互联网商业巨头,马云为了巩固阿里巴巴在全球市场中的地位,开始不断拓展业务范围,陆续推出了全球速卖通、阿里云、蚂蚁金服等关联服务或公司,建立了一套以电商业务为核心,集生活服务、文娱教育、保险健康、智能终端等为一体的完整生态圈。阿里巴巴在全球范围内的迅速扩张提高了公司的国际化水平,扩大了公司的收入来源,但是集团的整体经营风险也随着公司的扩张开始日益增加并呈现复杂化趋势,公司原有的信息管理系统在应用过程中面临的挑战愈加严峻。2015年,时任阿里巴巴CEO的张勇意识到了如何高效处理各个地区、各个公司与各个部门之间的数据往来,如何解决集团公司内部的冲突问题,成了制约阿里巴巴进一步发展的关键,在年底通过内部信的方式正式提出全面启动阿里巴巴中台战略,自主构建阿里巴巴数据中台。

二、数据中台对业绩评价的技术支持与帮助作用

数据中台是利用大数据技术将沉睡的业绩评价数据变成数据资产,实现数据价值变现,并以共享模式将业绩评价数据提供给业务使用,形成数据生产—消费—再生的闭环。数据中台的技术架构对业绩评价一般包含以下几种功能:业绩评价数据采集、业绩评价数据计算、业绩评价数据存储、业绩评价数据建模和业绩评价数据应用;在研发、运维和公共服务方面包含离线开发、实时开发、业绩评价数据资产、任务调度、业绩评价数据安全和业绩评价集群管理。

数据中台的智能分析是赋能企业的业绩评价数据分析与可视,支持与业务系统的便捷集成应用,提供自助式业绩评价分析和业绩评价报表能力;支持用户在可视化设计态环境下的个性化业绩评价建模,实现基于浏览态的即席业绩评价图表分析探索,以场景化、沉浸式的全新体验,助力企业业绩评价数智化。它为企业的经营管理者提供高效易用的业绩评价智能分析服务,实现便捷的业绩评价数据获取、治理及丰富的业绩评价可视化呈现,帮助用户深入发掘业绩评价数据潜能、快速探索业绩评价数据价值、敏捷洞察运营状态、提供精准决策支持。

智能分析支持多种图表可视化、个性化业绩评价设计功能,具备快速构建业绩评价数字大屏能力。提供包括业绩评价主流关系型数据库、领域业务元数据、文件数据等在内的多数据源管理,支持业绩评价数据模型、分析卡片、仪表板、自由报表、数据填报、消息推送、报告分享、报表订阅、租户权限管理等开箱即用的业绩评价智能分析构建,支持包括移动端、WEB端在内的多端快速适配。

数据驱动业绩评价业务发展的两个前提:一是业绩评价业务数据质量有保障,具有分

析和挖掘价值；二是业绩评价业务数据容易获取、加工成本低。数据中台作为数据治理、发挥数据价值的承载平台，一方面可以通过数据治理工具有效地解决业绩评价数据质量问题；另一方面，通过数据中台的智能分析可以轻松实现业绩评价数据建模和数据多样化分析。数据中台除了具备业绩评价数据治理和数据建模能力外，还拥有跨平台业绩评价数据资源整合能力，丰富了数据的展现层次和业务深度，可将数据分析转化为数据洞察。

数据中台智能分析在业绩评价数字化转型过程中可以发挥多元化作用，驱动业务发展，这种作用主要体现三个业务场景层面，即领导决策支持平台、数据服务平台、业务运营监控平台。

（1）业绩评价领导决策支持平台：业绩评价基于经验的决策到数据驱动的决策，实现业绩评价决策的高效和科学。通过数据中台可快速搭建业绩评价管理驾驶舱，支持高层决策。借助数据中台的强大数据集成能力，整合业绩评价、财务和生产经营数据，解决人效分析实现难的业绩评价问题，丰富、健全了业绩评价管理驾驶舱的分析指标体系。

（2）业绩评价数据服务平台：随着业绩评价管理工作的精细化，业绩评价业务人员在日常工作中越来越离不开数据——即数据说话，具体包括工作总结中的数据统计、呈报领导的工作报告中的业务数据分析等。数据中台强大的 BI 报表功能，可根据业绩评价业务需要快速完成数据报表开发，同时，基于业绩评价多维分析模型，业务人员可进行自助分析，快捷查询出分析数据。另外，对于集团型企业而言，系统外业绩评价业务数据获取比较困难，往往通过下属企业线下上报汇总。而数据中台在线数据填报能有效解决线下填报低效和数据准确性较差的难题；还可以基于预置分析模型动态生成业绩评价数据分析报告，使业绩评价专题分析工作化繁为简。数据中台充分挖掘了数据的业绩评价业务价值，变身为数据服务平台，不仅减轻了业务人员工作量，提升了工作效率；还使得业绩评价工作的开展有据可循，支持业务创新。

（3）业绩评价业务运营监控平台：通过数据来驱动业务发展，业绩评价人员通过数据看板、大屏、监控报表实时、动态掌握业务变化，主要适用于业务流程较长的业绩评价业务，包括招聘、业绩评价、人才质量变化情况。通过数据看板跟踪业绩评价过程，分析各步骤耗时、业绩流程进展，帮助业绩评价管理者全面掌控业绩实施进程，及时发现问题。

三、阿里巴巴数据中台的构建

（一）阿里巴巴数据中台构建起因

阿里巴巴并非一开始就决定搭建自身的数据管理平台，发展初期也是选择购买国外先进的管理软件在开发调试后进行使用。例如在人力资源管理领域，阿里巴巴 2006 年就启用了 Oracle PeopleSoft HCM 系统，全球 500 强公司有超过一半都在使用该系统，阿里巴巴是国内最早一批引进世界先进人力资源管理软件的公司之一。PeopleSoft HCM 的上线为阿里巴巴带来了先进的人力和组织管理能力，支撑阿里巴巴业务和人员规模在过去这十年中成倍扩张。但是随着数字经济时代的到来，数据在经济活动中的作用越来越重要。面对数据量的爆发式增长，如何从庞杂的数据中筛选出精准有效的信息进而让数据产生价值、用数据支持决策乃至为业务运营赋能，成了公司数字化转型时期的管理者最关心的问题。此外，阿里巴巴集团本身也在不断地发展壮大，全球化战略已成为其根本战略，阿里巴巴在海外业务拓展与并购的过程中，管理难度也在不断增加，而当前市面上没有相应成熟的系统来满足阿里巴巴复杂的数字化管理的需要,再加上数据安全与外购成本的考虑,阿里巴巴不得不选择研发自己的数据管理系统。图8-1为阿里巴巴数据中台演进的四个阶段。

图8-1 阿里巴巴数据中台演进的四个阶段

(二)阿里巴巴数据中台想要解决的问题

阿里巴巴自研的数据中台与其他的数据服务软件有什么不同呢?其中一个核心区别就是阿里巴巴的数据中台打破了传统IT架构下的信息壁垒。在过去缺乏顶层设计之下,数字化步伐都在追随各个职能部门的发展,数据体系也是基于业务单元垂直积累,从而形成了烟囱式体系。垂直式数据体系的优点是紧贴场景、反应敏捷,缺点是数据分散、不标准、难以共用关联成为合力,大数据价值优势被削弱。此外,烟囱式数据体系还会造成混乱的数据调用和拷贝,以及系统功能建设和维护带来的重复投资,不仅造成人力、财力、资源的浪费,更重要的是时间浪费以及数据质量的参差不齐。从数据采集看,传统IT架构下公司内部数据各自分散孤立在不同的子系统中(比如ERP系统、CRM系统、SRM系统、HR系统等),但各系统就像烟囱一样彼此独立,形成了大量的数据孤岛,数据采集难度很大;从数据转换和计算看,财务、业务、管理等不同口径所需的数据零散在各个系统,而各系统的数据是按照其固有的需求和规则设计的,不同部门、不同应用系统对同一类甚至同一个数据的口径不一(比如,财务口径的数据与交易分离,管理口径的数据与业务脱离),往往会出现相互之间口径对不上的情况,同时不同口径的数据进行的转化和重新计算的过程产生了系统应用中的数据鸿沟;从数据获取效率看,基于各个子系统搭建的管理系统自动化程度低、时效性差,难以满足瞬息万变的商业环境下公司的实时分析与决策等管理需求,更不具备互联网环境下对业务运营的快速响应能力;从数据存储和数据处理看,公司内外部数据可分为结构化数据和非结构化数据,其中高达80%的数据是非结构化数据,非结构化数据对IT系统的数据处理能力和读写速度要求更高,对数据存储和数据管理能力也提出了更高的性能要求。表8-1为数据中台运用内容。

表8-1 数据中台运用内容

组织层级	问题域
高管团队	公司的管理指标是透明的、健康的
	指标能够完整、快速反映公司生产经营的问题,数据手段指导经营决策与风控
业务团队	效率提升:通过数据化,提高运营效率、生产效率、营销效率,摆脱经验激励
	数据体感:数据看得懂,数据模型或业务模型要成为业务和支撑的通用语言
	使能生产:把数据植入业务的关键环节,数据激励生产

续表

组织层级	问题域
技术团队	智能平台：利用高效平台或财务共享与大智移云区物新技术改变工作流水线模式，解放生产力
	能力转型：以数据构建和运营为核心，成为组织中最了解数据的团队
	赋能创新：通过数据识别新的业务模式，能够为业务团队补充新能量

以上这些问题具体反映到公司的日常运作上就是不同部门之间各自为战，相互配合的成本过高。当一项决策的重要程度越高时，决策所涉及的部门也就越广、所需要的数据也就越多，但是数据获取的难度也就越大，各个部门之间往往会因为数据的真实性与时效性问题产生矛盾，并因为缺乏统一的标准难以界定各个部门之间的责任，最终导致决策失败的可能性也就越大。在数据的传递使用问题上，阿里巴巴内部曾经出现过这样一种问题。有个资历非常深的 BI 工程师因为在公司工作很久，合法积累了许多数据使用权，于是很多团队的算法合作不得不找他，因为他拥有数据霸权。当公司内部有了计费计量之后，有一名勤奋的员工为了在宽表里跑一段 sql，花掉了上百万元人民币。更可怕的是他的工作后来经过审计还是合理且必要的。基于以上出现的问题，阿里巴巴在公司自研管理信息系统的过程中正式提出了要构建以"大中台，小前台"为主体的新型商业操作系统计划，以便于提高阿里巴巴各个单位之间的数据传递效率，更深入地挖掘数据潜力。图 8-2 为烟囱式信息管理框架。

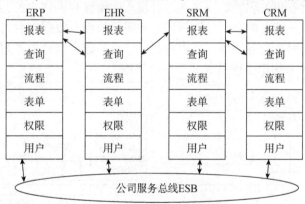

图 8-2　烟囱式信息管理框架

（三）阿里巴巴数据中台与公司内部管理系统的融合

阿里巴巴数据中台架构最显而易见的好处就在于将公司信息化架构由不同平台下分散的烟囱式系统集群变革为了部署在同一平台下基于服务的应用系统集群。数据中台最基本的功能就是通过一定的规则从各个子系统中收集数据，用以做进一步的后续处理。平台化的中台体系不仅打通了公司内部从业务到财务的数据，而且打通了公司外部的社会大数据到内部的财务业务数据，实现了对交易过程的显性化和规范化，使公司低成本地获得了大量统一、真实、可靠的业务和财务数据。

此外，中台的核心思想是复用与共享。它将不同业务场景的通用能力抽离出来，下沉到一个共享平台，更好地支持前台系统的灵活变化。中台体系可以确保同一类或同一个数据来源是唯一的，其他系统可以把这些数据复用、共享起来，使得以此数据产生出来的后续处理的数据结果具有准确性、唯一性。同时，其他系统不必为取得同一个数据再做重复的工作，节约了时间和资源。基于数据中台架构，阿里巴巴的财务、业务与业绩评价信息系统可以更高的效率、更低的成本获取所需的数据进行运算处理，服务于公司决策。图8-3为阿里巴巴数据中台。

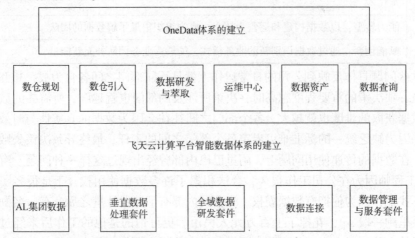

图8-3 阿里巴巴数据中台

以阿里巴巴数据中台与财务中心的融合为例，阿里巴巴财务共享中心的中台可以将集团层面相对统一的财务相关职能统一接入，对接入的流程和模式中的共性进行沉淀，形成可复用的能力。当财务共享中心有一项新的业务需要处理，数据中台可以将沉淀的共性快速输出并进行相应的财务业务管理。各中台还可以承担起大部分业务财务任务，更好地辅助业务发展。图8-4为阿里巴巴财务共享中心架构。

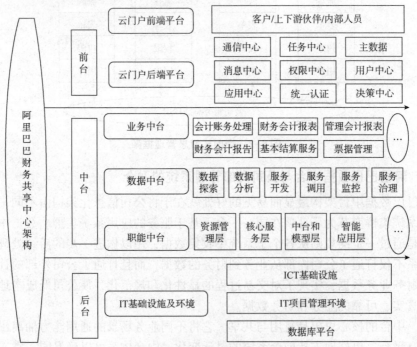

图8-4 阿里巴巴财务共享中心架构

数据中台就像是财务共享中心的数据服务工厂，完成从数据到价值的加工过程，通过抽象和生产数据服务，更快地影响并改变业务行为，以将数据服务直接嵌入到财务共享中心的交易系统的方式，实时用数据洞察来改变业务流程，将传统的数据服务模式从事后管控变为事前评价，完成公司财务会计与管理会计工作的融合。

四、数据中台为阿里巴巴业绩评价赋能

（一）促进业务合作，统一评价标准

管理是动态的，动态的管理尤其强调部门间开展良好的协同合作，而不是竞争内耗和无谓的牺牲。在数据中台建设之前，阿里巴巴的价值观评价虽然在一定程度是减少了员工与员工之间的恶性竞争，但是在业务部门层面却收效甚微。

2003 年阿里巴巴成立了淘宝事业部，2008 年又成立了天猫事业部，没过多久，天猫与淘宝并驾齐驱，此时淘宝的技术团队同时支持着淘宝和天猫的业务。由于淘宝起步较早，业务规模较大，这样的组织架构阵型决定了技术团队会优先满足淘宝的业务需求，使得天猫的业务团队怨声载道，严重影响了天猫的业务发展。另外，当时淘宝和天猫的电商系统是完全独立的两套体系，但同时又都包含了商品、交易、评价、支付、物流等相同功能，严重浪费技术资源。为了解决以上两大问题，在 2009 年，"共享事业部"应运而生，主要成员来自之前的淘宝技术团队，在组织架构上与淘宝、天猫同级别，集团希望以这样的方式更好地让技术团队同时支持好淘宝和天猫的业务，并将两套电商的业务做了梳理和沉淀，把两个平台中公共的、通用的业务功能沉淀到了共享事业部，避免功能的重复建设和维护，更合理地利用技术资源。

但是，接下来的发展事与愿违。虽然组织架构上共享业务部和淘宝、天猫平级，但在对业务的理解和贡献上来说，显然淘宝和天猫拥有更多的话语权，结果就是共享事业部在两大业务部门的夹缝中生存，需要同时满足着淘宝和天猫高压态势的业务支持，在资源固定的情况下，就算团队成员再怎么加班加点，也很难及时、周到地支持好两大业务部门，使得业务部门对共享事业部的满意度不高，而共享事业部的同学们内心有苦说不出，只能默默流泪。在进行业绩评价时，由于共享事业部与天猫、淘宝同属一个层级，在进行业绩评价时常常会受到其他部门的打压，久而久之使得越来越多的技术人员选择离职或是轮换到其他岗位，造成淘宝与天猫所能获取的技术支持不升反降。

在阿里巴巴的数据中台搭建后，业务部门同财务共享与大智移云区物新技术支持部门之间不再属于同一个层级，评价标准也不再相同，两者之间不再是竞争关系而是合作关系，这就使得提供基础技术服务的工作人员可以在部门互评时能够得到更加公允的评价，既激励了技术人员工作，同时也促进了技术部门与业务部门之间的相互合作。

图 8-5 为阿里巴巴数据中台与内部管理系统。

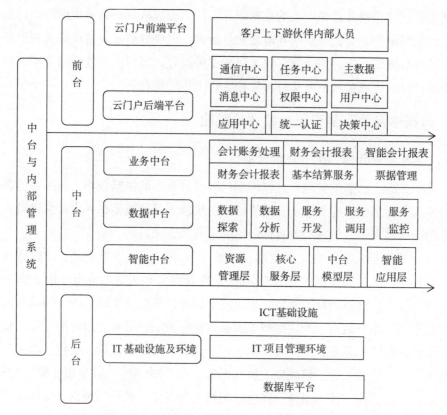

图 8-5 阿里巴巴数据中台与内部管理系统

（二）打通公司数据资源，提升评价效率

阿里巴巴数据中台的建设是包含业务中台、财务中台的全中台建设，其建立的根本目的就在于实现数据资源的对内共享和对外开放。在阿里巴巴数据中台建设下，其业务中台、财务中台与业绩评价系统数据实现了互通互联，大大提升了业绩评价的效率与效果。

在数据中台启用前，阿里巴巴曾经发生过这样的故事。业务部门有两个组年度业绩评价做 PK，谁业绩做得更好，就拿走大部分奖金。A 部门业绩最后比 B 部门高出不少，但评价结果提交给 HR 部门后，被发现有一些计算上的小问题；作为竞争对手的 B 得知此事后，开始向 HR 反映 A 在做业绩的时候出现的各种违规情况，试图取代 B，最终导致两个业务部门结仇，破坏了公司的内部团结，影响了公司效率的提升。之所以阿里巴巴内部会出现这样的问题，一个重要原因就是阿里巴巴内部业务部门过于繁杂，每个部门的业绩评价需要考察的数据过多且标准缺乏统一标准。过去阿里巴巴还在使用 PeopleSoft HCM 系统进行评价时，HR 需要自主向其他部门申请获取公司财务部门与业务部门数据，数据的获取时间取决于业务价值和所涉及的范围、评价部门的工作性质和员工数量以及 HR 自身权限与意愿。在对不同的团队进行业绩评价时，HR 掌握了对员工价值观情况与团队业绩情况的解释权，使得 HR 的权力过大，各业务部门员工会为了个人业绩拉拢 HR，不仅造成了 HR 的贪污和腐败现象还严重打击了团队的积极性。

通过数据中台的建设后，阿里巴巴技术团队自主重构了业绩评价的所有功能模块，构建了集团统一的阿里巴巴 e-HR 信息化建设平台，成功解决了类似的问题。阿里巴巴可以在该平台下自主研发具有其文化特点的模块，把主数据、业绩评价、晋升管理等应用独立出来，构建薪酬与福利管理、电子业绩评价和培训管理等不同模块，并将其与财务管理等系统模块集成应用，实现全面整合，从而能够快速响应组织与外部环境变化。在电子业绩评价模块的应用下，阿里巴巴能够对其业绩评价的全过程进行追踪，并对人力资源等数据智能分析，这极大地促进了各项工作的及时性与可靠性，满足了管理决策的需求。e-HR平台可以同时为阿里巴巴的所有分公司、子公司提供人员信息与组织信息的单一可信数据源，促进集团整体对业绩与薪资管理等工作的标准化和自动化，大大改进了业绩评价的效率与效果，使其能够充分适应组织和人员的改制变革，发扬公司文化，为组织与业务的发展提供支撑。

（三）落实公司业绩评价方式

阿里巴巴数据中台的应用，激励了其独特的业绩评价体系的潜力与优势。在阿里巴巴的数据中台搭建之前，受限于信息管理系统的效率问题，员工很难实时地了解到自身的业绩评价情况，无法及时根据评价内容与评价目标调整自身工作并积极与上级沟通，使得阿里巴巴基于成长导向的交互式业绩评价方式流于形式。正是在数据中台的加持下，阿里巴巴的业绩信息化系统才真正做到了以用户体验为中心，让全员随时随地参与业绩评价。数据中台启用后，阿里巴巴存储、处理各种结构数据与非结构数据的能力大大增强，使得公司每个部门之间都可以基于业绩评价应用场景进行个性化系统功能需求设计，让各级员工基于目标任务执行情况的沟通、评价及反馈更直接、更人性化和社交化。员工可以在"年度回顾"里面随时看到自己已经完成了哪些任务，以及同事、领导对自己的日常评分；在"年度总结"里可以了解业绩与价值观评价情况，包括能力的盘点和发展的规划；员工与领导可以自主选择时间对目标与任务的执行进展沟通反馈，而且可以"过程留痕"，即间接经理可以了解直接经理对员工的沟通辅导与业绩评价过程，提高评价的客观性与公正性；同时管理者也可以借助数据中台的 BI 分析功能，主动事前明确其业绩评价的合理性，减少试错成本。

五、参考资料

[1] 江乾坤，舒欣格. 阿里巴巴的全球财务共享服务中心建设实践 [J]. 财务与会计，2019（22）：21-24.

[2] 冯海波. 新时代预算业绩评价的逻辑转换、现实挑战及路径选择 [J]. 经济纵横，2019（5）：67-73.

[3] 王舰，张帆，徐儒慧. 财务共享中心"三中台"模式构建研究 [J]. 商业会计，2019（17）：45-48.

[4] 刘峰，杨杰，李志斌，等. 一种面向双中台双链架构的内生性数据安全交互协议研究 [J]. 华东师范大学学报（自然科学版），2020（5）：44-55.

[5] 韩向东，屈涛. 基于数据中台的管理会计信息化框架及创新应用 [J]. 管理会计研究，2020，3（Z1）：116-124.

[6] Mohammad Moshtari. Inter-Organizational Fit, Relationship Management Capability and Collaborative Performance within a Humanitarian Setting [J]. Prod Oper Manag, 2016, 23（2）：22-45.

[7] David B. Zoogah. Tribal diversity, human resources management practices, and firm performance [J]. Can J Adm Sci, 2016, 45 (3): 3-25.

[8] 阿里云数据中台被围追 数据中台市场"一大七雄"格局初步形成. http://www.ceweekly.cn/2021/0824/357504.shtml.

[9] 阿里数据中台进化史. https://www.soft6.com/news/2021/07/30/376798.html.

[10] 阿里从未拆中台. https://baijiahao.baidu.com/s?id=1705442134826579272&wfr=spider&for=pc.

六、讨论题目

(1) 阿里巴巴是一家什么样的互联网公司？它的公司使命、愿景与战略目标是什么？三者之间有什么样的关系？

(2) 阿里巴巴的数据中台是什么，有哪些优势？

(3) 传统的公司业绩评价与激励模式有哪些？阿里巴巴的属于哪一种，有何特色？

(4) 阿里巴巴为什么采用这种业绩评价模式？该模式有什么优缺点？

(5) 阿里巴巴的业绩评价模式是否存在缺陷？数据中台是否可以弥补这些缺陷？

案例使用说明书

一、教学目的

本案例要实现的教学目标：引导学员通过阿里巴巴的数字化业绩评价系统应用历程，认识业绩评价与激励机制对公司发展的重要性，理解战略业绩系统在公司管控中的重要作用；了解不同的业绩评价与激励模式；分析公司如何构建自身的业绩评价与激励机制；思考设计业绩评价与激励机制需要考虑的因素；全面理解业绩评价体系在公司经营和战略实施中的地位和作用，通过分析讨论提升学员的逻辑思考与思辨能力。

二、启发思考题

(1) 阿里巴巴是一家什么样的公司，它的公司使命、愿景与战略目标是什么？三者之间有什么样的关系？

(2) 阿里巴巴的数据中台是什么，有哪些优势？

(3) 传统的公司业绩评价与激励模式有哪些？阿里巴巴的属于哪一种，有何特色？

(4) 阿里巴巴为什么采用这种业绩评价模式？该模式有什么优缺点？如果没有数据中台可能会出现什么样的情况？

(5) 业绩评价与激励有什么特征和作用？阿里巴巴的业绩评价系统是如何体现出这些特征和作用的？

三、分析思路

教师可以根据自己的教学目标来灵活使用本案例，这里简要给出本案例思考题的分析思路，仅供参考。

(1) 引导学员了解阿里巴巴对自身在市场中的定位，明晰阿里巴巴的公司战略目标，为下面公司战略与战略业绩评价的关系进行铺垫。

（2）启发学员根据案例正文回答数据中台是什么，并进行头脑风暴总结数据中台可能给公司带来的优势。

（3）课前让学员预习《公司业绩评价与激励模式》第一章内容，了解传统公司业绩评价与激励模式，鼓励学员总结思考阿里巴巴的业绩评价模式属于哪一种，又有何特色。

（4）鼓励学员根据案例正文与搜集的资料，了解阿里巴巴的公司性质、内部管理结构与公司文化等内容，学习业绩评价与激励模式应考虑的内容，业绩评价体系应当如何与公司战略适配。

（5）启发学员思考阿里巴巴业绩评价与激励模式可能存在的一些问题，总结思考数据中台在公司内部是如何发挥作用的，数据中台还有哪些潜力可以发掘。

四、理论背景

1. 什么是数据中台

"中台"一词早期是由美军的作战体系演化而来，技术上说的"中台"主要是指学习这类高效、灵活和强大的指挥作战体系，而阿里巴巴的中台，是相对于前台和后台而言的。前台即面向客户的市场、销售和服务部门或系统，后台是为研发、财务、人力资源等二线支撑部门或系统提供财务共享与大智移云区物新技术支持的平台。中台则是指介于前台和后台之间的一个综合能力平台，可以有效地连接前后台，具备对于前台业务变化及创新的快速响应能力。数据中台是中台的核心平台之一，是指通过财务共享与大智移云区物新技术，对海量数据进行采集、计算、存储、加工，同时统一标准和口径。数据中台把数据统一之后，会形成标准数据，再进行存储，形成大数据资产层，进而为客户提供高效服务。数据中台采用实现公司数据的全局规划设计，通过前期的设计形成统一的数据标准、计算口径，统一保障数据质量，面向数据分析场景构建数据模型，让通用计算和数据能沉淀并能复用，提升计算效能。数据中台是在大数据平台发展到一定阶段后的一种思维升级，大数据平台是一种"技术优先"的思维，数据中台则是"数据优先"的思维。数据中台定位于计算后台和业务前台之间，其关键职能与核心价值是大数据以业务视角而非纯技术视角出发，提供智能化构建数据、管理数据资产与提供数据调用、数据监控、数据分析与数据展现等多种服务。简单地看，数据中台有点儿像一条生产流水线，从原始数据收集开始，到提炼成稳定的生产流程。在这个制作过程中，需要有一套生产管理流程体系，用以保证数据品质、时效性、一致性等关键点。但与生产流水线的差别在于，数据中台不仅需要关注数据生产过程中的效率问题，实际上还须具备收集数据被消费之后的反馈闭环、解决多源异构的数据组合的效率、业务发生变化时的快速自适应力与保障数据服务稳定性的能力。

当前阿里巴巴的数据中台建设以围绕数据生命周期的各个阶段（产生、存储、增强、使用、传输、共用共创、更新、销毁等）而展开，服务的对象可以是IT研发者、数据科学专家、产品经理、分析师、决策管理者等，使用者可以根据需要而加工数据。此外，数据生产过程中还有一种极其重要的数据，被称为元数据。元数据管理得当，就可以让数据在生产过程中变得更精准、更稳定及可被追溯。元数据是数据中台的精髓，有利于数据在生命周期中的监督、成本管理或分摊、追踪数据价值。今天阿里巴巴的各个业务都在共享同一套数据技术和资产。阿里巴巴内部为这个统一化的数据体系命名为"OneData"。在

OneData 体系之下，不断扩大的业务版图内的各种业务数据，都将按统一的方式接入中台系统，之后通过统一化的数据服务反哺业务。图 8-6 为阿里巴巴中台体系的三层架构。

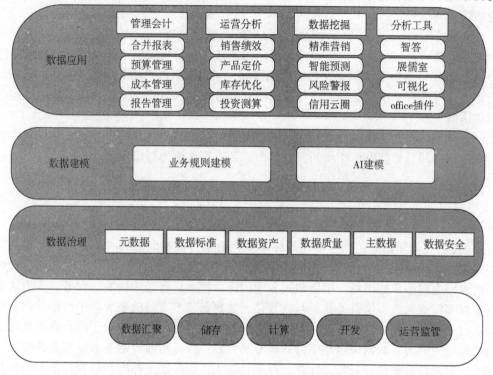

图 8-6　阿里巴巴中台体系的三层架构

2. 业绩评价与激励的作用与特征

业绩评价的作用：量化公司目标、实施公司战略、调动员工积极性、调动经营者积极性。

激励的作用：消除员工消极心理，最大限度激励员工积极性，增强员工自信心与团队合作，充分发挥员工才智，吸引人才。

业绩评价与激励的特征：

（1）员工必须理解他们的工资和奖励制度，同时相信该制度评价了他们所控制的工作以及对公司所做的贡献。

（2）业绩评价系统的设计者必须对于该系统是评价员工的投入量还是产出量作出一个谨慎的选择。

（3）业绩评价系统监督和奖励的业绩应该反映公司成功的关键因素。

（4）奖励制度必须制定员工可接受的明确业绩标准。

（5）评价系统必须有明确的标准才可以精确地评价业绩。

（6）在决策制定以及行动中，员工之间的协调变得很关键时，奖励制度就应该奖励团队的业绩而非个人业绩。

五、阿里巴巴业绩评价体系的建设

阿里巴巴是一家高科技互联网公司，人力资本在公司的竞争发展中至关重要，为吸引高素质人才的加盟，阿里巴巴首席人力资源官彭蕾从公司文化出发构建出了一套独具特色的业绩评价体系。该体系的特殊性主要表现在：注重外部客户的价值创造与内部员工的协作共识，合理设定并传递业绩评价目标；在能力评价的基础上引入价值观评价内容，并确保评价的整体结果得以有效运用；在整个管理过程中，侧重员工的参与感，建立平等、合作的业绩评价理念，强调员工与公司同步成长。阿里巴巴业绩评价体系的目的就在于创造一种能够促进员工业绩的内在文化以及一套完整的指标评价体系，将公司的战略目标与员工的个人目标相统一，实现人力资源利用效率的最大化。

（一）基于目标管理的业绩评价模式

彭蕾是当年阿里巴巴创立之初的"十八罗汉"当中为数不多的仍然活跃在阿里巴巴决策层的高管，她清楚地意识到随着阿里巴巴投资的项目越来越多，所提供的服务也越来越多样化与个性化，阿里巴巴的业绩评价如果仍然依照公司发展之初的以业绩为导向必然会出现诸多问题。在此背景下，阿里巴巴摒弃了早期单纯追求销售额增长的业绩目标，推动从客户价值出发进行业绩评价。在设定业绩目标过程中，阿里巴巴将为客户创造价值作为业绩评价抓手，强调既要为消费者提供高质量服务，又要助力商户发展，任何时候都不能损害客户价值去达到业绩目标。例如，阿里巴巴将支付成功率设为目标进行业绩评价，就是为了不断提升消费者体验。同时，阿里巴巴强调要将组织整体目标与个人目标相结合，即在制定过程中要取得员工的认同，将可见因素全部考虑进来后，共同商定应该做什么，并最终达成共识，形成目标。

在这套体系下，阿里巴巴的业绩目标并不是一成不变的。在业绩评价过程中，阿里巴巴会根据竞争的变化情况、客户的满意情况以及公司的战略部署等，不断调整或者优化策略，修正业绩目标，总结前段工作并给出业绩评分，并且对即将生效的业绩目标作出设定，最终将前半段与后半段的业绩综合起来进行管理。

业绩评价目标确定后，阿里巴巴还会将目标精细化分解为关键数字指标再将其向上下层公布。通过这种方式，一方面上层领导能够更清晰地将战略逐层落实到团队的 KPI 上，有助于管理者用组织的视角推动业绩目标实现；另一方面，这种"晒 KPI"制度也能够让员工找到共同目标，并会对作出的目标承诺负有荣誉感与使命感，增加其对工作的热情与投入，以持续提高业绩。表 8-2 为阿里巴巴售后部门关键 KPI 举例。

表 8-2 阿里巴巴售后部门关键 KPI 举例

序号	目标	衡量指标	评分标准	权重/%
1	质量	品控评分	品控质量评分	30
		客户满意度	满意度三项平均	10
2	效率	日均完结量	中心普座排名	15
		日均呼入量	中心普座排名	15
3	业务能力评价	每月考试	中心排名	10
4	综合表现	日常工作表现	服务规范执行情况	20%
			对网站、产品、过程的改进优化建议提交情况	
			综合表现：如过程指标无明显投诉、表扬情况	

(二)基于能力与价值观的双轨式业绩评价内容

阿里巴巴的业绩评价包括两部分：业绩评价 KPI 和价值观评价，两者各占评价业绩的 50%，价值观评价不及格者则业绩评价不及格。阿里巴巴十分重视公司文化的培养，认为公司价值观是公司的核心竞争力，将客户第一、团队合作、拥抱变化、诚信、激情与敬业定义为阿里巴巴的"六脉神剑"。为使价值观评价顺利落地，阿里巴巴建立了一系列较为完善的管理办法体系。

1. 将价值观具化为业绩评价指标

阿里巴巴将每个价值观的核心内容具体细分为 5 小条，最终形成 30 项业绩指标。各项指标都设有业绩标准，从而将模糊的价值观具化为明确的行为与精神约束。每条指标都是一种具体的行为表现描述，而且难度依次递进，分别对应五级评分。在满分 30 分的前提下，阿里巴巴以 18 分作为基本合格线，对于获得 27 分（含）以上价值观评价分数的员工，只需提出价值观的完善方向，不会对综合分数产生影响；对于价值观总分超过及格线但尚未达到 27 分的员工，会减少其 15% 的业绩得分；而对于未达到及格线或者是任意一项价值观得分低于 1 分的，将会取消其业绩评价资格，也就意味着无法再获得奖金。图 8-7 为阿里巴巴的价值观评价指标。

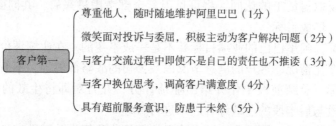

图 8-7 阿里巴巴的价值观评价指标（以"客户第一"为例）

2. 根据评价结果进行分布与奖惩，实现业绩评价的结果运用

针对业绩与价值观两个维度，阿里巴巴将业绩评价结果分为四个象限，对员工进行划分（图 8-8）。落在第一象限的员工被称作"野狗"。他们达到了很高的业绩指标，但价值观评价结果并不理想，表明他们尚未与公司整体价值观趋于协同，应参加价值观培训并进行自我调整。第二象限内的员工既实现了较高业绩，也获得了很高的价值观得分，是阿里巴巴最大程度鼓励的"阿里人"。如果员工仅实现了较高的价值观评价分数，业绩却未达标，则将被叫作"小白兔"，被分布在第三象限中，他们需要不断增强能力以提高业绩水平。而第四象限内的员工必然会被淘汰，因为他们在业绩与价值观上都无法达到合格要求，被称为"狗"。根据评分，阿里巴巴实行"3-6-1"强制分布，即规定每次的评价结果中，团队内部必须有 30% 的员工被评为"好"，60% 的员工被评为"中"，余下 10% 则对应于"差"。如果连续两次评价中的排名都是末位，不论是高层管理者还是普通员工，都将面临淘汰。

图 8-8　阿里巴巴业绩评价模型

(三) 基于成长导向的交互式业绩评价方式

1. 关注员工需求，鼓励业绩评价的全过程参与

针对业绩目标设定评价指标时，阿里巴巴强调从员工发展的角度设计 KPI，始终将鼓励团队和员工进步作为业绩评价重点。业绩评价过程中，为增加员工对业绩评价的参与度，阿里巴巴实行自评和他评相结合的方式，尤其是针对价值观的评价。员工需要根据前述的 30 条价值观评价标准自我评价，然后由其上一级领导进行他评，部门主管对比分析业绩自评与他评的分数，并组织与员工的面谈，对其给予适当肯定，并具体说明可进一步改善的不足之处及相应建议。针对评价结果，阿里巴巴每半年就会做一次面谈反馈。在一对一面谈过程中，首先由员工本人对以往的工作情况作出总结，然后由主管作出评价，说明评价结果，二者就行为的评价双向沟通达成共识，明确员工业绩现状及存在的问题。

2. 对评价过程与结果施以制度约束

阿里巴巴推行"三对一"业绩评价机制，即在评价过程中要有更高层级的领导参与，通过对过程的监督控制，避免有损害员工利益的情况发生，促进评价的公平。例如，总监对经理进行评价时，其上级副总要参与进来，再加上相应部门的人力资源，最终形成"三对一"的评价。阿里巴巴的各主管能够按天对其员工实时盘点评价，并记载其具体的行为表现，只要更换了一个新的主管，员工就能得到一次评价。由于阿里巴巴内部鼓励轮岗，这就意味着员工的最终评价结果是由多位主管共同评价的结果，而并非完全由一位主管"定生死"，从而使员工得到相对公平的评价。此外，针对领导评价员工的过程，阿里巴巴制定了具体的规范要求，主要体现为领导要对员工的日常表现密切观察、将内部成员进行相互比较、对员工的交流评价要有理有据，并且无法确定的问题要向上级汇报交流。员工可以通过系统实时看到主管对自己的评价，如果有疑问也可以随时向上反映问题。

3. 采用股权激励制度，促进员工与公司同步成长

阿里巴巴建立了一种创新性的长效股权激励制度——"受限制股份单位计划"。这种制度下，公司以分批分期的形式发放受限制股份普惠诸多员工，员工收到受限制股份单位之后，工作满一年才能行权。阿里巴巴对每份受限制股份单位都是按年授予，每次发放 25%，也就是获得股权激励的员工在未来继续工作 4 年以上，才可完全获得其分得的全部股份。阿里巴巴将股权激励对象设定为全体成员，避免只对某些员工进行股权激励，破坏组织内部的团结与协作，也有助于吸引其他公司人才，但所分配的份额则要取决于工作业绩。

六、案例分析要点

（1）阿里巴巴是一家什么样的互联网公司？它的使命、愿景与战略目标是什么？三者之间有什么样的关系？

阿里巴巴的使命是让天下没有难做的生意，旨在赋能公司，帮助其变革营销、销售和经营的方式，提升其效率。阿里巴巴通过为商家、品牌及其他公司提供技术基础设施以及营销平台，帮助其借助财务共享与大智移云区物新技术的力量与用户和客户进行互动，并更高效地进行经营。

阿里巴巴的愿景是构建未来的商业基础设施，让客户在阿里巴巴相会、工作和生活。阿里巴巴不追求大、不追求强，而是追求成为一家活102年的好公司。

阿里巴巴的目标是成为全球最大的商业基础服务供应商而不仅仅是一个电子商务平台。阿里巴巴志在构建一整套的商业生态系统，依托它在淘宝网、天猫等核心业务上积累的数据以及财务共享与大智移云区物新技术实力，积极实行多元化与全球化战略。当前阿里巴巴已经形成信用、金融、物流、工作平台与大数据五位一体的生态体系。

使命是定义公司是做什么的，使命宣言具有指导战略和计划，实现价值约束，使公司上下同欲的作用。愿景则是定义公司目前的状态以及将来的发展方向，是对使命的明确化，具有确定公司变革方向、引导公司中低层的决策、激励管理层和员工行动、协调公司内部个人与小组行为的作用。战略则是愿景实现的具体方法，是对如何实现公司使命功能的进一步具体明确的阐述，具有可度量性和可操作性。

（2）阿里巴巴的数据中台是什么，有哪些优势？

阿里巴巴的数据中台是其"中台战略"的一部分，中台就是公共服务平台，而数据中台就是将数据加工以后封装成一个公共的数据产品或服务。对于业务线繁多的大公司来说，如果每条产品线都配备数据分析、开发相关人员是一种资源的浪费，而数据中台就是为了高效解决这些问题而设立的。数据中台要做四个方面的工作，分别是"采集""存储""打通""使用"。采集就是要采集各条业务线的业务数据、日志数据、用户行为数据等有用的数据；存储就是要用更加科学的方式存储数据，一般采用三层建模的方式，让收集上来的数据形成公司的数据资产；打通就是要打通用户的行为数据和用户的业务数据，如电商用户的浏览、点击行为和用户的支付业务数据，就要做到打通；使用就是就打通的数据赋能业务人员、领导层进行决策，做到数据反哺业务。

数据中台可以减少人力资源的浪费，提高技术部门的工作效率，增强集团公司不同部门之间的数据交换，提高管理效率，帮助公司高效处理业务数据并及时反馈给业务端，增强业务创新等。

（3）传统的公司业绩评价与激励模式有哪些？阿里巴巴属于哪一种，有何特色？

传统的公司业绩评价与激励模式有成本模式、财务模式、价值模式与战略模式。成本模式多用于制造型公司，利用标准成本编制弹性预算，通过比较实际结果与弹性预算之间的差异进行业绩评价与激励。财务模式从公司整体管理角度出发，以会计系统中的财务指标为业绩评价指标，评价客体是公司中的各类型责任中心，通过将各中心实际执行结果与预算标准对比进行业绩评价。价值模式从股权结构出发，更多的基于股东价值最大化的目的采用经济基础指标作为业绩评价指标，促使管理者充分关注公司的资本增值和长期经济业绩。战略模式则是在公司由生产管理向经营管理转变的背景下，突出以市场为中心，在财务模式的基础上添加了更多的非财务指标进行补充，追求公司各个部门职能间的平衡发展，以解决公司由于环境变化而产生的新问题。

阿里巴巴属于战略导向下的业绩评价与激励模式，根据公司的战略目标需要，有计划地获得与配置人力资源，实现生产效率的提高。阿里巴巴业绩评价与激励模式最大的创新就是将公司文化与业绩评价相结合，实行目标导向下的基于能力与价值观双轨制的业绩评价内容。

(4) 阿里巴巴为什么采用这种业绩评价模式？该模式有什么优点？

业绩评价的根本目的就在于实现公司使命、愿景与战略目标。阿里巴巴采用关键 KPI 法，将价值观评价融入自身的业绩评价内容当中也是基于其实现战略转型目标而建立的。阿里巴巴的使命是让天下没有难做的生意，愿景是构建未来的商务生态系统，让客户相会、工作和生活在阿里巴巴，并持续发展最少 102 年。在该使命与愿景的指导下，阿里巴巴大力建设云计算、人工智能与大数据等前沿技术，围绕电子商务为核心大力向产业链上下游扩张，使得其涵盖的业务面越来越广，集团公司发展呈现多元化趋势；同时阿里巴巴的目标客户也不再仅仅局限于国内市场，开始积极地向海外进行并购投资，当公司海外业务的增长越来越快时，阿里巴巴的人员结构也变得越加丰富，此时再采用传统的业绩评价方法已经不再能够适应阿里巴巴内部进行业绩评价与激励的需要，阿里巴巴急需一套能够广泛用于全球各个地区、各个背景下复杂的人员组织结构的业绩评价体系。

阿里巴巴采用目标导向下的融入价值观指标的关键 KPI 评价方法，该方法最大的优点可以体现在两方面。第一，评价方法简单直接，员工理解与认可程度更强。在复杂的文化背景与多元的业务内容下，寻找到一套普适的评价体系并不容易，不同的业务部门、不同的地区公司乃至来自不同国家与民族的员工很可能会在同一套业绩评价体系下发生矛盾与冲突，如何合理地解决这些矛盾与冲突就显得至关重要。阿里巴巴的战略目标是要构建一整套商业生态系统，各个业务、公司之间存在着合作与共生的关系，此时再以单纯的业绩增长作为业绩评价的首要标准很可能会造成不同部门间的恶性竞争，导致集团公司的整体利益蒙受损失。阿里巴巴选择取消单纯以销售增长额为评价目标，将能力评价与价值观评价相融合，把客户第一、团队合作、拥抱变化、诚信、激情、敬业这些普世的价值观直接与员工的业绩评价挂钩，采用一个个关键 KPI 指标的方式对员工进行打分。这种方法简单却有效，直接将员工的工作情况划分为业绩与价值观两类关键指标，避免了员工过于重视眼前利益，减少了公司间不必要的内部消耗；同时，根据目标设定理论，目标的设定本身就对员工具有激励作用，细分到个人的简单明了的指标可以帮助员工清晰地了解到自身的业务水平与奋斗目标，自主改善工作状况，降低管理层和员工间的沟通成本。第二，将公司的价值观落地到日常每个员工的业绩评价当中，激励员工的积极性与创造性，保证了集团公司利益与员工利益的一致。20 世纪 60 年代，经济学家舒尔茨和贝克尔提出人力资本理论，认为"物质资本"指物质产品上的资本，包括厂房、机器、设备、原材料、土地、货币和其他有价证券等；而"人力资本"体现在人身上的资本，即对生产者进行教育、职业培训等支出及其在接受教育时的机会成本等的总和，表现为蕴含于人身上的各种生产知识、劳动与管理技能以及健康素质的存量总和。人力资本的价值就在于其潜在的无限潜能，以及由于人的主观能动性具备的创造性。阿里巴巴作为一家全球性的互联网科技公司，它的核心竞争力就在于公司拥有着全球顶尖的高素质人才，如何激励出员工的创造性与积极性是公司业绩评价与激励的重中之重。根据认知评价理论，如果管理者过于看重工作结果，很可能会导致员工工作动机下降，降低员工的积极性与创造性。阿里巴巴在进行业绩评价系统设计时特别引入了公司文化，平衡了业绩评价系统中员工投入与员工产出所占比重，使每一层员工都能够切实感受与认同公司的价值观念并与自身的实际工作内容产生联系，员工可以通过工作本身获得价值感与成就感，增强员工的内在工作动机，使得员工的个人利益与公司集体利益实现统一。

（5）阿里巴巴的业绩评价系统是否存在缺陷？数据中台是否有效弥补了该缺陷？

阿里巴巴的业绩评价系统存在一定缺陷，该缺陷主要集中在以下几个方面：首先是价值观通过打分等方式来判断比较主观，而且价值观评价虽然是一种软性评价，但书面的指标都是硬性规定，影响指标体系的科学性。其次是价值观作为评价体系被书面化时就存在被滥用的可能。如果说价值观是组织的精神支柱，那么价值观评价就是组织的镜子。价值观评价可以被用作组织发展的一根绳子，它能把拥有共同愿景和价值观的公司员工凝聚到一起，这是一种硬性固化价值观的方式。但是，当组织发展到这样一个程度，即价值观已深入每个员工的血脉之中时，价值观评价可能也就失去意义，组织还需要根据变化了的情景发展出更适合的管理或评价工具。此外阿里巴巴的业绩评价体系追求透明化与合理性，评价过程较为烦琐。阿里巴巴鼓励员工在业绩评价的过程中全面、实时参与，员工可以参与关键指标的制定，在评价过程中也实行自评与他评结合、多对一的评价机制，该方法要求员工与评价者可以实时上传与了解到公司的业务、财务、薪资等各种信息，在系统运算能力有限的情况下，虽然可以帮助公司的业绩评价目标更加切合公司的发展战略，但也在一定程度上牺牲了管理效率。

数据中台的应用可以在一定程度上弥补阿里巴巴业绩评价系统的缺点。首先，公司员工根据业务活动所产生的所有工作数据都可以被数据中台收录其中，这使得公司在对员工进行业绩评价时可以更加全面地了解员工的实际工作情况，并且由于数据中心统一了各个部门之间的数据口径，对于员工数据的解读可以完全交由计算机根据大数据进行解读，使得评价评分更具科学性与客观性。其次，根据数据中台对各个部门间数据的综合处理，可以将真正有价值的数据提炼为元数据，根据这些元数据可以帮助阿里巴巴找到自身公司变革的发展方向，当公司的业绩评价指标或业绩评价方法已无法再发挥作用时，可以帮助公司进行迅速调整，更快地适应互联网行业变幻莫测的市场状况。最后，数据中台系统的搭建大大提升了阿里巴巴进行数据处理的效率，使得复杂的评价流程不再成为阿里巴巴业绩评价中的短板。阿里巴巴当前的自研系统是国内第一个做到基于云端的薪资计算系统，进行全集团数万人的计算只需 30 分钟，并且随着员工数和数据量的增加，计算时间不会有太大的波动，员工可以实时地上传自己与下载自身的数据，满足了阿里巴巴业绩评价中对各种数据获取与评价的需要。

七、教学组织方式

（一）课前计划

发放案例正文，提出业绩评价技术的启发思考题，并请学员在课前上网查找阿里巴巴业绩评价技术相关资料，知晓基本的业绩评价技术有哪些，设计业绩评价与激励机制需要考虑哪些因素。

目标：完成阅读并进行业绩评价技术思考。

（二）课时分配（时间安排）

（1）教师引言，明确主题，告知分析和作业要求（5分钟）。
（2）学员分组讨论并于课下制作PPT，在课堂上演示（30分钟）。
（3）同学们讨论，并对疑惑处进行提问，小组讨论回答（每组10~15分钟）。
（4）同学们与教师分别进行归纳总结（10~15分钟）。

（三）讨论方式

本案例采用头脑风暴式集体讨论方法，以业绩评价技术问题为导向，启发学员思维为主要目标。

（四）课堂讨论总结

课堂讨论总结的关键是：归纳发言者的主要观点；重申其重点及亮点；提醒大家对业绩评价技术焦点问题或有争议观点进行进一步思考；建议大家对业绩评价技术案例素材进行拓展调研和深入分析。

第五章 激励计划

案例9 "绝"处逢生？山穷水"绝"？
——后疫情下绝味食品股权激励方案

专业领域：会计专硕（MPAcc）、审计硕士（MAud）、工商管理硕士（MBA），会计、审计、财务管理等本科专业

适用课程："公司业绩评价与激励机制""大数据与财务决策""企业数字化转型理论与实务"

选用课程："绩效管理与量化考核""绩效考核与薪酬激励""业绩考核理论与实务"

编写目的：本案例旨在通过本案例的教学和讨论能够帮助学员进一步了解股权激励方案的实行方式以及股权激励方案对公司发展的影响。本案例提供的资料可以引导学员掌握公司使用股权激励方案的时机，开展股权激励的优势和风险，学习如何为公司规划股权激励方案细则，如何构建公司股权激励方案，以及激励方案实施效果评价，通过对公司未来战略的预估，结合时代、政策背景准确规划股权激励方案。

知 识 点：业绩评价、股权激励方案、业绩评价目标、公司战略

关 键 词：股权激励方案；绝味食品；食品上市公司；后疫情时代

中文摘要：股权激励作为一种刺激公司各级员工工作热情的手段，常用于公司在经历原始资本积累后大力发展本公司业务或在面临财务、发展危机时重整旗鼓的情况中。绝味食品作为中国成功的食品上市公司，在疫情的影响下正面临财务危机。本案例通过引导学员分析绝味食品第一次推行的股权激励方案，帮助学员深入了解股权激励方案的细则，掌握股权激励和公司发展战略之间的联系。

英文摘要：As a motivational way to inspire the working enthusiasm of staffs, share right incentive is usually used when an enterprise is finished original capital accumulation stage, increasing its business or when it's at financial crisis or development crisis, making its fresh start. Juewei Food is a successful listed enterprise in China, which is facing its financial crisis under the influence of COVID-19 virus. Analyzing the first-time share right incentive of this case, helping students know well about how share right incentive works and connections between enterprise strategies and share right incentive.

案例正文

2021年6月，随着国内疫情形势日渐好转，国民经济开始复苏，人民消费水平逐渐回归正常，并带来了一批就业机会，小刘也顺利获得了新的工作。被人才引进到绝味食品的第一天，小刘就收到了一份公司内部的股权激励计划书。小刘大致看了一遍，这次股权激励于2021年1月提出，同月27日通过，在2021年3月8日首次授予，是绝味食品第一次实行股权激励计划。小刘虽然是中途加入公司，但还是作为核心员工以及人才引进的身份成了激励对象。由于小刘未曾参与过该类激励计划，他赶忙去请教分管自己的部长老李，老李看小刘如此上心，也就当作是给新员工做入职培训，慢慢地从公司发展历程和现状开始慢慢介绍这次的股权激励计划。

一、行业竞争加剧与绝味食品的发展困境

（一）行业背景简介

随着经济形势的回暖和人民消费收入水平的提高，以及旅游餐饮行业的快速发展，鸡鸭肉卤制品行业的市场有了更大的发展空间。卤制品在内的各种闲暇消费品的需求量在中国迅速增长，在需求不断扩大的情况下，卤制品的市场规模也在不断扩大。加之疫情影响下的行业洗牌和资源再集中，中国具有代表性的卤制品生产销售公司如绝味食品和周黑鸭等公司的市场集中度和占有率也在不断增加。

目前，中国从事鸡鸭肉卤制品的公司超过数千家，从分布情况看，中国鸡鸭肉卤制品公司主要集中在湖南、湖北、华中地区以及江西、重庆、四川等地。据统计，中国目前从事鸡鸭肉卤制品行业的工作人员约34.6万人，同比2017年增长3.7%，整个卤制品市场的市场规模接近300亿元。本案例选取中国卤制品公司的龙头公司——绝味食品进行学习分析。

（二）绝味食品简介

绝味食品位于湖南省长沙市，是一家以休闲卤制食品的生产和销售以及连锁线下加盟体系的运营和管理为主营业务的公司。绝味食品目前已有超过10 000家门店数量，员工达到了3 000余人。绝味食品已经成为国内休闲熟食产业的龙头公司。自2017年上市以来，经过多年发展，目前已经达到了百亿元级别的市值。但2019年爆发的新冠疫情导致包括绝味食品在内的各类公司都遭受了不同程度的冲击，绝味食品2020年上半年实现营收24.13亿元，同比减少3.08%，归属于上市公司股东净利润2.74亿元，同比减少30.78%。如图9-1所示，2020年第一季度，绝味食品的净利润较2019年第一季度减少至三分之一水平。

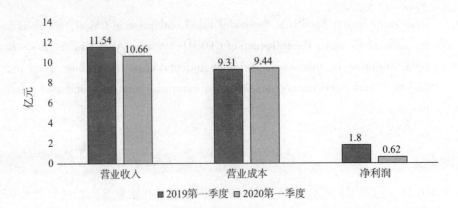

数据来源：绝味食品季度报

图9-1　疫情影响下绝味业绩变化

绝味食品最大的竞争对手周黑鸭也遭受了疫情的巨大冲击。据周黑鸭2020年年初发布的公告称，周黑鸭已有1 000间门店暂时停业，超过周黑鸭全国门店的80%。绝味食品2019年单店收入为44.49万元每家，同期周黑鸭的单店收入为57.12万元每家，此时绝味食品距离竞争对手还有一定差距。

听了老李对公司现状的介绍，小刘不仅为绝味食品在此情况下决定实行股权激励计划的魄力大感震撼，也对这次股权激励目前的效果很感兴趣，他问老李道："这个股权激励计划是今年3月才开始的，去年咱们公司的亏空那么大，今年的股权激励计划是不是冒着很大的风险？这次激励计划的细则是怎样的？到目前为止效果好吗？"老李笑道："别着急，我一个一个解释给你听。"

二、股权激励方案介绍

处于后疫情时代的绝味食品迫切地需要恢复产能，重拾市场份额并牟取利润。作为成功上市的休闲食品公司中的龙头公司，本次是绝味食品第一次实行股权激励计划。

本次股权激励计划向124名包括高级管理人员在内的核心员工授予限制性股票数量608.63万股，约占公告时公司股本总额60 863.069 5万股的1.00%。公布次日，绝味食品开盘即逆势涨停，其市值已超过560亿元。本次股权激励确定的1%的份额在业内并不算高，但本次激励对象是公司的核心员工和高级管理人员在内的124人，所以每位员工会得到的股权数量实际上是相当可观的，如表9-1所示。

表9-1　股权激励比例

姓名	职务	获授的限制性股票数量	占授予限制性股票总数的比例/%	占公告日股本总额的比例/%
彭刚毅	副总经理、董事会秘书	14.00	2.30	0.02
王志华	财务总监	13.10	2.15	0.02
核心员工（122人）		532.70	87.52	0.88
预留		48.83	8.02	0.08
合计		608.63	100.00	1.00

数据来源：绝味食品2021年限制性股票激励计划（草案）

本次股权激励所采用的激励手段为 RSU，也就是限制性股票激励。限制性股票激励作为股权激励计划的常用方式之一，是上市公司以本公司股票为奖励，对其董事会成员、核心员工和其他员工的长期激励方式。上市公司按照预先确定好的条件授予激励对象一定比例的本公司股票，激励对象需要在业绩达到股权激励条件，限售期满后才能售出限制性股票或继续保有，并从中获益。限售期即对某一类股东的股票提前约定在持有一定期限后方可在股票市场交易。

为了保证股权激励的长期激励作用，通常不会向激励对象一次性发放全部奖励，而是分阶段设定不同的业绩目标作为解锁条件，绝味食品本次激励计划的业绩评价目标重点评价营收增长，年复合增速平均在20%以上，以实现市场占有率和行业地位的进一步提升。业绩评价具体要求见表9-2。

表9-2 业绩评价具体要求

解除限售期	业绩评价目标
第一个解除限售期	定比2020年，2021年营业收入增长率不低于25%
第二个解除限售期	定比2020年，2022年营业收入增长率不低于50%
第三个解除限售期	定比2020年，2023年营业收入增长率不低于80%

数据来源：绝味食品2021年限制性股票激励计划（草案）

该计划中，与评价期与限售期同步实行的规则还有限售比例，在达成评价条件并限售期满后，激励对象才可以按约定的比例出售持有的股票，限售期满之前，激励对象即使享有一定的股权，也无法在限售期内进行抛售。限售期的分阶段解除时间和解除比例见表9-3。

表9-3 解除限售时间及比例

首次授予限制性股票的解除限售安排	解除限售时间	解除限售比例/%
第一个解除限售期	自首次授予登记起12个月后的首个交易日起至完成之日起24个月内的最后一个交易日	40
第二个解除限售期	……24个月后……36个月内……	30
第三个解除限售期	……36个月后……48个月内……	30

数据来源：绝味食品2021年限制性股票激励计划（草案）

三、绝味食品股权激励与战略转变

听了老李对这次股权激励计划的介绍，小刘逐渐理解了这次股权激励计划的契机和目标，他问老李道："这次股权激励计划实际上是我们公司着眼长远发展、确保公司稳健运行的一种战略，同时也是给核心员工发放福利，为了留住人才和激励员工的一种决策，对吗？"老李见小刘理解迅速，答道："你总结得都对，但是这次股权激励和公司在2020年升级的新战略密不可分。"小刘赶忙追问道："我知道咱们公司之前的战略是大量开店，这次的新战略是什么呢？"

2016—2019年，绝味食品采取高速扩张的"跑马圈地，饱和开店"战略，该战略下的绝味食品大量增设门店，拓展市场，提高品牌覆盖率，为公司发展积累资本。四年间，绝味食品的门店数量从7 924家扩增至10 954家，单店收入从41.01万元每家增加至44.49万元每家，总资产、营业收入等指标也在稳步增长，如图9-2和图9-3所示。

数据来源：绝味食品年报

图9-2 绝味食品总资产变化

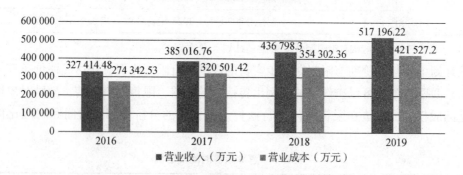

数据来源：绝味食品年报

图9-3 2016—2019年绝味食品营业收入及营业成本统计

绝味食品在"跑马圈地"的战略中取得了较高的扩张幅度，可以认为该战略是顺应市场潮流的成功战略部署。但2020年，由于全国受到疫情冲击，加之绝味食品2020年年初开设了大量新店，增加了门店基数，导致公司净利润总量、净利润增速、单店收入等财务指标不容乐观。为保证公司不被疫情冲垮，并站稳脚跟，放眼长远发展，绝味食品开始转变战略，从"跑马圈地"转向"渠道精耕"。

通过技术化建模分析，公司积极在城市的核心商圈以及高势能点位选址，在特定的区域内优化门店的布局，使用大量资源抢占重点客户渠道。

（1）提升高势能点位门店的拓展开发力度。

（2）扩展运营能力升级，通过改造门店、提升门店的管理水平，打造一流门店品质。

（3）通过丰富产品口味、开发产品品类、创新产品包装的方式，进一步提升产品创新度和产品效能。

同时，绝味食品的新战略还将聚焦"五大新势能"，即品牌势能提升、公司势能提升、线上势能提升、门店势能提升、新业务势能提升。

上述新战略方向和模式的提出与落地需要高层管理人员对政策的深度理解以及核心员

工对政策的执行力，本次股权激励的对象正是高管以及核心人员，该类员工能够通过激励政策激励其主观能动性，更好地确保公司战略目标的实现。

四、绝味食品股权激励计划实行效果

随着绝味食品股权激励计划的提出与战略的转变升级，绝味食品赢得了市场较高的期待和反馈。绝味食品2021年第一季度资产构成与2020年、2019年各项指标比较见表9-4。

表9-4 绝味食品财务指标变化   万元

项目名称	2019年第一季度	2020年第一季度	2021年第一季度
总资产	497 797.68	542 029.17	622 638.79
货币资金	178 341.54	138 534.72	130 807.78
存货	46 543.66	40 521.85	60 351.94
长期期权投资	86 305.92	111 885.5	167 611.6
固定资产	104 238.86	119 172.66	139 953.17

数据来源：绝味食品季度报

2021年第一季度货币资金较正常营业的2019年第一季度下降26.65%，较2020年第一季度下降5.56%，其他指标均呈上升趋势。

绝味食品流动资产、流动负债、速动资产、速动负债见表9-5，流动比率、速动比率变化见图9-4。

表9-5 绝味食品流动、速动项目变化   万元

项目名称	2020第一季度	2021第一季度
流动资产	245 027.18	221 535.04
流动负债	76 842.26	85 910.31
速动资产	204 505.33	161 103.1
速动负债	76 842.56	85 910.31

数据来源：绝味食品季度报

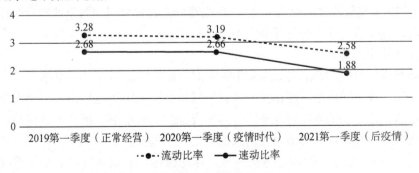

数据来源：绝味食品季度报

图9-4 绝味食品流动、速动比率变化

长远来看，2021年有超30家机构对绝味食品未来两年的包括营业收入、利润总额、

净利润、每股净资产和净资产收益率在内的业绩做出了预测,对绝味食品未来的发展期待较高。预测值见表9-6。

表9-6 绝味食品销售预测

预测指标	2020（实际）	2021（预测）	2022（预测）	2023（预测）
营业收入/亿元	52.76	66.26	79.75	96.67
利润总额/亿元	9.71	13.63	17.11	21.44
净利润/亿元	7.01	10.16	12.85	16.06
每股净资产	8.16	9.40	10.93	12.96
净资产收益率/%	14.66	17.73	19.25	20.42

数据来源：同花顺金融预测

五、绝味食品后疫情时代面临的挑战

听了老李对现状的分析，小刘略加思考，扬了扬手中的计划书，问道："听起来咱们公司通过新的战略和这次股权激励计划顺利地渡过了这次难关啊。"老李听后，神情严肃地答道："咱们这些政策实行下来，看似前程一片大好，但实际上依旧面临着不小的风险，尤其是咱们这些核心员工和新员工。"小刘一听和自己有关，赶忙向老李请教。

（1）加盟管理问题。由于绝味食品采用加盟店营销模式，所以长久以来加盟店质量问题一直是绝味食品存在的症结之一。后疫情时代，绝味食品在行业洗牌中逆势扩张，却忽视了加盟商管理问题。2020年，一家冒牌绝味鸭脖食品安全问题的发生，引发了对绝味食品加盟的进一步追查。据天眼查显示，某省6家营业的所谓绝味鸭脖的门店，均不是绝味食品的直营或加盟店，即所谓的山寨店，因为大量小型公司、自营公司在疫情后需要快速引流复苏，对他们来说最理想、最有效、成本最低的方式便是冒充品牌。这一事件的发生也表现了绝味食品在快速扩张下对加盟商的管理存在一定问题。

（2）资金控制问题。2019年第一季度聚味食品的净利润为1.81亿元，2021年第一季度的净利润为2.36亿元，绝味食品净利润的增长率较疫情前业绩的顶峰只有30.38%。后疫情时代，绝味食品的扩张过程却没有停止，疫情前后，绝味食品先后以投资、并购的方式参股了精武鸭脖、和府捞面、幸福面饼等品牌。疫情后，在大量开设新店的基础上，于2021年4月29日与洽洽食品投资11亿元在成都成立合伙公司。大量的投资会伴随着大量的资金流出，在疫情后续影响与发展尚不明确时扩展公司规模、增加资金流出会给公司带来更多难以预知的风险。

老李补充道："这也和咱们选取的战略有关，其实扩展和深化战略都会带来不可预知的风险，但保守战略同样也可能让我们错失发展机会，失去行业地位。我个人是支持公司目前的决策的，首先如果能在行业洗牌时加速资金向头部集中，整合大量资源，我们会比疫情前发展得还要好，这次疫情对我们来说也是一个机会。"

小刘点了点头，说："我和您想法一致。那您说这次股权激励计划会帮助我们抵御这类风险吗？"老李沉吟一会儿，对小刘讲述了自己的见解。

由于股权激励的对象是核心员工而非大量普通股东或加盟商，所以目前加盟店的管理问题尚不能通过股权激励直接解决，但对核心员工的激励会在长期视角上体现出效果。随

着绝味食品渠道精耕战略的进一步落实，加盟店管理问题也会通过各种手段得以解决，而核心员工的努力正是加速这一过程的关键，股权激励方案实际上从侧面解决了加盟商的管理经营问题。

对于资金管理问题，虽然公司利润的产生绝大部分是由于底层店面的盈利，但更合理的战略是更优秀的执行者会带来更多利润。本次股权激励计划对资金管控的影响也是长远的、侧面的，新战略能否带来更多利润并防范未知风险，是十分依赖核心员工发挥的。

"还不只是这样，"老李继续道，"核心员工激励计划只是一个试行探索，如果效果好，领导层也掌握了比例的话，之后一定还会有针对大量普通股东或普通员工的激励计划，可能还有对各级加盟商的补贴计划呢。"

小刘感慨地点了点头，答道："站在公司新篇章的风口浪尖上，真是充满了机遇与挑战啊。"

六、问题讨论

（1）什么是股权激励？股权激励的模式主要有哪些？
（2）疫情对绝味食品的影响大吗，有哪些影响？
（3）绝味食品实行股权激励的动因有哪些？
（4）如何从股权激励角度理解绝味食品财务指标的变化？
（5）绝味食品的股权激励政策对其他公司有参考价值吗？

七、参考资料

[1] 石颖，崔新健. 员工持股计划对企业财务绩效的影响研究［J］. 经济体制改革，2022（4）：129-136.

[2] 沈延安，张君彪. 基于改进证据理论的绩效综合评价模型及其应用［J］. 运筹与管理，2022，31（3）：132-137.

[3] 程翠凤. 高管激励、股权集中度与企业研发创新战略——基于制造业上市公司面板数据调节效应的实证［J］. 华东经济管理，2018，32（11）：118-125.

[4] 李金良. 绝味食品股份有限公司发展战略研究［D］. 燕山大学，2020.

[5] 何诚颖，闻岳春，常雅丽，等. 新冠病毒肺炎疫情对中国经济影响的测度分析［J］. 数量经济技术经济研究，2020，37（5）：3-22.

[6] 戴子月. 员工持股、行业特征和财务绩效——基于大型上市企业的经验证据［J］. 投资研究，2022，41（3）：147-158.

[7] 绝味食品：向副总经理等124人授予股权激励，并设置三年业绩考核. http：//finance.sina.com.cn/stock/relnews/cn/2021-03-08/doc-ikknscsh9426391.shtml.

[8] 股权激励锚定三年营收目标 绝味食品仍将加速开店. https：//baijiahao.baidu.com/s?id=1692865879180156930&wfr=spider&for=pc.

[9] 股权激励考核锁定营收高增长门店开设仍将加速. https：//baijiahao.baidu.com/s?id=1692762634071898768&wfr=spider&for=pc.

案例使用说明书

一、教学目的

通过本案例的教学和讨论能够帮助学员进一步了解股权激励方案的实行方式以及股权激励方案对公司发展的影响。本案例提供的资料可以引导学员掌握公司使用股权激励方案的时机，开展股权激励的优势和风险，学习如何为公司规划股权激励方案细则，并通过对公司未来战略的预估，结合时代、政策背景准确规划股权激励方案。

二、案例准备工作

（一）理论背景

在正式介绍股权激励方案前，学员需掌握股权激励的理论基础，以便更好理解股权激励的作用机制；在分析理解股权激励方案时，学员需了解股权激励的相关概念，包括股权激励的种类及特点、解除限售期、行权条件（业绩评价目标）、激励对象等。

1. 股权激励

股权激励也称期权激励，是公司为了留住核心人才而推行的一种长期激励机制，是目前最常用的激励员工的方法之一。股权激励主要通过附条件给予员工部分股东权益，使其具有主人翁意识，从而与公司形成利益共同体，促进公司与员工共同成长，从而帮助公司实现稳定发展的长期目标。一般情况下股权激励是附带条件的激励，如员工需在公司达成一定的工作年限，或完成特定的目标才予以奖励，当激励对象满足激励条件时，即可成为公司的股东，从而享有股东权利。

2. 激励理论

20 世纪初期，科学管理理论的代表人物泰勒证明了激励的重要性，并提出激励应当作为管理的一项基本职能。内容型激励理论认为人的积极性与受到激励的程度在很大程度上取决于其需要的满足程度。具有代表性的理论有马洛斯的需求层次理论、奥德弗的 EGR 理论、赫茨伯格的双因素理论以及麦克利兰的成就需求理论。过程型激励理论的重点在于研究从动机产生到采取行动之间的心理过程，探索对行为起关键性作用的因素，通过厘清这些因素与需要和行为结果的关系来预测人的行为。弗鲁姆的期望理论、亚当斯的公平理论以及纳金斯的强化理论是具有代表性的理论。以上激励理论为股权激励提供了理论支持：公司的所有者将一定的股份授予管理者和对公司有重大贡献的核心技术和业务人员，使他们以股东的身份参与到公司管理中去，在满足薪酬方面需要的同时使其拥有归属感，促使他们更加勤勉尽职地为公司工作，提升公司业绩和公司价值。

3. 战略管理理论

在变革的时代，公司面临着种种挑战，这势必会导致管理思想的变迁。目前，管理学对这一变化比较一致的看法体现在四个方面：由过程管理向战略管理转变；由内向管理向外向管理转变；由产品市场管理向价值管理转变；由行为管理向文化管理转变。毫无疑问，公司战略管理将会是这场变革的中心，它将出现许多新动向，对这一趋势能前瞻性地把握住的公司将会在竞争中处于有利地位。为更好地把握战略管理的发展趋势，必须首先对战略管理理论的发展历程进行梳理，以便把握其演进的脉络和规律。

（二）案例背景

绝味食品位于湖南省长沙市，是一家以休闲卤制食品的生产和销售以及连锁线下加盟体系的运营和管理为主营业务的公司。绝味食品采取"一个市场、一个生产基地、一条配送链"的生产经营模式，并建立起了覆盖黄河流域、长江流域、松花江流域、珠江流域的19个大型食品加工生产基地。目前已有超过10 000家门店数量，员工达到了3 000余人。绝味食品已经成为国内休闲熟食产业的龙头公司。自2017年上市以来，经过多年发展，目前已经达到了百亿元级别的市值。

但2019年爆发的新冠疫情导致包括绝味食品在内的各类公司都遭受了不同程度的冲击，甚至部分抗风险能力弱的中小公司已面临破产倒闭的风险。根据绝味食品2020年半年度报告，绝味食品2020年上半年实现营收24.13亿元，同比减少3.08%，归属于上市公司股东净利润2.74亿元，同比减少30.78%。2020年第一季度，绝味食品的净利润较2019年第一季度减少至三分之一水平。在此压力和疫情的双重影响下，绝味食品依然在2020年坚持开设了超过1 500家门店。同时，绝味食品最大的竞争对手周黑鸭也遭受了疫情的巨大冲击。据周黑鸭2020年年初发布的公告称，周黑鸭已有1 000间门店暂时停业，超过周黑鸭全国门店的80%。绝味食品2019年单店收入为44.49万元每家，同期周黑鸭的单店收入为57.12万元每家，此时绝味食品距离竞争对手还有一定差距。

三、案例分析要点

（一）需要学员识别的关键问题

1. 什么是股权激励？股权激励的模式主要有哪些？

股权激励也称期权激励，是公司为了留住核心人才而推行的一种长期激励机制，是目前最常用的激励员工的方法之一。股权激励主要通过附条件给予员工部分股东权益，使其具有主人翁意识，从而与公司形成利益共同体，促进公司与员工共同成长，从而帮助公司实现稳定发展的长期目标。一般情况下股权激励是附带条件的激励，如员工需在公司达成一定的工作年限，或完成特定的目标才予以奖励，当激励对象满足激励条件时，即可成为公司的股东，从而享有股东权利。股权激励的主要模式如下：

（1）股票期权模式。

股票期权模式是国际上一种最为经典、使用最为广泛的股权激励模式。其内容要点是：公司经股东大会同意，将预留的已发行未公开上市的普通股股票认股权作为"一揽子"报酬中的一部分，以事先确定的某一期权价格有条件地无偿授予或奖励给公司高层管理人员和技术骨干，股票期权的享有者可在规定的时期内做出兑现等选择。设计和实施股票期权模式，要求公司必须是公众上市公司，有合理合法的、可资实施股票期权的股票来源，并要求具有一个股价能基本反映股票内在价值、运作比较规范、秩序良好的资本市场载体。

（2）股份期权模式。

由于中国绝大多数公司在现行《公司法》框架内不能解决"股票来源"问题，因此一些地方采用了变通的做法。股份期权模式实际上就是一种股票期权改造模式。北京市就是这种模式的设计和推广者，因此这种模式又被称为"北京期权模式"。

这种模式规定：经公司出资人或董事会同意，公司高级管理人员可以群体形式获得公司5%~20%股权，其中董事长和经理的持股比例应占群体持股数的10%以上。经营者欲持股就必须先出资，一般不得少于10万元，而经营者所持股份额是以其出资金额的1~4倍确定的。三年任期届满，完成协议指标，再过两年，可按届满时的每股净资产变现。

"北京期权模式"的一大特点是推出了"3+2"收益方式，所谓"3+2"，即公司经营者在三年任期届满后，若不再续聘，须对其经营方式对公司的长期影响再做两年的考察，如评价合格才可兑现其收入。

（3）期股奖励模式。

期股奖励模式是目前国内上市公司中比较流行的一种股权激励办法。其特点是，从当年净利润中或未分配利润中提取奖金，折股奖励给高层管理人员。

（4）虚拟股票期权模式。

虚拟股票期权不是真正意义上的股票认购权，它是将奖金的给予延期支付，并把奖金转换成普通股票，这部分股票享有分红、转增股等权利，但在一定时期内不得流通，只能按规定分期兑现。这种模式是针对股票来源障碍而进行的一种创新设计，暂时采用内部结算的办法操作。虚拟股票期权的资金来源与期股奖励模式不同，它来源于公司积存的奖励基金。

（5）年薪奖励转股权模式。

年薪奖励转股权模式是由武汉市国有资产控股公司设计并推出的，因此也被称为"武汉期权模式"。

（6）股票增值权模式。

其主要内容是通过模拟认股权方式，获得由公司支付的公司股票在年度末和年度初的净资产的增值价差。

值得注意的是，股票增值权不是真正意义上的股票，没有所有权、表决权、配股权。这种模式直接拿每股净资产的增加值来激励其高管人员、技术骨干和董事，无需报财政部、证监会等机构审批，只要经股东大会通过即可实施，因此具体操作起来方便、快捷。

2. 疫情对绝味食品的影响大吗，有哪些影响？

根据绝味食品2020年半年度报告，绝味食品2020年上半年实现营收24.13亿元，同比减少3.08%，归属于上市公司股东净利润2.74亿元，同比减少30.78%。2020年第一季度，绝味食品的净利润较2019年第一季度减少至三分之一水平。由于公司门店一直在稳定扩张，因此假设公司今年一季度没受到疫情影响，营收相较2019年一季度同比增18%，即营收可达13.5亿元左右；营业成本和营收增速匹配，则营业成本可达9亿元左右；按15.5%的净利率，则净利润可达2.1亿元。公司如果停工没有复产，一季度需要负担的固定成本主要有：直接人工费（占营业成本在3%左右=2 700万元左右），管理费用（6 500万元左右），固定资产折旧费用（根据年折旧费用平均分摊到每月=1 600万元左右）。合计一季度需要支出的固定成本有1亿元左右。

3. 绝味食品实行股权激励的动因有哪些？

（1）2019年暴发的新冠疫情导致包括绝味食品在内的各类公司都遭受了不同程度的冲击，甚至部分抗风险能力弱的中小公司已面临破产倒闭的风险。根据绝味食品2020年半年度报告，绝味食品 2020 年上半年实现营收 24.13 亿元，同比减少 3.08%，归属于上市公司股东净利润 2.74 亿元，同比减少 30.78%。2020 年第一季度，绝味食品的净利润较 2019 年第一季度减少至三分之一水平。在此压力和疫情的双重影响下，绝味食品依然在 2020 年坚持开设了超过 1 500 家门店。同时，绝味食品最大的竞争对手周黑鸭也遭受了疫情的巨大冲击。据周黑鸭 2020 年年初发布的公告称，周黑鸭已有 1 000 间门店暂时停业，超过周黑鸭全国门店的 80%。绝味食品 2019 年单店收入为 44.49 万元每家，同期周黑鸭的单店收入为 57.12 万元每家，此时绝味食品距离竞争对手还有一定差距。

（2）2016—2019 年，绝味食品采取高速扩张的"跑马圈地，饱和开店"战略，该战略下的绝味食品大量增设门店，拓展市场，提高品牌覆盖率，为公司进一步发展积累资本。四年间，绝味食品的门店数量从 7 924 家扩增至 10 954 家，单店收入从 41.01 万元每家增加至 44.49 万元每家，总资产、营业收入等指标也在稳步增长。为保证公司不被疫情冲垮，并站稳脚跟，放眼长远发展，绝味食品开始转变战略，从"跑马圈地"转向"渠道精耕"。绝味食品的新战略注重门店经营质量，尤其着重于单店收入的提升。

4. 如何从财务状况角度理解绝味食品股权激励的影响？

除了文中展现的流动比率和速动比率分析，还可以从销售净利率、净资产收益率、资产负债率等角度进行分析理解。

5. 绝味食品的股权激励政策对其他公司有参考价值吗？

绝味食品的股权激励在众多案例中属于传统形式的股权激励目标，即经理人和股东实际上存在委托代理关系，股东委托经理人经营资产。但事实上在委托代理关系中，由于信息不对称，股东和经理人之间的契约并不完全，需要依赖经理人的道德自律。因为股东和经理人追求的目标是不一致的，股东希望其持有的股权价值最大化，经理人则希望自身效用最大化，所以需要通过股权激励和约束机制来引导和限制经理人的行为。所以认为，当公司规模达到一定程度后，公司内部的代理问题亟待解决时，股权激励是一种十分有效的政策，它对其他体量达标的公司具有较强的参考价值。

四、教学组织方式

（一）问题清单及问题顺序、资料发放顺序

本案例需要讨论的问题依次为：

（1）什么是股权激励？股权激励的模式主要有哪些？

（2）疫情对绝味食品的影响大吗，有哪些影响？

（3）绝味食品实行股权激励的动因有哪些？

（4）如何从股权激励角度理解绝味食品财务指标的变化？

（5）绝味食品的股权激励政策对其他公司有参考价值吗？

（二）课时分配

（1）课外自行阅读资料：约 3 小时。

（2）小组讨论并提交分析报告提纲：约 3 小时。

（3）课堂小组代表发言、进一步讨论：约 3 小时。

（4）课堂讨论总结：约 0.5 小时。

(三) 讨论方式

本案例可以通过小组形式进行讨论。

(四) 课堂讨论总结

课堂讨论总结的关键是：归纳发言者的主要观点；重申其重点及亮点；提醒大家对焦点问题或有争议观点进行进一步思考；建议大家对案例素材进行扩展调研和深入分析。

案例 10　用友网络股权激励模式变革之路

专业领域： 会计专硕（MPAcc）、审计硕士（MAud）、工商管理硕士（MBA），会计、审计、财务管理等本科专业

适用课程： "公司业绩评价与激励机制""大数据与财务决策""企业数字化转型理论与实务"

选用课程： "绩效管理与量化考核""绩效考核与薪酬激励""业绩考核理论与实务"

编写目的： 通过对用友网络四次股权激励的变革案例的持续跟踪，促使学员认识各种股权激励模式，懂得分析公司股权激励实施情况并进行评价。同时，通过用友网络四次股权激励的变革的表象引导学员深层次思考股权激励变革的背后动因所在，为学员的今后实际工作中提供一定的思路和借鉴意义。

知 识 点： 业绩评价、薪酬激励、限制性股票、激励效应

关 键 词： 股权激励；用友网络；模式变革；委托代理

中文摘要： 自从中国股权激励正式进入可实操阶段之后，股权激励计划作为一项长期薪酬激励制度被越来越多的上市公司所采用，实施股权激励计划的积极性很高，但是同时在实际操作中也暴露出许多问题。本案例以用友网络为调研与讨论对象，通过结合其实施激励时的背景和发展战略等，引导学员对其股权激励作出评价，分析其激励效果，探讨出用友网络在不同时间段做出不同的股权激励模式变革的原因及其最后的成效。同时也可以为中国上市公司实施股权激励提供借鉴，并且更有利于中国股权激励相关制度的进一步完善。

英文摘要： Since China's equity incentive officially entered the practical stage, equity incentive plan, as a long-term salary incentive system, has been adopted by more and more listed companies. The enthusiasm of implementing equity incentive plan is very high, but at the same time, many problems are exposed in the actual operation. This case takes UFIDA Network Technology Co., Ltd. as the research object, through the combination of its implementation of incentive background and development strategy, guide the trainees to make an evaluation of its equity incentive, analyze its incentive effect, and explore the reasons for UFIDA network to make different equity incentive mode changes in different periods of time and the final effect. At the same time, it can also provide reference for the listed companies to implement equity incentive, and is more conducive to the further improvement of the relevant system of equity incentive in China.

案例正文

2005年12月31日，《上市公司股票期权激励管理办法（试行）》出台，随后，上市

公司争先宣告了股权激励计划。据中国上市公司市值管理研究中心发布的《2019年A股市值管理行为年度报告》显示，截至2019年，全年A股股权激励计划总公告数为337个，较2018年、2017年有大幅缩减，总公告数量较2018年下跌17.60%，其中首期公告数量为178个，较2018年减少29.37%，多期公告数量为159个，较2018年增加1.27%。在股权激励市场中，多期股权激励计划公告占比大幅提高，从2018年的38.39%提高到2019年47.18%，说明股权激励已然进入了"常态化"时代，成为上市公司改善公司治理、提高治理能力的有效手段。用友网络作为ERP乃至工业云行业当之无愧的独角兽，无论是营收规模、研发投入还是市占率都远超竞争对手，放在整个A股计算机板块也是鹤立鸡群。用友网络无论从高端工业软件国产化抑或是公司互联网、工业互联网领域都是绝对的状元。自2018年以后，云计算需求全面爆发，国家成立工业互联网专项小组，力推公司上云，而用友云计算业务2017年同比增长250%，与各省经信委签署的"工业云"战略合作协议将持续落地，是工业云里面当之无愧的龙头。用友网络从2006年公布第一次股权激励计划草案，作为在试行办法出台后首批实施股权激励的公司之一，已经实施了七次股权激励计划，分别以限制性股票模式，股票期权模式和二者结合的方式对高级管理人员和核心员工进行激励。

专门讲授"公司业绩评价及激励机制"课程的老师李清岩看到用友网络在不同时期使用不同的股权激励模式后，认为用友网络股权激励的实施一定程度上也代表了中国上市公司股权激励的实践，在实施过程中暴露的问题也是多数初步探索股权激励计划公司的共同问题，将用友网络的案例介绍给学员研究不仅可以让学员了解中国上市股权激励的实践之路，还可以促进学员思考用友网络不同股权激励模式之间转化的动因所在，公司股权激励计划如何设计、计划有何优点和缺点、实施效果如何、如何完善激励、对其他公司实施股权激励计划有何启示等。李清岩老师坐在沙发上，眉头紧锁，静静地点起了一根烟叼在口中，但是一口也没抽。因为他突然想到班里还有一个每次课程学习都跟不上的学员——甲同学。

"到底让不让他做这个案例呢？让他做吧，万一最后没有业绩怎么办，还白白浪费时间，使本来就没有自信的甲同学更加雪上加霜。不让他做吧，这孩子业绩每次倒数，孩子多半会废了，但确实有必要拉他一把"。想到此处，李清岩老师猛嘬了一口烟后，自言自语道"不大胆不高产，就让他干！"李清岩老师拿起手机给甲同学打了过去。

"甲同学啊，老师最近发现用友网络的股权激励模式的变更挺符合上市公司股权激励的实践的，你先帮老师找一下公司的背景资料吧。"

"好的，老师"。甲同学对此次任务看得非常重，因为他知道自己业绩一直不好，课堂表现也不好，这是一次咸鱼翻身的机会。

一天后，甲同学给李清岩老师发来了关于用友网络的背景资料，李清岩老师打开文件开始了浏览……

一、案例背景介绍

（一）公司简介

用友网络科技股份有限公司（以下简称用友网络）成立于1988年，2001年5月18

日，公司成功在上海证券交易所上市（股票代码：600588）；2015 年，公司更名为用友网络科技股份有限公司，证券简称由用友软件变更为用友网络。

用友网络所属证监会行业为软件和信息技术服务业，其发展历程可以总结为三个阶段（图 10-1）。进入用友 3.0 时代后，公司坚持用户之友的核心价值观，始终保持行业领先地位，为公司创新发展、精细管理提供服务，助力中国智慧社会和数字经济的建设。

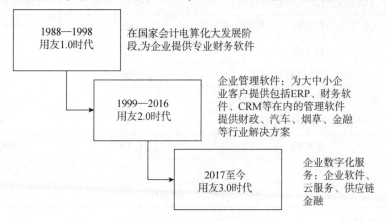

图 10-1 用友网络发展战略图

（二）股权结构

用友网络的股权结构集中，多位高管为公司持股人。公司的股权结构如图 10-2 所示，实际控制人为王文京先生。王文京先生分别通过北京用友科技有限公司、上海用友科技咨询有限公司以及北京用友公司管理研究所有限公司持有用友网络 28.30%、12.04% 和 3.95% 的股份，实际共持有用友网络 42.06% 的股份。

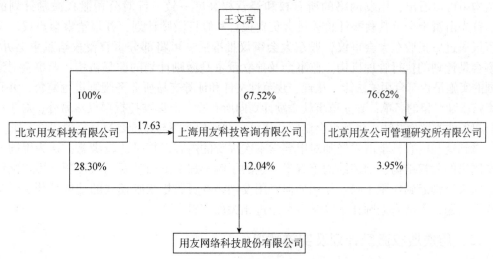

图 10-2 2019 年年末用友网络股权结构图

截至 2019 年 12 月 31 日，用友网络的前十大股东（表 10-1）一半以上为法人股东，其中，上海益倍管理咨询有限公司控股股东郭新平和共青城优富投资管理合伙公司控股股东吴政平均为用友网络高管。

表 10-1　2019 年年末用友网络前十大股东持股情况

排名	股东名称	占总股本比例/%	股东性质
1	北京用友科技有限公司	28.30	境内非国有法人
2	上海用友科技咨询有限公司	12.04	境内非国有法人
3	上海益倍管理咨询有限公司	4.15	境内非国有法人
4	北京用友公司管理研究所有限公司	3.95	境内非国有法人
5	葛卫东	3.70	境内自然人
6	香港中央结算有限公司	3.20	其他
7	共青城优富投资管理合伙公司	2.47	境内非国有法人
8	中国证券金融股份有限公司	1.88	其他
9	于桂珍	1.19	境内自然人
10	刘世运	1.15	境内自然人
合计		62.03	

（三）治理结构

用友网络严格按照《公司法》《证券法》和中国证监会、上海证券交易所有关规定和要求，修订了《公司章程》《公司董事、监事和高级管理人员薪酬管理制度》《股东大会议事规则》，公司法人治理结构的实际情况符合相关规范性文件。

截至 2019 年 12 月 31 日，用友网络董事会设董事 8 名，其中有独立董事 4 名；监事会设监事 3 名。3 名内部董事分别为王文京、郭新平和吴政平，三人同时兼任高级管理人员，自公司成立之初即担任重要职务，并且一直是董事会成员。从董事会稳定的构成和上述股权结构中可以看出，用友网络的所有权和经营权高度一致。针对公司股权激励计划的实施，首先由董事会及其薪酬评价委员会负责拟订和修订激励计划，并报董事会审议，董事会审议通过后报股东大会审议，股东大会审议批准后，可将部分事宜授权给董事会办理，董事会是计划的执行管理机构。监事会及独立董事是激励计划的监督机构：监事会对激励计划的实施是否符合相关法律、法规、规范性文件和证券交易所业务规则进行监督，并且负责审核激励对象的名单；独立董事就激励计划向所有股东征集委托投票权。另外，对于授予或行权条件的评价办法，由董事会制定和修订，并授权薪酬与评价委员会负责评价工作。

看到这些内容，李清岩老师对甲同学本次提交的内容还算是比较满意，认为甲同学对用友网络的股权结构、治理结构等有了一定的了解，那么下面就要切入正题：用友网络历年的股权激励起到作用了吗？作用如何？用友网络变更股权激励模式的动机是什么？带着这样的问题，李清岩老师让甲同学继续跟进相关的资料。

二、历次股权激励计划及实施情况

（一）2006 年第一次股权激励计划

1. 计划概述

2006 年 12 月 1 日，用友网络公布了第一次股权激励计划草案，2007 年 8 月 3 日股东大会审议通过了第一次股权激励计划的修订稿。此次股权激励计划拟以发行新股的方式向监事、高级管理人员和其他核心员工授予 1 797.12 万股股票，占用股本总额的 8%，具体内容如表 10-2 所示：

表 10-2　2006 年第一次股权激励计划内容

激励模式	限制性股票
激励对象	公司监事、高级管理人员和其他核心员工（共 1 404 人）
股票来源	定向发行新股
有效期	5 年，自股东大会批准之日起
授予数量	1 797.12 万股股票，占公司股本的总额 8%
授予条件	1. 公司业绩： 1) 上一年度加权平均净资产收益率≥10%；2) 上一年度扣非净利润为基础计算的加权平均净资产收益率≥10% 2. 个人业绩：上一年度业绩评价合格（B 级或 B 级以上）
授予价格	2007 年度：激励计划（草案）公布前 30 个交易日股票均价 75%：18.17 元/股； 2008 年度：不低于授予日前 30 个交易日公司股票均价的 60%； 2009 年度：不低于授予日前 30 个交易日公司股票均价的 50%
授予规定	2007 年度：股本总额的 3%；2008 年度：股本总额的 1%； 2009 年度：股本总额的 1%；预留股份：股本总额的 3%
禁售期	一年
解锁规定	第一次解锁：禁售期满后的第一年，解锁数量不超过获授股票总数的 60%； 第二次解锁：禁售期满后的第二年，解锁数量不超过获授股票总数的 40%

2. 业绩完成情况

由表 10-2 可知，用友网络第一次股权激励计划的积极授予条件主要包括个人业绩和公司业绩两方面，其中公司业绩主要评价加权资产平均收益率和扣除非经常性损益后的净资产收益率。如图 10-3 所示，公司在 2006—2008 年度均完成了业绩评价指标，即 2007—2009 年度股票授予条件中的业绩指标均满足。

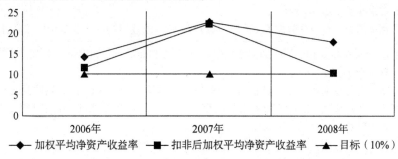

图 10-3　2006—2008 年业绩评价指标完成情况

3. 计划实施情况

用友网络第一次股权激励计划于 2007 年度、2008 年度和 2009 年度分三次向激励对象授予新股。2007 年 8 月 8 日公司以 18.17 元/股的价格向符合授予条件的 1 014 人授予 673.92 万股股票，占公司股本总额的 3%。在资本公积转增股本和回购股票后对授出股份数进行调整。2008年8月8日，解锁803.832万股，占公司股本总额的1.74%；2009年8月10日，解锁694.9904万股，占公司股本总额的1.1456%。2008年9月26日公司以13.71元/股的价格向符合授予条件的915人授予400.6375万股股票，其中授出2008年度股票372.4875万股，占公司股本总额的1%，授出预留股份28.15万股，占公司股本总额的0.18%。2009年9月28日，解锁311.8889万股，占公司股本总额的0.5141%；2010年9月27日，解锁268.8639万股，占公司股本总额的0.329%。2009年9月29日公司向符合授予条件的激励对象授出2 232.256万股股票，实际缴款激励对象1 524人，其中以9.6元/股授出2009年度股票584.064股，占公司股本总额的1%，以14.63元/股授出预留股份15 356.342股，占公司股本总额的2.63%。2010年9月29日，解锁1 649.152 5万股，占公司股本总额的2.021%；2011年9月29日解锁1 076.5811万股，占公司股本总额的1.319%。

（二）2010年第二次股权激励计划

1. 计划概述

2010年11月30日，用友网络公布了第二次股权激励计划草案，2011年4月6日股东大会审议通过了第二次股权激励计划的修订稿。此次股权激励计划拟向高级管理人员和其他核心员工授予2 448.395 6万份股票期权，对应的公司标的股票数量为2 448.395 6万股，占公司股本总额的3%。具体内容如表10-3所示：

表10-3 2011年第二次股权激励计划内容

激励模式	股票期权
激励对象	高级管理人员、核心员工（共1 906人）
股票来源	定向发行新股
有效期	4年，自首次股票期权授权日起
授予数量	2 448.395 6万份股票期权（每一份期权可购买一股股票），占公司股本总额的3%；其中首次授予2.7%，预留0.3%
等待期	12个月
行权价格	首次授予：25.16元 预留部分：授予公告前1交易日收盘价和前30交易日内平均收盘价中较高者
行权条件	1. 公司业绩（扣非后净利润增长率以2009年扣非后净利润增长率为固定基数） 首次授予： 第一个行权期：2011年度扣非后的净资产收益率≥12%；扣非后净利润增长率≥70%； 第二个行权期：2012年度扣非后的净资产收益率≥12%；扣非后净利润增长率≥120%； 预留部分： 第一个行权期：2012年度扣非后的净资产收益率≥12%；扣非后净利润增长率≥120%； 第二个行权期：2013年度扣非后的净资产收益率≥12%；扣非后净利润增长率≥185%。 2. 个人业绩：行权的前一年度评价合格
行权安排	首次授予：第一个行权期：自授权日后12个月起至24个月内，可行权30%；第二个行权期：自授权日后24个月起至36个月内，可行权70%。 预留部分：第一个行权期：自授权日后12个月起至24个月内，可行权30%；第二个行权期：自授权日后24个月起至36个月内，可行权70%

2. 业绩完成情况

由表 10-3 可知，用友网络第二次股权激励计划的积极行权条件主要包括个人业绩和公司业绩两方面，其中公司业绩主要评价加权资产平均收益率和扣除非经常性损益后的净利润较 2009 年的增长率。

如图 10-4 和图 10-5 所示，公司在 2011 年的业绩满足了行权条件，而 2012 年和 2013 年公司均未完成业绩评价指标，即在首次授予股票期权的第一个行权期内公司业绩满足行权条件，第二个行权期末满足行权条件，预留股票期权行权期内业绩均未达标。

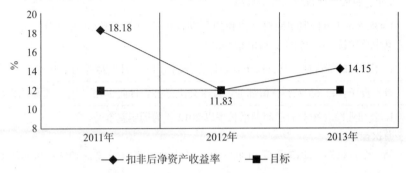

图 10-4　2011—2013 年净资产收益率情况

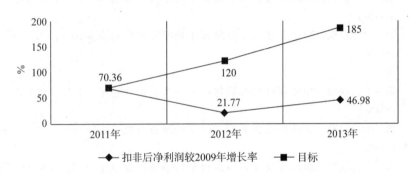

图 10-5　2011—2013 年净利润增长率情况

3. 计划实施情况

用友网络第二次股权激励计划于 2011 年 5 月 4 日首次售出股票期权 2 203.556 1 万份，占激励计划公告时公司股本总额的 2.7%，行权价格为 25.16 元/股。后因资本公积转增股本和分派股息，下调行权价格至 20.6 元/股。在第一个行权期内，公司业绩评价指标达到目标值，按计划激励对象手中 30% 的股票期权可行权。但在第一个行权期内，市场低迷，股价受到影响，2012 年 5 月 4 日至 2013 年 5 月 4 日，用友网络最低收盘价为 17.21 元/股，最高收盘价为 7.93 元/股，股价一直低于行权价格，因此无人行权；在第二个行权期内，公司业绩评价指标未完成，最终首次授予的股票期权因激励对象未行权和公司业绩未达到行权条件作废，后续阶段公司也未将预留的 0.3% 股票期权授予。

（三）2013年第三次股权激励计划

1. 计划概述（表10-4）

表10-4　2013年第三次股权激励计划股票期权内容

激励模式	股票期权
激励对象	高级管理人员、专家、中层管理人员、其他骨干人员
股票来源	定性发行新股
有效期	5年，自股票期权首次授予日起
授予数量	1 438.869 4万份股票期权（每份股票期权可购一股股票），占公司股本总额的1.5%；其中首次授予1.352%；预留0.148%。
等待期	适用不同的等待期，均自授予日起计，分别为12个月、24个月、36个月。
行权价格	首次授予：12.63元；预留部分：董事会决议公告日前20个交易日交易均价的60%
行权条件	1. 公司业绩（扣非后净利润增长率以2012年为固定基准） 首次授予： 第一个行权期：2013年度扣非后加权平均净资产收益率≥10%；扣非净利润增长率≥20%； 第二个行权期：2014年度扣非后加权平均净资产收益率≥10%；扣非净利润增长率≥44%； 第三个行权期：2015年度扣非后加权平均净资产收益率≥10%；扣非净利润增长率≥73%。 预留部分： 第一个行权期：2014年度扣非后加权平均净资产收益率≥10%；扣非净利润增长率≥44%； 第二个行权期：2015年度扣非后加权平均净资产收益率≥10%；扣非净利润增长率≥73%； 第三个行权期：2016年度扣非后加权平均净资产收益率≥10%；扣非净利润增长率≥106% 2. 个人业绩：评价合格（共有A、B+、B、C、D五档，A、B+、B档为合格）
行权安排	第一个行权期：自授权日后12个月起至24个月内，可行权40% 第二个行权期：自授权日后24个月起至36个月内，可行权30% 第三个行权期：自授权日后36个月起至48个月内，可行权30%

2013年8月19日，用友网络公布了第三次股权激励计划草案，2013年10月26日股东大会审议通过了第三次股权激励计划的修订稿。此次股权激励计划以授予股票期权和限制性股票的方式进行，拟向管理人员、专家和其他骨干员工授予1 438.869 4万份股票期权和1 438.869 4万股限制性股票（表10-5）。

表10-5　2013年第三次股权激励计划限制性股票内容

激励模式	限制性股票
激励对象	高级管理人员、专家、中层管理人员、其他骨干人员
股票来源	定向发行新股

续表

激励模式	限制性股票
有效期	5年，自限制性股票首次授予日起
授予数量	1 438.869 4万股限制性股票，占股本总额的1.5%；首次授予1 296.825 0万股，占股本总额的1.352%；预留142.044 4万股，占股本总额的0.148%
授予价格	首次授予：6.76元/股 预留部分：董事会决议公告日前20个交易日交易均价的60%
禁售期	一年
解锁规定	第一次解锁：禁售期满后的第一年，解锁数量不超过获授股票总数的60%； 第二次解锁：禁售期满后的第二年，解锁数量不超过获授股票总数的20%； 第三次解锁：禁售期满后的第三年，解锁数量不超过获授股票总数的20%
解锁条件	同本激励计划股票期权的行权条件

2. 业绩完成情况

由表10-5可知，用友网络第二次股权激励计划的积极条件主要包括个人业绩和公司业绩两方面，其中公司业绩主要评价加权资产平均收益率和扣除非经常性损益后的净利润较2012年的增长率。

如图10-6和图10-7所示，公司在2013年和2014年的业绩满足股票期权行权和限制性股票解锁条件，而2015年和2016年公司均未完成业绩评价指标。即在首次授予股票期权、限制性股票的第一个行权（解锁）期和第二个行权（解锁）期内公司业绩满足行权（解锁）条件，第三个行权（解锁）期末满足条件；预留部分只有第一个行权（解锁）期内完成了公司业绩评价指标，第二和第三个行权（解锁）期业绩均未达标。

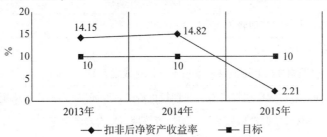

图10-6 2013—2015年净资产收益率情况

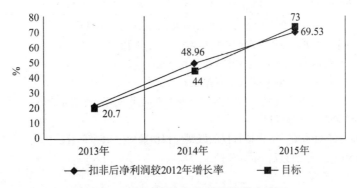

图10-7 2013—2016年净利润增长率情况

3. 计划实施情况

用友网络第三次股权激励方案可分为限制性股票和股票期权计划。2013年11月12日用友网络首次授予1 613名激励对象股票期权1 277.78万份，授予价格为12.63元/股。在等待期内，由于资本公积金转增股本和激励对象变动等调整授予股份数和股价。第一个行权期内行权553.669 6万份股票期权，第二个行权期内行权452.975 9万份股票期权，第三个行权期内，公司业绩指标未达行权条件，股票期权作废。

2013年11月12日用友网络首次授予1 613名激励对象限制性股票1 277.78万股，授予价格为6.76元/股。实际上认购人数1 481人，认购股数为1 192.839 5万股。在禁售期内，由于资本公积金转增股本和激励对象变动调整授予股份数和股价。2014年11月12日，解锁802.680 8万股；2015年11月12日，解锁296.019 2万股；2016年11月12日，公司业绩指标未达解锁条件，相应部分限制性股票做回购注销处理。

2014年11月6日用友网络授予242名激励对象预留部分期权和股票，其中股票期权142.044万份，授予价格为18.28元/股；限制性股票142.044万股，授予价格为10.51元/股。由于存在资本公积金转增股本和部分激励对象发生变动等情况，所以公司调整了授予的股份数和股价。第一个行权期内，行权75.335 1万份股票期权；第一个解锁日即2015年11月6日，解锁112.822 8万股限制性股票。而在第二和第三个解锁（行权）期，由于公司业绩指标未达条件，相应的限制性股票被回购注销，股票期权被作废。

（四）2017年第四次股权激励计划（表10-6）

1. 计划概述

表10-6 2017年第四次股权激励计划股票期权内容

激励模式	股票期权
激励对象	高级管理人员、其他骨干人员（共1 442人）
股票来源	定性发行新股
有效期	4年，自股票期权和限制性股票授予登记完成之日起
授予数量	3 865.360万份股票期权（每一份期权可购买一股股票），占股本总额的2.640%
等待期	激励对象获授的股票期权适用不同的等待期，均自授予登记完成之日起计算，分别为12个月、24个月、36个月
行权价格	15.88元/股
行权条件	1. 公司业绩：（合并营业收入增长率以2016年为固定基准） 第一个行权期：2017年合并营业收入增长率≥10%； 第二个行权期：2018年合并营业收入增长率≥20%； 第三个行权期：2019年合并营业收入增长率≥30% 2. 独立业务单元业绩：（P：各独立业务单元当期实际业绩完成率） $P \geq 100\%$，全部行权 $80\% \leq P < 100\%$，行权拟行权的股票期权份额×P，其余部分注销 $P < 80\%$，不能行权，全部注销 3. 个人业绩： 上一年度评价合格（共有等级1~5五档，等级3~5为合格）

续表

激励模式	股票期权
行权安排	第一个行权期：自授予登记完成之日起 12 个月后至 24 个月内，可行权 40%； 第二个行权期：自授予登记完成之日起 24 个月后至 36 个月内，可行权 30%； 第三个行权期：自授予登记完成之日起 36 个月后至 48 个月内，可行权 30%

2017 年 5 月 24 日，用友网络公布了第四次股权激励计划（草案），2017 年 6 月 8 日股东大会审议通过了第四次股权激励计划。此次股权激励计划拟向高级管理人员和其他骨干人员授予 3 865.360 万份股票期权和 1 932.640 万股限制性股票。具体内容如表 10-7 所示。

表 10-7　2017 年第四次股权激励计划限制性股票内容

激励模式	限制性股票
激励对象	高级管理人员、其他骨干人员（共 1 442 人）
股票来源	二级市场回购
有效期	4 年，自股票期权和限制性股票授予登记完成之日起
授予数量	1 932.640 万股限制性股票，占股本总额的 1.320%
授予价格	从二级市场回购股票的平均价格的 25%
禁售期	一年
解锁规定	第一次解锁：禁售期满后的第一年，解锁数量不超过获授股票总数的 40%； 第二次解锁：禁售期满后的第二年，解锁数量不超过获授股票总数的 30%； 第三次解锁：禁售期满后的第三年，解锁数量不超过获授股票总数的 30%
解锁条件	1. 公司业绩：同股票期权计划要求 2. 个人业绩：同股票期权计划要求

2. 业绩完成情况

由表 10-7 可知，用友网络第四次股权激励计划的积极条件主要包括个人业绩、独立业务单元业绩和公司业绩三方面，其中公司业绩主要评价合并营业收入较 2016 年的增长率。2017 年度合并营业收入较 2016 年增长 24.06%，达到业绩评价中 10% 的目标。

3. 计划实施情况

2017 年 6 月 26 日，公司拟向 1 442 名激励对象授予 3 864.294 万份股票期权，行权价格为 15.88 元/份；14 名激励对象因个人原因放弃股票期权合计 17.733 万股。因此，公司最后实际向 1 428 名激励对象授予 3 846.561 万份股票期权。因利润分配与资本公积金转增股本对行权价格与数量调整后，股票期权的数量为 50 005 210 份，行权价格为 12.10 元/股。2018 年 9 月 27 日，授予的第一期股票期权共计 1 322 名激励对象行权 17 273 638 份股票期权，占公司股本总额的 0.909 8%。

2017 年 6 月 26 日公司拟向 1 442 名激励对象授予 1 932.106 万股限制性股票，授予价格为 4.12 元/股。自 2017 年 6 月 9 日起至 2017 年 6 月 22 日，公司在二级市场回购股份共 1 932.643 2 万股，占公司股本总额的 1.32%，实际使用资金总额为 31 855.107 1 万元。本次股份回购的最高成交价格为 17.52 元/股，最低成交价格为 15.27 元/股，平均成交价格为 16.48 元/股。35 人因个人原因放弃认购，因此最后实际向 1 408 人授予 1 905.654 万股限制性股票。因公司利润分配与资本公积金转增股本对回购价格与数量进行调整后,限制性股票的数量为 24 773 512 股,回购价格为 3.17 元/股。2018 年 8 月 6 日,第一期限制性股票 1 340 名激励对象解锁 9 612 657 股限制性股票。

甲同学不仅将历年的股权激励计划进行陈述,还将历次股权激励计划进行了对比分析。

(五)历次股权激励计划对比分析

用友网络自 2006 年至 2017 年,共实施了四次股权激励计划,旨在通过短期的不断调整的股权激励计划建立、健全公司长效激励机制,吸引和留住优秀人才,充分调动公司高级管理人员和公司及其控股子公司的骨干员工的积极性,有效地将股东利益、公司利益和核心团队个人利益结合在一起,使各方共同关注公司的长远发展,增强公司竞争实力,促进公司业绩增长和持续健康发展。如表 10-8 对历次股权激励计划的总结,这四次计划在激励模式、激励对象、激励力度、评价内容、行权(授予)价格上有共通也有相异之处。

表 10-8 历次股权激励计划概况

股权激励	激励模式	股票来源	激励力度		激励对象
			授予数量	占比	
第一次	限制性股票	定向发行新股	1 797.12 万股	8.00%	高管、监事、核心员工
第二次	股票期权	定向发行新股	2 448.40 万份	3.00%	高管、核心员工
第三次	限制性股票	定向发行新股	1 438.87 万股	1.50%	高管、专家骨干、中层管理人员
	股票期权	定向发行新股	1 438.87 万份	1.50%	
第四次	限制性股票	二级市场回购	1 932.64 万股	1.32%	高管、骨干人员
	股票期权	定向发行新股	3 865.36 万份	2.64%	

1. 激励模式

用友网络第一次股权激励计划选择限制性股票激励模式,第二次选择股票期权激励模式,第三和第四次选择限制性股票和股票期权结合的激励模式,除第四次股票期权的股票来源为二级市场回购,其他激励计划中的股票来源都为定向发行新股。

2. 激励力度

由表 10-8 可知,激励力度上,2006 年第一次股权激励计划授予限制性股票 1 797.12 万股,2010 年第二次股权激励计划授予股票期权 2 448.40 万份(一份期权可购买一股股票),2013 年授予限制性股票 1 438.87 万股和股票期权 1 438.87 万份,共计 2 877.74 万股股票,2017 年授予限制性股票 1 932.64 万股,股票期权 3 865.36 万份,共计 5 798 万股股票,授予的限制性股票和股票期权合计的绝对数量不断增加;而占公司总股本的占比第一次最高,相对来说,第一次的激励力度最大,授予的限制性股份占股本总额的 8%,而后三次的激励计划授予股票和期权的占比分别为 3%、3% 和 3.96%,保持稳定水平,后有 1% 左右上升。

3. 激励对象

用友网络的股权激励对象都是高管和核心员工,这也与用友网络实施股权激励旨在调动管理层和核心技术人员积极性的目的较为一致。2008 年公布的《股权激励有关事项备忘录》将持股 5% 以上的主要股东或实际控制人和监事会成员排除在激励对象之外,用友网络除第一次股权激励计划的激励对象中包含 3 名监事，其余激励对象均符合相关规定，且在 2008 年办法出台后公司已将激励计划中的 3 名监事排除。

4. 评价内容

前三次的股权激励计划中行权条件都是从公司业绩和个人业绩两方面进行评价，而第四次股权激励计划从公司业绩、个人业绩和独立业务单元业绩三方面进行评价。

四次股权激励计划的个人业绩评价结果共五档，其中 3~5 档为合格，合格即达到行权条件；公司业绩方面，前三次股权激励计划都选取了扣除非经常性损益后净资产收益率作为评价指标，因为净资产收益率是一个综合性较强的指标，能够较好衡量公司的盈利能力，而选择扣非后的净资产收益率能够排除非经常性损益造成的影响，更加真实地体现公司的经营业绩；第二次和第三次股权激励计划的公司业绩指标加入扣非后净利润增长率，相比第一次股权激励计划，不仅评价了公司的盈利能力，还评价了公司盈利增长能力。第四次股权激励计划主要以营业收入增长率作为评价指标，这与公司进入新的发展阶段密切相关：以用友云为核心，形成软件、金融服务、云服务业务共同发展的战略布局，在业务发展的初期，扩大市场份额、增加营业收入可能比盈利更加重要。

三、股权激励模式变革之路的动机

用友网络股权激励模式的选择和股票来源的确定是经过深思熟虑的，结合几次激励的实施背景，可以看出是与公司的经营状况和发展战略相匹配的。

2006 年第一次股权激励计划推出时，用友网络对未来三年即 2007—2009 年的发展规划是加强管理软件业务发展，力争亚洲最大、世界前五；培植移动商务业务，目标是世界第一。这意味着公司需要大量资金投入，管理层预计为完成 2007 年度工作目标的常规经营资金需求约为人民币 9 亿元，大部分来自自有资金，如果实施特别经营计划，则不能仅靠自有资金，还需要进行筹融资。根据用友网络 2006 年年报，公司 2006 年年底的现金及现金等价物余额为 7.13 亿元，且从图 10-6 可以看出公司从 2001 年上市至 2006 年年底，均保持低负债水平，资产负债率始终在 20% 以下。同时，国际厂商加大在中国市场投入力度，给公司带来了更大的人才和市场竞争。因此在公司需要扩张业务而存在资金缺口的情况下，选择向激励对象定向增发授予限制性股票的激励方式，既在维持现有负债水平的同时带来了一定量的现金流入，补充资金，又起到了稳定高管和核心人才、增强核心竞争力的效果。

图 10-8 为用友网络 2001—2017 年资产负债率。

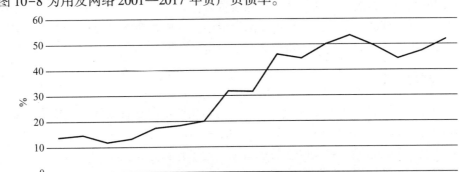

图 10-8　用友网络 2001—2017 年资产负债率

2010 年公司制定第二次股权激励计划时，用友网络所在的服务与产品竞争市场已趋于饱和，行业处于成熟期。公司通过"十二五"规划对经济发展方式转变及发展战略新兴产业的明确洞察，得出云计算/移动应用将成为新一轮的产业革新浪潮，管理层认为 2011 年不仅是"十二五"规划开局年和公司云服务应用元年，更是公司第二次转型的关键年。因此，公司计划加快国内投资和海外业务发展，控局管理软件市场，并迅速占领云服务市场，推进用友软件+用友云服务。要完成收购兼并、占位云服务市场和扩张业务的目标，势必需要大量投入。但在 2010 年公司已经改变低负债经营策略，开始进行债务融资，开展 3.5 个亿的银行借款满足经营资金需求，2010 年年底公司的资产负债率上升至 46.16%。此时，用友网络的资金来源有更多选择。一般来说，股票期权的行权价格要高于限制性股票的授予价格，采取股票期权激励模式可以在未来激励对象行权时获得更多的资金，而且股票期权更好地将激励对象的利益和公司股价的表现联系在一起，更能激励员工努力工作，改善公司业绩从而提升股价。

2013 年用友网络公布第三次股权激励计划，同时也推出了新三年即 2014—2016 年的发展规划，明确了三个方面的目标：一是软件业务结构和模式的升级；二是云平台、云应用服务业务和培育；三是盈利、收入的提升。公司提出向互联网进军战略并加大对云平台和云服务业务的投入，对资金的需求量很大。但市场低迷，第二次股权激励计划授予的股票期权无人行权，2012 年的定向增发失败，未获得认购资金流入，同时，2012 年年底公司的资产负债率达到历史新高 50.08%，短期借款为 10.1 亿元，且在 2013 年 9 月需要偿还 1 亿元的长期借款，公司资金面较为紧张。因此，用友网络制定了股票期权与限制性股票结合的激励计划。授予的限制性股票既给公司带来了现金流入、补充了流动资金，也避免了在市场整体低迷时无人行权的尴尬处境。另外，如前所述，相对来说股票期权激励效果更好。因此，股票期权与限制性股票结合的激励模式更能激励员工的积极性和创造性。

2017 年用友网络第四次股权激励计划实施。公司 2016 年下半年发布实施了用友 3.0 战略，用友云服务发展进入新阶段，公司将围绕聚合用友云、软件效益化及互联网金融三大目标深化融合，为促进核心业务发展，将加强战略并购与投资，完成专项融资计划；积极对接资本市场，做好投资者关系和市值管理。与第三次股权激励计划类似，第四次计划也选择了股票期权与限制性股票结合的激励方式，但不同的是授予限制性股票的标的来源为从二级市场回购，这是因为在 2017 年股权激励计划制定时，公司股价处于近三年来历史低位，回购股票进行股权激励有助于增强投资者信心。

看到甲同学整理的信息，以及对用友网络股权激励模式动机的分析，李清岩老师欣慰地笑了，认为甲同学对股权激励的知识点有了一定的掌握。

四、问题思考

（1）委托代理理论产生的原因有哪些？如何运用股权激励有效地解决公司中委托代理冲突问题？

（2）什么是股权激励？用友网络股权激励采用了什么方式？

（3）用友网络股权激励计划内容都有哪些？

（4）用友网络进行股权激励模式改革的动因是什么？用友网络激励计划还有哪些改进空间？

五、参考资料

[1] 赵霞. 分拆上市能否创造价值？基于用友网络分拆畅捷通上市的案例[J]. 财会通讯 2020（10）：1-5.
[2] 尹夏楠，詹细明，唐少清. 制造企业数字化转型对财务绩效的影响机理[J]. 中国流通经济，2022，36（7）：96-106.
[3] 杨乐. 用友网络股权激励案例研究[D]. 中国财政科学研究院，2019.
[4] 蒲红霞. 基于利润池理论的用友网络战略转型研究[D]. 兰州财经大学，2019.
[5] 林心怡，吴东. 区块链技术与企业绩效：公司治理结构的调节作用[J]. 管理评论，2021，33（11）：341-352.

案例使用说明书

一、案例需要解决的关键问题

本案例要实现的教学目标在于：通过对用友网络四次股权激励变革案例的持续跟踪，促使学员认识各种股权激励模式，懂得分析公司股权激励实施情况并进行评价。同时，通过用友网络四次股权激励的变革的表象引导学员深层次思考股权激励变革的背后动因所在，为学员今后的实际工作提供一定的思路和借鉴意义。

二、案例讨论的准备工作

（一）理论背景

1. 委托代理理论

20世纪30年代，美国经济学家伯利和米恩斯倡导所有权和经营权的分离，提出了委托代理理论，所有者保留剩余索取权，将经营权让渡给职业经理人。委托代理理论是现代公司治理的逻辑起点。

委托代理模式下，所有者聘请经理人负责公司的日常经营活动，并给付其相应劳务的报酬。由于信息不对称，在公司的生产经营过程中，经理人掌握的信息更多，对公司经营状况和财务业绩的了解更全面及时，而所有者由于未直接参与生产经营过程，如果经营者有意欺骗，则所有者很可能无法辨别公司真实的经营状况如何。经理人在接受委托的过程中，可能会由于追求自身利益最大化，做出损害公司利益和所有者权益的行为，由此产生了委托代理问题。

委托代理问题的有效解决方法之一就是寻求合适的激励办法，减少代理成本。一般有两种激励方式，一种是与业绩挂钩的工资报酬，经理人可在获得基本工资的基础上，根据公司当期业绩表现获得额外收益；另一种则是中长期的股权激励计划，如限制性股票和股票期权，使经理人获得一定数量的股份，成为公司的所有者，避免短视，更加注重公司长远的利益和发展的战略。经理人与所有者共享利益，共担风险，从而实现双赢。

2. 激励理论

激励理论以马斯洛的需求理论为基础，主要包括双因素理论、成就需要理论等多个理论，是关于怎样满足人的多种需要、充分调动积极性的原则和方法总结，其目的在于充分调动人的积极性和创造性，发挥智力效应，提高其生产业绩。

马斯洛的需求理论，将人的需求分为生理、安全、社交、尊重和自我实现五个层次，他认为只有低层次的需要得到满足后，高层次的需要才有可能成为行为的重要决定因素。在管理人力资本过程中，如果想要较好的激励效果，就要针对激励对象所处的需求层次去满足该层次需求。

赫茨伯格的双因素理论认为影响人类行为的因素分为保健因素和激励因素。公司政策、监督、人际关系、工资等属于保健因素，这些因素恶化会增强人们对工作的不满意，但这些因素很好时也并不会导致积极的态度；成就、赏识等能满足个人自我需求的因素属于激励因素，缺乏时不会导致不满，但存在时却能产生激励作用。因此，股权激励应设置合理的评价指标，使得员工在达到评价目标时产生足够的成就感。

戴维·麦克利兰的成就需要论认为，在生存需求得到满足的前提下，最主要的需求则是成就需要、权利需要和合群需要，成就需要对人的发展起到至关重要的作用。成就需要论更侧重于对高层次管理中被管理者的研究。由于成就需要激励理论的这一特点，它对于公司管理以外的科研管理、干部管理等具有较大的实际意义。

3. 人力资本理论

20世纪60年代，美国经济学家舒尔茨和贝克尔提出人力资本理论，他们认为只将物质资本如厂房、机器等纳入生产要素是远远不够的，还应将人力资本归入生产要素。人力资本是一种体现在人身上的资本，其具体表现为人经过培训教育后拥有的知识、技能及素质的加总。

人力资本作为重要的生产要素，应当对其进行有效管理。人力资本管理的主要任务是根据公司的发展战略，优化人力资源配置，激励员工的积极性和创造性，从而提高生产率、促进公司发展并实现其战略目标。人力资本管理既要考虑公司战略和目标的实现，又要考虑员工个人的发展，而股权激励正提供了这样一种机制，将员工个人发展与公司发展紧密联系在一起，通过赋予人力资本一定的股权，充分调动人力资本的主观能动性，提升其为公司创造价值的能力，促进公司快速发展。

（二）案例背景

2005年12月31日，《上市公司股票期权激励管理办法（试行）》出台，随后，上市公司争先宣告了股权激励计划。据中国上市公司市值管理研究中心发布的《2019年A股市值管理行为年度报告》显示，截至2019年，全年A股股权激励计划总公告数为337个，较2018年、2017年有大幅缩减，总公告数量较2018年下跌17.60%，其中首期公告数量为178个，较2018年减少29.37%，多期公告数量为159个，较2018年增加1.27%。在股权激励市场中，多期股权激励计划公告占比大幅提高，从2018年的38.39%提高到2019年的47.18%，说明股权激励已然进入了"常态化"时代，成为上市公司改善公司治理、提高治理能力的有效手段。用友网络作为ERP乃至工业云行业当之无愧的独角兽，无论是营收规模、研发投入还是市占率都远超竞争对手，放在整个A股计算机板块也是鹤立鸡群。用友网络无论从高端工业软件国产化抑或是公司互联网、工业互联网领域来看都是绝对的状元。自2018年以后，云计算需求全面爆发，国家成立工业互联网专项小组，力推公司上云，而用友云计算业务2017年同比增长250%，与各省经信委签署的"工业云"

战略合作协议将持续落地，是工业云里面当之无愧的龙头。用友网络从 2006 年公布第一次股权激励计划草案，作为试行办法出台后首批实施股权激励的公司之一，已经实施了七次股权激励计划，分别以限制性股票模式，股票期权模式和二者结合的方式对高级管理人员和核心员工进行激励。

三、案例分析要点

（一）需要学员识别的关键问题

（1）委托代理理论产生的原因有哪些？如何应用股权激励有效地解决公司中的委托代理冲突问题？

（2）什么是股权激励？用友网络股权激励采用了什么方式？

（3）用友网络股权激励计划内容都有哪些？

（4）用友网络进行股权激励模式改革的动因是什么？用友网络激励计划还有哪些改进空间？

（二）推荐解决问题的方案及具体措施

1）委托代理理论产生的原因有哪些？如何应用股权激励有效地解决公司中的委托代理冲突问题？

随着商品经济和市场经济的发展，公司组织形式不断发展和变化，出现了个人业主制公司、合伙制公司、公司制公司，现代公司制公司（股份制公司）更能适应市场经济条件下的社会化大生产要求。股份制公司的股东拥有公司所有权，但不参与公司的经营，经营者拥有公司的控制权，对经营活动进行决策和管理，公司表现为所有权和经营权分离。针对这种公司所有权与经营权的分离，委托代理理论是一种强有力的解释。

委托代理就是研究经营者和所有者之间的一种相互关系。现代公司的委托代理关系中主要涉及委托人和代理人，前者指股东，后者指董事和经理，这种公司中的代理问题自科斯提出公司的性质理论以来，一直成为经济学家关注的重要课题。代理理论认为：代理人和委托人是两种不同的人，他们之间存在两个方面的不对称：一是利益的不对称，股东追求的是公司利润和股东权益最大化，而经理作为代理人追求的是个人收入最大化、社会地位、声誉的提高，权力的扩大以及舒适的条件等。二是信息的不对称，委托人了解的信息是有限的，而代理人在掌握信息方面存在明显优势。

有效地解决公司中委托代理冲突问题主要体现在：

（1）充分信息。

公司的内部治理机制在信息充分的条件下即股东对董事会及经理人的行为无所不知的情况下，股东可以清楚地知道经理人的经营能力，据此付酬或预先确定使其利润最大化的某一水平，与经理人签订契约。所以，如果信息充分，不管目标函数是否一致，股东仍可以很好地控制经理人的行为，这种公司治理效率是最高的，其结果会达到帕累托最优状态。解决信息不对称问题理论上讲，关键在于要有一个完全竞争和完备的市场体系，这种市场有以下几个特征：①所有的资源可以自由地流动、转移，公司能自由地进退市场；产品能在不同的公司和产业之间自由地流动；资本所有者可以对经理人这种特殊的劳动资源自由选择。②所有厂商、顾客、资源拥有者都掌握和交易有关的一切信息，这样产品的价格由它的质量和数量决定；股东对经理人的经营能力无所不知。③市场上有大量的买者和卖者公司销售的产品完全一样，即产品具有同一性；产品与公司之间存在着激烈的竞争，经理人不仅面临着经理市场上其他经理人的竞争压力，而且面临着公司内部下级的竞争，这两种竞争使股东能随时解雇和培训经理人。

（2）内部控制。

内部控制是基于经营管理当局与次级管理人和一般员工之间的委托代理关系而产生的。从目标来看，建立有效的公司治理结构是在股东大会、董事会、监事会和经营管理者之间合理配置权限和公平分配利益，明确各自职责，建立有效的激励、监督和制衡机制，实现所有者、管理者和其他利益相关者之间的制衡，其侧重点是实现各相关主体责权利的对等，减少代理成本；内部控制是为公司营运的效率效果、财务报告的可靠性、相关法令的遵循性等目标的达成而提供合理保证的过程，其具体目标可以概括为"兴利"和"除弊"，作用在于衡量和纠正下属人员的活动，以保证事态的发展符合目标和计划的要求，它要求按照目标和计划对工作人员的业绩进行评价，找出偏差之所在，并及时采取措施加以改正，提高公司的经营效率，保证公司预定目标的实现。

（3）激励机制。

解决代理问题重要的是设计一个合理的报酬激励机制，这需要在分散风险和提供激励目标之间权衡，确定报酬契约的构成及相关的比例，建立一个有效的经营者业绩的评价体系，将反映公司过去业绩的会计或财务类指标与反映公司未来的发展潜力的市场价值指标二者结合起来。既能通过会计指标反映经营者是否具有规范的努力经营行为，使公司具有良好的财务状况；又能通过股票价格之类的市场价格说明经营者是否具有长期化行为，使公司具有良好的发展前景与未来发展潜力。

一个典型的收入报酬组合是代表保险因素的固定工资与代表激励作用的变动收入的组合，将股票价格和利润同时写进经理报酬契约，并构建工资、奖金和股票期权的报酬激励体系。如果这种报酬模式是线性的，则可稳定代理人的预期，使其采取一致、有效的行动；若经理收入与公司业绩之间出现非线性关系，业绩评价与实际产出之间的相关关系则是不完全的，这就会增加固定薪金在经理总收入中的比重。

2）什么是股权激励？用友网络股权激励采用了什么方式？

股权激励是指通过经营者获得公司股权的形式，给予公司经营者一定的经济权利，使他们能够以股东的身份参与公司决策、分享利润、承担风险，从而勤勉尽责地为公司的长期发展服务的一种激励方法。简单点来说，就是公司的股东将股权分给管理团队和公司的员工，让管理团队除了薪资之外，还可以获得公司股权所带来的收入，从而激励管理层和员工的干劲。

股权激励模式主要有四种，分别为限制性股票、股票期权、虚拟股票和股票增值权。其中中国上市公司选择最多的方式是限制性股票和股票期权。

（1）限制性股票。

限制性股票是授予符合资格的激励对象一定的股票，股票的来源既可以为定向增发，也可以从二级市场回购。其中限制是在授予后的一定期间内禁售，并且一般需要在解锁期限内，达到公司设定的业绩评价和个人业绩指标，激励对象被授予的限制性股票才能解锁，并正常在二级市场上流通，如果解锁后股票市场价格高于限制性股票授予价格则激励对象立即卖出即可获得相应收益；另外，当公司业绩指标未完成或者个人评价不合格，公司将回购并注销用于股权激励的限制性股票。同时，激励对象也承担着股价下行的风险，若股价跌至授予价格以下，则激励对象将会遭受损失。因此，激励对象会自发为保证股价不发生大幅下降而为公司创造利润。一般来说限制性股票禁售期为1年以上，并且会分期解锁不同比例的股份，只有满足了相应的解锁条件股票才能上市流通。对高新技术公司来说，技术研发产生的业绩时效性较强。在授予限制性股票之前激励对象离职，可以取消其资格；在授予后离职，则可因其不符合解锁条件，对未解锁部分股份回购注销。因此，限制性股票对于高新技术公司来说，是防止技术研发人才流失、保证员工忠诚度的可靠选择，还能充分调动优秀人才的积极性和创造性，培育创新的公司文化，促进公司发展。

（2）股票期权。

股票期权实际上是一种看涨期权。公司授予激励对象股票期权，即给予激励对象一种在未来某个时间段内，按事先约定好的价格购买一定数量的公司股票的权利，通常行权价格低于股票市场价格。对激励对象来说，只有其先履行了一定义务，如努力工作完成业绩评价指标，达到行权条件，才能够行权，一般来说股票期权会在授予日后分几个行权期分别行权。在特定行权期内，如果股票市场价格高于行权价格，激励对象会选择行权，如果股票市场价格低于行权价格，激励对象会选择放弃行权，如果在整个行权期内股价始终低于行权价格，无人行权，则该部分股票期权予以作废。对公司来说，股票期权计划在实施时无资金流出，缓解了公司的资金压力，激励成本较低，同时，激励对象希望股价上涨，且与行权价差越大越好，则会促使他们努力提升业绩。

（3）虚拟股票。

虚拟股票是指公司授予激励对象一定数量虚拟的股票，激励对象只享有其分红权并获得股票增值的收益。与股票期权和限制性股票模式最大的不同是虚拟股票是公司无偿授予给激励对象的，不需要认购，由于股票是虚拟的，激励计划的实施也不影响公司的股本结构，同时，正常股东享有的表决权激励对象也不享有。虚拟股票不能流通，也不能转让和出售，在激励对象离职时自动失效，相对于其他激励模式来说，简单易行，且不会受到证券市场不确定性的影响。至于其激励效果，激励对象因享有分红收益和股票增值收益，会格外关注公司利润和股价情况，并努力工作，为公司创造最大利润。但虚拟股票也存在一定缺点，首先在虚拟股票价格涨幅较大或激励对象对分红的要求较为强烈时，会对公司的现金流产生不利影响，另外，激励对象并不拥有真正的公司股权，对长期激励机制的建立作用较小。

（4）股票增值权。

股票增值权是公司授予激励对象一种根据股票增值情况获得现金或股票的权利。当激励对象达成一定条件，且股票价格涨至预先确定价格之上时，激励对象可以选择就股票增值的部分获取现金或者本公司股票。股票增值权不同于拥有真正的股票，无正常股东所拥有的表决权、分红权、配股权等权利，且不能转让。股票增值权与虚拟股票类似，但也有所差异。首先，虚拟股票享有分红权，而股票增值权无分红权，其次，股票增值权有效期通常较长，为6~10年，可以建立较好的长期激励机制。股票增值权的优点是简便、容易操作，但完全依赖股价对员工进行激励，会受到资本市场的系统性风险影响，且对市场有效性也有一定要求，可能公司业绩情况与股价表现脱钩。另外，以现金支付的股票增值权会对公司产生现金压力，这种激励模式更适用于有效市场且公司现金流压力不大的情形。

3）用友网络股权激励计划内容都有哪些？

股权激励计划是由多种要素构成的，根据前文文献综述中国内外学者的研究结论，需要在合法合规的框架下，合理设计各个要素，使股权激励更好地达到实施目的。表10-9结合《上市公司股权激励管理办法》（2018年8月15日修订版），针对限制性股票和股票期权两种中国上市公司通常采用的股权激励模式，从激励对象、股票来源、有效期等多方面对股权激励计划内容的设计原则进行阐述。

表10-9 限制性股票与股票期权比较表

	限制性股票	股票期权
激励对象	董事、高管、核心技术或业务人员，以及对公司经营业绩和未来发展有直接影响的其他员工，但不应包括独立董事和监事（外籍员工可以成为激励对象）	
股票来源	（一）向激励对象发行股份； （二）回购本公司股份； （三）法律、行政法规允许的其他方式	
有效期	从首次授予权益日起不得超过10年	
等待期	授予日与首次解除限售/可行权日之间的间隔不得少于12个月	
授予数量	总数累计不得超过公司股本总额的10%；任一激励对象累计不得超过公司股本总额的1%；预留比例不得超过拟授予权益数量的20%	
授予/行权条件	业绩评价指标应当包括公司业绩指标和个人业绩指标。 （1）公司业绩：可以公司历史业绩或同行业可比公司相关指标作为公司业绩指标对照依据，可包括净资产收益率、每股收益、每股分红等能够反映股东回报和公司价值创造的综合性指标，以及净利润增长率、主营业务收入增长率等能够反映公司盈利能力和市场价值的成长性指标；以同行业可比公司相关指标作为对照依据的，选取的对照公司不少于3家。 （2）个人业绩：上市公司自行确定	
授予/行权价格	（1）授予价格不得低于股票票面金额，且原则上不得低于下列价格较高者： ①股权激励计划草案公布前1个交易日的公司股票交易均价的50%； ②股权激励计划草案公布前20个交易日、60个交易日或者120个交易日的公司股票交易均价之一的50% （2）采用其他方法确定限制性股票授予价格的，应当在股权激励计划中对定价依据及定价方式作出说明	（1）行权价格不得低于股票票面金额，且原则上不得低于下列价格较高者： ①股权激励计划草案公布前1个交易日的公司股票交易均价； ②股权激励计划草案公布前20个交易日、60个交易日或者120个交易日的公司股票交易均价之一
解限/行权安排	分期解除限售/行权，每期时限不得少于12个月，各期解除限售/可行权的比例不得超过激励对象获授限制性股票总额的50%	

4）用友网络进行股权激励模式改革的动因是什么？用友网络激励计划还有哪些改进空间？

用友网络股权激励模式的选择和股票来源的确定是经过深思熟虑的，结合几次激励的实施背景，可以看出是与公司的经营状况和发展战略相匹配的。

2006年第一次股权激励计划推出时，用友网络对未来三年即2007—2009年的发展规划是加强管理软件业务发展，力争亚洲最大、世界前五；培植移动商务业务，目标是世界第一。这意味着公司需要大量资金投入，管理层预计为完成2007年度工作目标的常规经营资金需求约为人民币9亿元，大部分来自自有资金，如果实施特别经营计划，则不能仅靠自有资金，还需要进行融资。根据用友网络2006年年报，公司2006年年底的现金及现金等价物余额为7.13亿元，且从图10-9中可以看出公司从2001年上市至2006年年底，均保持低负债水平，资产负债率始终在20%以下。同时，国际厂商加大在中国市场的投入力度，给公司带来了更大的人才和市场竞争。因此在公司需要扩张业务而存在资金缺口的情况下，选择向激励对象定向增发授予限制性股票的激励方式，既在维持现有负债水平的同时带来了一定量的现金流入，补充资金，又起到了稳定高管和核心人才、增强核心竞争力的效果。

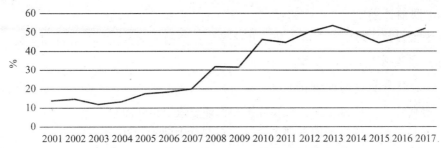

图10-9 用友网络2001—2017年资产负债率

2010年公司制定第二次股权激励计划时，用友网络所在的服务与产品竞争市场已趋于饱和，行业处于成熟期。公司通过"十二五"规划对经济发展方式转变及发展战略新兴产业的明确洞察，得出云计算/移动应用将成为新一轮的产业革新浪潮，管理层认为2011年不仅是"十二五"规划开局年和公司云服务应用元年，更是公司第二次转型的关键年。因此，公司计划加快国内投资和海外业务发展，控局管理软件市场，并迅速占领云服务市场，推进用友软件+用友云服务。要完成收购兼并、占位云服务市场和扩张业务的目标，势必需要大量投入。但在2010年公司已经改变低负债经营策略，开始进行债务融资，开展3.5个亿的银行借款满足经营资金需求，2010年年底公司的资产负债率上升至46.16%。此时，用友网络的资金来源有更多选择。一般来说，股票期权的行权价格要高于限制性股票的授予价格，采取股票期权激励模式可以在未来激励对象行权时获得更多的资金，而且股票期权更好地将激励对象的利益和公司股价的表现联系在一起，更能激励员工努力工作，改善公司业绩从而提升股价。

2013年用友网络公布第三次股权激励计划，同时也推出了新三年即2014—2016年的发展规划，明确了三个方面的目标：一是软件业务结构和模式的升级；二是云平台、云应用服务业务和培育；三是盈利、收入的提升。公司提出向互联网进军战略并加大对云平台和云服务业务的投入，对资金的需求量很大。但市场低迷，第二次股权激励计划授予的股票期权无人行权，2012年的定向增发失败，未获得认购资金流入，同时，2012年年底公司的资产负债率达到历史新高50.08%，短期借款为10.1亿，且在2013年9月需要偿还1

亿元的长期借款，公司资金较为紧张。因此，用友网络制定了股票期权与限制性股票结合的激励计划。授予的限制性股票既能给公司带来现金流入，补充流动资金，也避免了在市场整体低迷时无人行权的尴尬处境。另外，如前所述，相对来说股票期权激励效果更好。因此股票期权与限制性股票结合的激励模式更能激励员工的积极性和创造性。

2017年用友网络第四次股权激励计划实施。公司2016年下半年发布实施了用友3.0战略，用友云服务发展进入新阶段，公司将围绕聚合用友云、软件效益化及互联网金融三大目标深化融合，为促进核心业务发展，将加强战略并购与投资，完成专项融资计划；积极对接资本市场，做好投资者关系和市值管理。与第三次股权激励计划类似，第四次计划也选择了股票期权与限制性股票结合的激励方式，但不同的是授予限制性股票的标的来源为从二级市场回购，这是因为在2017年股权激励计划制订时，公司股价处于近三年来的历史低位，回购股票进行股权激励有助于增强投资者信心。

四、教学组织方式

（一）课前计划

发放案例材料，提出启发思考题，并请学员在课前上网查找相关资料和文献。
目标：完成阅读并进行思考。

（二）课时分配（时间安排）

（1）教师引言，明确主题，告知分析和作业要求（5分钟）。
（2）学员分组讨论并于课下制作PPT，在课堂上演示（30分钟）。
（3）同学们讨论，并对疑惑处进行提问，小组讨论回答（每组10~15分钟）。
（4）同学们与教师分别进行归纳总结（10~15分钟）。

第六章 业绩评价之成本模式

案例11 中国一汽：数字化转型业绩评价实现降成本和提业绩

专业领域： 会计专硕（MPAcc）、审计硕士（MAud）、工商管理硕士（MBA）、会计、审计、财务管理等本科专业

适用课程： "公司业绩评价与激励机制""大数据与财务决策""企业数字化转型理论与实务"

选用课程： "成本与管理会计""绩效考核与薪酬激励""业绩考核理论与实务"

编写目的： 本案例旨在通过介绍中国一汽有限公司实施数字化转型的动因及转型路径，促使学员了解公司数字化转型对成本控制与成本节约的作用。引导学员对中国一汽实施数字化转型以来的公司业绩进行评价，如何实现成本控制与降本增效，分析其转型产生的降成本效果，探讨数字化转型给公司成本业绩评价模型带来的变化。

知 识 点： 业绩评价、成本模式、预算管理、成本控制

关 键 词： 成本管理；中国一汽；数字化转型；业绩评价

中文摘要： 中国正处于经济结构转型升级与新一轮科技革命和产业变革突破爆发的历史交汇期。经济发展依靠资源激励的老路既行不通也走不远，亟待开辟新的发展路径，新旧动能接续转换客观需求也日趋迫切。以数字技术为代表的创新多领域、群体性加速突破，实体经济利用数字经济广度深度不断扩展，新模式新业态持续涌现，产业组织形态和实体经济形态不断重塑，数字经济方兴未艾，发展大幕开启。对汽车业而言，在全行业数字化转型升级的当下，变革势在必行。汽车行业进入了深度调整期，以顺应不断变化的消费趋势和市场环境。

英文摘要： At present, China is at the historical intersection of the transformation and upgrading of economic structure and a new round of scientific and technological revolution and breakthrough in industrial reform. The old way of economic development driven by resources is neither feasible nor far away, and it is urgent to open up a new development path. With digital technology as the representative of innovation in multiple fields and accelerated breakthroughs in groups, the real economy continues to expand the breadth and depth of the use of digital economy, new models and new types of business continue to emerge, industrial organization form and real economy form continue to reshape, the digital economy is in the ascendant, and the development curtain begins. For the automobile industry, the digital transformation and upgrading of the whole industry is imperative. The automobile industry has entered a period of deep adjustment to adapt to the changing consumption trend and market environment.

案例正文

中国第一汽车集团前身是1953年成立的中国第一汽车制造厂，总部位于长春市，涉及研发、生产、销售、物流、服务、汽车零部件、金融服务、保险等。通过与德国大众、奥迪、日本丰田、马自达等国际公司合资，拥有红旗、奔腾、解放等品牌，下辖职能部门子公司、子集团26个，上市公司4家，资产总额4 340亿元。为创新发展数字化工业服务模式，集团以工业互联网为核心，贯彻全面深化改革，进行转型升级、体系重构与能力提升，目标是成为世界一流数字化汽车服务公司。

以新一代数字技术为代表的第四次工业革命，为全球汽车产业带来了百年未有之变局。"汽车正在由单一交通工具向智能移动服务生活空间转变，产品体验正在由功能性向专属性、生态性、文明性等多极性转变，车企正在由传统汽车制造商向集成产品、内容服务和数据的移动出行服务商转变。"中国一汽董事长、党委书记徐留平对汽车产业的发展趋势有着清晰的预判。与此同时，在众多汽车公司内部，原有的商业模式、业务模式、生产方式正在被颠覆和重塑，致力于成为世界一流移动出行服务公司的中国一汽，也将业务重构下的数字化建设作为实现战略转型的核心要素。"我们要通过全面数字化建设，打造高效、精益、协同的公司运营，提升效率，激励创新，推动中国一汽实现高质量发展。"数字化部副总经理郭永锋这样阐释中国一汽数字化转型的实践与意义。

一、中国一汽集智创新实现降本减费和企业高质量发展

中国一汽深入落实国务院国资委关于中央企业提质增效行动的部署要求，坚持"一切成本费用皆可降"的理念，大力实施"降本减费工程"，成本费用管理水平大幅提升，为企业加快高质量发展提供了坚实支撑。

1. 着力顶层设计，以组织机制建设提升管理效率

中国一汽建立横联纵通的降本减费管理组织。横向以研产供销为主线，搭建了领域级的降本减费专业组；纵向以单元业务为主线，搭建了以各单位为主导的降本减费管理组，整个管理组织各司其职、高效运转。同时，建立以荣誉激励为主的激励机制，多维度评选先进及优秀典型，充分激发员工降本减费积极性。

2. 着力管理协同，以目标强力牵引提升管理效果

中国一汽持续深化提质增效、预算管理、对标管理、降本减费等工作的深度协同，建

立了涵盖市场开辟、资源利用、新业务布局、精益生产、敏捷研发、高效采购和卓越管理等 7 大领域的目标管理模式，充分发挥目标的拉动作用。同时，连续三年开展全成本对标工作，建立了 90 个对标组，搭建穿透 3 大业务领域、融合 22 项的业财指标对标框架，充分借鉴行业先进单位的经验做法，有力提升了总部单位及分子公司识别差距、改善业务的能力和效果。

3. 着力过程管控，以重点项目实施解决管理难题

中国一汽坚持价值导向、用户导向、问题导向，建立"TOP C"重点成本项目管理机制，充分发挥重大项目创新引领作用，2019 年以来，已实施集团级项目 98 项，实现成本改善 143.6 亿元。同时，结合自身实际，在借鉴行业最佳实践基础上，创新总结"降本十二法"，充分赋能全员、全要素、全过程、全价值链的关键成本管控环节，科学高效推进降本减费项目落地实施。

4. 着力知识管理，以经验推广实现管理成效倍增

中国一汽围绕降本减费知识管理搭建了数字化共享平台，知识上传、审批、推广、立项、跟踪等全流程在线闭环管理，实现降本成果和经验资产化、标准化、共享化、数字化，目前已有 1 952 项降本知识在线推广。同时，创新降本减费观摩机制，通过现场展示和云上展厅分享相结合的形式，打通"业财技"深度融合渠道，不断挖掘降本减费创新点。

二、中国一汽数字化转型顺应了市场环境

数字化转型是以提高公司业绩为目标、以数据融合为纽带、以财务共享与大智移云区物新技术融合为手段、以业务融合为支撑，通过转换、融合、重构提升公司的数字化生存能力、业务数字化创新能力，从而适应新的环境要求，最终实现商业模式革新的过程。

（一）外部环境

在汽车"新四化"蓬勃发展、全行业数字化转型升级的当下，汽车产业进入了深度调整期，顺应不断变化的消费趋势和市场环境，整个汽车行业的变革势在必行。直面日益残酷的竞争态势，作为行业领军者的中国一汽登高望远，以全局的眼光和前瞻的视角，凭借卓越的体系能力，早谋早动，在转型升级的变革中自我修炼、自我进阶，表现出一个"优等生"必备的知识和应有的努力。

（二）内部环境

当赋能、共生、协同成为数字化时代组织管理的重要组成，公司如何实现内外部的协同一体，是包括中国一汽在内的众多公司亟须解决的课题。在中国一汽的传统办公平台中，缺乏流程贯通、操作内容烦琐、重复认证多发等问题，是高效运营的痛点。集团研发创新能力差、治理难度大、商业模式陈旧、信息化模式不一、管理体系混乱等问题，也制约着集团持续、健康、高效地发展。因此，数字化转型势在必行。只有通过中国信息技术优势产业获取比较优势，通过转型晋级进行结构调整、动态组合才能突破现有困境，谋求新的发展点。

三、中国一汽多路径转型激励研发创新

（一）组织机构优化

为配合集团的数字化转型，中国一汽参照两化融合管理体系的要求进行系统落实，在战略层面进行组织结构调整，使公司组织从垂直层级结构向网络化的扁平化结构转变。主要涉及三个方面，一是规范化，通过数字化业务流程重构集团组织结构，确保机构精简、责权利清晰；二是体系化，组建委员会及重划各职能部、事业部、资源中心、子集团，完成组织管理体系变更；三是聚合化，持续整合研发、采购等部门，由集团负责实现产品开发、售后统一管理。集团加强推荐降本增效，大力缩减管理层级。重组 IT 与生产技术人员组成数字化项目组，着力提高数据化运营水平。

（二）业务流程变革

在数字化转型历程中，中国一汽将业务流程激励转变为数据激励，目的是识别和消除非价值创造活动。通过数据价值激励流程的识别、设计和部署，使数据业务流程激励组织，进行数字化管理，而原有条块分割、业务流程环节冗长、部门壁垒等问题，沿着业务流程数字化思路得以解决。通过公司管理体系的运用和调整，实现业务结构变革。通过价值链的数据整合，各项业务数据流程得以融合；通过跨越不同职能、部门和层级，识别业务流程中的关键环节，并对其进行重新规划和优化；完成理顺业务流程 38 059 个，修正管理数据 498 339 个，统一规划流程图。

通过公司内部打通"公司资源（ERP）—制造执行系统（MES）—自动控制（PLC）—设备（传感器）"各环节，实现基于价值链的数字化纵向集成；基于工业互联网产业链形成"用户需求订单—产品设计—原料采购—个性化制造—物流配送—客户服务"的数字化横向集成；横向和纵向的数字化集成，最终实现了端到端跨界融合。

通过数据价值激励流程的识别、设计和部署，使数据业务流程激励组织，进行数字化管理。通过公司管理体系的运用和调整，实现业务结构变革。通过价值链的数据整合，各项业务数据流程得以融合；通过跨越不同职能、部门和层级，识别业务流程中的关键环节，并对其进行重新规划和优化。通过公司内部打通"公司资源（ERP）—制造执行系统（MES）—自动控制（PLC）—设备（传感器）"各环节，实现基于价值链的数字化纵向集成；基于工业互联网产业链形成"用户需求订单—产品设计—原料采购—个性化制造—物流配送—客户服务"的数字化横向集成；横向和纵向的数字化集成，最终实现了端到端跨界融合。

（三）技术能力革新

第一阶段，主要涉及基础建设与单项信息化覆盖。在完成车间的生产、制造的标准化、自动化、模块化的基础上，2014 年集团进行新一轮数字化改造工程。通过建立研发、生产、质保、物流、财务、营销、采购、人力资源等业务系统，实现了预算、资产、成本、采购、研发、生成、销售、计划、物料、品控等模块化统一管理，从而基本实现单项业务的数字化处理。

第二阶段，主要涉及综合信息化应用平台建设。2015 年，启动以集团级 ERP 管理平台为核心的信息化平台建设。在管控层形成了产品研发的管控平台、生产准备控制平台、

生产控制平台、营销控制平台、物流控制平台、质量控制平台、财物管控平台、人力资源管控平台、项目管理平台、主数据管理平台、综合业务平台 11 大平台。对全集团信息化资源管理集中，以数据为核心，根据各运营层需要，运营层构建了包含产品数据管理（PDM）、工艺管理（CAPP）、供应链管理（SCM）、制造执行管理（MES）、人力资源管（HR）、综合业务管理（OA）、经销商管理（DMS）、营销管理（TDS）、客户关系管理（CRM）等九大运营管理系统；实现了信息流、资金流、物资流的三流融合，加强信息化系统整合、协同，打破了信息孤岛；实现研发、设计、制造、产供销集成、管理运营决策集成，研、产、供、销、服与预算资金价值链、供应链信息化经营管理核心的全面数字化处理。

第三阶段，主要涉及数字化工厂改造建设。2018 年，对生产线、车间、工厂进行数字化生产改造，实现全流程、数字化装配协同模式。创建业内首个数字化车间——天翼云（HPC）集群，包括数字化设计平台、数字化制造平台、数字化服务平台。投产后，使厂区整装全流程班组人数从 31 人整合至 8 人，而产品制造周期由原来 13 天缩短至仅 3 天；使运营成本下降了 23%，而生产效率却提升至 46.4%，同时研发周期缩短至 42.5%。中国一汽运用沈阳新松国产工业机器人与德国机器人共建的汽车焊接生产线于 2013 年投产。作为奥迪全球最先进的工厂之一，中国一汽"全数字化"新奥迪总装车间集合了世界最先进的汽车生产设备和制造工艺，实现了对规划、生产、物流和质保的全数字化管理。

数字化平台是中国一汽产品服务的能力承载和技术承载。业务数据与生产数据，数据资源是转型的重要载体。作为与互联网公司竞争数据资源整合的能力和入口，通过此平台形成数字化能力和资源的共享，实现数字化资产变现、数据的聚合。2018 年集团启动数字化新型能力建设，形成了商业智能（BI）、全面预算信息化平台（BPM）、集团资源共享与协同平台（OA）、集团人力资源信息平台（GHR）。在决策层打造数字化能力，在数字化技术推动下实现技术与管理——研、产、供、销、服的全方位能力整合；集团在管控层，整合包括 PDM、ERP、CRM 等平台各子系统，实现了内部价值链协同。工业互联网建设方面，集团在运营层，通过互联网价值链协同，实现集团与上下游公司之间的供应链、产业链的全链接，构成了全球研发协同制造体系。为适应用户消费需求日益个性化的趋势，推动产品结构性升级，打通研发、销售、采购、制造、物流、服务全流程数字化节点，以全国销售网络完成大规模体系定制；以用户需求激励公司生产，建设精准满足个性化需求的售后服务体系。

通过集团下属集团及公司之间的数字化制造技术、数字化平台、工业互联网的建设，实现了从基础建设，单项应用、综合全面管控、智能化的协同创新，最终完成了向"智能+"数字化工业服务模式转型的历史性飞跃。

（四）商业模式转变

技术与商业模式的深度融合实现了商业模式的变革。中国一汽认为优秀的商业模式和极致的业务流程是转型的关键，数据资产是重要资源。通过数字化新型能力转型方案，使公司实现了在线数字化设计、在线数字化营销、数字化工业产品与服务，实现了商业模式的革新。

1. 在线数字化设计

集团研发设计全过程，通过专网与市场、终端用户进行对接，形成个性化订单后，购车流程完成自动配置。通过互联网，数字化研发设计贴近客户个性需求和消费体验。

例如，中国一汽—大众成立了 OTD 项目（奥迪个性定制项目），在该项目的支撑下，2019 年大众、奥迪品牌共 9 款车型实现了个性化定制，未来还将在全品牌范围内全面铺开。这不仅有助于中国一汽—大众更好地支持经销商针对市场需求提出的批量订单，提高供应链柔性，打通从销售到生产再到交付的全流程业务；进一步响应新的市场变化，增加电商平台销售渠道，满足更多个性化配置要求，吸引新生代消费者，提高品牌竞争力。从长远角度来看，也有助于全面提升品牌形象，强化体系能力，打通端到端业务流程，实现客户全生命周期管理，提升用户体验及客户运营能力，助力透明化数据支撑产销决策，从而提升中国一汽—大众的市场掌控能力。

2. 在线数字化营销

集团主要通过线上、线下两种营销方式打造数字化营销，并用数字化方式拓展营销渠道，包括目标客户营销、大客户导向营销、双向互动营销、全球营销、终端客户等，同时通过数字化订单系统，从 4S 门店销售转为网络数字化展厅，最终实现了数字化的订单与线上营销+线下实体销售的客户数字化营销体系。

营销体系频频出招，让"数字化"的独特优势更加凸显出来，例如线上 4S 展厅、智能看车、在线下单、零接触交车等方式，为用户提供健康、优质的购车体验。奥迪品牌快速推出一系列调整措施，充分利用数字化沟通平台，加大线上培训及经销商管理培训，以直播、微课、短视频等方式展开数字化支持，为经销商伙伴推出运营指导。大众品牌在销售公司的一楼大厅开创性地建起直播中心，设备和布置都很前卫，线上直播做得风生水起。

3. 数字化工业产品与服务

集团从满足客户需求出发，打造智能化核心产品，主要包括智能交互、智能网联、AI 智能（自动）驾驶三大领域。为实现提供数字化工业产品与服务的目标，进行了从批量产品向个性定制产品的转变。实现了从传统产品向"智能化+新能源"转型，向"数字化产品和服务+出行解决方案"转型。

例如，中国一汽的红旗公司于 2019 年 12 月 13 日上线的红旗数字化工厂系统，成功打通了产品开发流程和订单交付流程，系统中起主要作用的"3+1"，是由工艺主线、供应链主线、质量问题闭环三大闭环及数字化制造执行系统构成的制造运营模式。其中，"工艺—制造—设备"数字化工艺闭环固化和优化了跨部门协作流程，搭建起连接设计到制造的数字化桥梁，帮助公司实现了向数字化产品和服务的转型，而"订单—制造—设备"物流闭环打通了供应链的全过程，实现了多品种、小批量供给及拉动式精益生产。

其与德国大众公司的合资品牌中国一汽—大众在长春和成都，推出了共享的出行服务品牌——摩捷出行。摩捷出行在行业中首创自由取还+网点取还的模式，也是行业中第一家通过手机 App 实现车辆解锁、启动等全部操作的出行平台，全部使用大众品牌车辆。摩捷出行联合国内知名云计算、车联网、信息通信、汽车销售及维修、保险、酒店、景区等产业上下游公司，围绕移动出行服务和产品，开发新技术和新产品，在国内率先使用人脸识别安防技术、无钥匙及云控车方案、数据双备份冗余系统等，为客户提供了新的出行解决方案。

四、数字化转型全方位赋能助力降低成本

以高业绩与低成本为目标,以分工、协作、流程化、标准化为手段的公司管控是工业时代的通用管理理念,越来越难以满足在 VUCA 市场环境下公司充分发挥员工能动性、灵活快速精准响应乃至引导市场的管理需求。赋能是数字化时代的公司管理目标,其基本理念是为了追求共同利益而赋能、授权,给予他人更多参与决策的权力和能力,使他人能够更多更好更快捷地创造可归因的增量价值,并通过内部赋能进而达成外部赋能。

中国一汽实施管理创新与技术创新,取得了突出的业绩。在降低成本方面,实现了管理创新,通过数字化的管理去提升管理效能,把大量的人员节约出来,同时使整体的管理能够打通。以财务体系为例,中国一汽—大众五地六厂的布局,之前财务组织机构是非常庞大的,信息也是散落在各个不同的部门,现在通过数字化的"财务共享服务中心"这样一个平台,实现了全公司的信息共享,也实现了各部门之间的协同以及跨部门的协作。最直观的效果就是实现财务共享之后,出纳、会计都不需要了,各个工厂的财务科都取消了,所有的报销都不用见面,节约了大量的人力。通过数字化转型建立了财务共享服务中心之后,把整体的效率和人的潜能挖掘出来,减了 20 多人,如此就倒逼着组织机构进行变革,这在以前都是很难想象的。对那些之前更多的是做基础性工作的财务人员来说,也要进行业务的转型,把工作重心转移到做更多的分析、洞察的工作,花更多的时间去进行研究性的工作。

财务共享与大智移云区物新技术上的创新也为公司降低成本做出了贡献。数字化带来的最为直观的转变是"缩短研发周期,提升研发效率。"这样的转变背后,数字孪生技术功不可没。目前,在中国一汽,基于产品数据管理系统、产品仿真平台,3D 模型的协同设计、DMU 及评审、自动驾驶场景验证、产品 AR 展示等应用场景已建成在用。全三维数据共享与多专业间协同设计、审查,可以以虚带实,实现多阶段产品设计需求、试装分析、产品功能确认、团队评审,减少产品生产前物理样车数量,进而有效降低产品设计成本。面向性能验证的 Digital Twins 是缩短研发周期方面的绝佳例证。这一方案可以为虚拟仿真验证团队构建精确的综合仿真模型来了解实际的产品性能,并进行持续的优化与创新,其快速"假设"分析,可以助力设计人员提前了解产品特性,避免设计浪费,缩短产品上市周期。过去开发一辆汽车,需要做 30 次碰撞试验,今天只需要做一次,明天可能一次都不需要了。过去要碰撞、再设计、再制造、再设计,反复迭代周期很长。今天,人们可以在虚拟世界仿真。

自中国一汽数字化转型实施以来,集团净利润、总资本以及 EVA 的变动情况如表 11-1 所示:

表 11-1 中国一汽主要业绩指标变动表

项目	2018 年	2019 年	2020 年
净利润/亿元	307.60	317.34	334.74
净利润增长率/%	—	3.16	5.49
总资本/亿元	4 585.94	4 900.63	4 889.41
EVA	309.47	302.92	341.03

数据来源:中国一汽年报整理所得

在业务重构的基础上，一套符合当前车企转型需求、可操作可落地的数字化平台架构和财务共享与大智移云区物新技术体系已在中国一汽成功搭建。不过，以"数字激励美妙出行"为愿景的中国一汽却不会停下探索的脚步。"我们将以中台为核心，以数据为引擎，实现核心业务的数字化、价值化、创新化，支持公司运营'实时在线、及时分析、智能管理'，为客户创造极致体验的产品和服务。"数字化部副总经理郭永锋这样说。

五、问题思考

（1）什么是数字化转型？中国一汽实现降成本的着力点有哪些？

（2）中国一汽实行数字化转型，降成本、增业绩的动机是什么？

（3）中国一汽在实行数字化转型的过程中，在哪些业绩评价的成本模式方面进行了变革？

（4）中国一汽实施转型后的成本模式评价的业绩结果如何？

六、参考资料

［1］杨伊静. 打造包容性数字经济模式推动中国经济高质量发展——中国信通院发布《中国数字经济发展白皮书（2020年）》［J］. 中国科技产业，2020（8）：5-7.

［2］尹夏楠，詹细明，唐少清. 制造企业数字化转型对财务绩效的影响机理［J］. 中国流通经济，2022，36（7）：96-106.

［3］李斌. 中国大型汽车制造企业数字化转型路径研究［D］. 吉林大学，2020.

［4］于春燕. 一汽—大众数字化转型：一汽—大众的自我修炼［J］. 汽车与驾驶维修（汽车版），2020（9）：32-35.

［5］李元珍，吕德文. 干部数字化考核：组织内部激励创新路径［J］. 理论与改革，2022（2）：99-111+150.

案例使用说明书

一、案例需要解决的关键问题

本案例要实现的教学目标在于：通过介绍中国一汽有限公司实施数字化转型的动因及转型路径，促使学员了解公司数字化转型的基本背景知识。在此基础上，引导学员对中国一汽实施数字化转型以来的公司业绩进行评价，如何实现成本控制与降本增效，分析其转型产生降成本效果，探讨数字化转型给公司成本业绩评价模型带来的变化。

二、案例讨论的准备工作

（一）理论背景

1. 组织变革理论

组织变革主要是培养成员的思想意识，使他们能够适应新的组织模式，并针对组织以及与其相关的其他组织进行优化。公司组织变革对公司的发展影响深远，组织结构的不断完善为公司的稳定健康发展奠定基础，同时公司的发展又促进组织的优化。因此，组织变革和公司发展相辅相成，公司要加强对组织变革的关注。

2. 流程再造理论

数字化转型所需的核心能力"统一的数据及流程",需要一种创新的架构设计方法,这种方法有别于传统的业务流程管理方法,是将数据与流程统一的方法,赋予数据信息在整个业务架构中更大的设计权重,从而通过数据信息重构业务流程。本教学案例中的公司数字化转型其实就是流程的再造,它无法通过单纯的技术或者业务来完成,需要组织机制的保障。绝不是可以由 IT 部门单独领导完成或者由松散的业务部门和 IT 的虚拟团队完成。流程的再造会对当前职能组织的职权重新分配甚至会导致某些职能单元的消亡,从而引起组织变革。

3. 经济增加值理论

根据 EVA 的创立者美国纽约 Stern Stewart 咨询公司的解释,EVA 表示的是一个公司扣除资本成本后的资本收益。EVA 的基本理念可以阐释为:一个公司只有在其资本收益超过为获取该收益所投入资本的全部成本时才能为公司的股东带来价值。考虑资本成本特别是权益资本的成本是 EVA 的明显特征,EVA 不仅是一种有效的公司业绩度量指标,还是一个公司全面管理的架构,是经理人和员工薪酬的激励机制,是战略评价、资金运用、兼并或出售定价的基础。

(二)案例背景

当前,中国正处于经济结构转型升级与新一轮科技革命和产业变革突破爆发的历史交汇期。经济发展依靠资源激励的老路既行不通也走不远,亟待开辟新的发展路径,新旧动能接续转换客观需求也日趋迫切。以数字财务共享与大智移云区物新技术为代表的创新多领域、群体性加速突破,实体经济利用数字经济的广度深度不断扩展,新模式新业态持续涌现,经济成本大幅降低、效率显著提升,产业组织形态和实体经济形态不断重塑,数字经济方兴未艾,发展大幕开启。

对汽车业而言,在全行业数字化转型升级的当下,变革势在必行。汽车行业进入了深度调整期,以顺应不断变化的消费趋势和市场环境。中国一汽作为"共和国长子",是中国汽车行业中最具实力的汽车集团之一。作为行业领军者的中国一汽登高望远,以全局的眼光和前瞻的视角,凭借卓越的体系能力,早谋早动,在转型升级的变革中自我修炼,自我进阶,表现出一个"优等生"必备的知识和应有的努力。

三、案例分析要点

(一)需要学员识别的关键问题

(1)什么是数字化转型?中国一汽实现降成本的着力点有哪些?
(2)中国一汽实行数字化转型降成本、增业绩的动机是什么?
(3)中国一汽在实行数字化转型的过程中,在哪些业绩评价的成本模式方面进行了变革?
(4)中国一汽实施转型后的成本模式评价的业绩结果如何?

(二)推荐解决问题的方案及具体措施

1)什么是数字化转型?中国一汽实现降成本的着力点有哪些?

数字化转型是以提高公司业绩为目标、以数据融合为纽带、以财务共享与大智移云区物新技术融合为手段、以业务融合为支撑,通过转换、融合、重构提升公司的数字化生存能力、业务数字化创新能力,从而适应新的环境要求,最终实现商业模式革新的过程。

2)中国一汽实行数字化转型降成本、增业绩的动机是什么?

(1)外部动因。

在汽车"新四化"蓬勃发展、全行业数字化转型升级的当下,汽车产业进入了深度调整期,顺应不断变化的消费趋势和市场环境,整个汽车行业的变革势在必行。直面日益残酷的竞争态势,作为行业领军者的中国一汽登高望远,以全局的眼光和前瞻的视角,凭借卓越的体系能力,早谋早动,在转型升级的变革中自我修炼,自我进阶,表现出一个"优等生"必备的知识和应有的努力。

(2)内部动因。

当赋能、共生、协同成为数字化时代组织管理的重要组成时,公司如何实现内外部的协同一体,是包括中国一汽在内的众多公司急需解决的课题。在中国一汽的传统办公平台中,缺乏流程贯通、操作内容烦琐、重复认证等问题,是高效运营的痛点。集团研发创新能力差、治理难度大、商业模式陈旧、信息化模式不一、管理体系混乱等问题,也制约着集团持续、健康、高效地发展。因此,数字化转型势在必行。只有通过中国信息技术优势产业获取比较优势,通过转型晋级进行结构调整、动态组合才能突破现有困境,谋求新的发展点。

3)中国一汽在实行数字化转型的过程中,在哪些业绩评价的成本模式方面进行了变革?

(1)为配合集团的数字化转型,中国一汽参照两化融合管理体系的要求进行系统落实,在战略层面进行组织结构调整,使公司组织从垂直层级结构向网络化的扁平化结构转变。主要涉及三个方面,一是规范化,通过数字化业务流程重构集团组织结构,确保机构精简、责权利清晰;二是体系化,组建委员会及重划各职能部、事业部、资源中心、子集团完成组织管理体系变更;三是聚合化,持续整合研发、采购等部门,由集团负责实现产品开发、售后统一管理。集团加强推荐降本增效,大力缩减管理层级。重组IT与生产技术人员组成数字化项目组,着力提高数据化运营水平。

(2)业务流程变革。

在数字化转型历程中,中国一汽将业务流程激励转变为数据激励,目的是识别和消除非价值创造活动。通过数据价值激励流程的识别、设计和部署,使数据业务流程激励组织,进行数字化管理。而原有条块分割、业务流程环节冗长、部门壁垒等问题,可沿着业务流程数字化思路得以解决。通过公司管理体系的运用和调整,实现业务结构变革。通过价值链的数据整合,各项业务数据流程得以融合;通过跨越不同职能、部门和层级,识别业务流程中的关键环节,并对其进行重新规划和优化;完成理顺业务流程38 059个,修正管理数据498 339个,统一规划流程图。

通过公司内部打通"公司资源(ERP)—制造执行系统(MES)—自动控制(PLC)—设备(传感器)"各环节,实现基于价值链的数字化纵向集成;基于工业互联网产业链形成"用户需求订单—产品设计—原料采购—个性化制造—物流配送—客户服务"的数字化横向集成;横向和纵向的数字化集成,最终实现了端到端跨界融合。

通过数据价值激励流程的识别、设计和部署,使数据业务流程激励组织,进行数字化管理。通过公司管理体系的运用和调整,实现业务结构变革。通过价值链的数据整合、各项业务数据流程得以融合;通过跨越不同职能、部门和层级,识别业务流程中的关键环节,并对其进行重新规划和优化。通过公司内部打通"公司资源(ERP)—制造执行系统(MES)—自动控制(PLC)—设备(传感器)"各环节,实现基于价值链的数字化纵向集成;基于工业互联网产业链形成"用户需求订单—产品设计—原料采购—个性化制造—物流配送—客户服务"的数字化横向集成;横向和纵向的数字化集成,最终实现了端到端跨界融合。

(3)技术能力革新。

第一阶段,主要涉及基础建设与单项信息化覆盖。在完成车间的生产、制造的标准化、自动化、模块化的基础上,2014年集团进行新一轮数字化改造工程。第二阶段,主要涉及综合信息化应用平台建设。2015年,启动以集团级ERP管理平台为核心的信息化平台建设。第三阶段,主要涉及数字化工厂改造建设。2018年,对生产线、车间、工厂进行数字化生产改造,实现全流程、数字化装配协同模式。

(4)商业模式转变。

技术与商业模式的深度融合实现了商业模式的变革。中国一汽认为优秀的商业模式和极致的业务流程是转型的关键,数据资产是重要资源。通过数字化新型能力转型方案,使公司实现了在线数字化设计、在线数字化营销、数字化工业产品与服务,实现了商业模式的革新。

①在线数字化设计。

集团研发设计全过程,通过专网与市场、终端用户进行对接,形成个性化订单后,购车流程完成自动配置。通过互联网,数字化研发设计贴近客户个性需求和消费体验。

例如,中国一汽—大众成立了OTD项目(奥迪个性定制项目),在该项目的支撑下,2019年大众、奥迪品牌共9款车型实现了个性化定制,未来还将在全品牌范围内全面铺开。这不仅有助于中国一汽—大众更好地支持经销商针对市场需求提出的批量订单,提高供应链柔性,打通从销售到生产再到交付的全流程业务;进一步响应新的市场变化,增加电商平台销售渠道,满足更多个性化配置要求,吸引新生代消费者,提高品牌竞争力。从长远角度来看,也有助于全面提升品牌形象,强化体系能力,打通端到端业务流程,实现客户全生命周期管理,提升用户体验及客户运营能力,助力透明化数据支撑产销决策,从而提升中国一汽—大众的市场掌控能力。

②在线数字化营销。

集团主要通过线上、线下营销两种方式打造数字化营销,并用数字化方式拓展营销渠道,包括目标客户营销、大客户导向营销、双向互动营销、全球营销、终端客户等,同时通过数字化订单系统,从4S门店销售转为网络数字化展厅,最终实现了数字化的订单与线上营销+线下实体销售的客户数字化营销体系。

营销体系频频出招,让"数字化"的独特优势更加凸显出来,例如线上4S展厅,智能看车、在线下单、零接触交车等方式,为用户提供健康、优质的购车体验。奥迪品牌快速推出一系列调整措施,充分利用数字化沟通平台,加大线上培训及经销商管理培训,以直播、微课、短视频等方式展开数字化支持,为经销商伙伴推出运营指导。大众品牌在销售公司的一楼大厅开创性地建起直播中心,设备和布置都很前卫,线上直播做得风生水起。

③数字化工业产品与服务。

集团从满足客户需求出发，打造智能化核心产品，主要包括智能交互、智能网联、AI智能（自动）驾驶三大领域。为实现提供数字化工业产品与服务的目标，进行了从批量产品向个性定制产品的转变，实现了从传统产品向"智能化+新能源"转型，向"数字化产品和服务+出行解决方案"转型。

例如，中国一汽的红旗公司于2019年12月13日上线的红旗数字化工厂系统，成功打通了产品开发流程和订单交付流程，系统中起主要作用的"3+1"，是由工艺主线、供应链主线、质量问题闭环三大闭环及数字化制造执行系统构成的制造运营模式。其中，"工艺—制造—设备"数字化工艺闭环固化和优化了跨部门协作流程，搭建起连接设计到制造的数字化桥梁，帮助公司实现了向数字化产品和服务的转型，而"订单—制造—设备"物流闭环打通了供应链的全过程，实现了多品种、小批量供给及拉动式精益生产。

其与德国大众公司的合资品牌一汽—大众在长春和成都，推出了共享的出行服务品牌——摩捷出行。摩捷出行在行业中首创自由取还+网点取还的模式，也是行业中第一家通过手机App实现车辆解锁、启动等全部操作的出行平台，全部使用大众品牌车辆。摩捷出行联合国内知名云计算、车联网、信息通信、汽车销售及维修、保险、酒店、景区等产业上下游公司，围绕移动出行服务和产品，开发新技术和新产品，在国内率先使用人脸识别安防技术、无钥匙及云控车方案、数据双备份冗余系统等，为客户提供了新的出行解决方案。

4）中国一汽实施转型后的成本模式评价的业绩结果如何？

（1）组织机构优化。

中国一汽实施管理创新与技术创新，取得了突出的业绩。在降低成本方面，实现了管理创新，通过数字化的管理去提升管理效能，把大量的人员节约出来，同时使整体的管理能够打通。以财务体系为例，以中国一汽—大众五地六厂的布局，之前财务组织机构是非常庞大的，信息也是散落在各个不同的部门，现在通过数字化的"财务共享服务中心"这样一个平台，实现了全公司的信息共享，也实现了各部门之间的协同以及跨部门的协作。最直观的效果就是实现财务共享之后，出纳、会计都不需要了，各个工厂的财务科都取消了，所有的报销都不用见面，节约了大量的人力。通过数字化转型建立了财务共享服务中心之后，把整体的效率和人的潜能挖掘出来，减了20多人，如此就倒逼着组织机构进行变革，这在以前都是很难想象的。对那些之前更多的是做基础性工作的财务人员来说，也要进行业务的转型，把工作重心转移到做更多的分析、洞察的工作，花更多的时间去进行研究性的工作。

技术上的创新也为公司降低成本做出了贡献。数字化带来的最为直观的转变是"缩短研发周期，提升研发效率。"这样的转变背后，数字孪生技术功不可没。目前，在中国一汽，基于产品数据管理系统、产品仿真平台、3D模型的协同设计、DMU及评审，自动驾驶场景验证，产品AR展示等应用场景已建成在用。全三维数据共享与多专业间协同设计、审查，可以以虚带实，实现多阶段产品设计需求、试装分析、产品功能确认、团队评审，减少产品生产前物理样车数量，进而有效降低产品设计成本。面向性能验证的Digital Twins是缩短研发周期方面的绝佳例证。这一方案可以为虚拟仿真验证团队构建精确的综合仿真模型来了解实际的产品性能,并进行持续的优化与创新。其快速"假设"分析,可以助力设计人员提前了解产品特性,避免设计浪费,缩短产品上市周期。

对于中国一汽数字化转型后的业绩评价,本案例引入市场增加值 MVA,代表公司价值的市场表现。MVA 代表一家公司从创立至今,包括保留盈余在内,投资人投入的现金和现在股东以市价出售股份时回报的现金差异。通过建立一元线性模型,选取 EVA、净利润、营业利润率、总资产利润率及净资产收益率作为解释变量,进行回归分析。回归结果表明,净利润对 MVA 的解释程度最佳,模型拟合效果最好;EVA 次之;而其余三个传统盈利能力指标对 MVA 的回归效果较差。因此,案例选择净利润和 EVA 作为中国一汽业绩评价的财务指标是合理的,因为这两项指标能够最好地解释公司市场价值的波动,反映公司经营表现,使业绩评价具有真实性。

(2) 净利润。

净利润是一个公司经营的最终业绩,净利润越多,公司的经营业绩就越好,它是衡量一个公司经营业绩的主要指标(图 11-1)。

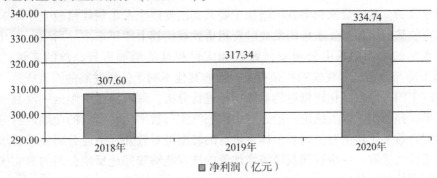

数据来源:中国一汽年报整理所得

图 11-1 中国一汽净利润变动图

中国一汽 2018—2020 年的净利润持续增加,增加额的绝对值约为 27.14 亿元,其净利润增长率也在逐年上升,说明中国一汽的发展势头良好,规模扩张较为可观。在疫情的影响下,集团利润不降反增,说明其数字化转型效果良好,使得公司业绩有所增加(图 11-2)。

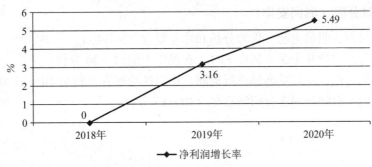

数据来源:中国一汽年报整理所得

图 11-2 中国一汽净利润增长率变动图

(3) 经济增加值(EVA)。

经济增加值(EVA)是一种衡量经济利润的方法(表 11-2)。经济利润是指从税后经营净利润中减去公司的资本成本。一个正的 EVA 表示公司的投资获得了收益,即投资超过了为这些投资提供资金的资金成本,而一个负的 EVA 暗示着该公司浪费了投资资本。

表 11-2 中国一汽经济增加值(EVA)计算表

经济增加值(EVA)计算过程	2018 年	2019 年	2020 年
税后营业净利润/亿元	333.88	335.16	349.96
总资本/亿元	4 585.94	4 900.63	4 889.41
加权平均资本成本率/%	0.53	0.66	0.18
EVA	309.47	302.92	341.03

数据来源:中国一汽年报整理所得

由表 11-3 可以看出,中国一汽 2018—2020 年的 EVA 数值总体表现为增长趋势,在 2019 年稍有下降。由于集团的总资本及加权平均资本成本率的上升,导致集团 2019 年的 EVA 数值较 2018 年有所下降。集团总资本的上升主要是由发放贷款和垫款以及长期应收款的增加导致的。发放贷款和垫款的增加主要系集团发放个人车贷规模较上年年末增加所致,长期应收款的增加主要系集团发放融资租赁款规模较上年年末增加所致;而其加权平均资本成本率的增加则是由公司应付账款和应付利息的增加所致。总的来说,2019 年 EVA 数值下降与公司经营规模的扩张有关,而非其他不利于公司发展的因素所致。

通过对中国一汽数字化转型后的业绩指标进行分析,深入探讨了中国一汽数字化转型的实施效果,并得出了以下结论:通过对中国一汽实行数字化转型后的业绩进行分析,说明集团为配合数字化转型对公司各个体系进行的转型是有效并且适应公司发展要求的。其业绩评价指标的选取——净利润及经济增加值的选取能够较好地反映公司的真实表现,保证了其业绩评价的正确性。

四、教学组织方式

(一)课前计划

发放案例材料,提出启发思考题,并请学员在课前上网查找相关资料和文献。目标:完成阅读并进行思考。

(二)课时分配(时间安排)

(1)教师引言,明确主题,告知分析和作业要求(5 分钟)。
(2)学员分组讨论并于课下制作 PPT,在课堂上演示(30 分钟)。
(3)同学们讨论,并对疑惑处进行提问,小组讨论回答(每组 10~15 分钟)。
(4)同学们与教师分别进行归纳总结(10~15 分钟)。

案例12　业绩评价成本模式视角的四川长虹财务共享服务中心实施成本与效果

专业领域： 会计专硕（MPAcc）、审计硕士（MAud）、工商管理硕士（MBA），会计、审计、财务管理等本科专业

适用课程： "公司业绩评价与激励机制""大数据与财务决策""企业数字化转型理论与实务"

选用课程： "财务共享""绩效考核与薪酬激励""业绩考核理论与实务"

编写目的： 本案例旨在通过业绩评价成本模式视角对四川长虹财务共享服务中心的发展历程进行调研，以及使用平衡计分卡对其效果进行分析，使学员了解财务云的一些相关概念以及了解平衡计分卡怎么运用，基于成本管理理论、规模效应理论、扁平化理论、流程再造理论、客户关系再造理论，企业如何降低成本进行成本管理，引导学员思考引进财务云的激励力所在，学习全面预算管理体系，为学员今后的实际工作提供一定的业绩评价成本模式的思路和借鉴意义。

知　识　点： 业绩评价成本模式、全面预算管理体系、财务共享业绩评价成本模式、流程再造理论

关　键　词： 成本模式；预算管理；四川长虹；财务共享服务中心；平衡计分卡

中文摘要： 随着中国综合实力的逐渐增强和全球化进程的日益发展，越来越多的大型集团公司通过建立分子公司扩大经营规模，公司逐渐暴露出组织结构冗繁、管理低效等问题，传统的财务管理模式已不能满足公司发展的需要。在这种情况下，"财务共享服务"走进公众视野。新兴的财务共享服务中心利用云计算等信息技术，不仅能优化公司财务管理，还能提高公司的综合实力，顺应管理会计"大智移云"时代的发展，具有很强现实意义。案例系统地归纳了财务共享服务相关理论，从四川长虹财务共享服务中心建立的必要性、发展历程以及运行框架这三个方面系统地介绍该服务中心的情况，并选用平衡计分卡作为评价工具，从财务角度和非财务角度综合分析实施财务共享服务中心为公司业绩带来的变化。

英文摘要： With the gradual enhancement of China's comprehensive strength and the increasing development of globalization, more and more large group enterprises expand their business scale by establishing subsidiary companies. Enterprises gradually expose the problems of redundant organizational structure and inefficient management. The traditional financial management mode can not meet the needs of enterprise development. In this case, "financial sharing service" comes into the public view. By using cloud computing and other information technology, the emerging financial sharing service center can not only optimize the financial management of enterprises, but also improve the comprehensive strength of enterprises, and conform to the development of the era of "great wisdom moving to the cloud" of management accounting, which has strong practical significance. This paper systematically summarizes the relevant theories of financial sharing service, and systematically introduces the situation of the Financial Sharing Service Center of Changhong Group from three aspects: the necessity of establishing the Financial Sharing Service Center, the development process and the operation framework, and selects the Balanced Scorecard as the evaluation tool, From the financial and non-financial point of view, this paper comprehensively analyzes the changes brought by the implementation of Financial Shared Service Center for enterprise performance.

案例正文

嘟嘟嘟……

小右：Hello，小左，怎么啦？

小左：Hello，小右，忙完没，出来逛街呀。

小右：还没呢，快了快了。我最近好忙哦，业务特别多，一直重复做类似的业务，特别简单的一项工作需要好几个人合作才能完成。

小左：我们以前也是这样，自从我们四川长虹引入财务共享以后，轻松了好多，感觉相同的时间内能处理更多的业务，还能学到很多知识呢。我们还引进了平衡计分卡对其效果进行评价。

小右：哦？你们还引进了平衡计分卡呀，那你给我把财务共享服务中心和平衡计分卡展开讲呗，听完我也给我们领导提提建议……

一、四川长虹案例背景与成本模式业绩评价的急迫性

四川长虹于1958年创立，公司前身是当时国内唯一的机载火控雷达生产基地，是中国"一五"期间156项重点工程之一。已成为集军工、消费电子、核心器件研发与制造为一体的综合性跨国公司，近年来曾经还是长虹"小弟"的海尔、美的、格力，现在都成了家电市场各自的王者。而长虹，却已经被排挤到了十名开外。2020年扣除非经常性损益的净利润预计亏损6 000万—7 800万元。主营业务彩电的亏损成为拖累长虹业绩的关键，其市场零售价格同比下滑接近9%，加上全球大宗商品原材料价格普遍上涨，带来了较大的成本压力，导致终端产品面临较大的涨价压力，进一步压缩了产品的毛利，让长虹深陷亏损泥潭。2020年"双11"大促期间彩电市场均价走高，大促价不降反升，其中，线上均价2 508元，同比增长23.0%。据群智咨询2021年1月数据，上游原材料供应问题对面板厂家的实际有效供应形成冲击，LCD TV 面板市场供应紧缺状况持续，面板价格维持上涨趋势，2020年12月 LCD TV 面板价格继续上涨，预计2021年1月将维持较大涨幅。"家电行业长期价格战已经导致消费环境形成价格导向，也就是消费者习惯了低价位电视，而终端厂商是否要把成本上涨的压力传导给消费者，是一个需要审慎思考的问题。"家电行业分析师丁少将向财联社记者表示。四川长虹一味地压制成本，导致产品质量下降。对于电视而言，画质和观看体验才是产品的核心竞争力，但是长虹脱离根本去塑造宣传并不拿手的人工智能，直接透支了自己在消费者心中的品牌形象。

四川长虹在成本模式业绩评价的压力下，于2006年引进"财务共享"理念，是国内构建财务共享服务中心的先锋公司，并在2012年结合云技术构建了具有公司特色的"财

务云"。

二、四川长虹财务共享中心建立的必要性

(一) 传统财务管理模式下的弊端

四川长虹作为领军公司,经营范围非常广泛。如果每个业务都按照其本身的业务程序进行业务处理,那么将会给公司带来巨大的管理成本。近几年,四川长虹在海内外新设多家子公司,导致总公司的管理难度非常大。业务流程过于复杂,以至于总公司无法使用某一个标准对各分支机构进行业务评价,无法对各分支机构进行有效的业绩评价以及监督,从而无法对各分支机构实施公平有效的奖罚措施,这对总公司的公信力是极大的挑战。此外,传统财务管理模式不利于四川长虹财务数据的收集工作,总公司制作报表时,需要各个分支机构层层上报到上级单位,最终在总公司汇总,这种工作方式极大地降低了公司的工作效率,也极大地限制了公司的日后发展以及市场扩张。因此,制定一套标准的适用于各个经营板块的业务处理流程以及财务处理流程是四川长虹非常迫切的任务。

(二) 四川长虹风险管理的需求

四川长虹在全球各地都开设了分支机构,每一家机构都单独进行会计核算以及风险控制管理,独立性很强。这样的后果就是各个分支机构的各种信息资料难以被四川长虹总部及时得知,导致四川长虹总部的管理层无法第一时间准确执行。

引进财务共享以后,可以运用财务共享服务中心统一处理各分支机构的财务数据和信息,在不受时间限制的前提下,保证了数据的准确性、及时性和可比性,同时也不会因为分支机构过于分散而难以管理,优化了财务组织形式。除了提高财务数据处理效率和准确性外,还使原有的会计处理规则和流程更加标准化、统一化,提高了业务的可执行性,降低了业务与财务分离的风险,便于总部对财务风险的总体把控。

(三) 财务人员角色转换的需求

云技术和大数据的发展为集团公司财务资源整合带来了新的机遇和挑战,尤其是以云计算为基础的具有高效数据存储的技术已经十分成熟。传统的会计职能只在会计核算、编制报表、税务筹划等基础会计环节发挥作用,而大数据云背景下的财务共享服务中心不仅能解决基础的会计工作,还能为公司提供关于运营管理、风险管理、预算管理等方面的决策支持,财务人员想真正做到公司的"贤内助",就必须要帮助公司由单一独立的会计职能转型为可以处理综合业务的管理会计职能。

(四) 信息共享的需求

四川长虹内部对子公司下达的指令需要逐级传达,并且四川长虹总部也不便监督指令执行情况,另外,子公司具有独立性,各家子公司在处置流程方面和财务核算方面不能实现信息同步,会计核算结果也不能直接递交给总部财务部门,严重影响总部对子公司的管理。更重要的是,子公司自主经营,自负盈亏,并且,子公司还有权确定员工薪酬和业绩评价制度,这无形中增加了财务人员的工作压力,在总部政策与本公司政策发生冲突时,财务人员倾向落实本部政策。而财务共享服务中心便可很好地解决信息共享的问题,总部可以直接登录子公司的账户,实时关注子公司的经营效果,也可以在管理系统里直接下达政策,由系统追踪监督子公司进行落实。

三、四川长虹财务共享服务中心的发展历程

常年居高不下的应收账款是家电上市公司普遍存在的一个问题,当然,四川长虹也不例外。在营业收入连年增长的背后,应收账款也在迅速增加,而当时四川长虹的财务系统比较低效和昂贵,有限的财务人员要处理诸多繁杂的会计工作,人员的工作压力大,效率也十分低下。

2004 年,四川长虹发生应收账款危机,此时,四川长虹才意识到财务管理模式出现了严重问题,于是决定引进财务共享服务管理模式,次年便开始构建财务共享服务中心,从此踏上了财务共享服务之路。公司选取四川省绵阳市作为财务共享服务中心的总部,网点分布在全国的各个中心城市,目前财务共享中心共有 400 余人,除了解决四川长虹内部的财务工作,财务共享服务中心也从事外包工作,现已承接接近 20 余家公司的业务流程工作,其中 1 家公司的年营业额超过了 100 亿元,3 家公司的营业额超过 10 亿元。财务共享服务中心采用先进的财务共享与大智移云区物新技术,并具有分布广泛的中心网点,所以,财务共享服务中心可以实现跨区域的财务共享服务。

在财务共享服务中心发展前期,公司将其作为内部职能部门,待财务共享服务中心发展成熟后,公司会根据战略需求再向不同方向拓展财务共享服务中心功能。四川长虹财务共享服务中心经历了四个阶段的发展,2005 年萌芽期、2006—2008 年起步期、2006—2013 年发展期和 2013 年—至今成熟期。经过十余年的探索和实践,四川长虹目前已成功搭建具有时代特色的财务共享服务中心——财务云。

(一)萌芽期

早在 20 世纪 90 年代末,四川长虹就已经开始探索财务集中处理的道路。2000 年,公司取消各分支机构的财务单元,由总部承担整个四川长虹的核算任务。2004 年提出"产业价值链、产业形态、IT"三角标战略,实施该战略后,四川长虹在信息软件、IT 增值服务等方面弥补了原来的短板,业务范围逐步扩大,成了综合性家电集团。2005 年,公司听取 IBM 的意见,成立财务服务中心和财务管理职能中心,成功将财务服务职能和财务管理职能分离。在这时公司正式提出财务改革的思想,四川长虹财务共享服务中心发展处于萌芽阶段。

(二)起步期

2006 年,四川长虹开始启动财务共享服务中心建设项目。项目实施采取先试点再推广的战略对策,方法包括锁定共享范围、优化共享流程和财务信息建设等。2008 年,四川长虹将财务共享服务中心确定为产业服务转型板块之一,正式挂牌成立了财务共享服务中心,实现了独立进行会计核算的目标,并且,在开展市场化运作的同时,也开展部分外部咨询服务,为四川长虹以外的公司提供财务咨询服务,并收取相应的服务费用。

(三)发展期

2009 年,四川长虹对财务共享服务中心进行深化改革,进一步规范内部流程,并拟定标准操作手册。通过这一系列的改革,不仅优化了财务共享服务中心的流程,还强化了财务共享服务中心的服务理念。财务共享服务中心协同四川长虹信息管理部门完成两大平台(ERP 平台和 WEB 平台)和三大系统(财务核心系统、财务协作系统和业务协作系统)

的财务信息化体系建设，形成了以财务核心系统、业务协作系统和财务协作系统为核心，以 ERP 为内、WEB 为外作为支撑的"3+2"模式的一体化财务信息体系。在中心内部，公司不断推进财务共享服务中心的升级；在中心外部，支持公司向海外进军。公司合理化的分工、完善的流程管理、计算机技术的不断提高和客户满意度的逐步提升等，帮助财务共享服务中心实现了完全独立。与此同时，四川长虹内部将财务共享服务持续推进，并将子公司也纳入共享范围，财务共享服务规模逐步扩大。另外，随着综合实力的提高和财务共享与大智移云区物新技术的发展，四川长虹加快推进财务共享服务中心的市场化进程，还将财务共享服务中心信息系统平台升级为 SEI 平台模式，吸引了许多优质的客户。在此期间，公司成功地帮助泸州老窖建设了两期的财务共享服务中心，向 DHL 提供财务共享服务中心内部控制管理方案以及向峨眉山旅游提供内部控制咨询等。

（四）成熟期

2012 年四川长虹开始着手建设"财务云"。"财务云"是四川长虹财务共享服务中心的升级版，它以信息化为基础，运用云技术等先进财务共享与大智移云区物新技术为变革手段，实现全新的管理模式。2013 年四川长虹转变了原有的"产业价值链、产业形态、IT"的三坐标战略，提出了以"智能化、网络化、协同化"为核心的新三坐标战略，利用先进的财务共享与大智移云区物新技术构建"终端+平台+内容+服务"的新商业模式。"财务云"的建立大大提升了财务处理的效率，同时也使得人工成本降低了近一半。云中心不仅保持四川长虹可在终端上不受时间地点限制，对业务进行提交、处理、财务数据的查询和决策等，还在不断地向外部市场拓展，为 200 余家四川长虹公司提供有偿的、构建财务共享服务中心的咨询服务和财务服务，推动了国内财务管理模式的变革。

2016 年四川长虹开启"十三五"战略，调整了发展方针，力争在 2020 年回归行业前列。同时，四川长虹还会继续利用数字化、信息化和云技术等在"财务云"平台的升级上寻求突破，使"财务云"能够在未来提供更好更优质的服务。

四、四川长虹财务共享服务中心的运行框架

四川长虹"财务云"根据业务处理流程的要求，先将业务信息粒子化，之后对粒子化信息进行审核、加工和组合，最后输出会计凭证和报表等，该过程基本可以概括成：云采集、云处理和云产品。

（一）云采集

云采集是指对各种经济活动的信息进行采集、加工和储存等活动，例如在应付账款管理流程中要对原始单据进行扫描信息采集。具体的过程如下：

（1）收集和提交发生经济业务所形成的原始单据，并以业务活动发生为起点，确认业务类型。

（2）运用影像扫描系统对原始单据进行全要素自动识别扫描，将扫描后的电子版纸质原始单据放入扫描前选好的识别模板。

（3）按照模板要素进行图像的切片处理，随后系统显示图像切片和与之对应的要素识别结果，然后人工对系统显示的信息进行纠偏，以防扫描的信息有误。

（4）待纠偏要素统一进入代办项目工作池中，纠偏人员线上随机获取和处理纠偏要素，并将处理后的要素数据存入全要素数据库中。

（二）云处理

云处理是指对上一步骤采集的要素信息，根据事先设定好的规则和处理流程，按照流水线的形式，通过平台系统自动化完成会计确认和会计计量。为保证数据能够被及时、准确、高效处理、加工和传递，降低在业务处理过程中受到人工干预的可能，实现会计处理全过程的自动化，云处理需要在业务处理动作、业务处理环境和业务处理机构等方面进行合理的安排。

账务处理最核心的部分包括全要素库中的自动记账引擎、自动完成规则检查等。

（三）云产品

四川长虹"财务云"在对业务信息进行处理时采集了信息的全面要素数据，说明公司的关注点不局限于财务信息，因此，由"财务云"处理所形成的产品，不仅包含自动记账之类的基础会计产品，还包含运用汇总分析和数据分析等方式形成的综合类产品。另外，四川长虹专业的管理咨询团队还可以为外部公司输出公司信用评价报告和行业分析报告等复杂的会计产品。

五、四川长虹财务共享服务中心实施效果评价

（一）四川长虹财务共享服务中心实施效果的评价方法

"大智移云"背景下的财务共享服务中心更加注重对公司创新能力的评价，即非财务指标的评价，财务指标作为滞后数据仅能为信息使用者提供公司经营的短期预测。平衡计分卡是目前先进的业绩评价工具，它包含四个维度指标，而这四个维度指标又囊括了财务指标和非财务指标，将平衡计分卡引入财务共享服务中心的业绩评价系统中，不仅能够避免财务共享服务中心只关注财务指标这一短期行为，同时也能使财务共享服务中心将行动付诸公司战略发展的长期目标，这也与建立财务共享服务中心的目的不谋而合，达到了财务共享服务中心与平衡计分卡在基本原理方面的有机结合。

平衡计分卡由财务维度指标、客户维度指标、内部流程维度指标和学习与成长维度指标组成。首先，财务维度指标关注经营效果的变化，案例在经营效果方面主要分析成本和营运能力的变化，其中，有关营运能力的评价案例选择以存货周转率为指标进行业绩评价。其次，客户维度指标关注客户满意度和外包客户规模，案例也是从这两方面调研。再次，内部流程维度指标关注业务流程的优化和业务处理效率的变化，案例在账务处理效率变化方面做了主要调研。最后，学习与成长维度指标关注员工的素质能力和团队建设，案例也是从这两个角度进行调研。表 12-1 为各个维度的战略目标。

表 12-1　四川长虹各个维度指标的战略目标

评价维度	战略目标
财务维度	降低成本、提升营运能力
客户维度	提高客户满意度、扩大客户规模
内部流程维度	优化业务流程、提高账务处理效率
学习与成长维度	培养员工业务能力、加强团队建设

(二) 业绩评价成本模式视角四川长虹财务共享服务中心实施效果评价

1. 财务维度

(1) 有效降低成本。

财务共享服务中心的优点之一就是能够降低公司的财务管理成本，其中主要包含管理成本。具体方法，第一方面是降低管理费用。从表 12-2 和图 12-1 可知，公司在 2012 年管理费用占营业总成本的比例为 4.32%，占总收入的比例为 4.32%，2014 和 2015 年两个比例略有变动，分别增长到 5.03%、5.07% 和 4.77%、4.39%，其原因主要有以下几个方面，一方面是由于合并范围发生了变化，2014 年和 2015 年的合并范围均有扩大，两年分别新设了 6 家新公司和一家非控股合并公司，并且在 2014 年还以定向增发股票的方式获取一家公司，这些新纳入合并范围的公司导致当年管理费用增加。

表 12-2 四川长虹管理费用占比

年份	营业总收入/亿元	营业总成本/亿元	管理费用/亿元	管理费用/营业总成本/%	管理费用/营业总收入/%
2012	523.34	523.32	22.63	4.32	4.32
2013	588.75	582.77	27.1	4.65	4.6
2014	595.04	598.98	30.14	5.03	5.07
2015	648.48	596.20	2846	4.77	4.39
2016	671.75	665.74	27.3	4.1	4.06
2017	776.32	770.36	26.52	3.44	3.42

数据来源：四川长虹 2012—2017 年年度财务报告

另一方面，公司在 2012—2014 年三年间扩大了公司的市场规模，实施家电下乡计划，乡镇经营点增加，导致了管理费用增加。最后，四川长虹 2012 年开始建设"财务云"，该新型的财务共享服务中心在最初几年的运行并不是很稳定，需要投入较多的管理费用进行系统测试和维护，这也可能是 2013 年和 2014 年管理费用增长的原因。

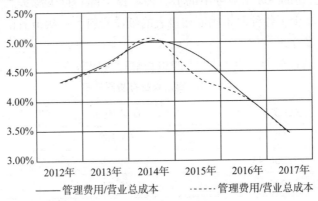

数据来源：四川长虹 2012—2017 年年度财务报告

图 12-1 四川长虹管理费用变化情况折线图

但 2014 年之后几年的管理费用占营业收入和营业成本的比例稳步下降，并且这几年财务报表的合并范围均有所扩大,这说明四川长虹新构造的"财务云"系统趋于稳定,开始对公司的管理费用起到控制作用。表 12-3 为四川长虹各指标增长比率。

表 12-3 四川长虹各指标增长比率 %

年份	2012	2013	2014	2015	2016	2017
管理费用增长率	9.39	19.71	11.23	-5.58	-4.05	-2.88
总营业收入增长率	0.64	12.50	1.07	8.98	3.59	15.57
总营业成本增长率	0.25	11.69	3.65	10.47	2.36	17.57

数据来源:万德数据库

另外,从表 12-3 和图 12-2 可知,"财务云"有效降低了四川长虹的管理费用增长率,同时也对营业收入和营业成本产生了一定影响,尤其是 2015 年开始,随着收入的增加而管理费用增长率却急剧下降,这都说明"财务云"系统开始对管理费用起到了约束作用。

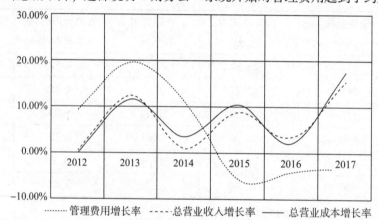

数据来源:万德数据库

图 12-2 四川长虹各指标增长比率折线图

(2)降低办公耗材成本。

"财务云"将公司的 368 个业务中的 187 种单据全部实行了源头无纸化模式,内控审核节点分散前置,减少了各种原始凭证和报表的纸质资料,一年节省的办公耗材、机器维修费用等达到 600 多万元。

(3)提高公司营运能力。表 12-4 为四川长虹存货周转率。

表 12-4 四川长虹存货周转率

年份	营业成本/亿元	存货/亿元	存货周转率/次
2008	230.47	63.265	3.6429
2009	256.43	71.52	3.5844
2010	349.06	85.74	4.0711
2011	438.78	94.495	4.6434
2012	439.90	113.015	3.8924
2013	491.34	125.49	3.9154

续表

年份	营业成本/亿元	存货/亿元	存货周转率/次
2014	509.25	122.295	4.164 1
2015	562.53	118.315	4.754 5
2016	575.85	118.95	4.841 1
2017	677.02	134.52	5.032 9
2018	729.86	146.035	4.997 8

数据来源：四川长虹2008年—2018年年度财务报告

长虹的财务共享服务中心能够提高公司的营运能力。存货周转率是衡量公司营运能力的重要指标之一，存货周转率高表明公司的存货周转速度快、销售能力强，具有较强的偿债能力。四川长虹在2008—2011年之间的存货周转率（图12-3）是逐年增加的，尤其是2011年，存货周转率增长了14.06%，说明公司的财务共享服务使公司的营运能力得到了提高。但到了2012年存货周转率环比下降16.17%，主要原因是该年度四川长虹贯彻国家家电下乡计划，而长虹本身在乡镇的推广力度不够，导致该年度的存货大量挤压，从而使得存货周转率大幅度下降，但在随后的几年里，即从2013—2018年，四川长虹的存货周转率又逐步回升，并且2012年长虹将财务共享服务中心升级为"财务云"，该全新版的财务共享服务中心进一步加强了公司对资产运营能力的管控，进而使得资产的利用率和运行效率在逐步提高。

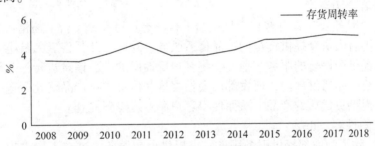

数据来源：四川长虹2008—2018年年度财务报告

图12-3 四川长虹存货周转率变化

（4）优化资源配置。

通过建立财务共享服务中心，四川长虹对公司资源实行集约化管理，避免产生资源重复配置的隐患。四川长虹2007年的营业收入为230.47亿元，2018年的营业收入为833.85亿元，同比增长3倍；子公司数量在2007年仅有41家，到了2017年增长到240家，2018年四川长虹进行产业结构转型，退出许多不符合发展方向的领域，子公司数量由240家减少到184家，即使这样，2018年子公司的数量仍是2007年的4.5倍。2008年四川长虹的财务共享服务中心正式挂牌开始使用，除了2018年外，同期的公司财务人员数量几乎未发生大的波动，基本在1 200人左右，而且，2018年的平均每家公司的财务人员数量仅是十年前的25%，但财务人员的人均产出却由2007年的0.24亿元增长到2018年的0.72亿元，十二年间提升了两倍。具体数据见表12-5。

表 12-5 四川长虹 2007—2018 年公司规模及财务人均产出

年份	营业收入/亿元	子公司/家	财务人员/人	每家公司平均财务人员/人	财务人均产出/亿元
2007	230.47	41	957	23.34	0.24
2008	279.30	74	1 157	15.64	0.24
2009	314.58	80	1 149	14.36	0.27
2010	417.12	90	1 154	12.82	0.36
2011	520.03	133	1 223	9.20	0.42
2012	523.34	145	1 273	8.78	0.41
2013	588.75	147	1 194	8.12	0.49
2014	595.04	148	1 180	7.97	0.50
2015	648.48	200	1 172	5.86	0.55
2016	671.75	220	1 167	5.30	0.58
2017	776.32	240	1 160	4.83	0.67
2018	833.85	184	991	5.39	0.83

数据来源：四川长虹 2007—2008 年年度报告

2. 客户维度

(1) 提升客户满意度。

四川长虹"财务云"具有客户意见反馈平台，客户可在该平台上与销售售后人员进行及时的沟通，售后人员会提供详尽的产品售后服务，除此之外，售后人员也会根据不同性质的客户群体提供个性化的服务。他们会将客户反馈回的产品信息进行汇总筛选，将筛选后的信息发送给产品研发部门，研发部门会根据这些信息进行产品优化，进一步升级产品性能，为客户提供更优质的产品，从而使得客户满意度得到提升。

(2) 存在隐性客户市场。

"财务云"除了为内部提供财务服务，也提供外包服务，这在无形中扩大了客户的规模。中国约有 6 000 万家中小微公司，其中蕴含着千亿级的外包市场，市场前景十分广阔。四川长虹"财务云"的共享系统自身具有很强的市场竞争力，且不受办公选址的限制、人力资源的限制和推广效率的限制，而且还会为公司节省安装成本。在原有的财务共享服务模式下，对于安装共享系统的公司来说，安装费用是一笔刚性开支，而且还需要协调各个系统的实施人员，耗时两个星期左右才能安装完成。而"财务云"则不必那么麻烦，"财务云"具有一键配置的功能，这就提高了"财务云"的通配性，用户在实施"财务云"时，可以迅速复制各项系统的配置，无需调动各个系统的实施人员操作，大大提高了初始化的速度，也为客户省下成本。即便公司的会计规章或会计准则在后期发生变化，"财务云"系统的相应调整也是比较灵活方便的。通过向广大中小微公司推广使用"财务云"，有助于改善公司的财务管理状况、提升融资能力，使创业公司更好地成长。

3. 内部流程维度

(1) 优化处理流程降低流程风险。

四川长虹"财务云"不仅将业务处理流程标准化和统一化，而且为明确各部门的职责，专门设计"财务云"系统管理逻辑并梳理审核节点，优化业务处理流程的同时也降低了风险。另外，"财务云"在对外提供财务服务时，为避免客户的商业信息被泄露的风险，也采用了业务流程的风险优化措施，运用光学自动识别、在线分散处理等科技手段自动识别和采集票据的信息，全程自动化无人工参与，保证了无工作人员可以获取单据上的重要商业信息的可能，从而防范了在对外提供财务服务时，发生商业机密泄漏的可能，打消了客户的后顾之忧。

（2）提高工作效率。

从表12-6可知，"财务云"的运行大幅度地提高了人工效率和业务处理效率。"财务云"通过要素的自动采集、财务准则的自动检查、自动记账等智能化的手段，大幅度地减少了人工参与处理的机会，提高了人工的效率和业务处理效率。以费用报销为例，在传统财务管理模式下，需要7~15天才能完成费用报销，如今财务人员只需在"财务云"系统上提交申请，审批和支付环节均由系统自动完成，整个报销流程结束大概需要20分钟，在帮助公司做到了实时报账的同时，也大幅度降低了业务处理的时间，提高了人工效率和业务处理效率。

另外，在数据处理速率方面，四川长虹"财务云"也有着很强的优势。在四川长虹建立财务共享服务中心之前，公司季度财务分析大会往往在次月25日左右才能举行，因为各分支机构需要耗时15天的时间对财务报表数据进行人工整理，总部财务部门还要花10天的时间对提交上来的数据进行分析。数据的低效处理造成信息严重滞后，不能及时地为管理层提供有效的财务信息，而且财务信息在人工统计和传递过程中很难保证数据的准确性。在实施了"财务云"后，各分子公司的财务数据通过要素精准的扫描，保证了数据的准确性，并且这些数据均存储在云平台上，总部财务部可以随时登录云平台系统进行调取和查询数据，系统也会定时生成财务报表并上传到总部，使得季度财务分析大会提前10天左右召开。

除此之外，从人效方面也可以看出，"财务云"提高了人工效率。人工处理订单由原来的人月均2 160单到如今的人月均4 524单。2015年，"财务云"中心的薪酬授予率即人效达到了2.85，并且，随着"财务云"全面自动化的持续推行，将会使公司的人效翻倍，预期会达到6左右。

表12-6 四川长虹财务共享服务中心实施后的效率变化数据一览表

事项	变化数据
费用报销时长	由一周以上变为20分钟
人效	2015年达到2.85，以后年度有望达到6
季度财务分析会议	提前10天
人工月均处理订单数量	由原来的月人均2 160单到现在的月人均4 524单

数据来源：四川长虹官网公告

4. 学习与成长维度

公司将财务、产品、人力资源、信息管理等职能集中到财务共享服务中心进行处理，有助于公司部门之间的信息共享，促进各部门间的协调发展。公司财务人员从基础的财务业务中脱离，将大部分精力放在公司经营方面，积极地为公司战略发展谋划，他们会根据中心的数据分析结果和客户系统反馈的信息，为产品优化提出建议，该部分建议有助于产品研发部门进行产品性能的优化。对于销售部门来说，销售部门会按照财务共享服务中心的产品销售数据分析结果对销售计划做出调整，新的销售计划必然会带动生产部门的生产变动，而且，财务共享服务中心也具有预算管理的功能，公司采购部门的预算也包含其中，采购部门可根据财务共享服务中心的预算信息及时调整材料采购计划。除此之外，财务共享服务中心还会对人力资源部门产生巨大影响，共享服务中心中具有明确的员工业绩评价制度，系统可自动生成员工的工资和业绩金额，不用人工核算，减少了人工的工作量，同时由于财务共享服务中心可"身兼多职"，减少了部分部门岗位的人员数量，降低了人力资源部门招聘新员工的招聘成本，减轻了招聘压力。从另一个角度来看，公司也不必因新业务而新增财务、人力资源等职能部门，直接将相关业务纳入财务共享服务中心即可，大大降低了管理成本。财务共享服务中心使公司的各个部门联动起来，不再是独立的个体，在提升员工综合素质的同时，也提升了四川长虹整体的团队协作能力，有助于加强团队建设。

小右：嗯嗯，听你讲平衡计分卡对其效果进行评价，引进财务共享服务中心以及平衡计分卡还是挺有用的，明天就建议我们领导也引进这个。

六、参考资料

[1] 孙逸文. 基于渠道理论的四川长虹营运资金管理研究 [D]. 湖南科技大学，2019.

[2] 吴依洲. 多元化经营战略下四川长虹财务风险管理研究 [D]. 南华大学，2020.

[3] 王曙光，刘伟乐，张子山. "大智移云"下公司集团财务共享能力构建研究——基于资源编排理论视角 [J]. 财会通讯，2021（11）：147-151.

[4] 杨兴全，刘颖，杨征. 业绩考核制度能否促进中央企业突出主业？——基于业绩考核制度第三次修订的准自然实验 [J]. 投资研究，2021，40（12）：52-75.

[5] 甄红线，王玺，史永东. 公司业绩聚集现象研究——基于中国A股上市公司股权激励计划的断点回归分析 [J]. 管理世界，2021，37（6）：159-172+10.

七、讨论题目

（1）基于成本管理理论，财务共享服务的含义、目的及对控制成本的作用是什么？

（2）基于规模效应理论、扁平化理论和流程再造理论，四川长虹建立财务共享中心降低成本的具体作用路径有哪些？

（3）用业绩评价之成本模式的四川长虹财务共享服务中心实施评价效果如何？

（4）平衡计分卡从哪些维度的战略目标对财务共享服务中心实施效果进行评价，特别是控制成本战略如何实施的？

（5）业绩评价成本模式视角下四川长虹财务共享服务中心业绩还有哪些改进空间？

案例使用说明书

一、本案例要解决的关键问题

本案例要实现的教学目标为，通过对四川长虹财务共享服务中心的发展历程进行调研,以及使用平衡计分卡对其效果进行分析,使学员了解财务云的一些相关概念以及了解平衡计分卡怎么运用,企业如何降低成本进行成本管理,引导学员思考引进财务云的激励力所在,学习全面预算管理体系,为学员今后的实际工作提供一定的业绩评价成本模式的思路和借鉴意义。

二、案例讨论的准备工作

(一)理论背景

1. 规模效应理论

规模效应又叫"规模经济",由美国经济学家马歇尔提出。规模效应是反映经济体经济发展程度的综合指数,公司扩大规模,加大生产量,如果固定成本变化不大,那么分摊到每件产品的固定成本就会降低,进而降低单件产品的综合成本,在单价不变的情况下,利润上升,进而提高生产效率,形成良性循环。规模经济存在着以下的优势:①有助于实现产品的标准化和统一化。②生产规模扩大,通过购入大量原材料使单位成本下降。③有利于精简管理人员和技术人员,并使其更加专业化。④有助于公司积极研发新产品。⑤提高公司行业竞争力。

财务共享服务中心运用规模经济模式,将不同国家和地区的部分相同业务进行集中处理,将分散在不同业务单元的重复的辅助任务进行整合,消除不创造价值和可有可无的步骤,用更加精简和高效的业务处理流程和管理方式为公司创造更高的价值。

2. 扁平化理论

扁平化是提高公司工作效率的一种管理方式,主要通过精简中间管理层,将组织的决策权尽可能地延伸到最下的部门。中间管理层的减少使得管理者能够迅速捕捉市场动态,同时,决策权下沉到基层使得基层人员更加理解管理者的决策意图,这样组织结构就更加柔化了。

扁平化管理主要体现在财务共享服务中心在信息、资源等方面的共享。这种方式加速了信息在各层级之间的流动,使各级管理层和工作人员能够在第一时间获取信息,迅速做出反应,起到了扁平化的功效。

3. 流程再造理论

流程再造理论最早由美国的迈克尔·汉姆和杰姆·强普提出。业务流程再造本质上是公司活动,其核心思想是,以业务流程为中心、客户满意度为核心的公司业务管理方式,代替原有按职能设置部门的管理方式。该业务流程的改造是追求全局利益,而非单个部门的利益。由于财务共享与大智移云区物新技术的发展,逐渐使得公司间的对抗从品牌的竞争转为对公司价值链和效率的对抗,因此,公司必须在谨慎管理的同时还要加大投资,关注资产的不良率,更重要的是构建一条拥有保持第一客户关系和对客户需求能够迅速反应的动态价值链,只有这样,公司才能在市场上抢占先机。

财务共享服务中心运用流程再造理论,以业务流程为中心,将业务流程标准化、统一化,从而降低业务处理时间。目前常见的业务流程再造模式有五种:第一种是迈克尔·哈默的四阶段模式,第二种是乔·佩帕德和菲利普·罗兰的五阶段模式,第三种是威廉姆·J·凯丁格的六阶段模式,第四种是芮明杰和袁安照的七阶段模式,第五种是国友的四阶段模式。

4. 客户关系再造理论

客户关系管理理论是指公司在掌握客户的资料后，通过对客户进一步的跟踪分析得到结果，并根据分析的结果与客户建立一对一的关系，对不同类型的客户提供个性化服务，从而提高客户满意度，提升公司经营利润。客户关系管理具有双向性，即为客户提供反馈平台的同时，还要积极地与客户进行沟通，进一步了解客户需求，提升客户服务质量，提高公司盈利能力。同时，与客户的紧密联系不仅能够在无形中增强客户对公司的忠诚度，还有助于公司实时响应客户需要，通过优化研发、采购、生产、销售等环节，提升产品品质和公司的市场竞争力。

财务共享服务中心以客户满意度作为发展核心，建立完善的客户反馈和回馈制度，根据客户需求为客户提供个性化的产品，以较高的服务质量拉动产品销售，提升经营业绩，增加公司价值。

（二）业绩评价的成本模式、财务模式、价值模式、战略模式

1. 成本模式

成本模式是最早出现的业绩评价与激励模式。19世纪末20世纪初，随着公司产品品种及其耗用资源种类的增加，科学管理之父泰罗通过工作效率研究为每一产品建立了原材料、人工消耗的数量标准。此后，工程师与会计师一道又将数量标准扩展成为每小时人工成本、单位产品原材料成本等价格标准，进而建立了产品的标准成本。随着成本会计、预算控制、差异分析、激励制度的运用，成本类评价指标更加完善，公司生产效率得到极大提高。管理者可以利用标准成本编制弹性预算，通过比较实际结果与弹性预算之间的差异进行业绩评价，进而根据差异的不同情况，对相关部门和人员进行激励奖惩。

2. 财务模式

财务模式的主要特点就是采用会计基础指标作为业绩评价指标。对财务评价系统来说，它以全面预算管理和责任会计制度的实施为前提，并将业绩评价结果与激励制度相结合。会计基础指标的计算主要是利用财务报表的数据。财务模式的内容和方法根据评价对象与评价目的的不同而有所不同。例如，它可以是对筹资活动、投资活动、经营活动和分配活动的综合评价，也可以是对业绩能力、营运能力、偿债能力和增长能力的综合评价。财务模式的方法有许多种，包括综合指数法、综合评分法、功效系数法等。公司经济业绩评价使用的是综合指数法，国有资本金业绩评价使用的是功效系数法。财务模式的优点在于：会计基础指标计算数据相对容易取得，且严格遵循公认会计准则，具有较高程度的可比性和可靠性。

3. 价值模式

价值模式的主要特点就是采用经济基础指标作为业绩评价指标。经济基础指标的计算主要是采用经济利润的理念。与传统的会计基础业绩评价模式相比，经济基础业绩评价模式更注重于股东价值的创造和股东财富的增加。经济增加值方法是经济基础业绩评价模式的典型代表。EVA指标衡量的是公司资本收益和资本成本之间的差额。EVA指标最大的和最重要的特点就是从股东角度重新定义公司的利润，考虑了公司投入的所有资本（包括权益资本）的成本。这种利润实质上就是属于投资者所有的真实利润，也就是经济学上所说的经济利润。EVA指标由于在计算上考虑了公司的权益资本成本，并且在利用会计信息

时尽量进行调整以消除会计失真，所以能够更加真实地反映一个公司的业绩。此外，应用 EVA 能够建立有效的激励报酬系统，这种系统通过将管理者的报酬与从增加股东财富的角度衡量公司业绩的 EVA 指标相挂钩，正确引导管理者的努力方向，促使管理者充分关注公司的资本增值和长期经济业绩。该模式的缺陷在于 EVA 评价系统所选择的评价指标是唯一的，从而造成评价主体只关心管理者决策的结果，无法了解激励决策结果的过程因素，结果 EVA 评价系统只能为战略制定提供支持性信息，而为战略实施提供控制性信息这一目标则不易达到。

4. 战略模式

战略管理业绩评价模式源于 20 世纪 90 年代，此时人类社会开始由工业经济向知识经济转轨。引入非财务指标并将评价指标与战略相联系是战略管理业绩评价模式的显著特点。平衡计分卡（Balanced Score Card，BSC）是这一模式的典型代表，强调财务指标与非财务指标之间的平衡。随着知识经济的发展，无形资产在公司生产经营中起到越来越重要的作用，成为影响公司价值的关键激励因素。因此，公司界的管理者基于传统财务业绩指标的固有局限性，感觉到有必要对股东价值创造的流程进行监控，有必要评价公司在其他非财务领域上的业绩。战略管理业绩评价模式最具有代表性且最具有广泛影响力的是 BSC。1992 年，哈佛商学院教授罗伯特·卡普兰（Robert Kaplan）和复兴全球战略集团创始人戴维·诺顿（David Norton）在《哈佛商业评论》上联合发表了一篇名为《BSC：激励业绩的评价指标》的文章。该文章是以 1990 年参与项目小组的 12 家公司应用这一新型业绩评价方法所得到的实证数据为基础的。这篇文章在理论界和实务界引起了轰动。之后，他们通过发表文章和出版著作等多种形式，进一步解释了公司在实践中应该如何运用 BSC 作为控制战略实施的重要工具。卡普兰和诺顿的这些文章和著作集中体现了 BSC 自产生以来的发展历程：不仅评价指标不断丰富和创新，而且系统本身逐渐从单纯的业绩评价提升到了战略管理的高度。

（三）四川长虹的财务共享与大智移云区物新技术应用

四川长虹于 2006 年引进"财务共享"理念，是国内构建财务共享服务中心的先锋公司，并在 2012 年结合云技术构建了具有公司特色的"财务云"。四川长虹的财务共享服务中心采用先进财务共享与大智移云区物新技术，建立了广泛分布的财务共享服务中心网点，实现跨区域财务共享的服务。伴随逐渐成熟起来的经营模式，财务共享服务中心将从财务领域渐渐扩展至人力资源和行政后勤还有信息服务等领域中，也渐渐变成支撑集团战略以及集团业务发展的重要平台。

三、案例分析要点

（一）需要学员识别的关键问题

（1）基于成本管理理论，财务共享服务的含义、目的及对控制成本的作用是什么？

（2）基于规模效应理论、扁平化理论和流程再造理论，四川长虹建立财务共享中心降低成本的具体作用路径有哪些？

（3）用业绩评价之成本模式的四川长虹财务共享服务中心实施评价效果如何？

（4）平衡计分卡从哪些维度的战略目标对财务共享服务中心实施效果进行评价，特别是控制成本战略是如何实施的?

(5) 业绩评价成本模式视角下四川长虹财务共享服务中心的业绩还有哪些改进空间?

(二) 推荐解决问题的方案及具体措施

1) 基于成本管理理论,财务共享服务的含义、目的及对控制成本的作用是什么?

财务共享服务是一种新型的财务管理模式,它以财务共享与大智移云区物新技术为依托,将来自同一或不同公司的会计单元的财务业务,实施资源整合、进行标准化处理后,再进行数据式的共享,使信息流在不同层级之间流动,提高信息利用效率,实现财务业务的标准化、流程化管理目标,从而创造公司价值。财务共享服务所提供的财务服务一般有两类:第一类是基本的业务处理决策,第二类是基本决策支持。

财务共享服务的含义、目的及对控制成本的作用:①降低成本、提高管理效率。众多大型企业通过构建财务共享服务中心,以期达到降低财务成本、提高工作效率的目的。有学者认为这是财务共享服务的首要目标,共享服务通过财务服务流程再造,使财务业务规范、标准,且将分散、重复、大量的业务集中,节约了时间和资源成本。②提升服务质量,更好地满足客户需求。Forst认为提高顾客满意度才是财务共享服务的主要目标。财务共享服务中心将业务统一集中,节约了财务人员的时间,并能共享技能和经验,提高服务水平,也有助于实现财务业务一体化。Hirschfield认为通过共享服务中心能够在优异工作、技术专家、技术发展水平之间取得平衡以提供最理想的服务。③增强企业组织管控能力,完善内部控制机制。财务共享平台可以在集团公司范围内强化资金的管控,有效规避财务风险,共享服务与企业的管理会计、会计信息化相互联动,有利于提升会计信息质量,促进内部控制机制的完善。④更专注于核心业务,支撑企业战略,提升核心竞争力。财务共享服务中心通过有效的信息平台使得企业将精力集中于重要的营运业务,各业务单元聚焦于自己的核心业务;围绕企业战略进行流程再造,实现内部资源的进一步优化整合,有利于提高企业核心竞争力。⑤提升盈利能力,增加企业价值。实施财务共享降低了成本,提升了效率,整合了资源和业务,因而企业应该有较大的利润增加空间,带来了新的利润增长点;财务共享强化了企业资金调配的能力,使自由现金流增加,并提高了企业运营能力,增加了企业价值。

综上,四川长虹财务共享服务中心的主要作用是:降低财务管理成本;整合流程,提高管理能力和效率;加强公司各类管理信息的共享。

2) 基于规模效应理论、扁平化理论和流程再造理论,四川长虹建立财务共享中心降低成本的具体作用路径有哪些?

(1) 传统财务管理模式下不利于公司集团财务数据的收集工作,总公司制作报表时,需要各个分支机构层层上报到上级单位,最终在总公司汇总,这种工作方式极大地降低了公司的工作效率,也极大地限制了公司的日后发展以及市场扩张。因此,制定一套标准的适用于各个经营板块的业务处理流程以及财务处理流程是四川长虹非常迫切的任务。

(2) 各个分支机构的各种信息资料难以被集团总部及时得知,导致集团总部的管理层无法第一时间准确执行。引进财务共享以后,可以运用财务共享服务中心统一处理各分支机构的财务数据和信息,在不受时间限制的前提下,保证了数据的准确性、及时性和可比性,同时也不会因为分支机构过于分散而难以管理,优化了财务组织形式。

(3) 传统的会计职能只在会计核算、编制报表、税务筹划等基础会计环节发挥作用,而大数据云背景下的财务共享服务中心不仅能解决基础的会计工作，还能为公司提供关于运营管理、风险管理、预算管理等方面的决策支持，财务人员想真正做到公司的"贤内助"，就必须要帮助公司由单一独立的会计职能转型为可以处理综合业务的管理会计职能。

（4）财务共享服务中心可很好地解决信息共享的问题，总部可以直接登录子公司的账户，实时关注子公司的经营效果，也可以在管理系统里直接下达政策，由系统追踪监督子公司进行落实。

3）用业绩评价之成本模式的四川长虹财务共享服务中心实施评价效果如何？

"大智移云"背景下的财务共享服务中心更加注重对公司创新能力的评价，即非财务指标的评价，财务指标作为滞后数据仅能为信息使用者提供公司经营的短期预测。平衡计分卡是目前先进的业绩评价工具，它包含四个维度指标，而这四个维度指标又囊括了财务指标和非财务指标，将平衡计分卡引入财务共享服务中心的业绩评价系统中，不仅能够避免财务共享服务中心只关注财务指标这一短期行为，同时也能使财务共享服务中心将行动付诸公司战略发展的长期目标，这也与建立财务共享服务中心的目的不谋而合，达到了财务共享服务中心与平衡计分卡在基本原理方面的有机结合。

4）平衡计分卡从哪些维度的战略目标对财务共享服务中心实施效果进行评价，特别是控制成本战略如何实施的（表12-7）？

表12-7 基于平衡计分卡业绩评价的四川长虹的成本与业绩战略目标

评价维度	战略目标
财务维度	降低成本、提升营运能力
客户维度	提高客户满意度、扩大客户规模
内部流程维度	优化业务流程、提高账务处理效率
学习与成长维度	培养员工业务能力、加强团队建设

5）业绩评价成本模式视角下四川长虹财务共享服务中心业绩还有哪些改进空间？

（1）财务维度：有效降低成本；提高公司营运能力；优化资源配置。
（2）客户维度：提升客户满意度；存在隐性客户市场。
（3）内部流程维度：优化处理流程，降低流程风险；提高工作效率。
（4）学习与成长维度：有助于公司部门之间的信息共享，促进各部门间的协调发展。

四、教学组织计划

（一）课前计划

发放案例材料，提出启发思考题，并请学员在课前上网查找相关资料和文献。
目标：完成阅读并进行思考。

（二）课时分配（时间安排）

（1）自行阅读材料：约0.5小时。
（2）小组讨论并提交分析报告提纲：约0.5小时。
（3）课堂小组代表发言、进一步讨论：约0.5小时。
（4）课堂讨论总结：约0.5小时。

（三）讨论方式

本案例可以采用小组式讨论。

（四）课堂讨论总结

课堂讨论即将结束之后，教师要对案例讨论的过程进行点评和归纳总结，其归纳总结的关键是：归纳发言者的主要观点，重申其重点及亮点；提醒大家对焦点问题或有争议观点进行进一步思考；建议大家对案例素材进行扩展调研和深入分析。

第七章 业绩评价之财务模式

案例13 华夏幸福：基于平衡计分卡的财务共享中心业绩转型

专业领域： 会计专硕（MPAcc）、审计硕士（MAud）、工商管理硕士（MBA），会计、审计、财务管理等本科专业

适用课程： "公司业绩评价与激励机制""大数据与财务决策""企业数字化转型理论与实务"

选用课程： "绩效管理与量化考核""绩效考核与薪酬激励""业绩考核理论与实务"

编写目的： 本案例旨在引导学员通过对华夏幸福业绩转型，认识业绩评价与激励机制对公司发展的重要性，理解战略业绩系统在公司管控中的重要作用；了解不同的业绩评价与激励模式；懂得分析公司业绩评价与激励机制并进行评价；全面理解业绩评价体系在公司经营和战略实施中的地位和作用，通过分析讨论提升学员的逻辑思考与思辨能力。

知 识 点： 业绩评价指标、责任中心、内部转移价格

关 键 词： 财务共享中心；华夏幸福；业绩评价；平衡计分卡

中文摘要： 本案例讲述了华夏幸福在平衡计分卡的基础上关于财务共享中心的业绩。案例通过描述华夏幸福关于业绩评价的状况，建立了基于平衡计分卡的财务共享中心业绩评价体系。通过四个维度的分析，对公司的业绩进行评价，以期为华夏幸福更好地实现其战略目标提供更好的帮助。

英文摘要： This case describes the performance of Financial Sharing Center of Huaxia happiness on the basis of balanced scorecard. The case describes the situation of performance evaluation of Huaxia happiness, and establishes the performance evaluation system of

Financial Sharing Center Based on Balanced Scorecard. Through the analysis of four dimensions, this paper evaluates the company's performance in order to provide better help for Huaxia happiness to better achieve its strategic objectives.

案例正文

夏日炎炎，蝉声瑟瑟，烈日"烘烤"着大地，不由得让人心烦燥热，午睡时刚来公司人事部的小李在办公室怎么也睡不着，他不由得想起在同公司财务部任职但比自己来公司早几年的校友老张，于是起身向财务部走去⋯⋯

本来怕打扰老张休息，但进门就发现老张并没有休息而是在用手机刷着新闻资讯，看到此小李不由得调侃道："张哥，可以啊，这么悠闲也没睡⋯⋯"看到自己的同校师弟进来，老张也不由得一喜，笑着回应道："嗨！这不多亏前几年咱公司的那次财务共享改革吗，现在才能轻松点，说起来你们人事部那次业绩评价体系也得益于那次改革呢！"由此，小李不由得好奇道："是啊，我刚进公司，也觉得咱们公司的业绩评价体系很详细呢，张哥快给我讲呗⋯⋯"说到此，老张情不自禁地点了支烟，不由得娓娓道来⋯⋯

一、华夏幸福概况

（一）公司基本情况

华夏幸福成立于1998年，是一家国内领先的投资公司，涉及房地产、工业园区及基础设施建设投资；房地产中介服务；提供施工设备服务；企业管理咨询；生物医药研发、科技技术推广服务（科技企业孵化）等，主营业务为房地产开发和工业园区。表13-1为华夏幸福业绩评价财务模式下的指标数值。

表13-1 华夏幸福业绩评价财务模式下的指标数值

每股指标	2021年	2020年	2019年	2018年	2017年	2016年
基本每股收益/元	-10.17	0.97	3.64	3.79	2.85	2.22
扣非每股收益/元	-8.61	0.86	3.6	2.6	2.68	2.06
稀释每股收益/元	-10.17	0.96	3.61	3.77	2.85	2.22
每股净资产/元	1.620 1	11.639 5	14.680 4	14.58	9.521 8	8.244 1
每股公积金/元	—	—	0.478 6	0.783 8	1.163 2	1.990 6
每股未分配利润/元	-0.306 1	9.816 5	12.89	9.445 4	6.849 6	4.797 5
每股经营现金流/元	-0.679 6	-5.918 3	-10.559 6	-2.473 3	-5.491 7	2.627 1
成长能力指标	2021年	2020年	2019年	2018年	2017年	2016年
营业总收入/元	431.8亿	1 012亿	1 052亿	838.0亿	596.4亿	538.2亿
归属净利润/元	-390.3亿	36.65亿	146.1亿	117.5亿	88.40亿	64.92亿
扣非净利润/元	-329.5亿	32.77亿	144.4亿	105.9亿	83.21亿	60.21亿

续表

成长能力指标	2021年	2020年	2019年	2018年	2017年	2016年
营业总收入同比增长/%	-57.33	-3.8	25.55	40.52	10.8	40.4
归属净利润同比增长/%	-1 164.79	-74.91	24.4	32.88	36.17	35.22
扣非净利润同比增长/%	-1 105.51	-77.31	36.43	27.22	38.2	32.62
营业总收入滚动环比增长/%	-40.76	3.67	2.17	13.41	0.69	38.75
归属净利润滚动环比增长/%	-128.63	-69.82	7.33	12.61	8.18	15.08
扣非净利润滚动环比增长/%	-92.38	-72.33	10.33	10.45	9.9	12.8
盈利能力指标	2021年	2020年	2019年	2018年	2017年	2016年
净资产收益率（加权）/%	-152.66	7.27	35.72	35.19	31.61	29.47
净资产收益率（扣非/加权）/%	-128.13	6.41	35.29	31.55	29.67	27.41
总资产收益率（加权）/%	-8.57	1.02	3.39	3	2.83	2.95
毛利率/%	8.74	37.19	43.68	41.62	48.04	33.03
净利率/%	-92.25	4.75	13.96	14.08	14.87	11.46
财务风险指标	2021年	2020年	2019年	2018年	2017年	2016年
流动比率	1.078	1.545	1.579	1.517	1.528	1.4
速动比率	0.679	0.917	0.485	0.468	0.52	0.477
现金流量比率	-0.007	-0.081	-0.12	-0.031	-0.071	0.049
资产负债率/%	94.6	81.29	83.9	86.65	81.09	84.78
权益乘数	18.51	5.346	6.213	7.488	5.289	6.571
产权比率	66.13	6.411	7.677	8.109	8.209	8.354
营运能力指标	2021年	2020年	2019年	2018年	2017年	2016年
总资产周转天数/天	3 876	1 683	1 484	1 688	1 889	1 400
存货周转天数/天	1 482	1 329	1 655	1 782	2 191	1 238
应收账款周转天数/天	498.9	195.7	139.1	114.6	85.75	55.79
总资产周转率/次	0.093	0.214	0.243	0.213	0.191	0.257
存货周转率/次	0.243	0.271	0.218	0.202	0.164	0.291
应收账款周转率/次	0.722	1.839	2.588	3.142	4.198	6.453

华夏幸福致力于成为全球产业新城的引领者，坚持"以产兴城、以城带产、产城融合、城乡一体"的理念，确立以产业新城为核心产品的业务模式。应用业绩评价财务模式的杜邦分析，华夏幸福的财务指标现状如图13-1所示。

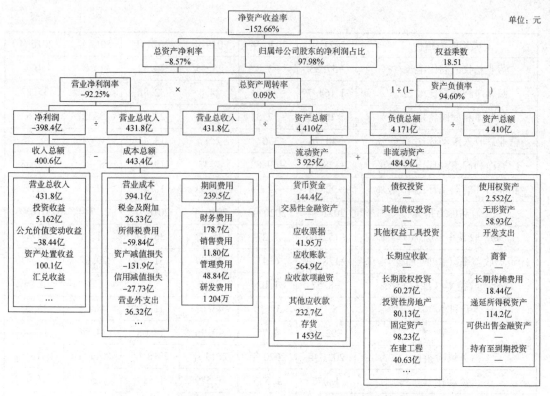

图 13-1 华夏幸福 2021 年 12 月 31 日财务数据的杜邦分析图

（二）财务共享中心业绩评价现状

华夏幸福在财务共享中心岗位的职工一共有 42 人。自从公司引进财务共享中心以来，业务人员严格按照以下流程进行记账，这样既减轻了业务人员的工作又提高了客户的服务质量，主要流程如图 13-2 所示。

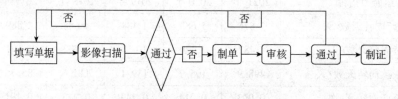

数据来源：图表由作者根据资料整理绘制

图 13-2 业务流程图

华夏幸福不仅业务流程在不断进步而且随着优化过程，业务量也较引进财务共享之前有所增加。从每人每月的一千单到现在的一万多单，错误率也在不断地减少。这样的话，管理费用也会随着效率不断地减少。

图 13-3 为华夏幸福业绩评价的 KPI 结构树。

第七章　业绩评价之财务模式

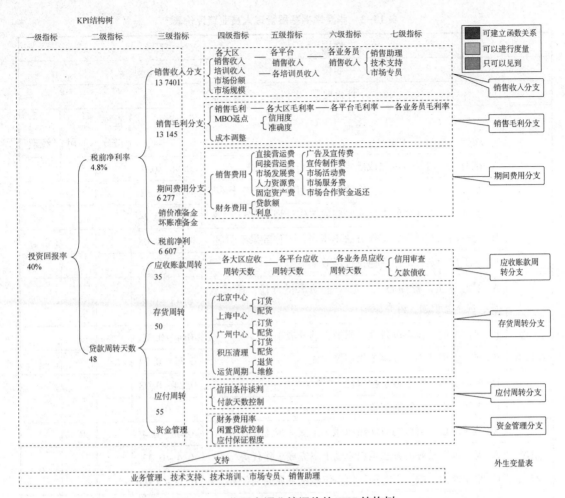

图 13-3　华夏幸福业绩评价的 KPI 结构树

二、华夏幸福财务共享中心业绩评价现状

华夏幸福目前在财务共享中心方面主要采用的业绩评价方法是目标管理。这种方法主要分为三个阶段：确定中心目标、实施中心目标、评价和奖惩。其中中心目标的界定包括确定目标的基础、目标的分类、遵循智能原则和相互沟通。而关于中心目标的确定，需要上下级进行全面的讨论和沟通，才能被最后决定。目标的确定分为不同的层次，并最终针对每个员工，再根据目标建立相应的奖惩制度，落实到各单位。执行过程是：检查、控制、适应。经理每月定期发布个人业绩评价表（表 13-2）。完成表格后，经理将对表格进行整理和总结，并将评价结果转发给员工。在管理中主要是主管对职工的业绩进行控制，经理也会对评价结果进行监督，评价奖惩的层次为当评价业绩出来后决定职工的业绩奖金和工资。而且，它未按照员工培训的结构进行业绩评价，同时也没有给予充分的激励效用。

表 13-2 华夏幸福基层管理人员业绩评价表

姓名		性别		工号	
部门		职位		直属上司	
入职时间		评价时间			

要求	说明	分值	自评得分	直属上司	部门经理
目标达成	A. 准时、及时、出色完成既定目标工作内容	0.48~0.4			
	B. 制订完善的工作计划，能按工作计划内容进行工作	0.4~0.32			
	C. 虽制订工作计划但未能按时完成工作计划	0.32~0.24			
	D. 无明确工作计划，工作方法不得当，工作效果不明显	0.24~0.08			
	E. 无工作计划，工作拖拖拉拉，效果很差	0			
工作责任心	A. 尽心尽责、责任心强，敢于主动承担责任，质量意识、成本意识强，讲究原则	0.48~0.4			
	B. 对分配的工作不讲条件、积极主动开展工作	0.4~0.32			
	C. 有一定责任心、分内工作积极完成	0.32~0.24			
	D. 尚能负责，但不敢承担责任	0.24~0.08			
	E. 做事马虎，经常推卸责任	0			
组织能力	A. 能采取极为有效的方法组织激励下属完成工作任务	0.48~0.4			
	B. 能够采取较好的方法组织激励下属完成工作任务	0.4~0.32			
	C. 组织能力一般，不能很好地组织激励下属完成任务	0.32~0.08			
	D. 组织能力很差，完全不能组织激励下属完成工作任务	0			
处理问题	A. 处理问题考虑全面，方式灵活多变，果断恰当	0.32~0.23			
	B. 处理问题较全面，有一定的应变方法	0.24~0.16			
	C. 处理问题方法欠妥当，难免造成不良影响	0.16~0.08			
	D. 处理问题方法不恰当，很难为大众接受	0			
工作技能	A. 熟悉本职工作相关内容并有效地组织实施、完成工作计划	0.4~0.32			
	B. 善于运用和总结，能理论结合实际	0.32~0.24			
	C. 能适当发挥所学的专业技能于工作中	0.24~0.16			
	D. 不注重积累知识，凭经验办事，经常出错	0.16~0.08			
	E. 知识面狭窄，不能发挥专业知识作用	0			

财务共享中心对各集团的评价指标、奖惩标准各不相同，如：成本组员工的个人业绩主要以业务交易成功率为基础，根据不同指标的重要性，还款率和业务操作速度决定权重50、15、35。每个指标都有自己的目标，操作成功率高于整个集团的平均水平，业务处理

合格率=1-错误率,总经理根据最后的业绩,确认后的正常单据处理量来确定职工的最后所得、支付操作的准确性和及时性。收款授权的正确和及时、账户管理的及时性、信贷管理的准确性和及时性、日常管理的安全性、出纳行为的完整性和关键工作的完成率;评价基金组员工的个人业绩,确定评级,并根据工作量确定工资和奖金。表 13-3 为费用组员工个人业绩评价指标。

表 13-3　费用组员工个人业绩评价指标

序号	指标名称	权重/%
1	业务处理合格率	50
2	多次退单率	15
3	业务处理及时性	35
合计		100

数据来源:由作者根据资料整理绘制

"小李啊,你可不知道虽然华夏幸福引进财务共享中心对业绩产生了很大的影响也起到了很大的作用,但是其中还是存在一系列问题:比如评价目标与公司发展战略的不合,导致公司未能充分运用财务共享,这样并不能对公司整体运营产生影响,还有就是关于管理方面未能做出适合的管理模式,而且在日常工作管理方面没有做到及时反馈,客户就会缺乏满意度,所以财务共享要想实现其公司内部战略目标必须要和公司内部管理相结合,制定适合华夏幸福的管理评价机制。还有最重要的一点是由于基层员工的惰性,加上公司管理人员的不重视,导致公司职工对财务共享中心的目标并不了解,如果个人目标与公司发展目标不一样就会很大程度上影响公司发展。基于上面的问题,咱们公司的领导赶紧构建了平衡计分卡下的财务共享中心业绩体系,希望解决以上问题,这一举措我一定要细细地给你说,这也是我一直在这里干下去并且愿意死心塌地为老板工作的原因。"老张语重心长地说。"真的吗?听你这样说,我都迫不及待想要立马知道,到底是什么样的壮举能留住你老的心啊。我得赶紧学学啊。"小李泯然笑着回答道。表 13-4 为费用组员工个人业绩评价指标。

表 13-4　费用组员工个人业绩评价指标

序号	指标名称	权重/%
1	资金类报表及时性、准确率	15
2	付款业务准确率、及时性	15
3	收款业务确认准确率、及时性	15
4	账户管理及时率	15
5	贷款管理准确率、及时性	10
6	日常管理安全性	10
7	出纳档案齐备率	10
8	重点工作完成率	10
合计		100

数据来源:由作者根据资料整理绘制

三、基于平衡计分卡的财务共享中心业绩评价体系构建

（一）明确财务共享中心战略目标

华夏幸福的战略目标为打造世界一流产业新城，促进华夏人民和谐进步、幸福，而财务共享中心的建立是为华夏幸福实现战略目标提供后盾，降低费用成本，对财务和业务进行控制。它依附于各种财务共享与大智移云区物新技术和平台来实现财务一体化，希望能更好地去助力公司实现战略目标。

（二）绘制财务共享中心战略地图

华夏幸福为了更好地将财务共享与战略目标结合绘制了财务共享中心战略地图，这个地图具体主要是将财务维度、内部流程维度、客户维度、学习与成长维度与战略目标结合到一起为实现公司价值最大化努力。从图13-4可以看出，关于财务层面，公司主要是侧重于降低运营成本和业务量上，希望通过集中管控来实现目标；而客户方面，由于原本的客户满意度不错，所以只要在维持的基础上加以改进，如：签订服务协议、进行服务营销等以便更好为公司助力；内部流程是最大的一部分，也是最重要的一部分，由于公司的内部管理流程混乱，加上制度不标准、不重视造成了很多不好的效果，现在通过优化服务流程，使业务质量更加标准，业务效率也更加地优化了；最后，人都是处在不断地学习和成长中的，通过职工心理、职工培训、流程改造、信息更新、公司文化以及团队的稳定等方面对不管是人力资源、技术升级还是组织环境进行素质提高和各种优化创新来实现公司价值。

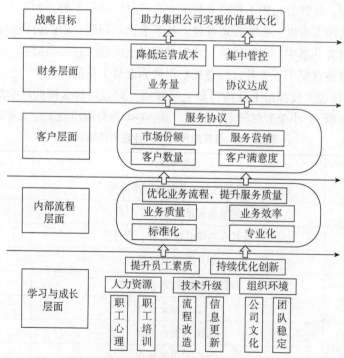

数据来源：由作者根据资料整理绘制

图13-4 华夏幸福财务共享中心战略地图

"公司管理者通过绘制的地图又分类对4个维度设立7个战略目标,具体到每一个点上进行了细化管理,让我接着给你说。"老张说道。

(三)基于平衡计分卡的华夏幸福财务共享中心业绩指标体系设计

华夏幸福财务共享中心业绩评价指标体系如表13-5所示,在7个战略目标下又分为了19个具体指标,这样把具体内容又进一步细化到了每一项,更有利于管理。首先从财务维度讨论起,财务维度建立的根本就是为了降低营运成本,所以细化的具体指标也是为降低成本而来的,因为建立财务共享的初心就是为了降低成本,主要考虑成本预算情况。而客户维度和学习与成长维度主要是提升客户满意度、增加员工培训和创新方面。而内部流程方面主要为提高业务效率和质量上,员工既要完成效率高又要完成质量高,这样才能更好实现公司战略目标。

表13-5 华夏幸福财务共享中心业绩评价体系

维度	战略目标	具体指标
财务维度	降低运营成本	预算执行率、每笔交易的成本变动率、总成本变动率
客户维度	提高客户满意度	客户满意度、客户沟通、客户投诉处理率
	提高市场份额	服务水平协议达成度
内部流程维度	提高业务效率	业务处理数量、会计核算处理效率
	提升业务质量	会计信息质量、一次性成功比例、周期改进、流程执行力与合规性
学习与成长维度	持续优化创新	创新观点数量、创新观点实施比例
	提升员工素质	人均培训学时、培训有效度、员工忠诚度、员工轮岗实施率

数据来源:由作者根据资料整理绘制

(四)基于层次分析法的指标体系权重分配

运用层次分析法计算各权重,第一步确定业绩层次模型(表13-6),然后通过询问相关人员,确定各个指标重要程度,通过建立比较矩阵,确定权重,然后将两个层次权重相乘,最后得出最终各个指标权重。

1. 建立业绩层次结构模型

表13-6 业绩层次模型

综合指标	分层指标	具体指标
综合业绩 X	财务 X_1	预算执行率 X_{11}
		每笔交易的变动成本 X_{12}
		总成本变动率 X_{13}
	客户 X_2	客户满意度 X_{21}
		客户沟通 X_{22}
		客户投诉处理率 X_{23}
		服务水平协议达成度 X_{24}

续表

综合指标	分层指标	具体指标
综合业绩 X	内部流程 X_3	业务处理数量 X_{31}
		会计核算处理效率 X_{32}
		会计信息质量 X_{33}
		一次性成功比例 X_{34}
		周期改进 X_{35}
		流程执行力与合规性 X_{36}
	学习与成长 X_4	创新观点数量 X_{41}
		创新观点实施比例 X_{42}
		人均培训学时 X_{43}
		培训有效度 X_{44}
		员工流动率 X_{45}
		员工轮岗实施率 X_{46}

数据来源：由作者根据资料整理绘制

2. 四维度的权重计算（表13-7）

表13-7　财务共享中心业绩评价四维度 X 判断矩阵

项目	财务维度	客户维度	内部流程维度	学习与成长维度
财务维度	1	2	1	3
客户维度	1/2	1	3	4
运营维度	1	1/3	1	2
学习与成长维度	1/3	1/4	1/2	1

数据来源：由作者根据资料整理绘制

3. 最终得出业绩评价体系的综合各个指标的权重（表13-8）

"经过层层指标的构建，各个权重的分配，才有了现在的结果。有的地方的计算过程我就不给你细说了，因为计算需要专业的技术和方法，我不会……我只知道的是他们算过的结果啊，所以如果你想了解具体过程还需要询问专业技术人员啊。"终于说完了，老张忍不住看向小李。只见小李早已听得津津入迷，发觉老张看向自己，小李回过神来猛地站起来说："这也太厉害了吧！听完你讲的我真的学到了许多，我觉得……"

表13-8　财务共享中心业绩评价体系指标权重表

维度	评价指标	权重
财务（0.349）	预算执行率（0.25）	0.087
	每笔交易的变动成本率（0.5）	0.175
	总成本变动率（0.25）	0.087

续表

维度	评价指标	权重
客户（0.349）	客户满意度（0.408）	0.140
	客户沟通（0.089）	0.031
	客户投诉处理率（0.360）	0.126
	服务水平协议达成度（0.143）	0.050
内部流程（0.202）	业务处理数量（0.082）	0.017
	会计核算处理效率（0.148）	0.030
	会计信息质量（0.270）	0.055
	一次性成功比例（0.270）	0.055
	周期改进（0.082）	0.017
	流程执行力与合规性（0.148）	0.030
学习与成长（0.100）	创新观点数量（0.051）	0.005
	创新观点实施比例（0.0094）	0.009
	人均培训学时（0.136）	0.014
	培训有效度（0.136）	0.032
	员工忠诚度（0.201）	0.020
	员工轮岗实施率（0.201）	0.020

数据来源：由作者根据资料整理绘制

公司业绩评价体系在经济迅速发展的今天，越来越重要，而不恰当的业绩评价模式则有可能拖累公司发展的步伐。通过你对咱们公司财务共享在公司内部的应用，分析了公司在财务共享与大智移云区物新技术的背景下构建与完善自身的业绩评价与激励机制，就是由于这一数据管理系统的建立使咱们公司的财务、业务与业绩评价信息系统可以以更高的效率和更低的成本获取所需的数据进行运算处理，服务于公司决策。财务共享为业绩评价赋能，主要表现在：财务共享中心的建立促进业务合作，统一评价标准；打通公司数据资源，提升评价效率；落实公司业绩评价方式。最后正是在财务共享与大智移云区物新技术的加持下，咱们公司的业绩信息化系统才真正做到了以用户体验为中心，让全员随时随地参与业绩评价，让公司发展得越来越好。

"说了这么多，张哥你放心，我会像你一样认真工作，踏踏实实地干，绝不让前辈的心血浪费了，我要回去工作啦，回见。"说完飞奔而去……

老张看着那飞奔而去的身影，嘴角忍不住上扬……

四、问题思考

（1）华夏幸福财务模式的业绩评价发现了什么问题？其财务模式业绩评价有什么优点与不足？

（2）华夏幸福财务共享中心业绩财务模式评价现状？财务共享与财务模式业绩评价深度融合的问题和解决措施是什么？

(3) 华夏幸福的业绩评价的财务模式对同行业公司来说有哪些借鉴点？

(4) 未来关于财务共享中心的服务与业绩评价财务模式还会有哪些进步空间？你有什么想法？

五、参考资料

[1] 石颖，崔新健. 员工持股计划对企业财务绩效的影响研究 [J]. 经济体制改革，2022（4）：129-136.

[2] 尹夏楠，詹细明，唐少清. 制造企业数字化转型对财务绩效的影响机理 [J]. 中国流通经济，2022，36（7）：96-106.

[3] 权小锋，朱宇翔."员工关爱"文化、成本黏性与公司绩效 [J]. 财贸经济，2022，43（7）：118-133.

[4] 池国华，朱俊卿，王蕾. 高管隐性腐败联防联控综合治理研究——基于内部控制与业绩考核制度关系的实证检验 [J]. 管理学刊，2022，35（3）：122-143.

[5] 关静怡，刘娥平. 对赌协议是兴奋剂抑或长效药——基于标的公司财务绩效的时间结构检验 [J]. 山西财经大学学报，2022，44（6）：113-126.

[6] 沈延安，张君彪. 基于改进证据理论的绩效综合评价模型及其应用 [J]. 运筹与管理，2022，31（3）：132-137.

[7] 路博. 高管特征对上市公司经营绩效的影响效应 [J]. 商业研究，2022（2）：133-141.

案例使用说明书

一、本案例需要解决的关键问题

本案例要实现的教学目标：引导学员通过对华夏幸福业绩转型，认识业绩评价与激励机制对公司发展的重要性，理解战略业绩系统在公司管控中的重要作用；了解不同的业绩评价与激励模式；懂得分析公司业绩评价与激励机制并进行评价；全面理解业绩评价体系在公司经营和战略实施中的地位和作用，通过分析讨论提升学员的逻辑思考与思辨能力。

二、案例讨论的准备工作

（一）理论基础

1. 扁平化管理理论

扁平化理论认为随着公司规模的扩大，会出现较多冗余的部门和人员，公司应当精简公司内的各个职能部门，明确各个职能部门、各个员工的工作职能和要求，以使其能更好、更快速地对市场需求作出反应，适应公司管理的需求，以免造成公司资源的浪费，降低公司的成本。在扁平化理论下，公司从金字塔式向横向的评级组织模式发展，扁平化的结构也使得公司内部各级组织都能够明确公司的战略目标，组织内部各个部门的沟通成本大大降低，而财务共享中心位于公司的中枢，通过互相关联的业务流程将其自身与公司内的各个部门相连接。一个扁平化的组织结构会降低这些频繁沟通的成本，加强公司的内部管控。

2. 预算业绩评价中的业绩标准

具体到预算业绩评价的语境中，业绩标准的应用领域主要在业绩目标管理与业绩评价两端。例如，在财政部最新修订的《项目支出业绩评价管理办法》（财预〔2020〕10号）中便指出业绩评价标准通常包括计划标准、行业标准、历史标准等，用于对业绩指标完成情况进行比较。而在2015年财政部印发的《中央部门预算业绩目标管理办法》（财预〔2015〕88号）中则将业绩标准界定为设定业绩指标时所依据或参考的标准，也同样包括历史标准、行业标准、计划标准以及财政部认可的其他标准等。同时还要求在业绩目标设定中要通过收集相关基准数据来确定业绩标准。从上述财政部文件的简单梳理中不难看出，目前在实践层面对于"业绩标准"这个概念尚未形成统一的称谓与界定。但是无论选择何种类型的业绩标准，它都是全面实施预算业绩评价改革中的一个核心命题，因为它体现着预算业绩评价过程中业绩评价与业绩改进的主要方向，并直接关系到业绩评价结果的优劣好坏。当然在本质上预算业绩目标与绩效评价指标并非能够简单割裂开来。简单而言，作为预算业绩评价的起点，业绩目标为业绩指标的设置提供了参考依据，业绩指标一定程度上就是对业绩目标的层层细化与量化；反过来业绩指标则往往又用来衡量最具体的业绩目标，并提供业绩目标实现情况等一系列基本的业绩信息。因此，业绩标准与预算业绩目标管理和预算业绩指标开发是如影随形的，它作为一个中间介质，内置于预算业绩目标管理和预算业绩指标开发环节，为设定预算业绩目标和业绩评价指标提供基准和参考，并用于监测和反映业绩目标完成情况以及业绩产出情况的有效性。

3. 目标管理理论

目标是公司管理的一种手段，通过设定工作目标，可以使得员工明确自己的工作任务，部门也能明确自己的定位，而业绩评价的结果就是衡量目标的完成程度，完成程度越高，公司的总体目标实现程度也越高，反之，公司则难以实现其自身的战略目标。

4. 规模经济理论

规模经济是公司发展到一定阶段后的产物，它能大大降低公司的成本，提高公司的市场竞争力，甚至有可能帮助公司实现垄断。公司实施外包与迅速扩张，目的是实现规模经济，高产出效率、低单位成本是规模经济的关键特点，这种高效率、低成本的运营模式可以大大提高公司的市场竞争力。能够实现规模经济的公司有着精细的分工、一定的生产规模以及高水平的生产效率。

财务共享服务中心重新梳理并整合了业务流程，从重复性较高的工作中将财务员解脱出来，通过构建更为高效的操作系统，将同类型的业务进行整合，并实施集中化的批量处理，使得财务共享中心的规模性效益越来越突出。同时，公司内人员的管理成本也相比之前大大降低，职能重叠的部门被进行整合，公司的流程处理速度、处理规模不断扩大，能够使公司降低财务成本。

（二）案例背景

1. 华夏幸福公司概况

华夏幸福成立于1998年，是一家国内领先的投资公司，截至2020年年底，公司实现经营业绩1 012.09亿元，主营业务包括房地产开发和工业园区。2020年7月，入选2020

年"财富"中国500强,位列第96位。华夏幸福致力于成为全球产业新城的引领者,坚持"以产兴城、以城带产、产城融合、城乡一体"的理念,确立以产业新城为核心产品的业务模式。

2. 华夏幸福公司财务共享中心构建概况

(1) 财务共享中心组织架构。

图13-5所示为华夏幸福公司财务共享中心组织架构图,共享中心主要分为九个组,每个组分别负责不同的任务。比如:费用组主要负责费用的支出,对费用严格进行管理,对报销费用进行审核和复核、记账等一些与费用相关的工作;而发票组主要审核发票;资金组则是对自己的收付和日常现金的管理等。

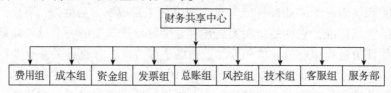

图13-5　华夏幸福公司财务共享中心组织架构

(2) 财务共享中心业务范围。

华夏幸福财务共享中心的业务主要集中在对国内外分子公司的财务报销等一些财务处理事宜上,包括工资的发放、采购、资金的核算、税费等一些支出。随着财务共享与大智移云区物新技术的不断成熟,业务范围也在不断增加。华夏幸福不仅业务流程在不断进步而且随着过程优化,业务量也较引进财务共享之前有所增加。从每人每月的一千单到现在的一万多单,而且错误率也在不断地减少。这样的话,管理费用也会随着效率不断地减少。

(3) 财务共享中心业绩评价现状。

华夏幸福公司目前在财务共享中心方面主要采用的业绩评价方法是目标管理。这种方法主要分为三个阶段:确定中心目标、实施中心目标、评价和奖惩。其中中心目标的界定包括确定目标的基础、目标的分类、遵循智能原则和相互沟通。而关于中心目标的确定,需要上下级进行全面的讨论和沟通,才能被最后决定。目标的确定分为不同的层次,并最终针对每个员工,并根据目标建立相应的奖惩制度,落实到各单位。执行过程是:检查、控制、适应。经理每月定期发布个人业绩评价表。完成表格后,经理将对表格进行整理和总结,并将评价结果转发给员工。在管理中主要是主管对职工的业绩进行控制,经理也会对评价结果进行监督,评价奖惩的层次为当评价业绩出来后决定职工的业绩奖金和工资,但是,它未按照员工培训的结构进行业绩评价,同时也没有给予充分的激励效用。

三、教学组织方式

(一) 课前计划

首先发放华夏幸福的案例正文,根据正文内容回答问题与思考题,并让学员利用课余时间自己寻找网上关于华夏幸福公司的相关资料和文献,了解华夏幸福近年来的发展历程、使命愿景、价值观念,学习"业绩评价与激励模式"第一章内容,知晓基本的业绩评价模式有哪些、业绩评价系统的要素有哪些。

目标：完成阅读并进行思考。

（二）课时分配（时间安排）

(1) 教师引言，明确主题，告知分析和作业要求（5分钟）。

(2) 学员分组讨论并于课下制作PPT，在课堂上演示（30分钟）。

(3) 同学们讨论，并对疑惑处进行提问，小组讨论回答（每组10~15分钟）。

(4) 同学们与教师分别进行归纳总结（10~15分钟）。

（三）讨论方式

本案例采用头脑风暴式集体讨论方法，以问题为导向，以启发学员思维为主要目标。

（四）问题与思考

(1) 华夏幸福财务模式的业绩评价发现了什么问题？其财务模式业绩评价有什么优点与不足？

(2) 华夏幸福财务共享中心业绩财务模式评价现状？财务共享与财务模式业绩评价深度融合的问题和解决措施是什么？

(3) 华夏幸福的业绩评价之财务模式对同行业公司来说有哪些借鉴点？

(4) 未来关于财务共享中心的服务与业绩评价财务模式还会有哪些进步空间？你有什么想法？

（五）课堂讨论总结

课堂讨论总结的关键是：归纳发言者的主要观点；重申其重点及亮点；提醒大家对焦点问题或有争议观点进行进一步思考。

案例14 财务大数据赋能：东莞农商银行对财务模式业绩评价的再优化

专业领域：会计专硕（MPAcc）、审计硕士（MAud）、工商管理硕士（MBA），会计、审计、财务管理等本科专业

适用课程："公司业绩评价与激励机制""大数据与财务决策""企业数字化转型理论与实务""大数据财务分析"

选用课程："金融理论与实务""绩效考核与薪酬激励""业绩考核理论与实务"

编写目的：本案例旨在引导学员了解东莞农商银行财务模式的业绩评价现状，对东莞农商银行引进大数据平台的背景及引进后对其财务模式的业绩评价各个方面产生的影响进行调研，从而对大数据财务模式的业绩评价有更深入的了解，并且以东莞农商银行为缩影，探讨大数据技术对商业银行财务模式业绩评价的作用路径。分析财务共享与大智移云区物新技术对银行业财务模式的业绩评价改进的作用机理与未来空间。

知 识 点：大数据技术、银行公司对大数据技术的需求、引进大数据平台对银行公司业绩评价的帮助、引进大数据平台后仍需改进之处

关 键 词：东莞农商银行；大数据平台；业绩评价；大数据技术

中文摘要：随着大数据政策不断向各个行业和领域的延伸，大数据技术也渐渐地广为人知。大数据技术全面性的拓展和应用，不仅影响了传统公司对数据统计的计量，而且成了公司生产经营过程中数据挖掘的工具，使公司在客户价值管理和业绩评价方面得以迅速提升。应用大数据技术可以对海量数据进行分析，有效掌握公司的方方面面，弥补传统业绩评价的不足。因此，在当下大数据时代商业银行将大数据技术与其业绩评价相结合以提高公司管理效率和质量对其立足于金融行业意义非凡。本案例从东莞农商银行引进大数据平台前后的数据处理和业绩评价等方面进行对比，阐述公司引进大数据平台的动因及大数据对其业绩评价带来的帮助。

英文摘要：With the continuous extension of big data policies to various industries and fields, big data technology has gradually become widely known. The comprehensive expansion and application of big data technology not only affects the statistical measurement of data by traditional enterprises, but also becomes a data mining tool in the process of production and operation of enterprises, which rapidly improves the management of customer value and performance. The application of big data technology can make use of massive data for analysis, effectively master all aspects of the enterprise, and make up for the deficiencies of traditional performance management. Therefore, in the current era of big data, it is of great significance for commercial banks to combine big data technology with performance management and performance evaluation to improve the efficiency and quality of enterprise management. This case compares the data processing and performance assessment before and after the introduction of the big data platform by Dongguan Rural Commercial Bank, and expounds the motivation of the enterprise to introduce the big data platform and the help big data brings to its performance management, and gets familiar with the content related to the big data platform.

案例正文

数据技术经过近十几年的发展和完善已经成为一门成熟的技术，现在已经在各行各业得到了广泛应用。大数据技术通过使用新处理模式，为人们提供更强的决策力、洞察发现力和流程化能力，其涉及数据采集、数据存取、统计分析、数据挖掘、模型预测和结果呈现等数据处理加工的各个方面，天然适合重度依赖数据开展业务的银行业。大数据的出现为银行业带来了新的革新动力。目前四大国有银行及各大股份制银行已经制定了各自的大数据战略并探索了部分应用场景，同时中小银行也正在加快大数据建设步伐，那么运用大数据后企业的发展状况是怎么样的？本案例从东莞农商银行财务模式的业绩评价中引进大数据平台前后的数据处理和业绩评价等方面进行对比，阐述公司引进大数据平台的动因及大数据给其业绩评价带来的帮助，希望引导学员对财务大数据的业绩评价知识学习。

一、东莞农村商业银行简介

东莞农村商业银行（以下简称"东莞农商银行"）是一家具有独立法人资格的总行级地方性股份制商业银行，始建于1952年，2004年统一法人体制改革，2009年12月完成股份制改制，是广东省率先启动改制为农村商业银行的三个试点之一。截至2021年12月末共设立了505个营业机构（含总行），下辖39个一级分支机构、186个二级支行和279个分理处，共504个营业网点，开发了7×24小时电话银行、网上银行、手机银行、微信银行、直销银行等多种在行与离行金融服务。以数字化和集团化为抓手，全力推进"零售金融、产业金融、小微金融、同业金融、数字金融"五大核心业务，努力建设成为"资本市场化更充分、数字化转型更明显、集团经营化更有特色"的区域性现代农商银行集团。

又到了下班时间，东莞农商银行的资深柜员刘畅和往常一样，脸上洋溢着笑容带着她负责的实习生张晓走出了银行大门，看着自己学徒欲言又止的神情，刘畅不由得笑出声来，"小晓，你好像有什么想说的哦。"听到这句话的刘晓不由得有点忐忑，但迫切想要解惑的她还是问了出来："畅姐，我刚从学校里出来，听说只要保证业绩达标就能在银行工作得很轻松，可是咱们这……。"听到这句话的刘畅歪了歪头，想了想说道："你是看行里所有人都是一副忙碌认真的样子才这么想的吧？以前我们行实行旧的财务模式业绩评价，大家都只为完成指标，但是自从领导引入财务共享与大智移云区物新技术后就不一样了。"深知自己老师性格的刘晓迫切地做出回应："什么不一样？"。"我给你对比着说吧，以前行里关于财务模式下业绩评价的问题可多了……。"刘畅开始侃侃而谈起来。

二、东莞农商银行传统业绩评价概况

（一）东莞农商银行传统业绩评价简介

1. 整体及分支机构业绩评价标准

东莞农商银行传统的业绩评价方法是传统的财务指标分析方法，对银行整体以及各分

支机构的评价主要是通过几种较重要的财务指标如盈利能力指标、吸收存款能力指标、资产质量指标和成本费用指标，其评价项、评价指标、权重以及分值计算方法如表14-1所示。

表14-1　东莞农商银行整体及各分支机构业绩评价标准

评价项	评价指标	分值	计分公式
盈利能力指标（25）	净利润	15	（本年指标值/上年标值）×分值
	资产净利润	5	（本年指标值/上年标值）×分值
	净利息收益率	5	（本年指标值/上年标值）×分值
吸收存款能力指标（35）	存款总额	15	（本年指标值/上年标值）×分值
	存款增长率	10	（本年指标值/上年标值）×分值
资产质量指标（20）	不良资产率	10	（本年指标值/上年标值）×分值
	存贷款比率	5	（本年指标值/上年标值）×分值
	资产流动比率	5	（本年指标值/上年标值）×分值
成本费用指标（20）	行为规范	5	按月临时抽查统计行为是否规范
	安全防护	5	出现重大事故一票否决

从表14-1中可以看出，对银行整体及分支机构的评价主要以分值形式体现在传统财务指标中，但只存在指标项目，却没有明确的得分标准。

2. 普通员工业绩评价标准

而针对普通员工业绩评价需要有一定的针对性，因此其主要的内容包括思想品德、工作态度、能力和业绩这四个方面。思想品德所占比例为10%，评价的内容是员工的职业操守方面；工作态度所占比例为10%，评价的内容是员工的工作积极主动性和纪律性等方面；工作能力所占比例为10%，评价的内容是员工的业务水平方面；工作业绩是评价的重点部分，所占比例为70%，评价内容主要包括员工工作目标的完成情况。具体情况如表14-2所示。

表14-2　东莞农商银行普通员工业绩评价标准

被评价人		职位		
支行		部门		
评价项目	评价内容	权重		评分
思想品德	思想品德	5%	10%	
	职业道德	5%		
工作态度	主动性	3%	10%	
	责任心	2%		
	协作性	3%		
	纪律性	2%		

续表

评价项目	评价内容	权重		评分
工作能力	专业技术能力	3%	10%	
	工作经验与方法	2%		
	理解表达能力	2.50%		
	沟通协作能力	2.50%		
工作业绩	业务量	50%	70%	
	工作贡献度	20%		
评价得分情况				
评价人评价	签名：	年 月 日		
被评价人意见	签名：	年 月 日		

东莞农商银行对员工的业绩评价从多方位进行指标选择，就体系而言比较合理，但评价分数比较容易受到评价人主观判断影响，而且多指标的评价不仅会加大评价人的工作量，也容易使员工间因为各个不同指标的得分差异产生矛盾。

（二）东莞农商银行业绩评价状况

东莞农商银行在改革和发展的过程中，对人员评价制度进行了一定改革，并主要采用了KPI对员工进行业绩评价，但是，东莞农商银行业绩评价主要以业绩评价为主，业绩评价主要分为部门评价、员工评价、年度评价、月度评价，评价结果主要关系到员工业绩工资，业绩工资占员工总工资比例小。东莞农商银行在业绩评价的业绩计划中，主要运用关键业绩指标方法（即KPI），对部门按照全面业绩评价的要求分为两条主线进行业绩评价和评价，对于技术部门、销售部门等划归为公司管理部进行评价，对于管理部门的业绩评价和评价由人力资源部门组织实施。对于技术部门、销售部门的业绩指标部分量化，大部分为评价指标，对于管理部门指标多为评价为主，客观性较差。在业绩评价过程中，关键业绩指标根据部门不同进行不同的设计，并根据岗位、职责不同设定不同的业绩指标标准，指标数量繁多，指导性差，业绩指标周期性变动大，记录不够全面、不准确，分公司间、部门间、岗位间对业绩指标的概念、统计口径和规定不同，数据来源各不相同。东莞农商银行在业绩评价过程中只涉及结果业绩指标，对员工过程业绩没有设定指标进行控制。东莞农商银行在业绩评价中的业绩辅导，缺乏数据平台支持，对于员工过程业绩记录不足甚至没有相对应的图像、声音记录，业绩辅导基本依靠员工对工作的汇报情况，或者通过管理者经验进行。东莞农商银行在业绩评价的业绩评价阶段，各个分公司对于结果业绩的数据统计时间周期不同，只有极其个别的分公司能做到每日对结果业绩实现程度进行统计，并及时反馈给员工，大部分分公司结果业绩指标实现程度的统计速度极其滞后，业绩评价主要以人为主观评价为主，具有极大的不准确性，导致员工对于结果业绩失去信心，挫伤其工作积极性。东莞农商银行在业绩评价的业绩反馈过程中，由于数据不足、平台数据有限，业绩反馈数据不足，只根据经验指导且与员工协调的方式比较单一，没有心理反馈。

总之，东莞农商银行的业绩评价，缺乏足够数据支持，业绩评价效率低下，严重影响了业绩评价和管理效果和效率。此外，东莞农商银行目前的业绩评价存在着业绩评价指标设定不合理、量化程度低、数据不准确、过程业绩缺失等重要问题，导致员工找不到清晰的工作方向和工作目标，不能有效激励员工的工作动力，甚至挫伤了员工工作积极性。

"哦，原来以前有这么多问题啊，那中间肯定是发生了什么了不得的事情让前辈们都认真起来了吧，嘻嘻！"刘畅看出正在嬉皮笑脸的学徒张晓想要知道这场变革的经过，她也没有隐瞒，当即说道："这都是因为2017年行里引进大数据平台，它稳定运转后我们就没过过清闲日子了。""畅姐，你说归说，但是这满脸开心地抱怨是怎么回事？画风不对啊。""……，没清闲日子过不也挺好的嘛，在工作中进步，每天都很充实，当然，主要是心里踏实，知道自己的努力是有回报的。""嗯嗯，看来这个大数据平台真的能激励士气啊！"

三、东莞农商银行基于大数据的业绩评价应用

（一）大数据平台应用

东莞农商银行结合现状分析以及与行内业务管理人员交流，项目组收集并总结了基于大数据平台的应用提升要求，并形成了大数据应用规划，主要包括客户洞察、数据处理、运营提升和风险管控4个领域。大数据基础平台的建设目的在于整合各业务系统的数据，准确完整地分析行内现有数据，建立层次合理的数据模型，规范数据架构，完善数据发掘和管理机制，满足东莞农商银行内部业绩评价和业务发展的要求，为大数据应用提供数据基础和财务共享与大智移云区物新技术基础。

目前市场上有较多的大数据解决方案提供商，东莞农商银行综合考察了多家产品的性能、稳定性、易用性等要素，最终选定了星环科技公司的Transwarp大数据综合平台（Transwarp Data Hub，简称TDH）作为大数据基础平台的支撑软件。TDH平台的主要组件如图14-1所示。

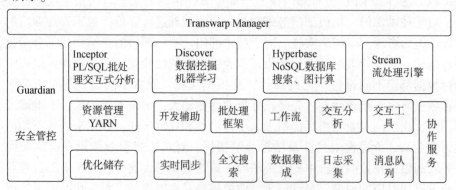

图14-1　TDH大数据平台主要组件

其基础组件包含数据搜索和处理、图表计算和数据呈现、数据集成、机器学习、交互分析等多个方面，其较为全面的功能与东莞农商银行的需求十分契合。

大数据平台在系统架构上分为四层：数据采集层、数据层、数据接口层和数据应用层，系统架构图如图14-2所示：

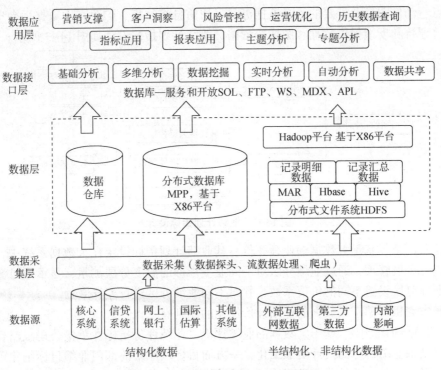

图14-2 TDH大数据平台系统架构

图14-2中虚线框内是大数据基础平台,与数据仓库平台进行数据交换,是数据仓库体系在大数据环境下的一个重要补充和衍生。大数据平台使用Hadoop处理非结构化和半结构化数据,处理完的数据再导入到数据仓库或各应用系统中以便做进一步的数据展示与分析。数据采集层从银行内部信息系统、外部互联网、第三方的数据等数据源采集数据。数据层对采集的结构化数据和半结构化、非结构化数据进行集中管理,进行数据清洗、标准化、存储、索引、数据挖掘、数据分析等操作,实现对大数据的集中管理并采用Hadoop、Stream、Hbase、Hive等大数据处理平台和工具,实现批量数据区、实时数据区和数据查询的处理。数据接口层提供支持WEB环境、数据建模工具、数据可视化工具、数据获取API等外部系统获取和使用大数据平台的数据的财务共享与大智移云区物新技术接口,支持大数据的广泛应用。

数据应用层将根据数据应用的场景,并依托数据应用的工具,实现大数据应用对公司业绩评价的助力。

(二)东莞农商银行基于大数据的业绩计划

东莞农商银行基于大数据的业绩计划指标设计在SMART原则的基础上,对结果和过程指标进行设计,指标更加精细,并将业绩指标固定在系统中,对总行、分行实现统一的业绩指标,统一口径,保证业绩评价标准的统一。优化后的业绩计划将包括结果业绩指标和过程指标两部分。对于结果业绩的设计将分为主要指标和次要指标两部分,分别通过母卡和子卡指标进行显示;对于过程业绩指标将根据员工不同工作不同流程,对流程节点中制定关键动作和关键控制点指标。基于大数据平台,过程业绩能够更加顺利、精细化地实现,结果业绩能够更加详细、精确和实时化。数据信息系统将能够实时确定员工工作时间、地点、动作图像及需要的语音证据等，一切信息将收集、贮存在大数据平台中，为业绩辅导、评价和反馈提供数据、图像等依据。业绩计划指标设计如图14-3所示。

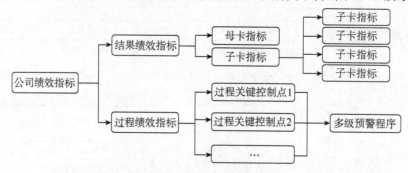

图14-3　业绩计划指标设计

东莞农商银行基于大数据的业绩评价，其业绩计划指标设定在大数据系统中，并对业绩指标进行分区管理，通过业绩分区对不同业绩指标的温度分层测量，显示通过激励机制对不同业绩分区设置不同的价值系数，并对不同业绩分区进行差异激励。

东莞农商银行基于大数据的业绩评价优化的原则有三点：

第一，精细化原则。基于大数据的业绩评价，业绩评价指标在承接公司战略目标的基础上，对结果业绩目标的设计更加细化，一方面目标从原来的部门业绩目标细化到个人业绩目标；另一方面，业绩指标细化为业绩结果指标和过程指标，结果指标的设计更加精细，分为子卡和母卡指标两部分，将公司总体目标完成了层层细分；过程指标的管理更加细致，并为工作过程管理提取更为重要的节点，对重要的工作节点工作规则、动作、话术等进行规范化、标准化，并将标准规范在数据平台中，进行精细化的管理。最后，基于大数据的业绩评价对业绩进行分区管理，以便进行更为精细化的业绩评价和激励。基于大数据的业绩评价分为多个业绩区间，不同业绩区间代表不同的竞争力水平，业绩越高竞争力越强（图14-4）。基于大数据的结果业绩评价包括五个业绩分：亏损区、保本区、达标区、提成区、分享区。五个业绩分区代表的竞争力根据市场需求、公司战略进行设定，如亏损区：业绩最差，员工业绩低于公司业绩正常水平；保本区：员工业绩达到公司一般要求，达到保存存量的标准，处于国内同行业一般水平的业绩；达标区：员工业绩超额完成，发展新量，达到公司战略发展目标的要求，处于国内同行业先进水平的区域；提成区：员工业绩优秀，超额发展新量，达到世界同行业一般水平的业绩区域；分享区：员工业绩突出，最具有竞争力的业绩，超过同行业标杆公司的业绩标准，处于世界同行业领先水平的区域。过程基于大数据的业绩评价分为A、B、C、D四个区，A区是业绩水平最高，最具竞争力的业绩区，D区是业绩水平最差的业绩区，B、C业绩处于中间位置的分区。

第二，公开化原则。基于大数据的业绩评价能够实现业绩数据的实时显示、数据的公开化和透明化。大数据技术能够实现各个数据库的并行，并将所有数据显示在统一的数据平台上，通过通信设备数据的实时传输，显示在各个终端上，包括电脑、手机移动终端等设备上，以便员工、管理层及时查阅、监督和维护。公开化的数据能够使业绩评价更加准确、透明，从而提高员工对业绩评价公平性的信心，提高员工积极性。

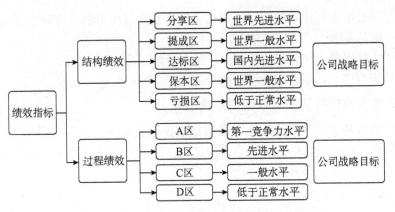

图 14-4 基于大数据的业绩评价业绩分区

第三，激励最大化原则。为了达到员工自主激励的目的，实现激励最大化，基于大数据的业绩评价对不同业绩分区分配不同的价值系数激励。设计多个业绩分区，给员工自主选择不同激励价值系数的主动权，使员工成为工作的主人，员工越努力，业绩达到的业绩分区越高，实现的业绩价值越大，对应的价值系数越高，业绩激励越大，使员工的注意力从岗位、薪级转移到将本职工作做好、做出色，激励起员工的内在动力，体现了激励最大化原则。

四、东莞农商银行基于大数据的业绩评价优化

"嗯嘛，说激励士气也没错，毕竟它在评价和辅导方面作用大一点，评价方面，做多做少不是一个样子了，越努力，奖励越多，荣誉越多；辅导嘛，系统会给我们的工作提出改进措施，虽然也有一定的监督成分在啦！""详细讲啦，畅姐。""是这样的……"

（一）东莞农商银行基于大数据的业绩评价

东莞农商银行基于大数据业绩评价的结果业绩指标设计分为三个步骤，分别为：确定子、母卡指标（即主要、次要工作业绩指标）；确定指标的评价标准，评价标准被分为五个业绩区间；确定业绩分区的价值系数，对实现不同结果业绩的员工进行不同的价值奖励。以下是通过东莞农商银行的结果业绩指标、指标标准、过程指标进行设置的具体过程：

第一，确定岗位的母卡、子卡指标。经理级岗位的母卡指标：收入；子卡指标：发展量、产品销售率、指标完成度。子卡指标由关键路径指标、客户服务指标、团队建设指标组成。

第二，确定指标的评价标准。东莞农商银行根据公司发展情况，确定五个业绩分区：亏损区、保本区、达标区、提成区和分享区。

第三，确定业绩分区的价值系数。根据不同基于大数据的业绩评价刻度的业绩区间对公司业绩贡献程度，经过财务、以往业绩情况等测算，对各指标标准进行预算和设定，确定合理的奖惩区间的跨度。

东莞农商银行基于大数据业绩评价的过程业绩指标设计分为以下步骤：

第一，确定过程基于大数据的业绩评价指标。根据员工日常关键行为，设置日、周关键动作，建立过程基于大数据的业绩评价指标。

第二，过程基于大数据的业绩评价刻度。以工作完成度为例，分别根据完成程度分为A、B、C、D四个等级。

过程基于大数据的业绩评价将影响员工过程业绩工资，并且当员工过程业绩等级为D时，将启动预警程序，如果过程业绩等级持续为D，则预警将会升级。

（二）东莞农商银行基于大数据的业绩辅导

东莞农商银行基于大数据的业绩指标建立后，通过对员工过程业绩数据收集及比较、结果数据的分析，结合大数据系统中个人的综合信息，对员工进行业绩辅导，改善员工工作流程，提高员工业绩，提升业绩优化效率和效果。

1. 大数据系统自动建议辅导

建立大数据平台，基于大数据综合分析的结果，加上人机交直分析，将需要改进的员工工作过程的关键控制点、员工态度等及时通过系统发信息给员工，形成一种提前检错和预警作用，并将工作标准发给员工，起到系统自动辅导的作用。另外，可以构建内部第三方管控小组，管控小组在基于大数据的业绩评价平台系统中，根据过程业绩关键动作及其评价标准对系统无法进行识别或者自动评价的动作及时作出回复和反应，并及时对员工工作中出现的问题进行回复，同时，对各员工的过程业绩中的关键动作执行情况进行核实和辅导。

2. 标准样板辅导

基于大数据的业绩评价对员工过程业绩的记录和管理，可以实现智能分析，根据标准样板的规范，自动提取样板，最终由人工对系统提取的样板进行再次筛选，并将标准样板的样板动作标准、规范地进行描述、提取关键词等，并发布在系统中，显示在数据平台中，供员工与管理层学习、交流等。标准样板可以分为工作过程样板和结果业绩最佳样板，通过对业绩比较、工作过程数据的比较和分析，最终客观地评价出标准样板。鼓励并监督员工对标准样板工作流程、行为等进行学习，公司可以提炼出不同样板的标准动作，并对其动作不断观测和优化，最终，对关键动作和关键控制点进行不断优化，并能够通过观测发现流程优化、工作优化方式等，提高和改善员工业绩。

（三）东莞农商银行基于大数据的业绩评价

1. 东莞农商银行基于大数据的过程业绩评价

东莞农商银行基于大数据的过程业绩评价是基于大数据系统对员工工作过程中的图像、声音、输入文字进行数据收集，根据系统中预先设定好的评价指标、评价标准、关键控制点操作规范等进行分类处理，分类处理数据包括系统自动识别的数据，系统将进行自动处理、自动评价，将评价结果显示在开发平台中，同时自动进行奖惩等。如果个人过程业绩中出现发生预警流程的异常数据，系统将自动启动预警系统，对个人、管理者提供信息，并根据预警情况对员工自动进行错误记录，与奖惩措施相联系，智能进行奖惩。在完整的过程业绩评价过程中，员工每个动作的图像、声音、文字、数字等数据都将实时记录，在大数据平台中将保存、可查询，但不可修改，能够保证原始数据，对于协助员工进行工作改进有很大参考和对比等价值，实时的显示工作过程能够使员工及时比较、发现工作中失误，减少工作中重复犯错的概率，从而改善工作业绩，因此对员工作用重大。另外，也为公司提供实时、有效的数据依据，以便公司对个人行为、业绩等进行综合的数据分析等。

2. 东莞农商银行基于大数据的结果业绩评价

东莞农商银行基于大数据的结果业绩评价是在开放的大数据平台系统中，任何员工都能够实时查看自身每一时刻的结果业绩统计数据，从而帮助员工实时地根据系统中预先设定好的评价指标、评价标准、关键控制点操作规范等进行自我比较和检查。同时，开放的大数据平台分类处理结果业绩收集的数据，直接与薪酬、激励业绩相联系，实时地反馈出员工目标的实现进度及其奖惩情况。通过开放平台系统的数据显示，员工之间的竞争更加透明化和实时化，通过对比员工间能够找到差距，相互帮助，及时沟通和学习，弥补业绩差距，也保证了业绩目标实现和超越的可能性。基于大数据的结果业绩评价解决了结果业绩数据时效性的问题，准确度更高，使用价值更大，能够为公司赢得员工的信任，增强员工工作信心，激励员工内在动力，增强员工间的协作、互助、竞争力，使员工工作效率更高，有效提高业绩评价效率。

（四）东莞农商银行基于大数据的业绩反馈

1. 东莞农商银行基于大数据的业绩评价的运营业绩反馈

东莞农商银行基于大数据的业绩评价结果为业绩反馈提供了有效和科学的依据，同时，在大数据平台中的原始数据也为业绩反馈提供了原始参考和对比材料，使业绩反馈更加有效。东莞农商银行基于大数据的业绩反馈可以概括为：

（1）统一自动反馈、纠偏。

东莞农商银行基于大数据的业绩评价系统经过自动处理或者人机交互处理获得的业绩结果显示异常的行为，系统将自动反馈给个人，并将相关指导手册、相关案例分享等信息自动发送到员工个人邮箱或者手机客户端，为员工改进业绩提供参考，并提醒员工进行自我行为的纠偏，避免出现更为严重的预警。

（2）管理者指导。

东莞农商银行基于大数据的业绩评价系统将识别出的级别较高的业绩差异预警数据发送到当事人的直属上司，或者更高级管理者的移动客户端或者邮箱中，提醒其下属出现问题比较严重。上司将根据贮存在数据平台中的预警数据进行观察，找到相关问题，并针对这些问题对其下属进行指导、帮助，直到这些问题解决为止。预警级别由系统提前设定，反馈的信息也将记录在系统中，并通过系统进行评价，评价结果将与业绩偏差当事人和其他指导者的薪酬激励相关联。这样能够保证反馈的及时性和充分性，有利于督促当事人和领导及时解决问题，避免积劳成疾。管理者指导方法可以采用面谈、样板示范学习等多种形式，这些过程都将记录在基于大数据业绩评价数据平台中，对进行指导的管理者和员工薪酬和激励产生直接影响。

（3）业绩改进计划。

通过数据平台，业绩改进计划能够通过拆分，分解成员工行为的关键控制点，改进行为将与员工个人和指导的管理者的业绩和薪酬产生直接联系，保障改进计划的实施，督促改进计划的有效、及时实施。及时、有效的业绩反馈能够使工作中的小问题及时解决，避免形成不可弥补的错误，加强个人的处理风险的能力，同时提高公司风险控制的能力，减少弊病的重复发生，提高公司的业绩率。

2. 东莞农商银行基于大数据的业绩评价的心态反馈

东莞农商银行基于大数据的业绩评价中加入了心态反馈，即员工在工作中每天至少对自我的心态状况进行描述并记录在系统中。其中心态描述可以写明遇到的问题，这些问题系统将进行智能分析和反馈，将需要人文关怀的信息及时反馈到管理层。系统分类处理员工上传的心态信息后，对出现异常反应的员工按照提前设定的程序进行慰问、关怀，帮助人员进行心态调节，当系统调节未达到目标时，系统自动将未达到目标的问题向相关人员反映，相关人员需要对心态信息及时作出反应。心态反馈有利于员工在工作中保持健康的工作态度和心态，有积极的心态对待客户和工作，才能产生更高的效率和更好的工作业绩。同时，避免出现意外事故，为公司节约人力资源成本。心态反馈能够及时了解员工心理状态，为人力资源及时挽留那些公司需要的人才提供可靠的数据，提高人力资源管理的效率，节约人力资源招聘和挽留成本。同时，心态反馈使公司管理更加人性化，能够有效提高公司的归属感，提供员工的工作内在动力，提高工作效率，为实现自身价值和公司目标努力工作。

"哦，原来这个大数据平台这么靠谱，难怪咱们银行越做越好，前辈们不仅业务能力越来越强，工作热情也每天都那么饱满。"张晓越是深入了解，越是感到震惊，她不由得握紧了拳头说道："我决定了，我这段时间也要努力工作学习，给行里领导留个好印象，以后努力和前辈们做同事！"

五、参考资料

［1］毕茜，邓玲. 绿色信贷业绩评价对企业绿色创新的驱动效应研究［J］. 南方金融，2022（5）：18-32.

［2］杨有红. 质量效益型增长方式、企业创新与财务管理转型［J］. 北京工商大学学报（社会科学版），2021，36（6）：53-63.

［3］许芳，田萌，徐国虎. 大数据应用能力对企业创新绩效的影响研究——供应链协同的中介效应与战略匹配的调节效应［J］. 宏观经济研究，2020（3）：101-119.

［4］戴子月. 员工持股、行业特征和财务绩效——基于大型上市企业的经验证据［J］. 投资研究，2022，41（3）：147-158.

［5］陈晓非，叶蜀君，肖笛雨. 基金经理行业配置能力与基金业绩评价研究［J］. 经济问题，2021（11）：44-50+106.

［6］王建秀，李晓燕，杨海生，等. 对我国基金业绩评价的再考察——能力还是运气？［J］. 经济问题，2021（2）：61-70.

六、讨论问题

（1）会计大数据技术应用对银行财务模式的业绩评价产生了哪些影响？

（2）优化银行的财务模式业绩评价有何意义？

（3）大数据应用对东莞农商银行的财务模式业绩评价优化有何帮助？

（4）东莞农商银行保障会计大数据的在业绩评价中全面应用与无缝对接可采取哪些措施？

（5）会计大数据技术在整个银行的业绩评价应用中存在哪些问题和应用措施？

案例使用说明书

一、本案例需要解决的问题

本案例要实现的教学目标：通过对东莞农商银行引进大数据平台的相关内容，分析大数据技术对商业银行财务模式业绩评价的作用，并对比应用大数据平台前后业绩评价体系的差异，引导同学关注大数据在当代公司应用的作用，大数据对公司业绩评价体系的影响以及业绩评价体系优化对公司的影响。

二、案例讨论的准备工作

（一）理论基础

1. 大数据技术对商业银行财务模式业绩评价的作用

商业银行财务业绩评价，主要是从风险水平、风控能力、营运能力以及成长能力四个方面展开分析。

（1）大数据技术对商业银行风险水平影响。风险水平是通过评估商业银行潜在风险因素，分析其控制风险的能力。其主要利用不良贷款余额和不良贷款率两个指标进行，商业银行不良贷款余额和不良贷款率高，则会占用资金，影响贷款业务正常流转，降低资产质量，不利于银行经营效率和盈利能力的提高。银行持续加大科技资源投入，着力打造IT战略支撑体系，提升数字化管理能力，进而明确大数据技术银行定位，持续深入推进大数据技术改革，通过两个方式实现了不良贷款余额和不良贷款率的双降。一是搭建风险大数据平台，建立公司客户关系图谱和智能预警体；二是构建风控智能化引擎，实现全流程数字化决策，针对各区域经济特点及客群差异对业务进行动态调整和差异化分类管理，防范风险，持续优化风险资产组合配置。

（2）大数据技术对商业银行风控能力的影响。银行通过风险大数据平台、智能风控和区块链征信等大数据技术工具，收集整理银行内外的数据信息，对客户的资信和违约概率进行计算和分析，有效地提高了资产质量。银行利用大数据云计算技术全面优化经营管理流程，并率先发展区块链技术，建设去中心化的数字化银行，缩短了业务流程和环节，有效地提高了资产周转效率和贷款周转率。银行通过大数据技术对数字化银行的建设，控制了管理费用和业务成本，如充分利用移动端交易成本低的优势，保持零售存款中活期存款的高占比，从而降低存款成本率和综合成本率；而在获客能力方面，银行依托大数据技术收集和分析客户数据，为客户量身打造个性化、专门化的产品和服务，同时还利用大数据技术优化客户体验，提高银行获客能力和客户黏性。

（3）大数据技术对营运能力的影响。当前商业银行面临的外部环境压力和竞争同质化程度不断提高，营运能力日益成为商业银行取得同业比较优势的核心竞争力，而提高全流程运行效率，增强银行营运能力，正是商业银行引入大数据技术最主要的目标和应用领域。通过总资产周转率和贷款周转率两个指标来对各银行营运能力进行分析，银行不断开发和应用大数据、云计算、人工智能、区块链等技术，以改革和流程优化为关键，提升管理能力，加快建立功能强大、运作协同的立体化渠道体系；在此基础上，深入推进"智慧运营"体系建设，利用大数据云计算和区块链技术全面优化经营管理流程；进而不断优化升级大数据云平台，深入推进经营模式全方位升级，全面实行科技全流程提速，有效提高资产利用效率，取得同业比较优势。同时在主营存贷业务上，银行利用大数据技术构建和完善互联网投融资金融平台，开拓移动金融借贷业务，以及优化审批流程，提高借贷审批速度，这些措施都有利于提高资金利用效率，提高贷款周转率。

（4）大数据技术对成长能力的影响。成长能力分析主要是评估商业银行业务规模扩张速度以及利润的增长速度。商业银行实施创新驱动，加大科技资源投入力度，利用大数据技术推动战略转型，走数字化、智能化的经营管理路线，降低经营管理和业务成本，提速增效，从而推动了净利润增长率的不断提高。大数据技术影响商业银行成长能力，除了体现在净利润增长幅度的提升上，还体现在通过构建立体化的分销渠道和互联网金融平台提高获客能力。而这种获客能力的提高，就现阶段而言更多地体现在零售客户的增长上，包括网上银行客户和移动银行客户，因此，选用"网上银行个人客户总数""手机银行客户总数"两个指标来分析大数据技术应用对银行获客能力的影响情况。部分商业银行在早期率先进行金融电子化改革、布局移动互联网，大数据技术开发和应用处于领先地位，零售电子渠道领先优势明显，因此在比较区间前期，网上银行个人客户总数和手机银行客户总数都存在较大的优势。其他银行逐渐重视移动互联网金融，利用大数据技术推动立体化渠道建设，提升多元化获客和客户服务能力，导致银行的比较优势逐渐缩小，大数据技术的应用对银行保持行业领先零售银行优势地位、推动业务规模增长动力多元化、不断拓展业务规模和提高成长能力起着重要的支撑作用。

2. 东莞农商银行大数据平台建设背景

东莞农商银行在业绩评价过程中，关键业绩指标根据部门不同进行不同的设计，并根据岗位、职责不同设定不同的业绩指标标准，指标数量繁多，指导性差，业绩指标周期性变动大，记录不够全面、准确。东莞农商银行业绩评价的业绩辅导，缺乏数据平台支持，对于员工过程业绩记录不足甚至没有相对应的图像、声音记录，业绩辅导基本依靠员工对工作的汇报情况，或者通过管理者经验进行业绩辅导。东莞农商银行在业绩评价的业绩评价阶段，各个分公司对于结果业绩的数据统计时间周期不同，只有极其个别的分公司能做到每日对结果业绩实现程度进行统计，并及时反馈给员工，大部分分公司结果业绩指标实现程度的统计速度极其滞后，业绩评价主要以人为主观评价为主，具有极大的不准确性，造成员工对于结果业绩失去信心，挫伤员工工作积极性。东莞农商银行在业绩评价的业绩反馈过程中，存在数据不足、平台数据有限、业绩反馈数据不足、经验指导与员工协调的方式比较单一、没有心理反馈等问题。总之，东莞农商银行的业绩评价，缺乏足够数据支持，业绩评价效率低下，严重影响了业绩评价和管理效果及效率。此外，东莞农商银行目前的业绩评价存在着业绩评价指标设定不合理、量化程度低、数据不准确、过程业绩缺失等重要问题，导致员工找不到清晰的工作方向和工作目标，不能有效激励员工的工作动力。

因此，其在2016年8月启动大数据平台建设项目，意图借助大数据平台来推动业务发展和业绩评价体系优化。而大数据平台成功建设后，东莞农商银行完美适应经济新常态，员工业务能力越来越强，工作热情日益高涨，整体推动资产规模稳中有增，资产质量稳中有进，经营实力不断提高，成为东莞市资产规模最大、市场份额最高、利税贡献最多、支持中小微公司力度最强的金融机构。

（二）商业银行业大数据应用的行业背景

随着财务共享与大智移云区物新技术的发展，数据量已达到 PB 级别，海量数据的存储和使用已经成为银行的负担，银行领导者迫切希望在未来发展的同时能获得银行过往数据的分析支撑。美国麦肯锡全球研究院在研究报告中指出，目前，金融业在大数据价值潜力指数排名中位居第一。经过近几年的发展，大数据平台和财务共享与大智移云区物新技术日臻成熟，可以整合、存储和处理更多的数据，并从海量数据中挖掘数据隐藏的价值。大数据已经从最初的概念提出走向价值应用，并逐步迈向实施和验证阶段。相较于其他行业，数据已经成为银行业的核心基础设施与资产，大数据对银行业而言更是具有巨大的潜在价值。

大数据时代下的数据挖掘是一种新的商业信息处理技术。银行需要将有价值的信息从数据海洋中发掘出来，而数据挖掘技术可以很好地帮助银行实现这一点，其主要特点是对金融信息系统数据库中的大量业务数据进行抽取、转换、分析和其他模型化处理，从中提取能辅助商业性决策的关键性数据。同时，数据挖掘也是多学科交叉融合的技术，主要用到聚类分类分析、关联规则、描述和可视化等数据挖掘技术。从本质上说，数据挖掘就是从海量数据中发现隐含的知识和规律。所以，面对强大的竞争压力，大数据挖掘技术的重要性日益显现。通过大数据挖掘才有可能确保银行发展战略在既有的业务机制的支撑下，充分发展和扩大客户资源，实现大数据资源的全面、深度和综合应用，实现为客户创造价值和为银行盈利的"双赢"目标，从而打造银行的核心竞争力，支持银行业务经营可持续发展。

东莞农商银行是一家非常重视科技创新的公司，而随着近年来业务的高速发展，其业绩评价和数据处理等问题日益凸显，传统技术对这些问题的解决渐显乏力，引入大数据技术必须尽早提上日程。因此，东莞农商银行于 2016 年 8 月启动了大数据平台建设项目，旨在结合大数据的发展趋势和自身的实际情况，建设一个财务共享与大智移云区物新技术先进、功能强大、综合全面的大数据基础平台，以此探索东莞农商银行大数据平台的实施效果，为今后持续丰富大数据应用、向智能化业绩评价转型奠定基础。

三、案例分析要点

1. 会计大数据技术应用对银行财务模式的业绩评价产生哪些影响？

（1）业绩数据的收集与处理将发生巨大改变。

大数据带来的转变之一就是可以利用所有的数据信息进行分析，这使得扩大数据收集的范围将成为新的数据收集趋势。数据的收集范围不再只是关键领域或关键指标，员工行为中的各种信息也将成为数据收集的对象。再者，数据的收集与处理速度也将越来越快，通过建立云业绩评价体系，利用移动设备、云计算和互联网，员工的业务数据与工作数据将打破地域与时差的隔阂，能随时随地、高速且准确地被人力资源部门所收集与处理。

（2）对员工数据的利用将更加充分。

大数据的特点之一就是数据的海量性，业绩评价系统会根据员工基本信息，为招聘工作提供依据，还会根据员工行为信息，来得到员工的能力数据、效率数据以及潜在能力数据，更加全面地利用信息，优化公司人员结构，实现能岗匹配。大数据的流通性与互动性，使业绩监督、业绩沟通与业绩反馈更加快速，而且会结合以往的业绩信息来反映出员工业绩变化趋势,再者,业绩评价会引入社交网络技术,收集同事、上司、利益相关者和客户对员工的业绩评价,使业绩评价的结果更具有透明性、全面性和科学性。

(3) 客观数据分析业绩评价,带来岗位变动。

大数据通过寻求数据之间的相关关系而非因果关系,使在业绩评价这一可能性与相关性占主导的领域中,专业性不再那么重要,直觉判断被迫让步与精准的数据分析,这大大地提高了评价结果的客观性与科学性,与此同时,势必有一部分的业绩评价人员从职能型转变为流程性,将使得这部分的工作专业性难度降低,将减少一部分的岗位。由于对数据处理能力的要求提升了,公司势必要增加一些技术型岗位,招聘一批精通数据处理方面的财务共享与大智移云区物新技术型人才和能与员工进行良好沟通的服务型人才。

2. 优化银行的财务模式业绩评价有何意义?

业绩评价的优化对于公司、管理者和员工均有很大的意义。

(1) 在公司方面,它将有助于公司质量管理效率的提高,有利于促进组织结构的调整和变革,避免公司的内部冲突,促进公司内部文化建设等。

(2) 在管理者方面,它将有助于减少管理者的时间成本,提高管理效率。

(3) 在员工方面,它将有助于改进员工的工作动力,提高劳动生产率。

通过有效的业绩评价,提高员工的业绩水平,可以促进公司业绩的持续提高,形成以业绩为导向的公司文化,激励员工,使员工们积极投入工作,促使员工不断增值自身,提高工作满意感,增强凝聚力,提高公司业绩。

组织的成功日益依赖于其全体员工及合作伙伴的多样化的知识、技能、创造力和动机。通过业绩评价的有效反馈与沟通,能令员工认识到自身的优点与能力短板,从而促使员工进行自我增值,不断地开发自我的潜能,通过对员工的培训与指导,使员工从一开始就明确自己的目标,提高其工作效率。另外,业绩评价与工资收入挂钩,即员工的行为表现与收入挂钩,这能激励员工的主动性和积极性,帮公司完成目标,从而带动公司的发展。每一个公司都会有自己的长远目标和短期目标,一个有效的业绩评价体系能够促使公司往实现公司战略目标的道路上走。通过有效的业绩评价可以令员工与部门,甚至公司紧密地联系起来,达到统一的思想和目标,共同为公司的战略目标而努力。

3. 大数据应用对东莞农商银行的财务模式业绩评价优化有何帮助?

东莞农商银行基于大数据的业绩评价,能够更加精确地、精细化地测量员工实时状态,从而对员工的过程业绩起到极好的测量和监督作用;通过大数据对员工各种动态进行观察,人力资源业绩评价不再局限于人力的业绩结果本身,人力资源管理人员能够更加全面地评价人员行为、人员心态等,从而帮助人力资源管理者及早对人力资源进行规划,规划进一步人员调动、岗位设计等;能够实时地观测员工的过程业绩与结果业绩,能够更好地帮助人力资源部门高效地完成人力资源招聘与配宣工作,更为精确地测量员工的过程业绩和结果业绩,能有效提高公司人力资源培训和开发效果,从而使薪酬与业绩挂钩更加紧密,提高员工的公平感,激励员工工作动力。大数据为业绩评价与薪酬挂钩提供了客观依据和技术支持,实现劳有所得,劳动与收获相对等,增加员工对工作公平性的感知。公平理论认为员工积极性很大程度上依赖于员工在工作中感到的公平程度,因此,大数据的业绩评价能够使员工感到更加公平的工作待遇,提高员工的工作积极性。基于大数据的业绩评价使公司各种数据更加完整,特别是过程业绩与结果业绩数据,更加完整,这些完整的数据能够使公司对员工成长及其职业生涯有极大的帮助，能够跟踪员工发展，及时发现员工自身、人力资源管理及公司层面的问题。通过对员工过程业绩的记录，能够及时发现员工行为中不达标的行为，不仅反馈给员工，也同时给其上级预警，提醒员工及时对其不恰当行为进行补救，帮助员工自身实现自我检查，及时发现问题、解决问题，不会使坏的行为形成习惯。另外，通过对员工跟踪，公司能够及早发现公司流程、制度等方面很多的问题，不断提醒公司进行改进和完善，避免积累成疾，对公司造成不可收拾的后果。最后，公司通过对数据的整合、处理、综合分析，能够透过数据看到公司风险，甚至预测到市场风险，提前做好应对措施，提高公司风险控制能力。

总而言之，基于大数据的业绩评价不仅能够帮助人力资源部门有效、快速地完成其工作，而且，能够提高公司的风险控制能力。基于大数据的业绩评价更是市场和企划的风向标，帮助公司作出更为准确的决策，提高公司整体健康和运营、盈利能力。大数据的业绩评价提供更加科学的管理方式，使公司决策、战略更加准确、明确，增强公司管理和盈利能力。

4. 东莞农商银行保障会计大数据的在业绩评价中全面应用与无缝对接可采用哪些措施？

（1）组织结构调整保证大数据平台的建立。

首先东莞农商银行现有组织结构对于大数据平台的建立并不能支撑基于大数据的业绩评价，需要对组织结构进行改造，才能够缩短信息传递过程，有效发挥大数据平台的作用，使管理幅度更大，管理效率更高。为了保证基于大数据的业绩评价的实施，需要建立业绩评价小组甚至部门对业绩数据进行管理，对大数据平台不能智能化处理的信息进行人工处理，并保证数据平台的正常运行，对数据平台出现的故障及时发现并通知相关部门。另外，单独设立的业绩评价小组及相应部门，需要对基于大数据的业绩评价中出现的系统错误、人为错误等及时恢复和纠正，员工对在终端中看到的业绩数据，存在任何疑问，需要及时反馈到业绩评价小组及相关部门处，进行纠偏处理，保证数据的完整、准确性。另外，为了对基于大数据的业绩评价系统进行完善，业绩评价小组和相关部门应针对经常出现的问题和错误进行关注，并提出相应的改善措施，提高员工对基于大数据的业绩评价实施的信心和动力。

（2）IT技术改进。

基于大数据的业绩评价需要建立一个强大的数据平台，将各个数据库串联并行，IT部门需要承担起整个公司的数据平台的建设、维护等工作，对公司全部员工业绩数据进行处理，并根据各部门要求，对大量的原始数据进行筛选、处理，将各部门需要的数据显示到终端上。表格显示的数据只是其中极其微小的一部分数据，另外，加上图像、声音等数据，在系统中存储、维护、处理等，使IT工作变得尤为复杂，因此对IT技术部门及其人员提出了非常高的要求，一方面，要求他们能够根据各部门要求编程设计出界面友好的数据输出终端，另一方面，也要求他们不断学习财务共享与大智移云区物新技术，对数据能够进行更为深入和精细的分析。为了保证数据能够实时、准确地显示在数据平台上，保证数据的公开性、共享性、透明化和互动性等，需要IT人员对数据平台进行财务共享与大智移云区物新技术改进，并提高数据维护能力。

（3）加强培训。

业绩评价，首先，需要员工对业绩评价有新的认识，在业绩评价方式改变的初期及实施阶段，应该对员工进行理念、知识、技能等多方面的培训，帮助老员工、新员工接受新的业绩评价方式变化；其次，协助员工掌握大数据背景下业绩评价的设备操作，包括移动设备和定位等；最后，对员工的关键业绩动作即关键任务目标进行技能培训，使过程业绩在员工中固定下来。同时，需要针对员工的岗位技能、职责要求，对其业务能力、专业知识进行培训，提高其工作质量和效率。通过参与大数据的业绩评价的相关培训，达到培养员工工作标准化、管理精细化的理念，使员工遵守并习惯新的业绩评价方式。另外，员工需要进行一定的财务共享与大智移云区物新技术培训，掌握一定的IT技术、输入和输出技术等，保证大数据业绩评价的顺利落地实施。

（4）业绩评价方式、流程持续改进。

基于大数据的业绩评价的实施流程等需要一定的时间进行完善，数据平台的建立需要一段时间进行调整。另外，新的业绩评价方式对员工工作习惯提出新的挑战，员工和管理人员都需要经过一段时间的培训，对软件、应用程序及信息系统、工作模式进行熟悉，最终形成新的行为习惯，这是一个比较漫长和复杂的过程。在基于大数据的业绩评价实施初期，必然存在很多问题，需要对基于大数据的业绩评价的流程、管理方式等进行持续改进，以配合其落地实施。

5. 会计大数据技术在整个银行的业绩评价应用中存在哪些问题和应用措施？

（1）数据真实性存在质疑。

在这个数据能够快速变现的时代，因为巨大利益的诱惑，数据的真实性通常要打问号，官员要政绩、学界要业绩、商界要名利。注水性数据导致硬数据软化。基尼系数、博主粉丝量、复兴指数，为何一直在被质疑？因为出现越来越多的软件购买信息，弄虚作假，使得大数据也真假难辨。数据背后的细节，数据源的真实、全面性以及处理过程中的科学性，是大数据走向权威和信任的重要评断标准。

（2）数据样本具有代表性，数据信息不全面。

在收集数据的时候，因为渠道的不同，往往数据信息也具有这个网站独特的代表性，导致信息不够全面，这样造成大数据分析出来的结果也不是准确的。

（3）数据信息存在相关性误差。

一个城市的网页点击率越高，说明这个城市的网络形象越好。这显然是不准确的，虽然，数据统计表明网页点击数量和城市网络形象存在某种联系，负面事件带来的网页量大爆发也是不可忽略的，所以这个结论的科学性大打折扣。利用大数据，基于一定算法和模型对变元素进行相关性分析，在要素构成简单的情景中可以，但在复杂系统中，仅有相关性解释还不够，易走偏。相关性要真正体现在数据之间、数据与真实事件映射的现象之间、真实事件的客观联系上，所以数据信息存在相关性误差。

（4）数据泄露泛滥，采取安全措施尤为重要。

未来几年数据泄露事件的增长率也许会达到100%，除非数据在其源头就能够得到安全保障。公司需要从新的角度来确保自身以及客户数据，所有数据在创建之初便需要获得安全保障，而并非在数据保存的最后一个环节仅仅加强后者的安全措施，这已被证明于事无补。

（5）大数据存在侵犯隐私隐患，应立法保护隐私。

大数据是由无数个小数据组合而来的，这些小数据细分到每个人的身上，既能了解他的行为喜好，也能评价他接下来的行为意识，所以保护大数据的安全隐私是非常有必要的，必要的时候，还可以进行立法，明确数据隐私边界。

四、教学组织方式

（一）课时分配

本案例可以作为专门的案例讨论课来进行。如下是按照时间进度提供的课堂计划建议，仅供参考。

整个案例的课堂时间控制在 90 分钟以内。

（1）课前计划：请学员在课前完成阅读和初步思考。

（2）课中计划：简明扼要的课堂前言，介绍案例主题（3~5 分钟）。

（3）分组并开展讨论（30 分钟）。

（4）小组发言（每组 8~10 分钟，全部发言完毕控制在 40 分钟）。

（5）对小组发言进行总结，引导同学展开进一步思考（15 分钟）。

（6）课后计划：可以请每组同学采用书面报告形式提交更加具体的分析结果。

（二）讨论方式

本案例可以采用小组式进行讨论。

（三）课堂讨论总结

课堂讨论总结的关键是：归纳发言者的主要观点；重申其重点及亮点；提醒大家对焦点问题或有争议观点进行进一步思考；建议大家对案例素材进行扩展调研和深入分析。

第八章 业绩评价之价值模式

案例 15 基于 EVA 计算的价值评价模式与腾讯股权激励

专业领域：会计专硕（MPAcc）、审计硕士（MAud）、工商管理硕士（MBA），会计、审计、财务管理等本科专业

适用课程："公司业绩评价与激励机制""大数据与财务决策""企业数字化转型理论与实务"

选用课程："绩效管理与量化考核""公司治理""绩效考核与薪酬激励"

编写目的：引导学员学习 EVA 业绩评价与股权激励的关系，其中的 EVA 计算，以及通过经济增加值如何判断为什么股权激励在集成员工中很难发挥真正的效果。本教学案例通过腾讯股权激励模式，结合其实施背景，引导学员对股权激励创造的公司价值作出评价和分析，基于价值模式与经济增加值计算，对于腾讯实施的股权激励方案，从公司自身如何纵向对比来考察股权激励前后公司价值变化，探讨基于价值模式下股权激励将如何进一步完善。

知 识 点：EVA 计算、业绩评价价值模式、EVA 业绩评价与股权激励

关 键 词：股权激励；经济增加值 EVA；EVA 业绩评价与股权激励；价值创造

中文摘要：EVA 计算对业绩评价具有重要作用，在实施的过程中符合实际情况时可以不断推动公司的发展，不断地给公司的价值创造能力添砖加瓦。但是如果没有按照实际情况来实施，股权激励就会成为公司发展的绊脚石，同时也会成为管理层或者核心员工谋求自身利益的工具，从而侵害股东的利益。如何处理 EVA 业绩评价与股权激励的关系，成为现在实行股权激励的公司的重要讨论问题。本案例以腾讯作为调研与讨论对象，通过真实的公司数据来揭示设计合理的激励型股权激励计划是如何提升公司创造价值的能力，并帮助公司创造新的价值的。

英文摘要： Equity incentive has positive and negative impact, in the implementation of the process in line with the actual situation, is to continue to promote the development of enterprises, constantly to the value of enterprises to create capacity. But if it is not implemented according to the actual situation, equity incentive will become a stumbling block to the development of enterprises, but also become a tool for management or core employees to seek their own interests, thus infringing on the interests of shareholders. How to make the equity incentive can be used well under the appropriate circumstances to promote the good development of the enterprise has become an important research problem of the enterprises that carry out the equity incentive now. In this case, the computer system of Tencent in Shenzhen has Limited company as the research object, through the real enterprise data to reveal the design of reasonable incentive equity incentive plan, how to enhance the ability of enterprises to create value, help enterprises to create new value.

案例正文

2020 年的一个午后，中国深圳的腾讯大厦屹立在喧嚣的街头，董事长办公室门外的走廊上，传来了一阵轻快的脚步声，时任腾讯副董事长兼总裁的赖智明正抱着一堆文件，走往董事长办公室。

"咚咚咚。""请进。"赖智明在马化腾对面的长椅上坐下，"董事长，这次我找您是想和您谈谈股权激励的事。"马化腾放下手中的工作，托了一下眼镜，说道："好，赖总你说。董事长，您也知道，我们腾讯集团的几个大股东在股权分置改革中就已经做出了承诺，拿出股限售股，以 12.88 亿元进行股权激励，马董，这几天大盘有所反弹，我觉得现在推出股权激励或许是一个较好的时机。""赖总，你说得很对，我原本也打算找你谈股权激励的事情。我这边有一则新闻，说的是在今年，同是川企的瑞时传媒完成了首期 20 万期权行权，瑞时传媒管理院因此获得了超过 135% 的溢价，如果现在推出股权激励计划，不仅可以激励腾讯的高管，为公司带来更多的收益，而且还可以留住相关的技术人员。"说完两人相视一笑，可见两人在腾讯多年的同事经历已经养成了他们之间十足的默契。

整个下午，两人都在办公室里谈论腾讯股权激励的计划，不知不觉已过去了四个多小时，"好，赖总，就按照你说的做，你先准备下股权激励计划，我们下个月就召开董事会预备会议。"马化腾笑着说，"好的，董事长。如果没什么事，我就先走了。"赖智明坚定地说道。

股权激励真的可以提升公司的业绩吗？经济增加值 EVA 真的可以增长吗？门被轻轻地关上，门内外的两人同时长吁了一口气，两人酝酿股权激励计划已有几个月的时间了，而马上这一计划就要推出了，心中难免有些忐忑……于是赖智明开始对近几年来的股权激励方案进行调研，心中暗自思考股权激励能够为腾讯创造价值吗？

EVA 与股权激励如何配合实施？赖智明认为将 EVA 与股权激励结合，表现在两个方面，以股票期权为例：一是用于股权激励的所有股票成本与 EVA 相结合，意思是成本纳入 EVA 核算中，这样保证了股东权益不受损；二是行权价格与 EVA 的结合，随着每个阶段的行权，成本不断增加，在保证EVA的前提下，行权价格会不断地上升，这种情况下只有努力提升业绩，使得股票价格的上升幅度超过股权资本成本时，才能获得期权带来的收益，当然风险在于出现仅仅为提升股票价格采取的各种造假等行为。

一、腾讯股权激励动因与经济增加值背景

腾讯自成立以来一共进行了四次股权激励方案，分别是在2007年12月，这次股权激励的目的是挽留和吸引人才，股权激励的总股本不超过已发行流通股总股本的2%。时隔六年后，腾讯再次进行了股权激励，于2013年对2007年的股权激励进行了扩容，将2%提升至3%并且将激励对象扩容到管理层。到了2016年，腾讯股权激励的市值在当时为26亿港币，主要运用的方式为RSU股权激励，也就是常说的限制性股票。而最后一次股权激励是在2019年，开始了其历史上最大的一次股权激励方案，此次股权激励的市值在当时为110亿港币。

腾讯赖智明考虑的主要问题是，在确定股权激励股票数量的时候，一方面要根据业绩和预期的呈现来计算总量，另一方面要根据个人的业绩目标和结果表现来核算个人数量，当然也要根据业绩综合结果来兑现股票数量；在确定股权激励行权价格的时候，要在业绩基础上估算公司价值进而计算价格；设置行权条件的时候当然是基于公司业绩目标和个人业绩目标；在设置行权时间尤其是限制期时依据来源也是限制期的业绩预期；在股权激励实施结束后仍然要用业绩呈现来衡量整体方案的有效性。

经济增加值成功之处在于使管理者和员工像股东一样思考和行动，因此经济增加值可以紧密融合到各项管理决策中，作出符合股东利益最大化的管理决策。将EVA与股权激励结合，可以检查出激励过程中约束不足的缺陷，避免股权激励操作中的负效应，从而使股权激励更加规范有效。

二、股权激励方案分析

（一）腾讯股权激励计划简介

腾讯2016年7月7日宣布进行约为26亿港币的股权激励政策，向7 068位受奖励人士授予14 931 760股奖励股份。腾讯的这次股权激励方案在上市公司的历史上可以称得上是手笔最大的一次股权激励，与以往对管理层进行股权激励不同，这次腾讯进行的股权激励是针对大多数普通员工，所进行的股权激励手段为RSU，也就是限制性股票激励。

限制性股票激励计划是股权激励计划的主要方式之一，是指上市公司可以把自己公司的股票当作标准，进而对其负责人以及高层领导还有基层人员进行长远的鼓励。限制性股票激励计划就是向管理人员或员工奖励限制性股票。

腾讯授予这些员工的股权激励并不是一次性全部支付完成，而是为期三年的分期付股，第一年在特定员工满足公司的触发股权激励的条件后立即支付100股，作为首批股权激励对象，往后两年依照此项类推。在两年之内如果有被股权激励员工离职，那剩余的股权激励立即取消。这种股权激励方式是一种长期激励的措施，更加增进了公司与员工的黏合度，同时确保了公司的股权激励没有浪费，对于腾讯以后的价值创造能力有更大的提升。

从表15-1中可以了解到，从股权激励人数看，2007年到2019年的四次股权激励，人

数不断增加。从股权激励金额来看,近四次的股权激励金额几乎成倍数增长,2019年的股权激励范围以及强度都达到了顶峰。但是这么规模巨大的股权激励对于员工并不是能轻易拿到的,其激励过程大约分为三个步骤。在2019年,腾讯将会给被激励者每人100股的股票,在其后的第二年根据业绩评价确定是否分发剩余200股的股票。被授予的股票在3年之内无法出让,且一旦员工离职,其所获得的股票将被公司无条件收回。

表15-1 腾讯近几年的股权激励规模

股权激励规模	2007年	2014年	2016年	2019年
股权激励人数/人数	1 454	4 997	7 068	23 271
股权激励金额/亿元	6	19	26	110

数据来源:巨潮资讯网

(二)腾讯四次股权激励设计(表15-2)

表15-2 腾讯四次股权激励设计

年份	内容
2007	腾讯宣布进行股权激励计划,根据该计划,股份将由独立受托人购入,成本由腾讯支付,计划由采纳日期(12月13日)起生效,有效期为十年
2014	腾讯控股发布公告称,将发行约1 952万股新股用于员工奖励,以当时股价计算,总价值约合23.85亿港元,约合人民币19亿元
2016	根据腾讯半年报,截至2016年6月30日公司有雇员31 557人,根据腾讯的发展状况,按当日港币兑人民币的即时汇率计算,至少有超过3万名员工每人获得价值超过52 000元人民币的股票
2019	腾讯此次获得股权奖励的人数为23 271位,按照腾讯7月8日的收盘价351港元计算,此次发出的奖励股份的总值约为120亿港元,人均奖励约51.5万港元

腾讯公司从2007年开始便推出股权激励制度,给那些想在腾讯公司立足并且有长远发展意向的有才能之人给予一定的股权,将公司和工作人员紧密联系起来,使得工作人员可以将自己的利益与公司利益相结合。但是在近12年以来的所有股权激励计划中影响较大的就是2016年的股权激励方案,整体的激励措施为在2016年11月11日腾讯成立8周年纪念日之际,由腾讯公司董事长马化腾提出,会给工作人员每人三百股的股票,作为公司纪念日的奖励。初步估计这次给出的股票总计约有26亿元人民币,按照当时腾讯公司的规模,其雇员有3万人,每个员工将获得价值约8万元的限制性股票的奖励。2019年7月8日晚,腾讯发布公告称,公司将根据2013年的股份奖励计划发行3 418.2万股(34 182 514股)新股。其中,包括于2018年至2019年6月期间向4 426位奖励人士授予211.55万股(21 155 216股)奖励股份。截至2019年3月底,腾讯拥有54 623名员工,此次获得股权奖励的人数占比约为42.6%。给予如此之高的股权激励政策,将所有员工囊括在激励范围之内,在一定程度上可以提高员工的归属感,增强员工工作的动力,使得员工能够真正将为别人工作转化为自己工作,同时也会提升腾讯公司的盈利能力和价值创造能力。

实施股权激励计划对股票价格的影响主要表现在两个方面,一个是影响投资者对于上市公司业绩提升的预期,另一个是影响上市公司的实际业绩。在实施股权激励计划的初期,股权激励计划强化了投资者对公司业绩提升的预期,对股价的积极影响较大。实施股权激励的结果是使公司的管理者和关键技术人员成为公司的股东,其个人利益与公司利益趋于一致,因此有效弱化了二者之间的矛盾,从而形成公司利益的共同体。

根据图15-1,2007年腾讯进行了第一次股权激励方案,股票较2006年有较小涨幅,2014年实施的第二次股权激励较以往股票增幅增大,到2016年第三次实施股权激励时股票实现了涨幅的突破,相比2013—2015年增幅较大,到2019年实施第四次股权激励时股票价格达到了历史最高增幅,且2007—2019年腾讯的内在价值重心每年都大幅度增长,所以腾讯实施股权激励对公司创造价值有着积极影响。

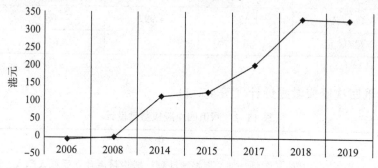

资料来源:东方财富网

图15-1 腾讯2007—2019年股票变动

这时赖智明感觉一头雾水,为什么实施了股权激励对股价影响这么大,那么是什么原因导致的呢,这时秘书送来了文件需要赖总签字,巧妙地又看到了……

(三)腾讯股权激励股价上涨原因

1. 物质激励

物质报酬中最具吸引力的是对员工的股权激励,而这又分为对高级管理人员的股权激励与对普通员工的股权激励两部分。由表15-3可知,腾讯支付给高级管理人员的薪酬中股权激励占比在76%~80%浮动。股份酬金是高管人员薪酬支付的主要项目。除实施高管股权激励外,腾讯亦通过实施"购股权计划"对员工实施股权激励。由表15-4可知,员工股权激励占员工总薪酬支出的15%~19%,仅次于工资、薪金及花红支出。通过股权激励,腾讯将公司业绩与员工业绩连接在一起,激励员工更好地执行"注重用户体验"的经营理念,实现公司价值最大化,从而振兴股价。

表15-3 腾讯高级管理人员薪酬构成

项目	2015年		2016年		2017年	
	金额/千万元	比例/%	金额/千万元	比例/%	金额/千万元	比例/%
薪金、分红、福利及补贴	165 607	23.59	227 989	22.67	285 322	19.54
退休计划供款	699	0.1	826	0.08	891	0.06
股份计划开支	535 733	76.31	776 788	77.25	1 174 316	80.4
合计	702 039	100	1 005 603	100	1 460 529	100

资料来源:腾讯2015—2017年年度财务报

表 15-4　腾讯普通员工薪酬构成

工薪酬构成项目	2015 年		2016 年		2017 年	
	金额/百万元	比例/%	金额/百万元	比例/%	金额/百万元	比例/%
工资、薪金及分红	13 377	72.41	15 626	66.68	24 194	69.39
退休计划供款	1 112	6.02	1 426	6.09	1 934	5.55
股份酬金开支	2 841	15.38	4 455	19.01	6 253	17.93
福利、医疗及其他开支	1 076	5.82	1 841	7.86	2 400	6.88
培训开支	69	0.37	85	0.36	85	0.25
合计	18 475	100	23 433	100	34 866	100

资料来源：腾讯 2015—2017 年年度财务报告

2. 精神激励

腾讯同样注重对员工的精神激励。腾讯的精神激励计划包括荣誉认可和职位晋升两方面。在荣誉认可方面，集团设立了腾讯微创新奖，分月度和年度对员工进行奖励。集团内的员工自行申报项目，并由公司投票产生月度和年度的微创新奖。腾讯微创新奖强调"注重用户体验"的经营理念。这促使员工关注用户意见反馈，更好地促进公司产品的迭代升级。此外，有些荣誉奖项不仅有助于团队成员获得丰厚物质报酬，而且有助于团队成员的职位晋升。例如，公司最高荣誉奖项，年度"名品堂"和"创始人"奖。以腾讯旗下的手游产品"王者荣耀"为例：2015 年 8 月，腾讯推出了新款手机游戏"王者荣耀"。"王者荣耀"上线之初的情况并不如预期。项目团队因而根据各项公测指标对游戏进行了多次迭代升级。两个月后，游戏的新进、留存、付费等关键指标均有所改善。"王者荣耀"项目团队因此获得 2015 年度公司业务级突破奖。2016 年，"王者荣耀"风靡整个手游市场，为腾讯积聚了庞大的用户基础和巨额的经济利润。根据伽马数据发布的《2016 年中国电竞产业报告》，"王者荣耀" 2016 年全年收入为 68 亿元，占移动电竞市场份额的 39.7%。截至 2016 年年底，"王者荣耀"的日活跃用户已超过 5 000 万，最高月流水达 30 亿元。"王者荣耀"因而获得腾讯 2016 年度"名品堂"奖项，项目团队也获得了高达 1 亿元的现金奖励。2017 年，"王者荣耀"项目团队获得了腾讯用于表彰充分体现公司创始人精神和对公司发展具有里程碑意义的腾讯"创始人奖"。"名品堂"奖和"创始人"奖的获得不仅给团队成员带来了巨大的荣誉，而且为团队成员的晋升积累了资本。

腾讯控股于 2019 年 12 月 2 日售出共 5.27 万份购股权以认购股份，行使价为每股 335.84 港元。腾讯长期实行员工股权奖励计划，上一次是 2019 年 7 月 8 日，腾讯大手笔发了 3 418 万股给 23 271 人，大约 120 亿港元市值，人均奖励大约 50 万港元，"旨在嘉许奖励人士所作贡献并吸引及挽留本集团持续经营及发展所需的人才"。对此，博大资本行政总裁温天纳表示，当股价低迷的时候推出股权激励计划，行使价会比较低，对员工来看是非常吸引的计划；不过这如果是对员工让利的话，这部分在未来可能成为支出的一部分，会对利润有一定的影响，而从正面角度来看，这也会使得员工有动力创造更多利润，从而可以提振股价。

赖智明看了公司往年的股权激励，对这次即将实施的股权激励计划信心大增，那么股权激励会对公司创造价值吗？于是赖智明接着又看到了近年来实施的股权激励对公司价值的变化。

三、腾讯实施股权激励方案后其价值创造的变化

经济附加值EVA作为全球会计学上常用的衡量公司业绩的指标，依据的是《中央企业负责人经营业绩考核暂行办法》的附件——EVA评价细则，EVA就是央企税后净营业利润减去资本成本后的余额。税后净营业利润就是央企利润表中的净利润加上税后利息支出与税后研发费用调整项，资本成本等于调整后的资本和平均资本成本率的乘积，调整后的资本可进一步表示为平均所有者权益合计与平均负债合计的和减去平均无息流动负债与平均在建工程的和。

EVA计算公式多种多样，案例中选取的计算公式为中国会计上定义的计算公式。EVA=税后净营业利润-资本成本，其中资本成本率选取腾讯所在行业的资本成本率平均值（6%）作为参考。

（一）股权激励方案实施后对财务指标的影响

表15-5为腾讯2014—2018年度EVA结果。

表15-5　腾讯2014—2018年度EVA结果（单位：百万元）

净利润	2014年	2015年	2016年	2017年	2018年
利息支出	28 806	41 095	71 510	79 984	58 889
股份酬金开支	1 510	2 167	3 060	2 122.8	7 690
研究开发费用调整项	7 709	12 100	0	1 810	0
非经常性损益调整项×50	1 032.5	581.15	881.45	756.3	650.0
税后净营业利润	34 945.875	51 359.387 5	73 143.912 5	82 366.375	112 380
平均所有者权益	122 100	186 247	277 093	316 650	137 900
平均负债合计	184 718	209 652	277 579	322 446	465 162
平均无息流动负债	24 324	61 168	47 616.5	64 915	24 015
平均在建工程	4 039	4 461	3 918.5	4 021	7 114
调整后资本	278 455	330 270	503 137	570 160	251 770
EVA	18 238.58	31 543.19	42 955.70	48 156.775	56 921.01

数据来源：巨潮资讯网通达信

关于腾讯经济附加值中的资本成本率，均按照6%来设定，基本等同于同期银行贷款利率。2016年整年度经济附加值同比增长率为73%，同样截至2017年，经济附加值同比增长率为36%。这组数据足以看出来在实施股权激励后，腾讯价值创造能力得到了大幅度提升。进行股权激励后，员工和管理层的工作热情和工作态度有了很大程度的提高，净利润增长的同时，创造价值的能力也有了鲜明的提升。

2016年腾讯开始实行大规模的股权激励政策，利用RSU（限制性股票）政策，此时2016年EVA的同比增长率为73%，相较于2014年相当于增长近一倍。由此可见实施股权激励政策后，腾讯扭转了上一年的价值创造不利的影响，其价值创造能力得到了大幅度提升，腾讯的净利润中也能看到2016年的净利润是其爆发式增长的一年。同时，因为腾讯

的股权激励政策是股票期权类型的，具有一定的延时性，因此自2016年大规模股权激励后，腾讯连续2年价值创造能力均为正值，且每年的同比增长率均大于0，实现了每年的有效增长。由此可见，股权激励政策运用得当会使得公司的价值创造能力有质的飞跃。

（二）股权激励方案实施后对市场指标的影响

腾讯2014年网页游戏与社交软件市场合计占有率为30%，而游戏业务单独占比仅为13%。众所周知，腾讯网络游戏的吸金速度非常之快。从成立初期主打社交软件到开始进军游戏市场，腾讯仅仅用了几年时间就完成了蜕变。2014年腾讯游戏业务整体占比仅为13%，属于市场中可有可无的角色，但是从2015年开始，其市场占有率大幅度提升（图15-2）。

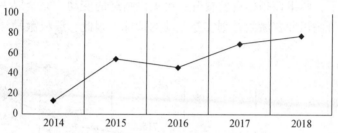

图15-2　主营业务市场占有率（单位:%）

排除游戏受众群体扩大和管理者的管理路线这些宏观面的影响之外，通过腾讯股权激励政策影响，其游戏业务市场占有率不断大幅度攀升。截至2017年，腾讯游戏业务市场占有率已经超过70%，超过同类竞争对手。选取了游戏主营业务占比较高的网易公司进行横向对比，在腾讯实施股权激励之前，网易公司的游戏业务市场占有率稳高过腾讯。在2014年网易公司的游戏业务市场占有率相较于腾讯高出7%而在2016年之后腾讯开始了大规模且大范围的股权激励政策，其市场占有率出现爆发式增长，迅速超过网易公司，位居中国游戏业务第一把交椅。

由此可见，良好且积极的股权激励政策可以有效推动腾讯主营业务的市场占有份额的增加（图15-3），为其价值创造能力不断添砖加瓦。

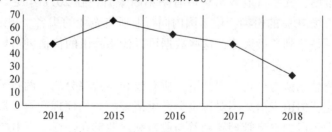

图15-3　市场份额增长率（单位:%）

针对腾讯价值创造能力，除了考察财务指标的占比和增长率，更重要的一项是考察其主营业务市场增长率。在一个不断增长且远没有达到饱和的市场中，主营业务市场的增长率能够看出该公司的不断的创新能力和开拓市场的能力，这也是考察公司价值创造能力的一项重要条件。

腾讯自股权激励以来，近5年主营业务市场增长率均为正值，且每年增长幅度均大于25%，其中2014年至2017年，其主营业务增长率均高于50%，中国网络游戏市场在近5

年平均市场增长率为20%左右,腾讯主营业务市场增长率一直高于市场的平均增长率。尤其是在2015年和2016年,其主营业务市场增长率更是高于55%,这是远超市场的平均数值,这证明在此期间,腾讯不断地开拓市场,在市场中的重要程度不断加大。虽然在2016年至2018年间,腾讯市场份额增长率出现了下降,但是其每年的市场份额增长率仍然领先市场平均水平,排除市场饱和因素和其他影响因素,只从腾讯本身的水平来看,腾讯在市场上仍然处于强有力的竞争地位。

从图15-4可以看出,2015—2019年两家公司净利润变化趋势完全不同,2016年腾讯实施了股权激励导致腾讯的净利润直线上升,远超于网易公司,且网易公司2017年出现了股价大跌的趋势,所以网易2016—2018年净利润同比降低,出现巨幅亏损,净利润跌入低谷,相比之下,腾讯该指标有所提升,可见该指标的变动不完全取决于行业整体的发展,可以作为评价腾讯股权激励计划实施业绩的指标。因此,股权激励计划有助于腾讯提高盈利能力。

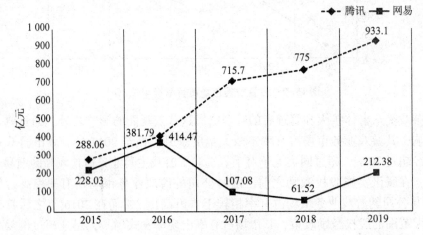

图15-4 可比公司的净利润对比

结合主营业务市场占有率更能看到,在2015年至2017年这三年间,腾讯通过不断地革新技术和开拓市场,其主营业务市场占有率不断攀升,在2017年更是达到顶峰,抢占了国内网络游戏市场70%的份额,位于国内同行业所有企业的头名。腾讯在这三年的净利润和经济附加值更是达到了最大值,这些数据可以证明腾讯的价值创造能力随着股权激励的不断发生而产生了巨大的改变。

董事长马化腾总结认为现代公司制下,所有权和经营权分离。两权分离有助于公司经营管理更加专业化,但由于信息不对称也会产生诸多的委托代理问题。股权激励是现代企业常用的一种激励手段,它将管理者利益与股东利益捆绑在一起,有利于解决委托代理问题。由于我国资本市场还处于弱势阶段,股价并不能准确地传递公司价值,反映企业经营业绩情况;不仅如此,股权激励中还存在管理者为达到激励的评价条件粉饰报表、牺牲公司长远利益等问题。经营业绩的改善也受到行业因素、宏观经济环境影响,管理者搭便车现象也层出不穷。传统股权激励方案受到上述因素的影响并没有达到很好的预期效果。因此,如何约束经理人行为、完善业绩评价指标、解决激励有效性不足等问题,成了股权激励方案设计的关键。基于EVA的股权激励模式,将EVA理念引入,通过计算有效期内EVA的变化率,浮动调整激励方案中行权数量与股票行权价格,摆脱了传统方案中股票期权数量与市场行权价格一成不变、缺乏灵活性问题。此外，将 EVA 纳入激励计划的评价指标中，更充分地体现出企业以 EVA 最大化为奋斗目标的诉求，使管理者更加努力地提高 EVA 业绩水平，创造出属于股东的真正利益。

董事长马化腾与赖智明讨论到了这里意味深长地笑了……

四、参考资料

[1] 任广乾，冯瑞瑞，甄彩霞. 国有控股、高管激励与企业创新效率［J］. 经济体制改革，2022（2）：187-194.

[2] 郝项超，梁琪. 非高管股权激励与企业创新：公平理论视角［J］. 金融研究，2022（3）：171-188.

[3] 王斌，黄娜，张晨宇. 中国上市公司股权激励：现状与讨论［J］. 财务研究，2022（1）：23-37.

[4] 张文锋，谷方杰，刘磊. 国有企业高管薪酬激励对企业绩效的影响效应研究［J］. 财经问题研究，2021（10）：122-129.

[5] 沈红波，王悦，顾舒雯. 企业集团的管理层激励与分拆上市——基于腾讯分拆阅文的案例研究［J］. 管理会计研究，2020，3（Z1）：34-51+133.

[6] 刘运国，曾昭坤，刘芷蕙. 互联网平台商业模式对企业业绩评价的影响研究——基于腾讯的案例分析［J］. 中国管理会计，2018（4）：12-21.

五、思考问题

（1）腾讯基于 EVA 计算的价值模式的股权激励有什么特点？
（2）腾讯 KPI 评价模式下应该采用怎样更好的价值模式业绩评价？
（3）腾讯应该怎样创造公司的价值和提升 EVA？
（4）怎样认识价值创造和 EVA 评价的优点与不足？
（5）EVA 价值创造对高新技术公司的表现形式有哪些？
（6）基于 EVA 计算的价值模式的股权激励，你认为怎样协调股东和管理层利益关系？

案例使用说明书

一、案例需要解决的关键问题

本案例要实现的教学目标在于：通过对腾讯四次股权激励分析，促使学员认识到股权激励与 EVA 的关系，认识经济增加值的价值模式业绩评价对公司和员工的激励成效，懂得分析公司股权激励实施情况并进行评价。

二、案例讨论的准备工作

（一）理论背景

1. 产权理论

产权理论认为产权明晰是公司业绩的关键或决定性因素，该理论认为公司拥有者追求公司业绩的基本激励动机是对利润的占有，其对利润占有份额越多，提高公司业绩的动机就越强，公司拥有者追求公司业绩动机的程度与利润占有的份额成正比。那么，如果公司资产为私人拥有，拥有者就在产权上保证资产带来的收益不被他人所侵占，从而构建起公司拥有者对资产关切的有效激励机制；但是，如果是非私有公司，那么公司就存在公司目的多元化（既要追求利润目标，还要承担福利、就业等社会义务等），对经理激励不足以及由不能承担所有商业风险导致的财务软约束等弊端。

公司实施股权激励的目的是通过建立在股权基础上的制度契约，实现经营者对产权拥有和利润占有的权利，从而实现追求业绩的自我激励动机。当然，对于私有公司或非私有公司而言，两者存在一定的差别，具体的实施过程也是不尽相同。

2. 委托代理理论

基于理论的角度，现代公司在进行管理时最重要的问题就是处理好委托代理关系，解决所有者和管理者在交流过程中信息不通畅的问题，所有者考虑公司长远发展，管理者为了谋求自身利益而重点关注公司在其任期内的短期发展。在进行内部治理的时候，采用股权激励来对管理者进行控制，让他们在决策时优先站在公司的立场，从而做出有利于公司发展的决策。公司把股权激励和自身的价值创造结合起来，能够最大幅度提升价值创造能力，同时完善价值创造的影响因素。

基于现实的角度，股权激励能够丰富价值创造影响因素，完善价值创造的各项指标分析，解决现代公司中的委托代理、股权激励契约、价值创造影响因素等问题。首先要分析的就是股权激励之后公司价值创造能力的变化，重点分析财务指标和市场指标。本篇案例关注于公司的价值创造是怎样受股权激励的作用的，分析可以反映价值创造的指标，找出符合公司具体情况的策略来解决委托代理问题，实施股权激励后，公司的价值创造能力发生了怎么样的变化，为其提供更大的激励力来获得更多的价值，从而确保公司能够持续发展。

3. EVA 经济增加值概念、优点与不足

经济增加值（Economic Value Added）指税后营业净利润中扣除包括股权和债务的所有资金成本后的经济利润。计算公式为：

$$EVA = NOPAT - WACC \times TC$$

其中，NOPAT 为经过调整后的税后营业净利润；WACC 为企业资本结构中资本各个组成部分以其市场价值为权重的加权平均资本成本；TC 为企业资本投入，包括股东投入的股本总额、所有的计息负债及其他长期负债的总和。

EVA 的真实含义是企业只有在其资本收益超过为获得该收益而投入的资本的全部成本时，才能为股东带来价值。当 EVA 大于零时，说明企业在某一时间内所创造的价值弥补了资本成本后仍有结余，增加了股东价值；当 EVA 小于零时，说明股东的价值没有增加反而受损。

EVA 评价方式的优点：资本是经济社会运转最原始的动力，资本的成本和使用效率决定了企业的效率。那么 EVA 恰恰考虑了企业全部投入的资本成本，它将资本使用成本引入企业价值衡量体系，扩展了传统会计角度成本的内容，更加真实地评价出企业在经营过程中资金使用的机会成本，相当于从企业所有者的角度重新定义了利润。EVA 打破了传统的仅仅由单纯的收入利润、资产回报等指标组成的业绩评价方式，将业绩评价提升到了多维度，扩展到整个企业的价值衡量，使得对企业价值的评价更加全面和客观。同时正是这种多维度衡量，使得经营者基于 EVA 的考虑而选择采取更加谨慎的投资与决策，避免无

效扩张或者其他不经济行为。EVA的适用性强,不仅适用于上市公司,也适用于非上市公司;不仅可以应用于公司一级层面,也适用于部门层面。

EVA评价方式的不足:EVA仍然是一种财务导向的业绩评价指标,财务导向的评价在于,对过去的评价只反映了过去某阶段的创造价值的能力,无从判断未来创造价值的能力,具有一定的滞后性。同时EVA也无从兼顾企业的战略,在战略方向的确定和路径选择上,并非每个财务周期一定是资本增值的,布局和坚守或许价值更大;还有当前的企业竞争、创意、品牌等无形的东西的价值占据着重要地位,这些价值很难准确地计量,因此EVA也难以较好地把握这些无形价值。EVA计算过程中的平均资本成本也是难以核算的,它对实际经济状况的影响敏感度不高,比如,经济周期的不同阶段、通货膨胀或紧缩情形下资金成本是差距很大的,这就会影响EVA核算结果的差异性。

4. 不完全契约理论

不完全契约理论是由格罗斯曼和哈特、莫尔等共同创立的,该理论以合约的不完全性为研究起点,以财产权或(剩余)控制权的最佳配置为研究目的,是分析公司理论和公司治理结构中控制权的配置对激励和信息获得的影响的重要工具。

不完全契约理论认为:由于人们的有限理性、信息的不完全性及交易事项的不确定性,明晰所有的特殊权力的成本过高,拟定完全契约是不可能的,不完全契约必然经常存在;当契约不完全时,所有权就具有重要意义,同时将剩余控制权配置给投资决策相对重要的一方是有效率的。

股权激励的设计即在明晰所有特殊权力成本过高的前提下,经营者有着重要的投资决策重要性,因此通过赋予经营者所有权或者剩余控制权来实现有效配置。股权激励方案的实施是一系列的契约缔结过程,那么因为不完全性,很可能导致计划难以达成或者未来的纠纷现象,而这也是现实中经常出现的,这就要求在设计股权激励过程中尽量全面并审核细节。

(二)中国资本市场的股权激励与EVA经济增值的应用趋势

目前来说,股权激励是上市公司中常用的对于员工及管理层的激励方法,通过在二级市场上对本公司已经流通股票的回购或上市公司账面上剩余的库存股的股权回购登记、发放从而进行股权激励,这就是股权激励大致的行为流程。股权激励分为很多种形式,包括股票期权、限制性股票(RSU)、虚拟股票等。

理论上来说,社会上出现职业经理人这一职位是社会与公司的共同进步,这样可以将公司所有者彻底解放出来,也可以将公司交给专业的人做专业的事,可以使公司得到更好更有效的发展,但是与之同时发生的问题是委托代理问题的出现。公司的所有者与管理者对公司经营理念上的不同会引发公司经营风险加大,这种委托代理问题不论是在过去还是现在都是伴随公司成长而必须正视的问题。在中国,由于经济水平的提高、技术领域取得突破以及资本市场更加完善,此类在西方国家产生的激励机制开始受到中国公司的关注。国内的资本市场监管机构自2006年便对公司股权激励手段的规范化、合法化开始了强有力的监督,由于监管力度的强大同时各个公司也开始重视股权激励的合法合规性,中国的股权激励得到了长足的发展。根据wind数据库提供的资料,自2015年中国公司大面积实施股权激励方案以来,上市公司中有接近六百家针对股权激励制订了计划,其中有接近两百五十家公司进行了实施,股票期权是所有实施股权激励的公司中应用最为频繁的,仅仅实施了股票期权的公司有一百五十家左右,超过了实施公司总数的六成。

中国证监会于 2016 年颁布了《股权激励研究办法》,为公司股权激励提供了切实有效的理论依据。在 2017 年又颁发了《控股上市公司(境内)实施股权激励试行办法》,从法律的角度来推动公司实施股权激励。在中国,资本市场股权激励真正被刺激和广泛应用的时间是 2006 年,这一年开始国内许多上市了的国企开始试点股权激励政策。中捷股份就是当年第一家制定了真实有效的股权激励方案的上市公司。自 2006 年以来,中国陆续推出很多法律条文来刺激和发展股权激励,包括转融通业务、员工持股计划,尤其是员工持股计划的出台,更是将股权激励政策推向了一个顶峰。从近 13 年以来陆续推出的这些法律条文可以看出来,股权激励的重要性越来越大。

三、案例分析要点

(一)课前计划需要学员识别的关键问题

(1)腾讯基于 EVA 计算的价值模式的股权激励有什么特点?
(2)腾讯 KPI 评价模式下应该采用怎样更好的价值模式业绩评价?
(3)腾讯应该怎么样创造公司的价值和提升 EVA?
(4)怎样认识价值创造和 EVA 评价的优点与不足?
(5)EVA 价值创造对高新技术公司的表现形式有哪些?
(6)基于 EVA 计算的价值模式的股权激励,你认为怎样协调股东和管理层利益关系?

(二)分析解决问题思路

1)腾讯基于 EVA 计算的价值模式的股权激励有什么特点?

腾讯股权激励有四个方面的特点:

(1)长期性。对于员工来说,股权激励是长时间存在的,并且岗位越重要的员工,它为公司创造的价值是越多的。要确保公司能够长时间有效地发展,通常会持续使用股权激励以此让员工成为公司的一部分,让两者的利益结合起来,从而让员工更加愿意待在公司,发挥出他们的主动性,为公司创造更多的业绩。

(2)对人才的激励。对于工作能力强的员工,光凭借工资来回报其价值是远远不够的,因此采用股权的方式来对他们进行激励,这不仅是对其价值的一种反馈,也能够将其和公司创造价值结合在一起,基于公司的价值创造和盈利能力从中分取一部分利益用来奖励这些管理层和员工。

(3)提供控制权。股权激励为员工提供了控制权,能够让其在决策部署中发挥自身的作用,可以让他从全局或长远的角度来考虑公司的发展,提高其责任心。

(4)解决了员工和管理层与公司所有者之间的矛盾。公司所有权与管理权分离之后,管理层与公司所有者之间的矛盾就在不断地升级。公司所有者希望公司稳定长期发展,而管理者和员工则希望短期获得超额的收益,以增加自身的价值和报酬。股权激励很好地解决了此类问题,通过附条件地给予股权,增强管理层和员工的长期发展意识,调节了与所有者之间的矛盾,更好地促进公司的发展。

2)腾讯 KPI 评价模式下应该采用怎样更好的价值模式业绩评价?

围绕用户体验设计的结果导向型 KPI 评价:

在详细介绍腾讯的 KPI 评价模式之前,有必要了解腾讯的人员组织结构。腾讯由七个事业部组成。根据不同的产品和服务需求，每个事业部下辖不同的大项目组。每个大项目组根据不同的用户需求又分为不同的小项目组。各个事业部在负责各自对应的产品和服务的同时，亦会根据用户需求组成不同的临时项目组，如新年期间的微信红包项目团队。综上，腾讯由数个固定或临时的小项目组构成。腾讯对员工的业绩评价也是以项目组为单位的。

不同于传统公司以盈利指标衡量员工业绩，腾讯主要通过"用户体验"指标评价项目组团队业绩和员工业绩。在这里，"用户体验"即指产品在最终用户那里的口碑、成长性以及影响力等。为更好、更精确地衡量"用户体验"，腾讯设计了顾客满意度模型。顾客满意度模型由顾客期望和感知业绩两个维度构成，具体表现为顾客对产品的抱怨情况以及顾客对产品的忠诚度两方面。为精准量化顾客满意度模型，在用户忠诚度维度上，腾讯设计了诸如产品注册用户数、用户活跃度、付费用户转化率等共性量化指标。此外，鉴于不同互联网产品间差异度较大，腾讯亦为旗下每一款产品设计了不同的量化指标，构建了各自的满意度衡量框架。

3）腾讯应该怎么样创造公司的价值和提升 EVA？

（1）拓宽公司业务范围、加速产品更新升级。

当前，互联网行业的竞争日趋激烈。这不仅要求公司对市场情况做出快速反应，根据行业环境变化、技术变化和用户需求变化及时对现有产品进行更新升级，抢占市场先机；而且要求公司不断拓宽现有业务领域，进行产品的多元化布局。腾讯以用户体验为核心的业绩评价模式就能很好地服务于公司这一战略目标。以用户体验为核心，腾讯为旗下每一款产品建立了顾客满意度模型。海量用户反馈信息的收集、分析有助于公司更好地了解产品运营情况和用户使用偏好，有针对性地实现产品性能的改进与更新迭代。此外，注重用户体验的业绩激励机制使公司利益与员工利益相挂钩，激励员工的创造力和工作热情。这既有助于现有产品的开发改进，也有助于公司拓展新的业务领域。在这一业绩评价模式的刺激下，腾讯的业务范围已涵盖社交、金融、娱乐、资讯、人工智能等七个领域，实现了产品的全方位、多元化布局。在产品创新上，零售、生活服务、政务服务等微信小程序的开发和"王者荣耀""绝地求生"等游戏的推出均深受市场好评，获得了广泛的用户基础。

（2）提升公司核心竞争力。

腾讯围绕用户体验的结果导向型 KPI 评价模式注重的是结果的实现，而非过程。只要员工能提高用户的产品体验感，就能获得相应的物质或精神奖励。腾讯结果导向型的业绩评价模式不关注实现过程和实现方式。这一弹性评价模式有利于激励员工的创造力和工作热情，进而提高公司竞争力。

腾讯目前公布的组织调整方案基本体现了这种思路。将事业群从七个调整到六个，事实上是对公司的整体业务按照"2B"和"2C"的标准进行了重新梳理。

新成立的云与智慧产业事业群（CSIG）将过去分属于几个事业群的腾讯云、互联网+、智慧零售、教育、医疗、安全和 LBS 等行业解决方案等"2B"业务都重新整合在了一起，这使得腾讯可以更好地整个全公司的资源，帮助其在"2B"业务方面发力。

而平台与内容事业群（PCG）的设置则对原来分属于社交网络事业群（SNG）、移动互联网事业群（MIG）、网络媒体事业群（OMG）的业务进行了重组，将与社交、内容相关的"2C"业务组合在了一起。

这个重构，将进一步巩固腾讯在"2C"业务上的优势，让其成为公司稳定的"现金牛"。可以预见，通过这样的重构，腾讯将可以更好整合这两大业务板块的力量，从而为其在市场上赢得优势。

4）怎样认识价值创造和EVA评价的优点与不足？

股权激励的核心是人，把公司激励对象分为三类。第一类是创造未来价值的员工，这部分是激励的重点，因为这关乎公司的未来；第二类是历史贡献大的员工，这也是激励的重点，因为这是未来的激励的"标杆"，更是对"情"的诠释；而第三类是"空降兵"，即现有激励对象之外的外来人员，但是又是公司走向规范化和稳健化不可或缺的"职业经理人"。

股权激励体系设计的核心是对价值创造的倾向性激励，核心重点在于对员工价值创造活动和业绩的激励。价值可以进一步分解成历史价值贡献和未来价值贡献。由此，股权激励的设计安排就必须从这两个方向给以考虑。案例将从多个角度对目前股权设计中的合理性与合适性问题进行分析，并提出股权激励设计中应该坚持的几个原则。首先，需要充分了解老股东的意图和想法，老股东是股权激励的发起人，他们的意图和想法将始终贯穿于股权结构的设计。其次，需要系统地分析激励对象，对激励对象价值创造和对股权激励的预期进行一个梳理。

员工对于公司的贡献分为历史贡献和未来创造的价值，历史贡献是既存员工已经实现的价值，对这部分贡献的奖励可以给未来创造价值的员工树立很好的标杆；未来创造的价值是公司得以存在和发展的必须和根本，也是股权激励的重心，这部分价值由未来劳动创造，带有很大的不确定性，因此必须视为激励的重中之重，以便使员工积极性得到充分发挥和外部人才的积极进入。

5）EVA价值创造对高新技术公司的表现形式有哪些？

一般情况下，价值创造的定义和概念在不同的时间和不同的情况下也是不同的。正常来讲，可以将价值创造在公司中的表现形式概括为三个过程，首先是物理过程，它涉及了产品的实体性质及其生产环节。其次是工程学过程，它是基于生产环节来对公司进行评价，得到投入的成本以及获得的利润，这里价值就是均衡价格。最后是社会学过程，它是从社会的角度来考察价值产生的过程及其效果，从而确保社会长期稳定的发展。案例将价值创造重新定义，将价值创造的表现形式分为两个指标进行展现，即财务指标和市场指标。

从公司角度来看，价值创造的表现形式多样，但是最核心的表现形式应该是公司的盈利能力以及整个市场的占有率。公司一旦开始实施股权激励政策，必然会投入一定的成本，比如时间成本、人力成本、从二级市场上回购股票的成本等。只有公司在股权激励完成后，能够在市场上赚取更多的利润，也就是通过股权激励的方式增加了公司的盈利能力，才能将花费的这些成本得以弥补甚至是相较于之前的利润得以提升。案例选取价值创造在公司中的表现形式作为考察指标，分为财务指标和市场指标。财务指标为经济附加值和净利润的变化情况，经济附加值是目前全球大多数国家用来评定公司真实盈利能力的重要依据，其计算方式是将可能作假或者容易被作假的财务数据筛选下去，最后通过计算所得到的数值才是真实的可以反映公司盈利的数据。净利润指标的变化可以看出公司在实施股权激励后，展现出的盈利能力的变化，营业收入的变化不能直观看到归属公司的价值多少，所以案例没有选取营业收入作为考察指标。

市场指标分为市场占有率和市场份额提升率。公司的市场占有率显示这个公司在产品市场上真正的影响力，但是市场占有率与其盈利能力并无直接关联，市场占有率越高不代表公司的盈利能力越强，所以案例将市场占有率归为市场指标，与财务指标加以区分，分别从性质以及数值的角度对上述两个指标进行了调研，能够发现股权激励得到实施后，整个公司的盈利能力是否得到了长足的提升。即使这种提升不能马上通过利润和经济附加值体现出来，也能从市场份额的变化中看到，以后的经营过程中，在股权激励中所投入的资金是否起到了真正的效果。

6）基于 EVA 计算的价值模式的股权激励，你认为怎样协调股东和管理层利益关系？

（1）有效运作董事会。目前，中国上市公司董事会缺乏足够的制衡机制以监督董事履行诚信、勤勉和谨慎义务，应该从三方面着手解决。第一，董事会的人员构成要合理公平；第二，公司董事会应该专门成立财务委员会和长期战略委员会，或称战略发展委员会。同时，还应该在董事会中设立审计委员会和报酬委员会，扮演独立监督者角色；第三，独立董事来源应该多样化，并建立独立董事与董事长交流的平台，董事会议论的背景资料也应该及时和全面地向独立董事汇报。

（2）改革监事会。从目前情况而言，应该限制控股股东对监事的提名权，避免监事任免的不当行政干预，提高监事的业务素质和监管水平。同时，加强监事会监管，监事如果未尽其职，则应承担一定的行政和民事责任，严重者还应承担刑事责任。为了保证监督的质量，应该摒弃低效的监事会制度，采取以独立董事和董事会的审计委员会为主的监督制衡模式。

四、教学组织方式

（一）课前计划

发放案例材料，提出启发思考题，并请学员在课前上网查找相关资料和文献，了解近年来的发展历程、使命愿景、价值观念，知晓基本的业绩评价模式有哪些。

目标：完成阅读并进行思考。

（二）课时分配（时间安排）

（1）教师引言，明确主题，告知分析和作业要求（5 分钟）。

（2）学员分组讨论并于课下制作 PPT，在课堂上演示（30 分钟）。

（3）同学们讨论，并对疑惑处进行提问，小组讨论回答（每组 10~15 分钟）。

（4）同学们与教师分别进行归纳总结（10~15 分钟）。

案例16　美的集团高度绑定公司核心高管和公司利益的股权激励

专业领域： 会计专硕（MPAcc）、审计硕士（MAud）、工商管理硕士（MBA）、会计、审计、财务管理等本科专业

适用课程： "公司业绩评价与激励机制" "大数据与财务决策" "企业数字化转型理论与实务"

选用课程： "人力资源管理" "绩效考核与薪酬激励" "业绩考核理论与实务"

编写目的： 引导学员讨论，在中国传统行业正处于经济结构转型升级的过程中，只有发挥好人才的优势，才能突破公司业绩的发展瓶颈。案例对美的集团实施股权激励对公司业绩的影响展开调研。引导学员对其股权激励作出评价，从中探讨股权激励与公司业绩之间的影响关系，完善其股权激励方案，对公司实施股权激励以促进公司业绩具有重要意义，使股权激励作用发挥最大化价值。

知 识 点： 股权激励作用机制、股权激励模式种类、股权激励方案合理性评价

关 键 词： 股权激励；模式变革；委托代理

中文摘要： 案例选取美的集团分析其股权激励对公司业绩的影响。本案例从美的集团实际情况出发，从股权激励对公司业绩影响现状进行初步分析，并从短期股价效应和长期积累效果两方面调研，调研美的集团股权激励对公司业绩的影响，总结了其成功之处和存在的潜在风险。

英文摘要： The case selects Midea Group to analyze the impact of its equity incentive on the company's performance. Starting from the actual situation of Midea Group, this case studies the impact of Midea Group's equity incentive on the company's performance from the preliminary analysis of the impact of equity incentive on the company's performance, and from the combination of short-term stock price effect and long-term accumulation effect, and summarizes its success and potential risks.

案例正文

美的集团家电业务在2019年《财富》杂志世界五百强的排名中，位居第312位。2018年，公司营业总收入同比增长8.23%，净利润率增长达到了17.05%。中国经济进入"新常态"后，由于人口红利的衰退和新兴市场的涌现，传统制造业受到较大冲击，而美的集团却利用组织再造和产品创新维持了业绩的平稳增长。而保持美的集团矗立于行业之巅的屠龙宝刀便是股权激励，美的集团股权激励的过程层层推进，形成短、中、长期相结合、多种模式并用的激励计划组合。2014年至2018年的五次激励计划是屠龙少年美的集团的江湖神器。2020年11月17日，"美的工业互联网2.0"在北京隆重亮相，其在架构

上进行了全新的升级，从下至上包括四层——能力层、应用层、商业层、产业层，每一层都设置了对应的安全防护。美的集团一直力求不断创新与突破，2.0版本更强化数字化业务，通过美云智数、安得智联、库卡中国、美的机电事业部合康新能、美的中央空调、美的金融、美的采购中心、美的模具八大矩阵，把智慧医疗、智慧物流、产业金融、精密模具、自动化工厂和供应链协同紧密融合，以国家工业互联网标识解析和美的工业互联网应用平台为基础，形成工业云生态，并对企业赋能，推动生态内各领域的企业向数字化、智慧化转型，推动工业全面数字化升级，使工业经济各要素实现高效共享。

专门讲授"公司业绩评价及激励机制"课程的教师乔老师最近沉迷于金庸的武侠小说，对屠龙宝刀有着无法言说的迷恋，看到美的集团不同时期使用不同的股权激励模式与经济增加值的价值模式业绩评价后，认为企业在财务层面和市场层面的增值是企业价值创造的主要表现形式。其中，财务价值是以企业过去的财务数据为支撑，反映企业在过去生产经营过程中的增值，是企业财务状况、经营成果、现金流量的综合反映。市场价值则反映企业未来的增值情况，与外部利益相关者的态度相关，可以体现出在行业中的位置。如果外部利益相关者看到企业的核心竞争力、可持续发展能力等，企业市场价值则会增加，市场价值具有一定的主观性。

美的集团的价值创造与股权激励就像金庸小说中的屠龙宝刀一般招式变化莫测，美的集团持刀矗立在行业之巅。

一、美的集团的价值创新理念与行业背景

美的集团是一家于深圳证券交易所上市，采用现代公司治理的全球科技集团（股票代码：000333.SZ）。美的集团认为价值创造的相关概念价值创造是指企业在生产经营过程中提供的、满足外部利益相关者需求的产品或者服务。对于企业而言，企业价值创造就是企业资本获得增值的过程。企业通过有效管控布局各类资源，可以全面提升企业价值。价值创造最终体现在企业收入、经济增加值上；股东及投资者认为，价值创造体现在市场增加值以及市场份额上。综合二者，企业价值创造就是企业产品流入市场后，由客户进行购买，从而实现了企业财务层面和市场层面的增值。

截至2018年12月31日，深市共有1 007家公司推出1 707单股权激励计划。其中美的集团（000333）、汉得信息（300170）等423家公司推出多期股权激励计划，可见市场对股权激励整体持积极态度。部分公司的股权激励计划取得显著成效，较好地解决了委托代理问题，但也有一部分公司宣布股权激励计划失败，甚至产生了激励的负效应，加剧了股东与管理层的矛盾。实施股权激励的公司获得的激励效果之所以存在如此巨大的差别，其原因不仅是股权激励设计方案设计的不同，更在于是否契合公司所处的市场条件、公司特征等诸多因素。只有科学的激励方案，才能在更大程度上使股权激励起到预期效果。

二、历次股票期权与合伙人计划及实施情况

在中长期激励计划中有的公司存在"撒胡椒面"行，不仅不能带来激励效果，还会导

致公司治理效率和企业经济增加值的价值创新明显下降。企业中长期的激励计划和增量分享计划,到底要面向哪些人?增量分享和股权激励对象的范围一定要缩减。经营层(Executive)人员或高阶经理人,包括业务单元负责人、产品经理、高阶销售经理等,他们经常会面对一些不确定性的未来,往往需要通过创新工作去实现责任结果。著名经济学家伊迪丝·彭罗斯(Edith Penrose)将这类工作称为"企业家服务",最高决策层都归类为企业家群体,是指那些能够为企业提供创新服务,并通过他们的新思想、新产品和新客户,为公司带来增值的、创造新的价值的人群。只有这样的服务才是真正的"企业家服务"。

美的集团创始人何享健曾经说过,没有高压力,职业经理人就不会产生高动力,也就无从达到高业绩。美的有一个残酷的"跳高文化",就是高业绩压力文化。在美的,只有业绩达成,才能名利双收。业绩目标未达成,不仅收入会大幅缩水,更有可能位置不保。在美的,不同事业部经理人的收入差距可以达到十倍甚至更多。美的职业经理人常说:"业绩目标每年都会调高,难有轻松惰息的时候。"

何享健说:"我也很同情他们,也劝他们周末多去打高尔夫球,多照顾下家庭子女,但这就是公司文化,不能更改。一旦软化,职业经理人的预期就变了,就不会再把精力花在目标达成上,而是会转移到目标博弈中去,这样对公司的发展很不利,甚至会导致整个体系的崩塌。"美的的整个体系是通过压力机制牵引职业经理人实现高业绩,从而推动整体公司业绩快速增长的成功典范。同时可以看出,那些把业绩改善寄望在经理人自我驱动的想法是多么的不切实际。大多数经理人的业绩"都是逼出来的、压出来的、干出来的",很难靠感恩、感悟、感言让经理人良心发现,从而实现自我驱动。

(一)屠龙宝刀第一式——股票期权

(1)多重股票激励措施并行。

美的集团实施股票期权(表16-1)激励每年都存在重叠情况,例如,本期股票期权激励处于行权期时,下一期股票期权开始解锁进入行权期;上一期股票期权处于等待期时,本期股票期权进入授予行权期;两期或多期股票期权同时处于等待期或行权期。

表16-1 美的集团股票期权情况

项目	第一期	第二期	第三期	第四期	第五期	第六期
实施时间	2014年2月	2015年3月	2016年5月	2017年3月	2018年3月	2019年4月
有效期	5年	5年	5年	4年	6年	6年
等待期	授予后12个月	授予后12个月	授予后12个月	授予后12个月	授予后12个月	授予后12个月
行权期	首次授予股份12个月后,在48个月份内分三期行权,每期行权1/3	首次授予股份12个月后,在48个月份内分三期行权,每期行权1/3	首次授予股份12个月后,在48个月份内分三期行权,每期行权1/3	首次授予股份24个月后,在36个月份内分三期行权,每期行权1/3	首次授予股份24个月后,48个月份内分四期行权,每期行权1/4	首次授予股份24个月后,48个月份内分四期行权,每期行权1/4

续表

项目	第一期	第二期	第三期	第四期	第五期	第六期
行权条件	每个行权年度净利润增长率同比增长不低于15%，年度净资产收益率不低于20%	每个行权年度净利润增长率同比增长不低于15%，年度净资产收益率不低于20%。激励对象前一年度评价得分在B级及以上，所在经营单位评价得分在80分及以上	每个行权年度净利润不得低于前三个会计年度的平均水平。激励对象前一年度评价得分在B级及以上，所在经营单位评价得分在80分及以上	每个行权年度净利润不得低于前三个会计年度的平均水平。个人业绩评价在B级及以上评定为达标，按100%授予；经营单位评价达标按100%授予，评价为"一般"按65%授予	每个行权年度净利润不得低于前三个会计年度的平均水平。个人业绩评价在B级及以上评定为达标，按100%授予；经营单位评价达标按100%授予，评价为"一般"按65%授予	每个行权年度净利润不得低于前三个会计年度的平均水平。个人业绩评价在B级及以上评定为达标，按100%授予；经营单位评价达标按100%授予，评价为"一般"按65%授予

数据来源：美的集团历年年报整理所得

（2）激励人数和股份数量先升后降。

根据美的集团各期股票期权激励方案，美的集团股票期权激励人数和股权数量呈现先升后降的趋势，在第二期时出现转折点，具体内容如图16-1所示：

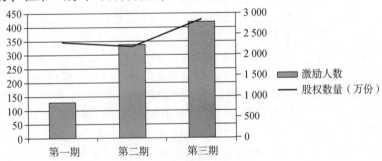

数据来源：美的集团历年年报整理所得

图16-1 美的集团股票期权激励人数和股权数量

由图16-1可知，美的集团股票期权激励人数整体呈现上升趋势，但在第二期股票期权人数有所回落，而后有所下降，股权数量也是如此，激励人数和股权数量的减少可能是由于在2017年美的集团开始实施限制性股票激励，在多重股权激励方案下，美的集团股票期权激励人数和股权数量不断进行调整。

（3）行权条件逐渐向业绩评价靠拢。

2014年美的集团股票期权激励开始起步，尚处于摸索探索的过程，并没有考虑更多的指标设置，仅仅集中在财务指标方面，对净利润增长率和净资产收益率有所要求，2015年后，对于股权激励实施情况积累了部分经验，行权条件逐步严谨，增加了对员工个人和所在经营单位的评价标准。2017年股票期权行权条件将个人和单位评价结果进一步细化，个人只有

"达标"才可行权，不达标将不能行权；所在单位评价达标按100%授予，评价结果为"一般"将按65%授予。同时，将股票期权激励结合个人和所在单位的业绩情况，更能发挥股权激励的激励效果，促使员工努力工作、提高公司业绩，从而获取更多的个人利益。

（二）屠龙宝刀第二式——合伙人激励计划

（1）高度绑定公司核心高管和公司利益。

激励对象获得的股票较多，并且不需要自己出资购买，激励力度理论上来讲是比较明显的。美的集团全球合伙人的股份归属从3年内分3次归属变成了3年后一次性归属，这意味着3年内全球合伙人的职务不能有变，并且业绩评价必须达标，这在一定程度上实现了激励对象与所在职务的绑定，促使激励对象能够在这几年内保持努力工作的状态。

根据美的集团全球合伙人持股计划公告方案（表16-2），合伙人持股计划的具体覆盖层级和人数如图16-2所示。

表16-2 美的集团五期全球合伙人持股计划

项目	第一期	第二期	第三期	第四期	第五期
实施时间	2015年3月	2016年3月	2017年3月	2018年3月	2019年4月
覆盖层级	总裁及副总裁8人，事业部及经营单位总经理7人，共计15人	总裁及副总裁6人，事业部及经营单位总经理9人，共计15人	总裁及副总裁5人，事业部及经营单位总经理10人，共计15人	总裁及副总裁7人，事业部及经营单位总经理13人，共计20人	总裁及副总裁5人，事业部及经营单位总经理11人，共计16人
购买股票动用资金	计提的持股计划专项资金1.15亿元	8 050万元	9 900万元	1.83亿元	计提的持股计划专项资金1.858 2亿元
存续期	5年	4年	4年	4年	4年
锁定期	2018年4月归属完成后所有股票解锁，可予以出售	2019年4月归属完成后所有股票解锁，可予以出售	2020年5月归属完成后所有股票解锁，可予以出售	2021年5月归属完成后所有股票解锁，可予以出售	2022年5月归属完成后所有股票解锁，可予以出售
分期归属	2016年3月起分三期确定归属额度，比例4:3:3，每期间隔12个月	2017年4月起分三期确定归属额度，比例4:3:3，每期间隔12个月	2018年5月起分三期确定归属额度，比例4:3:3，每期间隔12个月	2019年5月一次性确定归属额度	2020年5月一次性确定归属额度
行权条件	2015年度净利润增长率同比增长不低于15%，加权净资产收益率不低于20%	2016年度加权净资产收益率不低于20%，并依据归属评价期持有人的评价结果确定其对应归属的股票额度	2017年度加权净资产收益率不低于20%，并依据归属评价期持有人的评价结果确定其对应归属的股票额度	2018年度加权净资产收益率不低于20%，并依据归属评价期持有人的评价结果确定其对应归属的股票额度	2019年度加权平均净资产收益率不低于20%，并依据归属评价期持有人的评价结果确定其对应归属的股票额度

数据来源：美的集团历年年报整理所得

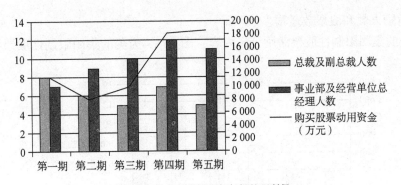

数据来源：美的集团历年年报整理所得

图16-2　美的集团全球合伙人持股计划层级与金额

由图16-2中可知，合伙人持股计划动用资金呈增长趋势，总裁及副总裁人数略有下降，事业部及经营单位总经理人数整体略微增长，但两者总和每期基本持平。总体来看，全球合伙人持股计划的激励力度是比较显著的，动用资金较多且并没有给激励对象资金压力，其激励对象皆为公司高层，对公司的长期发展方向和价值增长具有至关重要的作用。

（2）行权条件不断完善。

在行权条件方面2015年第一期全球合伙人持股计划只考虑了公司的财务指标，而2016年及以后，在考虑了财务指标的基础上，又结合了对持有人的评价结果确定其对应归属的标的股票额度，使评价指标更加具体全面，加大了对激励对象的激励力度。

（三）屠龙宝刀第三式——限制性股票激励（表16-3）

表16-3　美的集团限制性股票激励计划情况

限制性股票	第一期	第二期	第三期
实施时间	2017年3月	2018年3月	2019年4月
覆盖层级	管理人员	管理人员	管理人员
股票数量	2 313万份	2 315万份	2 856万份
首次授予价格	每股14.66元	每股27.57元	每股25.79元
行权条件	行权年度净利润不低于前三个会计年度平均水平；个人业绩评价和所在经营单位业绩评价均达标按100%授予，所在经营单位评价为"一般"按65%授予	行权年度净利润不低于前三个会计年度平均水平；个人业绩评价和所在经营单位业绩评价均达标按100%授予，所在经营单位评价为"一般"按65%授予	行权年度净利润不低于前三个会计年度平均水平；个人业绩评价和经营单位业绩评价均达标按100%授予，所在经营单位评价为"一般"按65%授予
限售期	12个月	24个月	24个月
行权期	首次授予股份12个月后，在36个月内分三期解锁	首次授予股份24个月后，在48个月内分四期解锁	首次授予股份24个月后，在48个月内分四期解锁

数据来源：美的集团历年年报整理所得

(1) 激励人数和股票数量增多。

结合美的集团限制性股票激励公告内容，图 16-3 为美的集团限制性股票激励人数和股票数量。

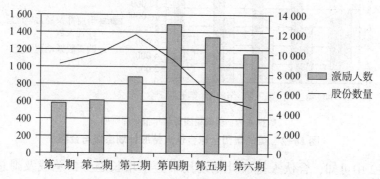

数据来源：美的集团历年年报整理所得

图 16-3　美的集团限制性股票激励人数和股票数量

据图 16-3 显示，美的集团限制性股票激励和股票数量都呈上升趋势，限制性股票激励范围覆盖面逐渐扩大。美的集团限制性股票激励的对象皆为管理人员，限制性股票激励有利于留住激励对象，当公司想要留住某些关键人才时，会在授予条件中标明具体的年限。美的集团限制性股票激励力度的加大体现出美的集团对于人才的需求，如果员工在限制性期限内离开公司，则获赠的限制性股票会被公司没收。与股票期权不同的是，限制性股票在公司股价下跌时仍存在价值，只是股票的价值变小了。而且激励对象在获授限制性股票时，不会产生现金压力，因为通常不需要现金支付，限制性股票对优秀管理人员起到了很大的吸引力。

(2) 实现中高层管理人员与公司长期利益直接绑定。

该部分被激励人员需要每年能够看到收益的激励力度和形式，虽然限制性股票计划的稳定性没有合伙人持股计划高，也不会对公司中短期业绩的达成有直接影响，而限制性股票可以以市价的半价给予激励对象股票，激励力度强，同时和期权相比需要提前出资，绑定性也更强。限售期和行权期的延长也可以体现限制性股票对管理人员的绑定目标。

（四）屠龙宝刀第四式——事业合伙人持股计划（表 16-4）

表 16-4　美的集团事业合伙人持股计划情况

合伙人持股计划	第一期	第二期
实施时间	2018 年	2019 年 4 月
覆盖员工人数	50 人	45 人
股票数量	179 万股	186 万股
购买价格	每股 54.98 元	每股 49.79 元
锁定期	12 个月	12 个月
归属及分期行权	2019 年 5 月确定持股额度，2021 年 5 月确定股票权益，可予以出售	2020 年 5 月确定持股额度，2022 年 5 月确定股票权益，可予以出售
存续期	4 年	4 年

续表

合伙人持股计划	第一期	第二期
业绩评价标准	年度加权净资产收益率不低于20%，并依据归属评价期持有人的评价结果确定其对应归属的标的股票额度	年度加权平均净资产收益率不低于20%，并依据归属评价期持有人的评价结果确定其对应归属的标的股票额度

数据来源：美的集团历年年报整理所得

美的集团实施事业合伙人持股计划，存在改善和创新薪酬激励机制的目的。动用的资金来自专项激励基金和高层部分业绩奖金，所以会对公司现金流产生一定影响，但考虑到各期计提的资金分别占上一年利润的1%左右，所以对公司整体现金流理论上的影响并不大，同时又在一定程度上改善了公司的薪酬激励机制。

（五）美的集团四种股权激励计划总结

乔老师和小徐同学讨论认为：美的集团根据传统的 X 管理理论认为，股权激励机制的设计是为了让人"贪之有道"，为了让懒惰者无法生存，才有了价值创新业绩评价的约束机制设计。股权激励机制和业绩评价约束机制能够相互制约，并且缺一不可。

美的集团将塞勒的经济学思想引入企业经理人股权激励与价值创造业绩评价约束机制设计方面，即经理人业绩行为决策受认知、预期和偏好三大因素影响。经理人的核心责任是通过创新工作为企业创造价值（短期或长期），在财务结果上表现为财务效益以及经济增加值 EVA 的改善。

单一的经营利润很难客观衡量经理人的价值创造结果。EVA 是一种相对较为科学的经理人价值评价工具，它既关注了短期价值创造表现又兼顾了中长期价值创造表现，既关注了组织业绩表现（重点在价值动因方面）又关注了个人业绩表现。美的集团股权激励之前关于事业部经理人的年度奖金兑现都会与个人业绩评价结果挂钩，但那是一个简单的阶梯式，即不同区间对应不同兑现系数。

美的集团 EVA 预算、EVA 经济增加值与公司发展战略及经营计划一一对应，一般要根据商业环境（外部资本市场环境），至少做出三年的 EVA 预算及 EVA 目标计划。是否推行 EVA 与企业财务管理能力尤其是预算和核算管理能力紧密相关。美的集团之前为了推行 EVA 评价模式，一共调整了 25 个财务科目。美的集团要实施价值衡量机制改革，须从三大财务报表尤其是利润表入手，建立内部管理财务报表。一般来说，其内部管理财务报表要严格于外部财务报表，譬如对于很多企业头疼的"应收账款"的管理，一些企业会采取专项扣罚的方式（华为以前就是这么做的），但管理财务报表可计算其相应的利息成本。再譬如，新产品、新渠道开发初期投入的费用，则在报表中可适度减免。

美的集团通过 EVA 模式衡量价值创造结果，建立基于价值创造的激励约束机制，引导经理人的经营管理行为，避免企业大了之后，经理人陷入复杂的经营管理行为，让所有的行为都回归到企业经营的本质，即如何创造价值。美的集团的组织业绩，实际上依据的是企业内部的财务管理报表中影响 EVA 的一些关键动因指标。对于个人评价指标而言，如何将其转化为量化的评价结果，也是价值衡量中的重要工作之一。美的集团把经理人所创造的价值通过 EVA 模式去客观衡量，一方面是要做好内部的财务管理报表工作，另一方面则是重视其与奖金的挂钩。最终，我们希望能够通过评价模式的设计，去引导职业经理人的经营管理行为。设计科学的激励机制，引导经理人聚焦于价值创造；运用 EVA 工具，客观衡量经理人的价值创造结果；设计科学的业绩评价公式，将经理人的价值创造结果与其个人收入紧密挂钩。

1. 美的集团四种股权激励措施交叉并行

美的集团从多个层次切入、多个角度着手，不断扩大激励范围，业绩评价标准也逐步丰富。

（1）在激励力度方面。美的集团全球合伙人持股计划中的激励对象为公司核心高管，他们平均获得的股票数量最多，并且不用自己出资，而且核心高管所作出的决策事关公司的发展速度和方向，所以全球合伙人持股计划的激励力度最大。同样，事业合伙人持股计划主要是除全球合伙人以外的副总裁以及经营单位的高管，激励力度也是较大的。限制性股票计划的激励对象主要为中高层管理人员，这部分人员需要每年能够看到收益的激励力度和形式，因此以五折的市价给予激励对象股票的激励力度也是较大的。

（2）在约束性方面。对于流动性较强的业务技术骨干员工，美的集团对其更多地实施了股票期权激励，由于股票期权给予了激励对象二次选择的机会，所以股票期权激励的约束性是相对较弱的，激励对象行权需要以市价购买股票，收益也是最少的。

（3）在现金流压力方面。股票期权和限制性股票资金来源均为激励对象自筹，所以对公司基本不会存在现金流量压力。而美的集团计提的持股计划专项基金为全球合伙人持股计划和事业合伙人持股计划提供了资金支持，所以会对公司的现金流造成一定压力，但通过查阅相关公告发现，各期计提的资金比较少，分别占上一年利润的1%左右，所以对公司整体的现金流压力并不大。

（4）在市场风险影响方面。股票期权计划的收益是由授予价格与行权价格之间的差价形成的，在行权时也会受到行权期的限制，所以市场价格的波动会给股票期权激励带来较大的影响，使激励对象的收益存在较高的风险。

2. 四种股权激励涉及人数

美的集团促使股权激励惠及更多的员工，努力让更多层次、更广范围的员工获得，美的集团股权激励涉及多个层次，依据每个层次人员的特点，采取不同种类的股权激励措施。美的集团对象的选取多样化，并且针对不同层次的人群采取不同种类的股权激励措施，具有一定的针对性。经过本部分整理历年来美的集团的股权激励方案可以看出，美的集团采取重叠式的股权激励措施，人数在不断增多。股权激励如同一股潜在的巨大力量，已逐渐渗透到美的集团的各个领域，使员工利益与公司利益紧密结合在一起，股权激励制度公司业绩的影响也逐步得以呈现。

三、美的集团股权激励动因

（一）优化股权结构，完善治理机制

美的集团作为业内公司治理机制领先的上市公司，股权激励计划将进一步优化公司的股权结构，完善治理机制，推动全体股东的利益一致与收益共享，提升公司整体价值。股权激励设计的最初目的是缓解委托代理问题，让管理者和核心员工参与到公司剩余利益的分配过程中，推动激励对象与公司长期成长价值的绑定，从而提高其工作的主观能动性，保障公司的长期竞争优势。因此，股权激励属于治理结构的范畴，实施激励计划可以优化

公司股权结构，起到改善公司治理机制的作用。美的集团 2013 年实施股权激励计划前股权结构相对集中，大股东的利益与公司利益联系更为紧密。因此，大股东拥有更多的权利和意愿去监督、控制管理层的行为，防止其为自身利益最大化出现损害股东权益的行为。2018 年，美的集团第一大控股股东的持股比例为 33.2%，相比 2013 年实施股权激励前减少了 2.3 个百分点。可见，美的集团通过实行股权激励计划，适当地减少大股东的持股比例来发展小控股股东，使股权结构趋于合理。在一定程度上，大股东与小股东间形成制衡，起到对大股东的行为进行监督的作用，相对避免了大股东侵占小股东利益的掠夺行为。

（二）创新薪酬结构，吸引优秀人才

2013 年，美的集团尚属于劳动密集型制造公司，对于这类公司而言，公司的业绩很大一部分来源于廉价的劳动力。近年来，随着制造业从要素激励经营模式向效率激励经营模式的转变，美的集团不断推进智慧家居战略与智能制造，加强合资合作与新市场拓展，完善全球业务布局，对人才储备也有了更高的需求。对人才队伍的长期激励与约束，成为确保公司长期经营目标实现的关键。据 2018 年年报显示，技术人员占比由 2013 年的 5.74% 增长至 10.74%。本科以上员工共 25 458 人，占总员工的比例为 22.18%，较 2013 年的 13.47% 也有了较大幅度的提高。人均创利也从 4.87 万元增长至 17.63 万元。美的集团本身技术类公司的性质决定了其人才流动性较高，因此吸取并留住更多人才、扩大补充人才库、建设集团核心队伍是公司增强竞争实力的关键。由此看来，实行股权激励方案对美的而言是正确而必要的。

（三）维持公司战略连贯性

美的集团股权激励方案与公司战略紧密结合，为公司的横向扩张和纵向渗透打下了坚实基础。2015 年，美的集团考虑公司未来两年大规模并购新产业的需要，为加强公司管理人员队伍的建设，实施合伙人股权激励计划。通过加强对公司重要、核心人物的长期激励，实现产业转型期的平稳过渡。2017 年起，美的集团开始不断通过产业并购方式推进战略布局。随着公司规模和业绩的同步提高，股权激励计划也在层层推进，不断扩大激励规模，美的集团进一步推行了限制性股票激励计划，对公司扩张规模、壮大人才力量起到了重要的支撑作用。此时，美的集团正式形成了多元化、多层次的股权激励模式。可以说，美的集团的股权激励计划的发展与公司战略性的扩张步伐一致，体现了美的集团的发展战略路线，维持了公司战略的稳定性。

（四）管理层实现利益输送

通过前文对美的集团股权激励的动机识别，可以发现，美的集团的股权激励方案存在激励对象与激励方式不匹配、高管的激励期限较短等这些问题。在 2015 年和 2016 年合伙人计划的方案设计中更为明显，一定程度上反映出这两期的持股计划可能被设计为管理者实现利益输送的工具。管理者试图以引入股权激励的方式达到自定薪酬、自谋福利的目的，这一动机违背了股权激励设计的初衷。由于股权激励的动机很大程度上决定了股权激励的效果，所以以利益输送为设计动机的激励计划很难使激励效果达到较好的水平。

看到小徐整理的信息，以及对美的集团股权激励模式动机的分析，乔老师欣慰地笑了，认为自己的屠龙宝刀梦在小徐的文章中得到了实现。

四、问题思考

（1）从委托代理理论角度，基于价值模式的股权激励如何有效地解决委托代理冲突？

（2）什么是股票期权、合伙人计划、限制性股票激励、事业合伙人计划？

（3）从业绩评价的价值模式看，美的集团高度绑定公司核心高管和公司利益的股权激励计划的主要内容有哪些？

（4）美的集团进行高度绑定公司核心高管和公司利益股权激励模式，从业绩评价的价值模式看，改革的动因是什么？

（5）EVA 指标发展历史是什么？美的集团 EVA 业绩评价具有哪些局限性？未来在美的集团股权激励中如何优化经济增加值 EVA 的设计与计算？

五、参考资料

[1] 王晔. 美的集团五次股权激励动因与效果研究［D］. 天津：天津财经大学，2020.

[2] 石颖，崔新健. 员工持股计划对企业财务绩效的影响研究［J］. 经济体制改革，2022（4）：129-136.

[3] 周莹. 美的集团股权激励计划研究［D］. 长春：吉林财经大学，2020.

[4] 李朝芳. 科创板公司股权激励之多元业绩考核创新研究——基于科创板公司特征的视角［J］. 当代经济管理，2020，42（8）：89-97.

[5] 平衡积分卡（BCS）与经济附加值（EVA）的有机融合，https://baijiahao.baidu.com/s?id=1711209332248280495.

案例使用说明书

一、案例需要解决的关键问题

本案例要实现的教学目标在于：通过对美的集团四次股权激励变革案例的持续跟踪，引导学员认识不同的股权激励方式，对公司股权激励实施情况进行评价。同时，透过美的集团四种股权激励的表象发现其本质原因，学员可通过美的集团股权激励对企业业绩的影响学习到股权激励的模式及其方法。

二、案例讨论的准备工作

（一）理论基础

1. 委托代理理论

理论上，实施股权激励可以减少代理成本，缓解委托代理问题。企业所有者可以通过利用股权激励对管理者进行约束。首先，通过长期的业绩要求监督激励对象的行为。只有公司业绩的提升，激励对象才能获得更高的收益，从而减少其损害公司价值的行为；其次，股票或期权的授予，引导管理者向企业所有者身份的转变，促使两者达成利益的统一，在经营过程中共享收益，共担风险。因而，利用股权激励解决委托代理问题的核心在于如何通过建立一套有效的契约机制，体现出利益与风险的对等并起到约束管理者行为的作用，从而促使管理者和所有者为追求股东价值最大化这一相同目标努力，最终实现双赢。

2. 人力资本理论与激励理论

美国经济学家 Schultz 和 Becker 于 20 世纪 60 年代首次提出了人力资本理论。实施股权激励能够充分调动人的主观能动性并不断激发其潜能，提高人力资本为企业创造收益。人力资本管理既要考虑企业战略和目标的实现，又要考虑员工个人的发展，而股权激励正提供了这样一种机制，将员工个人发展与企业发展紧密联系在一起，通过赋予人力资本一定的股权，充分调动人力资本的主观能动性，提升其为企业创造价值的能力，促进公司快速发展。

激励理论以马斯洛的需求理论为基础，主要包括双因素理论、成就需要理论等多个理论，是关于怎样满足人的多种需要、充分调动积极性的原则和方法总结，其目的在于充分调动人的积极性和创造性，发挥智力效应，提高其生产效益。

（二）案例背景

2005 年，启动股权分置改革试点工作，并于同年 9 月，证监会发布《上市公司股权分置改革管理办法》。股权分置改革极大地推动了股权激励在市场中的发展，促进了资本市场的开放和自由。同年 12 月，颁布《上市公司股权激励管理办法（试行）》，意味着股权激励制度正式拉开帷幕，它对股权激励制度的必备要素，如激励对象、行权价格和行权时间等进行了具体的说明和解释。证监会从 2008 年开始陆续颁布了《股权激励相关事项备忘录》1、2、3 号，对股权激励制度作出进一步的详细补充。而后在 2015 年，证监会鼓励上市公司从大股东增持、回购股票、董监高增持、股权激励、员工持股计划这五项中任选一项作为实施方式。2016 年，国家出台了《上市公司股权激励管理办法》，从此股权激励制度正式拉开帷幕。美的集团是目前中国市值最大的家电企业，在 2019 年《财富》杂志世界五百强的排名中，位居第 312 位，自 2016 年上榜以来提升了 169 位。对比 2013—2017 年公司财务报表可以看出，美的集团营业收入和净利润均持续上升。2018 年，美的集团把握行业消费升级趋势，持续优化产品结构。公司整体经营目标顺利完成，各项经营指标保持稳步增长的态势，盈利能力稳步提升。公司营业总收入同比增长 8.23%，净利润率增长达到了 17.05%。经济进入"新常态"后，由于人口红利的衰退和新兴市场的涌现，传统制造业受到较大冲击，而美的集团却利用组织再造和产品创新维持了业绩的平稳增长。而保持美的集团矗立于行业之巅的屠龙宝刀便是股权激励。美的集团股权激励的过程层层推进，形成短、中、长期相结合、多种模式并用的激励计划组合。2014 年至 2018 年五次激励计划是屠龙少年美的集团的江湖神器。

三、案例分析要点

（1）从委托代理理论角度，基于价值模式的股权激励如何有效地解决委托代理冲突？

通过长期的业绩要求监督激励对象的行为：只有公司业绩的提升，激励对象才能获得更高的收益，从而减少其损害公司价值的行为；股票或期权的授予，引导管理者向美的集团所有者身份的转变，促使两者达成利益的统一，在经营过程中共享收益、共担风险。因而，利用股权激励解决委托代理问题的核心在于如何通过建立一套有效的契约机制，体现出利益与风险的对等并起到约束管理者行为的作用，从而促使管理者和所有者为追求股东价值最大化这一相同目标努力，最终实现双赢。

（2）什么是股票期权、合伙人计划、限制性股票、事业合伙人计划？

股票期权指买方在交付了期权费后即取得在合约规定的到期日或到期日以后按协议价买入或卖出一定数量相关股票的权利。其是对员工进行激励的众多方法之一，属于长期激励的范畴。

股票期权是上市公司给予美的集团高级管理人员和技术骨干在一定期限内以一种事先约定的价格购买公司普通股的权利。

股票期权是一种不同于职工股的崭新激励机制，它能有效地把美的集团高级人才与其自身利益很好地结合起来。

股票期权的行使会增加公司的所有者权益。其是由持有者向公司购买未发行在外的流通股，即是直接从公司购买而非从二级市场购买。

合伙人公司是指由两个或两个以上合伙人拥有并分享利润的公司。合伙人为公司主人或股东。其主要特点是：合伙人享有公司经营所得并对经营亏损共同承担责任；可以由所有合伙人共同参与经营，也可以由部分合伙人经营，其他合伙人仅出资并自负盈亏；合伙人的组成规模可大可小。合伙人计划实质上是授予激励对象一定数量的业绩股票，促使公司内部核心管理团队从"管理者"向"合伙人"的思维转变。合伙人计划激励范围较小、份额较大，激励对象仅包括董事、高管等对公司长远发展有重要影响的核心人员。

限制性股票指上市公司按照预先确定的条件授予激励对象一定数量的本公司股票，激励对象只有在工作年限或业绩目标符合股权激励计划规定条件时，才可出售限制性股票并从中获益。

事业合伙人计划是上市公司给予公司员工的利润分享计划，在一定期限内完成一定条件便可以得到一定年度利润分享。

（3）从业绩评价的价值模式看，美的集团高度绑定公司核心高管和公司利益的股权激励计划的主要内容有哪些？

美的集团股权激励计划主要内容如表 16-5 所示。

表 16-5　美的集团股权激励计划主要内容

项目	限制性股票	股票期权	合伙人计划	事业合伙人计划
激励对象	董事、高管、核心技术或业务人员，以及对公司经营业绩和未来发展有直接影响的其他员工，但不应包括独立董事和监事（外籍员工可以成为激励对象）			
股票来源	（1）向激励对象发行股份 （2）回购本公司股份 （3）法律、行政法规允许的其他方式			
有效期	从首次授予权益日起不得超过 10 年			
等待期	授予日与首次解除限售/可行权日之间的间隔不得少于 12 个月			
授予数量	总数累计不得超过公司股本总额的 10%；任一激励对象累计不得超过公司股本总额的 1%；预留比例不得超过拟授予权益数量的 20%			

续表

项目	限制性股票	股票期权	合伙人计划	事业合伙人计划
授予/行权条件	业绩评价指标应当包括公司业绩指标和个人业绩指标。 （1）公司业绩：可以公司历史业绩或同行业可比公司相关指标作为公司业绩指标对照依据，可包括净资产收益率、每股收益、每股分红等能够反映股东回报和公司价值创造的综合性指标，以及净利润增长率、主营业务收入增长率等能够反映公司盈利能力和市场价值的成长性指标；以同行业可比公司相关指标作为对照依据的，选取的对照公司不少于3家 （2）个人业绩：上市公司自行确定			
授予/行权价格	（1）授予价格不得低于股票票面金额，且原则上不得低于下列价格较高者： ①股权激励计划草案公布前1个交易日的公司股票交易均价的50% ②股权激励计划草案公布前20个交易日、60个交易日或者120个交易日的公司股票交易均价之一的50% （2）采用其他方法确定限制性股票授予价格的，应当在股权激励计划中对定价依据及定价方式作出说明	（1）行权价格不得低于股票票面金额，且原则上不得低于下列价格较高者： ①股权激励计划草案公布前1个交易日的公司股票交易均价 ②股权激励计划草案公布前20个交易日、60个交易日或者120个交易日的公司股票交易均价之一		
解限/行权安排	分期解除限售/行权，每期时限不得少于12个月，各期解除限售/行权的比例不得超过激励对象获授限制性股票总额的50%			

数据来源：美的集团历年年报整理所得

（4）美的集团进行高度绑定公司核心高管和公司利益股权激励模式，从业绩评价的价值模式看此改革的动因是什么？

①优化股权结构，完善治理机制。

②创新薪酬结构，吸引优秀人才。

③维持美的集团战略连贯性。

④管理层实现利益输送。

（5）EVA指标的发展历史是什么？美的集团EVA业绩评价具有哪些局限性？未来在美的集团股权激励中如何优化经济增加值EVA的设计与计算？

经济增加值（Economic Value Added，简称EVA）是美国思腾思特（Stern Stewart）管理咨询公司开发并于20世纪90年代中后期推广的一种价值评价指标。国务院国有资产监督管理委员会从2010年开始对中央企业负责人实行经济增加值评价并不断完善，2019年3月1日发布了第40号令，要求于2019年4月1日开始施行《中央企业负责人经营业绩考核办法》。财政部于2017年9月29日发布了《管理会计应用指引第02号——经济增加值法》（以下简称《应用指引》）。

首先，EVA仅对企业当期或未来1~3年价值创造情况进行衡量和预判，无法衡量企业长远发展战略的价值创造情况；其次，EVA计算主要基于财务指标，无法对企业的营运效率与效果进行综合评价；再次，不同行业、不同发展阶段、不同规模的企业，其会计调整项和加权平均资本成本各不相同，计算比较复杂，影响指标的可比性。此外，由于经济增加值是绝对数指标，不便于比较不同规模公司的业绩。经济增加值也有许多和投资报酬率一样误导使用人的缺点，例如处于成长阶段的公司经济增加值较少，而处于衰退阶段的公司经济增加值可能较高。在计算经济增加值时，对于净收益应作哪些调整以及资本成本的确定等，尚存在许多争议。这些争议不利于建立一个统一的规范。而缺乏统一性的业绩评价指标，只能在一个共同的历史分析以及内部评价中使用。

平衡计分卡和EVA理念可以非常有效地相互补充。两者都提供了一致性和重点。类似地，两者都可以连接到预算和规划流程，并且都可以从公司到业务部门，甚至到个人级别。然而，平衡计分卡具有整体性或系统性的优势，人们可以在没有金融背景的情况下理解它。EVA的优势在于其数学精度和强大的联系。通过将两者的优点结合起来，我们最终得到了一个更强大、更健壮的框架，具有更高的预测能力。

四、教学组织方式

（一）课前计划

发放案例材料，提出启发思考题，并请学员在课前上网查找相关资料和文献。
目标：完成阅读并进行思考。

（二）课时分配

（1）简明扼要的课堂前言，介绍案例主题（3~5分钟）。

（2）分组并开展讨论（10分钟）。

（3）小组发言（每组8~10分钟，全部发言完毕控制在40分钟）。

（4）对小组发言进行总结，引导同学展开进一步思考（15分钟）。

（三）课后计划

随着美的集团的发展，其股权激励会有进一步的计划，本案例还会持续关注。

第九章 业绩评价之平衡模式

案例 17　海底捞：平衡计分卡多维平衡的财务共享中心业绩评价

专业领域：会计专硕（MPAcc）、审计硕士（MAud）、工商管理硕士（MBA），会计、审计、财务管理等本科专业

适用课程："公司业绩评价与激励机制""大数据与财务决策""企业数字化转型理论与实务"

选用课程："绩效管理与量化考核""绩效考核与薪酬激励""业绩考核理论与实务"

编写目的：引导学员探究业绩评价中平衡计分卡的应用过程，大量的数据被集中到财务共享中心，如何选择恰当的业绩评价方式来评价这个数据工厂，才能使财务共享中心充分发挥其应有的作用呢？本教学案例结合海底捞财务共享中心的业绩评价体系及出现的问题，通过业绩评价平衡模式利用平衡计分卡进行优化的方式，引导学员对财务共享中心业绩评价体系作出思考，有针对地对财务共享中心设计一个切实可行的业绩评价方案，并期望对其他公司财务共享中心下业绩评价体系的改进提供借鉴帮助。

知 识 点：业绩综合评价，平衡计分卡，餐饮业的业绩评价

关 键 词：公司业绩评价体系；财务共享中心；业绩评价之平衡模式

中文摘要：中国餐饮公司由于行业的特殊性，大多规模较小，引进财务共享中心的时间较晚，普及率、接受率和运用程度相对不高，财务共享中心的定位不明确，职能不清晰，业绩评价也不规范。本案例以海底捞财务共享中心的业绩评价为例，通过利用平衡计分卡进行优化的方式，引导学员对财务共享中心业绩评价体系作出思考，有针对性地为财务共享中心设计一个切实可行的业绩评价方案，并期望对其他公司财务共享中心下业绩评价体系的改进提供借鉴帮助。

英文摘要：Due to the particularity of the industry, most of the catering enterprises in China are small in scale. They introduced the financial sharing center late, and the popularity rate, acceptance rate and application degree are relatively low. However, the positioning of the financial sharing center is not clear, the function is not clear, and the performance evaluation is not standard. This case to haidilao financial sharing center performance evaluation as an example, through the way of using the balanced scorecard is optimized, guide the students to think of financial performance evaluation system of sharing center, have to to design a feasible financial sharing center performance evaluation scheme, and expect to other company financial sharing center under the improvement of the performance evaluation system of the reference to help.

案例正文

海底捞财务共享中心新入职的小林是个闲不住的人，她发现财务共享中心业绩评价侧重对于财务指标的评价，她想起所学的知识，认为除此之外，非财务指标、服务水平和服务质量也应设定评价的指标。于是她在做了平衡计分卡调查后，找到了领导孟总，提出了她的想法："孟总，我认为我们现在业绩评价平衡模式是否应该完善一下？"

孟总对小林提出的想法表示了认同，他笑着对小林说："咱们公司财务共享中心实施了那么多年，业绩评价的旧平衡模式从来没变过，突然一改我怕员工们接受不了啊，况且业绩评价方案设计是个大工程，很难设计出真正有效的评价方案。不知道你对这方面有什么看法呢？"

孟总让小林关注一下：业绩评价贯穿了公司生产经营过程的每一步，任何一项工作都离不开业绩评价。海底捞的业绩评价不仅需要评价公司的财务指标，更多时候需要评价公司的非财务指标。海底捞的平衡计分卡系统（BSC），不仅是战略实施工具，而且是有效的管理落地执行工具，包括图、卡、表三个关键部分，即：战略地图、平衡计分卡以及个人计分卡、指标卡、行动方案、业绩评价量表。

小林信心满满地说："孟总，我对公司财务共享中心的业绩评价指标已经做好了调研，这是我的调研报告，请您过目。"

孟总翻开小林的报告，只见上面写道……

一、海底捞的崛起与业绩评价平衡模式

海底捞品牌创建于1994年，逐步成长为国际领先的餐饮公司。2018年9月26日，海底捞在港交所成功上市。2018全年海底捞的营业收入达到169.69亿元人民币，同比增长59.53%，净利润16.46亿元人民币，同比增长60.16%，顾客人数超过1.6亿人次，全年平均翻台率为5.0次/天。

海底捞创始人张勇，是个出身底层的"川娃子"，他根本不懂什么互联网思维。可他却是中国实践互联网思维的鼻祖，他基于对人性的直觉理解，建立了一套员工管理的人性化模式，让最基层的员工在工作岗位上找到自我价值。2013年、2014年，海底捞也出现过管理危机，张勇曾以不懂平衡计分卡、不懂KPI，甚至不采用利润评价自豪，他创造了一个"海式大家庭"。不过，近些年，随着海底捞名声越来越响、规模越来越大，没有定

量、成形的管理工具与模型辅助支撑，海底捞模式也面临着一些问题。有人批评海底捞服务水准在降低，还有人批评其师傅带徒弟的模式，跟不上公司发展速度。从2014年下半年起，张勇逐步调整员工晋升评价方式，将员工分成6个等级，当时在内部还引起了强烈反应，但是带来的是海底捞服务的提升以及常年持久的业绩上升，海底捞在员工业绩评价中使用了平衡计分卡，业绩评价能够促进员工明确自身所处的位置及其岗位职责目标，帮助管理者掌握公司的真实情况，使管理更加的科学有效。

一个恰当的业绩评价方法、合理的业绩评价体系能够为公司的管理带来极大的便利，而平衡计分卡作为一个战略性的业绩评价工具，已经在许多公司成功实施。平衡计分卡从四个方面来对员工进行业绩评价，分别是学习和成长方面、内部业务流程方面、客户方面、财务方面。学习和成长要求提高创新力和竞争力，财务目标是降低公司的运营成本，为公司实现经济利益，内部流程对于实现财务目标、提升服务流程、员工提高创新力有着促进作用，客户方面是为客户提供高水平的服务。平衡计分卡将公司的总体目标和各个部门、各个员工的目标分解为4个方面，并设定具体的指标，使得公司能够根据这些指标和目标的重要程度进行资源分配，公司的经营活动也会更加有针对性，最终实现公司的战略规划。

二、海底捞平衡模式下平衡计分卡实践与创新

（一）加强信息化建设前的海底捞业绩评价平衡模式实践

海底捞应用平衡计分卡实现了海底捞战略与日常业绩评价工作的有机结合，实现了海底捞各个部门之间的业绩沟通与反馈，通过健全的评价指标可以为海底捞决策提供全面的信息，实现了海底捞战略的整体性。但是，平衡计分卡的设计需要较为专业的知识，设计耗时较长，对人员的专业性也有一定的要求，系统复杂性高，因此要求海底捞要立足于实际，合理应用平衡计分卡工具。

海底捞为了提高平衡计分卡效率，在海底捞业绩评价中进行了3方面的创新：

1. 加强培训，提升人员综合素质

推进平衡计分卡要求财务人员具备专业的知识，针对海底捞在应用平衡计分卡中所存在的问题：一方面海底捞要加强对工作人员的教育培训，尤其是加强对财务人员的专项培训，通过聘请高校专家学者的方式对财务人员进行集中培训，以此提高他们灵活应用平衡计分卡的能力；另一方面要营造良好的海底捞文化氛围，加强对平衡计分卡成功案例的宣传，以此让工作人员认识平衡计分卡的重要性。

2. 各部门加强沟通，及时交流

海底捞对于平衡计分卡实践运用的效果和作用缺少全面的认识，对于很多的海底捞来说，平衡记分卡还属于一种新鲜事物，很多的海底捞员工对于平衡记分卡的运用知之甚少，针对上述问题，海底捞应当组织员工进行专门的培训和交流活动，并且借助有效的宣传方法和途径来拉近员工之间的距离，创造良好的工作环境，促进工作效率的不断提升，帮助员工明确如何正确应用平衡计分卡，同时还需要让当前海底捞的战略问题和员工的实际工作进行合理的连接，将当前海底捞运作过程中的各项数据要素做出合理的整合处理，

并针对性地对数据内容进行分析，员工群体之间也需要不断强化交互沟通，以此来不断地推进公司整体业绩水平的上涨，带动各项工作整体水平和效率的不断提高，促进海底捞的发展。因此，如果海底捞想要将平衡计分卡有效应用到业绩评价工作之中，那么就有必要获得海底捞的管理层级以及相应的员工的认可支持，并且还需要加强对平衡记分卡的宣传工作，只有这样才能更为有效地推进海底捞发展。

3. 加强信息化建设，及时修正业绩指标

平衡计分卡机制的实行往往需要海底捞对各项数据要素进行长期的收集处理，在此基础之上对各项数据信息进行合理的管理。此外，各个职能部门之间需加强信息沟通、共享，这也是保障平衡计分卡得以有效应用的重要手段。这个过程往往需要相对高质量的海底捞信息管理系统才能有效完成，才能彻底发挥平衡计分卡的重要作用。在实现海底捞发展的过程中，海底捞有必要不断地完善信息管理系统的建设，保障信息传递的流畅性以及整体海底捞信息系统的安全性，在此基础之上应用平衡计分卡，全方位地强化海底捞的业绩评价水准。

（二）加强信息化建设，建设财务共享中心时的业绩评价

海底捞财务共享中心组织架构、各项业务流程、工作内容等都相较于传统的财务部门有着较大的差异，但是海底捞业绩评价方式却未作出任何改变，依然沿用以往的业绩评价方式，主要体现在以下几个方面：

1. 业绩评价措施

海底捞财务共享中心的业绩评价措施为个人自评与上级评定相结合，每月月底财务根据账务检查出来的做账错误、流程处理不及时等问题，在业绩评价表上打分后提交给主管，主管结合日常工作的实际情况对分数进行复核，主管复核后的得分即为该员工当月的业绩得分。

2. 业绩评价指标

海底捞财务共享中心的业绩评价表中的业绩评价指标共分为基础工作、执行力、综合能力、客户服务4个方面。总分100分，其中基础工作占比70%，包括票据审核的及时性与正确性、备用金的追踪、税金的计提、缴费明细编制等日常工作的各个流程，所占比重最大。执行力、综合能力和客户服务分别占比10%，执行力主要评价临时交办的工作是否及时准确完成，综合能力评价人员沟通与团队协作能力，客户服务则评价出现的外部门投诉的次数。

3. 业绩结果反馈

评价方式均为级别工资×业绩系数，会计人员根据员工能力、掌握的业务模块等将其分为8个不同的级别，每个级别有各自对应的薪资标准。业绩系数则是根据业绩评价表的打分进行确定，评价得分96~100分，个人业绩系数为100%，即员工当月可以拿到所有的工资；评价得分86~95分，个人业绩系数为95%，即员工当月实际发放工资=应发工资×95%；评价得分81~85分，个人业绩系数为90%，即员工当月实际发放工资=应发工资×90%；评价得分80分及以下（包含80分），个人业绩系数为80%，即员工当月实际

发放工资=应发工资×80%。

表17-1为海底捞财务共享中心业绩评价表模板。

表17-1　海底捞财务共享中心业绩评价表模板

评价项目	权重	评价指标	评比方式	评价依据	自评结果	上级评价依据	评价结果
基础工作	70%	票据审核是否及时准确	此项总分70分（扣分制）				
		账务检查是否及时准确					
		备用金是否及时清理，逾期的是否向门店追踪					
		工程结算工作是否及时准确，完工材料交接是否完整准确					
		税金计提与缴纳是否及时准确					
		水电气计提是否及时准确，往期差异是否及时处理					
		缴费明细编制是否准确					
		提交报表数据是否准确					
客户服务	10%	是否出现外部门投诉	此项总分10分（扣分制）				
执行力	10%	临时交办是否及时准确完成	此项总分10分（扣分制）				
综合能力	10%	沟通、团队协作能力是否优秀	此项总分10分（扣分制）				
合计	100%		自评业绩分数			上级评价业绩分数	

数据来源：作者整理所得

孟总看了小林的调研报告，觉得很满意，他对小林说："从你的调研报告中，我能看出来你对公司财务共享中心业绩评价体系很是了解，但是能看出问题是一方面，你打算如何对这方面进行改进呢？考察周期和评价指标又如何选定呢？"

小林翻开了她准备的第二份文件，跟孟总说："孟总，这就是我所提出的业绩评价体系改进的构想。"

孟总接着看下去……

（三）海底捞财务共享中心整体业绩评价中平衡计分卡的再优化

基于平衡卡的四个维度，以下将对每一维度的指标进行分析，确定海底捞财务共享中心整体层面上的优化方案，并针对财务共享中心内部的组别划分，将财务共享中心的整体目标分解到各个不同职能的小组，为每个组设计其业绩评价方案。表17-2为海底捞财务共享中心整体业绩评价优化方案。

表 17-2 海底捞财务共享中心整体业绩评价优化方案

部门级业绩评价	小组级业绩评价	分层指标
海底捞财务共享中心综合业绩	凭证组业绩评价	学习与成长维度
		客户维度
		内部流程维度
		财务维度
	收入组业绩评价	学习与成长维度
		客户维度
		内部流程维度
		财务维度
	费用组业绩评价	学习与成长维度
		客户维度
		内部流程维度
		财务维度
	应付组业绩评价	学习与成长维度
		客户维度
		内部流程维度
		财务维度
	付款组业绩评价	学习与成长维度
		客户维度
		内部流程维度
		财务维度
	总账组业绩评价	学习与成长维度
		客户维度
		内部流程维度
		财务维度

1. 业绩评价指标选取

（1）客户维度。财务共享中心是服务的提供者，客户满意度是衡量财务共享中心工作结果的一个重要指标。由于当前海底捞的财务共享中心还处于较为基础的阶段，不对外提供服务，只服务的是公司内部，所以客户维度体现了公司内部的其他部门对财务共享中心所提供服务的认可程度。评价的重点在于财务共享服务能否满足其他部门的需求，主要体现在其他员工对于共享服务的接受程度、财务共享中心对于共享平台的使用情况、收到及处理其他部门投诉的数量等。

（2）财务维度。财务指标设定的主要目的是衡量对于公司运营成本的降低程度，平衡计分卡四个维度中财务维度的指标可以说是其他三个维度的起点。财务共享中心是集团财务工作的中枢，负责各个分店、各个部门的财务工作，负责整个集团的资金流动，作为一个预算制的部门，而且财务共享中心还处于初级阶段，无法盈利，只是服务于公司内部的各个业务单元，因此成本费用的降低是财务共享中心的重要目标。财务维度的指标主要为：总成本变动率、预算执行率、每笔交易的成本变动率。

（3）内部流程维度。财务共享模式是一种创新的公司管理方式，财务共享中心也是一个新兴的部门。内部流程维度对客户维度和财务维度起到了支撑作用，业务流程的标准化决定着信息系统应用的深度，对于需要大量人为判断的业务，业务的处理效率和处理质量会远远低于信息系统。因此，需要不断持续地优化改进内部流程。

（4）学习与成长维度。员工的学习与成长能力对公司来说意义重大。业务能力强、工作效率高的员工不仅能够节省公司的资源，为公司创造价值，也能为自身创造更大的发展空间，公司重视学习与成长可以更好地促进公司的发展，忽视学习与成长则会造成公司人才断层，在发展中停滞不前，可持续发展能力降低。

据以上对于平衡计分卡四个维度的分析，基于层次分析法，可以构建出海底捞财务共享中心的业绩层次结构模型，其中，决策层为综合业绩，准则层为四个维度，方案层为各维度下的具体指标，如表17-3所示。

表17-3　海底捞财务共享中心部门级业绩评价方案的指标设定

综合指标	分层指标	具体指标
综合业绩A	学习与成长维度B1	员工满意度C1
		员工业务能力C2
		员工创新力C3
	客户维度B2	顾客满意度C4
		对外提供的会计信息质量C5
		客户投诉处理时长C6
		服务水平协议实现率C7
	内部流程维度B3	流程的标准化程度C8
		人均每日处理凭证业务量C9
		账务处理效率C10
		信息反馈效率C11
	财务维度B4	未来财务指标预测的正确率C12
		平均单张单据处理成本C13
		财务共享中心的费用占比C14
		费用精进的数量C15

2. 业绩评价指标权重分配

对海底捞财务共享中心的业绩指标实施权重分配，可以使业绩评价体系更为完善清晰。表17-4为海底捞部门级业绩评价方案的指标及权重。

表17-4 海底捞部门级业绩评价方案的指标及权重

决策层	准则层	权重	方案层	权重
综合业绩 A	学习与成长维度 B1	0.462 8	员工满意度 C1	0.539 3
			员工业务能力 C2	0.297 3
			员工创新力 C3	0.163 4
	客户维度 B2	0.209 1	顾客满意度 C4	0.349 1
			对外提供的会计信息质量 C5	0.348 2
			客户投诉处理时长 C6	0.202 4
			服务水平协议实现率 C7	0.100 3
	内部流程维度 B3	0.248 7	流程的标准化程度 C8	0.408 1
			人均每日处理凭证业务量 C9	0.089 2
			账务处理效率 C10	0.359 4
			信息反馈效率 C11	0.143 3
	财务维度 B4	0.079 4	未来财务指标预测的正确率 C12	0.337 2
			平均单张单据处理成本 C13	0.098 1
			财务共享中心的费用占比 C14	0.400 5
			费用精进的数量 C15	0.164 2

对于总体业绩评价而言，四个维度中学习与成长维度的重要性在第一位，其次是内部流程维度，第三是客户维度，最后是财务维度。从平衡计分卡的这四个维度来进行分析，财务共享中心的高效运行靠的是每个员工能够有极高的工作效率、饱满的工作热情以及极大的工作积极性，只有每个员工自身的提高，才能使得财务共享中心良性发展。而内部流程维度是提高员工工作效率的必要条件，只有标准化、规范化的流程，才能使得流程中间的每个环节都更加的高效。对于财务共享中心的客户，财务共享中心建立的初衷就是为了服务集团的各个分店以及职能部门，标准化的流程、工作能力强的员工都是提供优质服务的保障，而工作效率提高了，顾客满意度高了，运营成本自然会下降，甚至有可能会带来收益。由此可见，这四个维度之间相辅相成，海底捞财务共享中心应当将员工的学习与成长放在首位，以流程的优化为重点，将提高顾客满意度作为导向，以降低成本为目标，四个方面同时改进，以实现财务共享中心的高效运行，保障公司的长期发展。

从具体指标的权重上来看，在学习与成长维度的各个指标中，最关键的指标是员工满意度，内部流程维度最关键的指标是流程的标准化程度，客户维度最关键的指标是顾客满意度和对外提供的会计信息质量，财务维度最关键的指标是财务共享中心的费用占比。根据业绩层次权重分配表的结果，海底捞在业绩评价的过程中，应当以员工满意度作为评价的重点，加大对员工的培训，不断优化业务流程，提高服务质量和水平，降低运营成本。

3. 小组级业绩评价优化方案

根据平衡计分卡理论，设计海底捞财务共享中心小组级的业绩评价方案，需要将海底捞财务共享中心的整体目标分解到内部各个小组，明确各个小组的责任关系。根据海底捞财务共享中心的组别划分各小组业绩评价方案。

(1) 凭证组的业绩评价方案设计。

海底捞财务共享中心凭证组的主要职责是负责全公司的凭证管理；收取门店和其他部门邮寄的票据并扫描上传入财务共享系统中；追踪通过商旅平台预定的火车票等原始票据；审核合格的票据需要及时归档整理；发票信息错误等不合格的票据需要及时寄回给报销人；同时对于前期有问题未归档的发票要及时追踪清理。因此，根据凭证组的工作职责，设计其业绩评价方案如表17-5所示：

表17-5 海底捞凭证组业绩评价方案

一级指标	权重	二级指标	占总体权重
财务维度	0.098 3	扫描单张凭证所需的人工	0.098 3
客户维度	0.345 2	门店或其他部门关于发票问题的投诉次数	0.345 2
内部流程维度	0.283 4	清理前期未入账发票的数量	0.283 4
学习与发展维度	0.273 1	发票扫描邮寄流程优化建议的数量	0.090 8
		接受内外部培训的时间	0.182 3

(2) 收入组的业绩评价方案设计。

海底捞财务共享中心收入组的主要职责是负责全公司所有门店的收入核算及工资扣款，由于集团的制度要求，全国每家门店当天的收入需要在第二天存入总公司账户，收入会计需要核对门店的存款是否与收银系统中的收入一致，不一致的要核实原因并提交给主管。同时，对于银行到账的每笔资金都需要确定其来源并计入相对应的会计科目。根据收入组的工作职责，设计其业绩评价方案如表17-6所示：

表17-6 海底捞收入组业绩评价方案

一级指标	权重	二级指标	占总体权重
财务维度	0.253 6	处理单个门店营业款问题的人工	0.253 6
客户维度	0.214 2	门店或其他部门由于工资扣款错误的投诉次数	0.214 2
内部流程维度	0.315 1	门店或其他部门员工工资扣款的差错率	0.154 6
		公司银行账户是否及时清理	0.160 5
学习与发展维度	0.217 1	关于营业款存款流程优化建议的数量	0.083 1
		接受内外部培训的时间	0.033 1
		不同等级会计资格证书的比例	0.100 9

(3) 费用组的业绩评价方案设计。

海底捞财务共享中心费用组是业务最多的一个组，主要职责是负责按照公司规定对费用报销票据进行审核，反馈不合理费用；负责资产的相关工作，如资产新建、修改、报损、调拨以及每季度的固定资产盘点；负责月初门店原材料的盘点工作，并针对毛利异常的门店查找原因；负责每月水电气费用计提、水电气供应商的清理，确保账实相符；负责每月缴费明细的计提和清理；负责每月增值税的计提、未认证进项税转待抵扣及次月转回、福利费进项税转出、损益对比等。根据费用组的工作职责，设计其业绩评价方案如表17-7所示：

表 17-7　海底捞费用组业绩评价方案

一级指标	权重	二级指标	占总体权重
财务维度	0.257 4	完成单个门店水电气账务的人工	0.023 8
		审核单张票据所需时间	0.062 1
		完成单个门店缴费明细所需时间	0.041 2
		处理单个资产流程所需时间	0.056 9
		完成单个门店月结业务的时间	0.073 4
客户维度	0.236 8	门店或其他部门关于单据审核错误的投诉次数	0.100 5
		门店或其他部门关于资产入账错误的投诉次数	0.056 9
		门店或其他部门关于成本中心错误而导致费用入账错误的投诉次数	0.079 4
内部流程维度	0.224 5	门店租金、水电气计提与实际缴纳的差异率	0.028 2
		缴费明细是否完整并及时上传	0.066 1
		季度资产盘点差异是否及时追踪并处理	0.078 8
		业务差错退单率	0.051 4
学习与发展维度	0.281 3	关于报销流程优化建议数量	0.076 6
		反馈不合理费用并提出费用精进的数量	0.085 3
		接受内外部培训的时间	0.040 7
		不同等级会计资格证书的比例	0.078 7

(4) 付款组的业绩评价方案设计。

海底捞财务共享中心付款组的业务主要是负责公司大额款项的支付，主要是对外部供应商的付款，根据公司的制度要求，为了保证公司的资金安全，2 000 元以上的大额付款需要门店或部门在共享系统中提交申请单并上传采购合同、发票等相关附件，付款会计需要审核这些附件是否符合公司规定及税法规定，审核通过后公司直接付款给外部供应商。根据付款组的工作职责，设计其业绩评价方案如表 17-8 所示：

表 17-8　海底捞付款组业绩评价方案

一级指标	权重	二级指标	占总体权重
财务维度	0.178 5	审核单张付款申请所需要的时间	0.178 5
客户维度	0.298 8	门店或其他部门由于付款申请审核错误的投诉次数	0.108 2
		是否由于未及时审核申请导致产生滞纳金	0.076 5
		审核付款流程的及时性	0.114 1
内部流程维度	0.245 3	审核付款申请流程的及时性	0.137 8
		业务差错退单率	0.107 5

续表

一级指标	权重	二级指标	占总体权重
学习与发展维度	0.277 4	关于报销流程优化建议数量	0.087 2
		反馈不合理费用并提出费用精进的数量	0.079 8
		接受内外部培训的时间	0.022 1
		不同等级会计资格证书的比例	0.088 3

(5) 应付组的业绩评价方案设计。

海底捞财务共享中心应付组的主要职责是负责全公司的工资、社保的计提以及往来账户的清理。应付组每月需要核对门店和其他职能部门提交的工资表是否正确，对于差异较大的门店要核实原因。同时，应付组需要查看其他应付款、其他应收款、预付账款、预收账款的余额，及时将相关款项入账，保证往来账户的清晰明了。根据应付组的工作职责，设计其业绩评价方案如表17-9所示：

表17-9　海底捞应付组业绩评价方案

一级指标	权重	二级指标	占总体权重
财务维度	0.201 3	计提单个门店工资所需要的时间	0.020 1
客户维度	0.255 3	门店或其他部门由于工资计提错误的投诉次数	0.025 5
内部流程维度	0.334 8	审核工资流程的及时性	0.106 3
		工资计提与实际发放的差异	0.146 7
		清理往来账户的及时性	0.081 8
学习与发展维度	0.208 6	关于工资记账流程优化建议数量	0.097 6
		接受内外部培训的时间	0.055 1
		不同等级会计资格证书的比例	0.055 9

(6) 总账组的业绩评价方案设计。

海底捞财务共享中心总账组的主要职责是负责出具包括海外在内的全集团的财务报表及管理报表；负责完善集团的各项财务流程，保证财务工作的规范化、标准化和统一化，从收入、成本、费用等不同角度分析对比每月或每季度的集团报表，并对异常项进行专项分析；负责对外或对内数据的报送，包括为税务部门和审计提供数据以及对其他职能部门提供所需的数据；根据每月的经营情况对下月进行经营预测，同时根据当年整体的经营情况进行第二年的年度预测。根据总账组的工作职责，设计其业绩评价方案如表17-10所示：

表17-10　海底捞总账组业绩评价方案

一级指标	权重	二级指标	占总体权重
财务维度	0.302 3	出具集团管理报表和财务报表所需要的时间	0.094 2
		完成门店报表并推送给各部门所需要的时间	0.044 3
		完成职能部门报表并推送给各部门所需要的时间	0.044 3
		完成报表分析及预测的时间	0.119 5

续表

一级指标	权重	二级指标	占总体权重
客户维度	0.200 2	门店或其他部门由于报表数据错误的投诉次数	0.127 3
		由于报送数据不及时而造成的投诉次数	0.072 9
内部流程维度	0.198 9	预测与实际经营情况的偏差	0.066 2
		对外报送数据的及时性	0.075 4
		出具报表的及时性	0.057 3
学习与发展维度	0.298 6	关于核算制度优化建议数量	0.087 2
		接受内外部培训的时间	0.098 9
		不同等级会计资格证书的比例	0.079 9

4. 业绩评价的周期及应用

对于评价周期的确定，应采用月度评价和年度评价相结合的方式进行业绩评价，月度评价可以由员工根据业绩评价表上的指标对当月的工作情况进行自评打分，然后提交主管，主管核实后完成员工当月的业绩评价，年度评价可以由主管根据每月的业绩评价结果对员工当年的工作状况进行打分，12 个月中 9 个月及以上业绩结果为 95 分以上则为优秀，6 个月及以上为良好，3 个月以上为中等。

为了加强业绩评价的激励作用，海底捞财务共享中心的业绩评价结果可以和业绩奖金相联系，月度的业绩结果与当月的业绩奖金挂钩，年度的业绩结果与年度的业绩奖金挂钩。业绩奖金＝业绩基数×奖金系数。月度和年度的奖金系数表分别见表 17-11 和表 17-12。

表 17-11 海底捞月度奖金系数表

月度业绩结果	95 分以上	94~85	84~80	80 以下
月度奖金系数	1.1	1.0	0.9	0.8

表 17-12 海底捞年度奖金系数表

年度业绩结果	优秀	良好	中等	其他
年度奖金系数	1.1	1.0	0.9	0.8

孟总看完小林的方案，满意地笑了笑，小林从这个笑容中似乎窥见了什么……

三、参考资料

[1] 林心怡，吴东. 区块链技术与企业绩效：公司治理结构的调节作用 [J]. 管理评论，2021，33（11）：341-352.

[2] 杨小科，刘静，唐寅. CEO 类型、战略选择与家族企业经营绩效——基于中国家族上市公司的实证研究 [J]. 经济管理，2021，43（11）：89-103.

[3] 陈文强，谢乔昕，王会娟，等. 行权业绩考核与企业研发投资："治理"还是"压力"？——来自中国上市高科技企业的经验证据 [J]. 经济管理，2021，43（11）：137-155.

[4] 方心童，杨世忠. 基于 EVA 的中央企业业绩考核对非效率投资的影响效应研究 [J].

大连理工大学学报（社会科学版），2021，42（5）：64-72.

[5] 甄红线，王玺，史永东. 公司业绩聚集现象研究——基于中国A股上市公司股权激励计划的断点回归分析［J］. 管理世界，2021，37（6）：159-172+10.

[6] 池国华，朱俊卿. 业绩考核制度可以抑制中央企业高管隐性腐败吗？——基于薪酬契约激励效率的中介效应检验［J］. 中南财经政法大学学报，2020（5）：3-16+158. D.

[7] 李朝芳. 科创板公司股权激励之多元业绩考核创新研究——基于科创板公司特征的视角［J］. 当代经济管理，2020，42（8）：89-97.

四、讨论题目

（1）海底捞主要的业务流程是什么？财务共享中心对海底捞的平衡模式业绩评价起到了什么基础数据的改善作用？

（2）海底捞财务共享中心当前的平衡模式业绩评价方式是什么，存在什么样的问题？

（3）平衡计分卡的作用是什么？怎样利用平衡计分卡改变业绩评价方法的平衡模式？

（4）海底捞业绩评价的平衡模式能否给同行业带来借鉴作用？具体表现在哪个方面？

（5）财务共享中心的平衡模式业绩评价未来可能如何发展与优化？

案例使用说明书

一、案例需要解决的关键问题

本案例要实现的教学目标在于：利用平衡计分卡评价公司财务共享中心的业绩。同时，引导学员讨论同行业财务共享服务中心业绩评价的方法，为学员今后的实际工作提供一定的思路和借鉴意义。

二、案例讨论的准备工作

（一）平衡计分卡的理论基础

平衡计分卡延伸到企业的战略管理之中，后又结合德鲁克的MBO，在BSC实现战略管理的系统过程中，做到四个平衡：

（1）组织长期目标和短期目标的平衡。平衡计分卡是一套战略执行的管理系统，如果以系统的观点来看BSC的实施过程，则起点以战略是输入，结果通过财务报表体现输出。中间过程，则是客户、流程和学习的综合发生作用。

（2）财务指标和非财务指标的平衡。企业作为营利性组织，其评价的关键是财务指标，而对非财务指标（客户、内部流程、学习与成长）的评价很少，BSC中的三项非财务指标进一步量化了指标值与行动计划表。

（3）组织内部与外部两个群体的平衡。平衡计分卡中，股东与客户为外部群体，员工和内部业务流程是内部群体。平衡计分卡可以发挥在有效执行战略的过程中平衡这些群体间利益的重要性。

（4）结果指标与过程指标之间的平衡。平衡计分卡主要是有效完成战略，其评价结果为可衡量的目标管理的结果，其中非财务性指标与财务性指标之间互为因果，共同推动业绩过程达成战略目标。

三、案例分析要点

（一）需要学员识别的关键问题

（1）海底捞主要的业务流程是什么？财务共享中心对海底捞的平衡模式业绩评价起到了什么基础数据的改善作用？

（2）海底捞财务共享中心当前的平衡模式业绩评价方式是什么，存在什么样的问题？

（3）平衡计分卡的作用是什么？怎样利用平衡计分卡改变业绩评价方法的平衡模式？

（4）海底捞业绩评价的平衡模式能否给同行业带来借鉴作用？具体表现在哪个方面？

（5）财务共享中心的平衡模式业绩评价未来可能如何发展与优化？

（二）推荐解决问题的方案及具体措施

（1）海底捞主要的业务流程是什么？财务共享中心对海底捞的平衡模式业绩评价起到了什么基础数据的改善作用？

在海底捞财务共享中心中，主要的业务流程有以下5个：①费用报销流程。②付款申请流程。③商旅订票流程。④借款还款流程。⑤合同管理流程。

作为财务共享中心核心的财务共享平台系统，目前上线的功能模块有商旅申请、借还款、个人报销、合同管理、对公管理等。随着财务共享中心运营管理的逐渐成熟，其业务也会逐步涵盖集团预测、经营分析、风险管理等较为高端的财务模块，财务共享中心也升级为公司的信息数据处理中心。

（2）海底捞财务共享中心当前的平衡模式业绩评价方式是什么，存在什么样的问题？

海底捞财务共享中心的业绩评价方式为个人自评与上级评定相结合，每月月底财务人员根据账务检查出来的做账错误、流程处理不及时等问题，在业绩评价表上打分后提交给主管，主管结合日常工作的实际情况对分数进行复核，主管复核后的得分即为该员工当月的业绩得分。海底捞财务共享中心的业绩评价表中的业绩评价指标共分为基础工作、执行力、综合能力、客户服务4个方面，总分100分。其中基础工作占比70%，包括票据审核的及时性与正确性、备用金的追踪、税金的计提、缴费明细编制等日常工作的各个流程，所占比重最大。执行力、综合能力和客户服务分别占比10%，执行力主要评价临时交办的工作是否及时准确完成，综合能力评价人员沟通与团队协作能力，客户服务则评价出现的外部门投诉的次数。

存在问题：当前的业绩评价指标过于片面。尽管财务共享中心是一个部门，但部门内部各个小组之间的工作内容却不尽相同，采取相同的业绩评价指标不能真实地反映每个岗位的实际情况，并且业绩评价均为结果性评价，较为片面。在财务共享中心，上级主管根据每月检查出来的错误打分，得出对应的业绩系数。这种业绩评价模式固然有其优点，如能增强会计的责任心，督促其更好地完成本职工作等。但是由于现在整个集团公司的财务全部集中到财务共享中心，会计需要对接各个部门的人完成账务处理，工作繁重。而且目前财务共享中心的信息化建设还不完善，财务共享平台也会出现很多系统差错，但在业绩评价时却未将这些因素评价在内，对于财务人员在日常工作中发现的能合理减少公司成本费用的问题，也没有形成标准化的奖励制度，更多的还是依赖上级领导的主观判断。

当前的业绩评价措施缺乏有效落实。专业分工是财务共享中心的重要特征。在财务共享中心这个"数据工厂"中，一个个业务流程就是工厂中的流水线，每个财务人员都有其岗位分工，且由于餐饮公司受季节影响较大，导致财务共享中心的业务量也会随之变化，员工的工作效率、工作热情等都会受到影响，业绩评价结果也会随之受到影响。评价措施难以落实。

当前的业绩评价过程缺乏有效沟通。由于大型公司的管理越来越倾向垂直化，管理者和员工间的沟通相对较少，对于业绩结果的沟通更是趋向形式化。很多管理者和员工进行业绩沟通很可能只是由于工作规章制度的要求，这本是为了管理者能够及时了解员工的工作状况，但管理者往往将业绩结果作为沟通的重点，而忽视了导致这一结果的过程。不仅不能帮助员工解决工作上的困难，反而会由于业绩结果较不理想而导致员工在沟通之后不能更好投入工作中，进而产生了畏难或者对立情绪。同时，由于财务共享中心的业务量相对传统模式下财务部门的业务量较大，员工很可能在加入财务共享中心之后不能及时适应工作，影响业绩评价结果。管理者更应及时和员工进行有效沟通，解决员工工作上的痛点，建立一个良好的工作关系。

（3）平衡计分卡的作用是什么？怎样利用平衡计分卡改变业绩评价方法的平衡模式？

平衡计分卡从四个方面来对员工进行业绩评价，分别是学习与成长方面、内部业务流程方面、客户方面、财务方面。学习与成长要求提高创新力和竞争力，财务目标是降低公司的运营成本，为公司实现经济利益，内部流程对于实现财务目标、提升服务流程、员工提高创新力有着促进作用，客户维度是为客户提供高水平的服务。平衡计分卡将公司的总体目标和各个部门、各个员工的目标分解为4个方面，并设定具体的指标，使得公司能够根据这些指标和目标的重要程度进行资源分配，公司的经营活动也会更加有针对性，最终实现公司的战略规划。

基于平衡卡的四个维度，以下将对每一维度的指标进行分析，确定海底捞财务共享中心整体层面上的优化方案，并针对财务共享中心内部的组别划分，将财务共享中心的整体目标分解到各个不同职能的小组，为每个组设计其业绩评价方案。

（4）海底捞的业绩评价的平衡模式能否给同行业带来借鉴作用？具体表现在哪个方面？

可以给同行业带来借鉴作用。基于平衡计分卡体系的四个维度为财务共享中心及其内部各个小组设计了业绩评价优化方案，在方案中根据各个公司自身财务共享中心的特点，设定了四个维度下的评价指标，同行业评价指标的选取和各指标所占权重、评价周期、如何影响业绩奖金，都有着借鉴意义。

（5）财务共享中心的平衡模式业绩评价未来可能如何发展与优化？

开放性问题，言之成理即可。

四、教学组织方式

（一）课前计划

发放案例材料，提出启发思考题，并请学员在课前上网查找相关资料和文献。

目标：完成阅读并进行思考。

(二) 课时分配 (时间安排)

本案例可以作为专门的案例讨论课来进行。如下是按照时间进度提供的课堂计划建议,仅供参考。

整个案例的课堂时间控制在90分钟以内。

(1) 课前计划:请学员在课前完成阅读和初步思考。
(2) 课中计划:简明扼要的课堂前言,介绍案例主题 (3~5分钟)。
(3) 分组并开展讨论 (30分钟)。
(4) 小组发言 (每组8~10分钟,全部发言完毕控制在40分钟)。
(5) 对小组发言进行总结,引导同学展开进一步思考 (15分钟)。
(6) 课后计划:可以请每组同学采用书面报告形式提交更加具体的分析结果。

(三) 课堂讨论总结

课堂讨论总结的关键是:归纳发言者的主要观点;重申其重点及亮点;提醒大家对焦点问题或有争议观点进行进一步思考;建议大家对案例素材进行扩展调研和深入分析。

案例18　基于平衡计分卡的蒙牛乳业财务共享业绩评价体系

专业领域： 会计专硕（MPAcc）、审计硕士（MAud）、工商管理硕士（MBA），会计、审计、财务管理等本科专业

适用课程： "公司业绩评价与激励机制""大数据与财务决策""企业数字化转型理论与实务"

选用课程： "财务共享""绩效考核与薪酬激励""业绩考核理论与实务"

编写目的： 本案例旨在引导学员通过了解蒙牛乳业平衡计分卡的应用，在掌握财务管理基本理论的基础上，探讨蒙牛乳业业绩评价平衡模式下，如何应用这个财务共享与大智移云区物新技术去进行业绩评价再创新改革？其改革后的平衡计分卡业绩评价机制如何运行，以及在当前财务共享模式下对蒙牛乳业业绩评价带来了怎样的影响？

知 识 点： 业绩评价平衡模式、非财务指标、平衡计分卡业绩评价系统分析

关 键 词： 公司业绩评价体系；财务共享；业绩指标；平衡计分卡

中文摘要： 本案例讲述了蒙牛乳业在财务共享下的业绩评价体系。如今财务共享与大智移云区物新技术迅猛发展，给现代公司发展带来了许多的机遇，但同时也使公司面临更大的挑战，这就需要公司管理者从战略的角度为公司未来的发展未雨绸缪、通盘考虑。而业绩评价作为公司重要的组成部分，所发挥的影响往往十分关键，不仅能够促进人才的激励与开发，也为薪酬管理体系制定提供了有效的参考条件。作为乳制品行业的翘楚，蒙牛乳业面临着更多的公司经营风险，其管理层寄希望于财务共享模式走出财务困境，同时将其运用到本公司的业绩评价体系中，以此提升公司竞争力，实现公司的战略发展目标。

英文摘要： This case describes the performance management system of Mengniu under Financial Sharing. Nowadays, the rapid development of network technology has brought many opportunities for the development of modern enterprises, but at the same time, it also makes enterprises face greater challenges, which requires the managers of enterprises to take overall consideration of the future development and expansion of enterprises from a strategic point of view. As an important part of an enterprise, performance management plays a very important role. It can not only promote the incentive and development of talents, but also provide an effective reference for the establishment of salary management system. As the leader of dairy industry, Mengniu is faced with more business risks. Its management hopes that the financial sharing model can get out of the financial difficulties, and at the same time, it can be applied to the performance management system of the enterprise, so as to enhance the competitiveness of the enterprise and achieve the strategic development goals of the enterprise.

案例正文

乳制品行业竞争日趋激烈，在宏观经济增长速度放缓的大背景下，为了更好地进行乳业发展，行业并购成为优化蒙牛乳业结构、发展市场的良策。而基于平衡计分卡视角的蒙牛乳业业绩评价体系的构建，更是满足了蒙牛乳业全方位的评价需求，可在检验当下经营发展现状的同时，适时合理地提出适合蒙牛乳业的发展战略。在蒙牛乳业业绩评价中，适时恰当地使用平衡计分卡 BSC 评价体系，不仅解决了传统业绩方法过于倚重财务数据，造成评价结果过于偏颇和滞后的不良影响，也同时从非财务层面，结合蒙牛乳业愿景，深抓焦点问题，从蒙牛乳业底层发现根本问题、解决问题。

一、蒙牛乳业与传统业绩评价

内蒙古蒙牛乳业集团成立于 1999 年 8 月，2003 年，蒙牛与中国航天合作，2005 年赞助了超级女声，2014 年 3 月，蒙牛乳业在香港上市，成为首家中国乳制品公司蓝筹股。2007 至 2010 年连续四年在中国乳业排名第一，创造出了举世瞩目的"蒙牛速度"和"蒙牛奇迹"。

蒙牛乳业下设常温事业部、低温事业部、冰激凌事业部、新兴事业部、婴儿奶粉、海外事业部，这六大事业部门都具有自己的业绩评价制度，但基本上业绩制度的整体内容相似，这里以 2009 年开始实施的《常温事业部销售部业绩评价制度》中年薪人员的业绩评价制度为例。

第一，业绩计划阶段。蒙牛乳业的业绩计划是以责任状的形式体现在每个员工面前的。责任状的制定根据公司整体战略目标分解，将集团整体战略分解到每个事业部，每个事业部按照所分解到的战略目标作为本部门的关键业绩目标，以责任状的形式分解成每个普通员工的业绩目标，责任状目标值来源于部门战略目标、岗位职责、领导交办（年初规划）、客户需求。责任状的形成过程包括初稿确定、审核、修订、下发责任状、组织各级人员签订责任状、接受责任状、再修订、最后确定责任状等业绩，责任状的模板如下（表18-1）。

表 18-1 蒙牛乳业责任状模板

评价指标	序号	工作项目	权重	计划完成目标	索赔条款	设置	评价周期	见证性材料

所有主管级以上人员必须签订责任状，责任状内容要经过上下级讨论共同达成一致意见。责任状内容要装订成册，一式两份，评价部门、责任人各持一份。各部门内有升级或岗位调动时，人员上岗后归口部门必须在上岗一周内组织责任人讨论并签订责任状，并依据责任状对存在的问题进行评价。责任状季度修订后一周内，营销中心须将修订后的责任状电子版上报销售部进行备案。

第二，业绩实施阶段。评价人员需在运行过程中对不符合实际运行的条款进行记录，并在每个季度末进行统一修订和调整，以保证责任状切实指导实际工作。责任状实施季度修订机制，对修订后的责任状定稿分别进行编号保存，如年初签订的第一稿责任状编号为，第一季度修订后双方确认的定稿编号为，以此类推，然后与年初制定的责任状一起进行存档。如因特殊情况需在日常执行中修订，提出人员必须将修订内容、修订原因及修订结果以请示的形式报主管部门进行审批。

第三，业绩评价阶段。①业绩目标的确定，根据岗位职责、领导交办（年初规划）、客户需求等内容制定业绩目标。②业绩指标的选择，评价指标分为公司评价指标和客户评价指标两个部分，这两部分都有相对应的流程，这里不做详细陈述。

之后，蒙牛乳业的业绩评价使用平衡模式，开始尝试平衡计分卡 BSC 评价体系（图 18-1）。

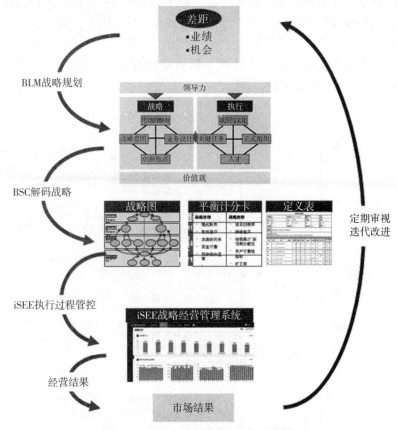

图 18-1　蒙牛乳业平衡模式的业绩评价体系

二、蒙牛乳业财务共享中心的建立

2021 年 7 月 22 日，以中国企业财务评价专家委员会为指导单位、中国 CFO 发展中心主办的"2021 第九届中国企业财务智能化转型高峰论坛暨 2021 中国十大资本运营 TOP CFO 与中国十大企业财务智能化转型年度人物颁奖盛典"在北京成功举办。蒙牛乳业财务共享服务中心高级总监李秀丽获得"2021 中国十大企业财务智能化转型年度人物"，颁奖词是：财务共享对集团战略的承接助力，开疆扩土默默耕耘的项目平台，企业的高效数据和有效决策支撑，全流程业务梳理与运营的辛劳，月结提效等数智化建设成果，精益求精、演进迭代的细节把控。

蒙牛乳业所处的奶制品市场由于 2008 年三聚氰胺事件，国内所有乳业公司受到严重的重创，直至 2014 年才开始全面恢复正常，所以蒙牛乳业财务共享服务中心于 2015 年 11 月才成功上线投入运营，其建设历程涵盖四个阶段：立项准备阶段（2009—2012 年）、试点先行阶段（2013—2015 年）、全面推广阶段（2016 年）、运营提升阶段（2017 年—至今）。

（一）蒙牛乳业财务共享中心组织结构及职能划分

蒙牛乳业财务共享中心具有明确的四大定位：人才中心、数据中心、知识中心、服务中心。基于集团国际化、数字化、生态圈建设的发展战略，财务共享服务中心进行多方位赋能，包括构建大数据共享平台、形成可复制的支撑国际化业务扩展的团队组织，与生态圈的合作伙伴共享交易数据，实现高效共赢。蒙牛乳业的 FSSC 由集团总部直接领导，由财务副总裁负责整个项目的建设、运营与优化。如图 18-2 所示，蒙牛乳业对集团的业务单元进行了梳理，继而设立了总账报表、费用报销、采购应付、销售应收、奶源资产五个业务循环部门，及服务支持、综合支持两个后台职能部门。各部门间权责分明，密切配合，保证 FSSC 的有序、高效运行。

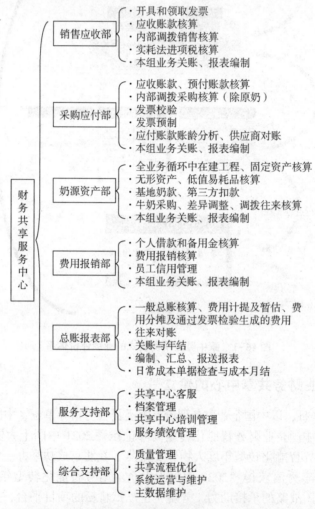

图 18-2　蒙牛乳业财务共享服务中心架构及职责划分

蒙牛乳业财务管理模式主要包括战略财务、业务财务、共享财务，战略财务在财务职能中属于指导层，相当于财务的大脑，在专业领域进行深入调研，参与到制定战略、推进战略实现中，将共享财务和业务财务提供的数据转化为对公司经营决策有价值的分析数据,支持经营决策的实施和落地。战略财务的职能主要分为六个方面:经营管理、成本管理、资金管理、预算管理、税务管理、会计政策与报表合规性管理。业务财务在财务职能中属于控制层,他们分布在全国各业务单元,深入到价值链上的每个环节,为经营决策团队提供全价值链业务财务,包括各业务单元的计划、分析、业绩、预算等数据。共享服务属于财务职能的执行层,在同一个信息平台上,以全国统一的制度、流程集中进行所有业务单元的交易处理,包括财务核算、财务报表、资金管理、税务筹划、审计等。图18-3为蒙牛乳业财务共享服务中心职能。

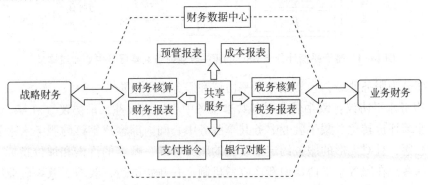

图18-3 蒙牛乳业财务共享服务中心职能

(二)蒙牛乳业财务共享中心信息系统

为落实蒙牛乳业的"数字化"战略,打造数字化、智能化工厂,全面打通从奶源、运输、仓储、生产到销售全流程端到端的管理,实现高质量数据采集及业财深度融合,蒙牛乳业在IBM的帮助下构建了一个以SAP为主导的,能够延伸到生产、销售、客户及供应商的"BWIP"项目。该系统以公司核心组件SAP—ECC为基础,以"CE+OpenText+SSF"作为FSSC的主线,并集成资金系统、人力系统、预算系统、综合报账系统、影像传输系统、资金管理系统(EAS)、主数据等系统。其中综合报账系统是支撑FSSC的核心系统,是员工填单、业务审批、财务审核和凭证预制的集中平台,主要功能是标准单据设计、审批流程配置及审核,实现核算制度标准化、审批过程电子化、预算控制自动化和财务处理共享化。影像传输系统是综合报账平台的支撑系统,包含影像采集、传输、调用及业务处理等模块。资金管理系统(EAS)是公司进行资金的预算、调度、结算和投融资管理的平台,实现资金流的高效运转,具体包括资金预算、结算、投资、筹资及银企直联等功能。蒙牛乳业的一体化信息系统还在不断建设与完善当中,包括加强SAP与实验室信息化管理系统(LIMS)、商务智能(BI)等业务系统的协调,2017年6月份启动的"安全云端管理系统","供货商关系管理系统SRM"项目二期,"WSP微销售项目"等,为建设智能化的蒙牛乳业提供保障。

三、基于财务共享模式下的蒙牛乳业的业绩评价平衡模式

(一)蒙牛乳业的平衡计分卡BSC业绩体系构成

蒙牛乳业财务共享中心业绩体系(图18-4)建立了适合自身的机制,其主要包括服务业绩、组织业绩及人员业绩三大模块。执行阶段分为业绩目标、业绩计划、业绩实施、业绩反馈、业绩应用五大业绩评价过程。

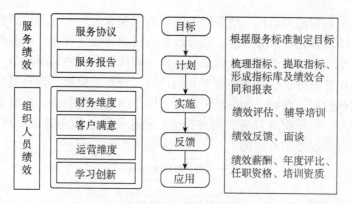

图18-4 基于平衡计分卡BSC的蒙牛乳业财务共享服务中心业绩体系

第一部分为服务业绩,包括服务水平协议和服务水平报告。

(1) 服务水平协议:蒙牛乳业财务共享服务中心运用服务水平协议(SLA)将组织目标管理向业绩评价转化。蒙牛乳业财务共享服务中心同内部客户签订的服务水平协议体现了双方的意愿,且对无形的服务约定了量化的服务标准、顾客的许诺和评价指标,目前针对个别内部客户在服务水平协议中新增收费机制,并开始试运行收费。蒙牛乳业财务共享服务中心服务水平协议包含以下四方面内容:①服务内容:蒙牛乳业财务共享服务中心目前服务单位为蒙牛乳业所有已经共享业务单元,具体服务项目包括应收账款、应付账款、费用报销、总分类账、资金收付、资产管理等。服务内容部分需要就每一项服务标准进行界定,并对提供服务的输入,比如规范客户业务的制度、规范、要求,对提供服务所运用的信息系统、取数方式等界定清楚。②服务标准:服务标准其实就是最低的可接受的水平,也就是财务共享服务中心要保证的最低服务水平,如费用报销服务的审核时效、审核准确率,实物单据扫描入系统的时效,资金付款的时效,报表编制及提报的时效等,见表18-2。③客户的许诺:客户的许诺是对服务接收方的约束条件,财务共享服务中一般不包含以下内容:财务会计资料提供、发票、凭证等服务原始资料的提供等。④收费机制:蒙牛乳业财务共享服务中心目前针对个别内部客户实施收费,采用FSSC成本分摊的原则,季度结算收款。

表18-2 财务共享服务中心服务标准示例

流程模块	流程名称	所在部门	序号	操作内容	操作平台	服务标准	数据获取方式(线上/线下)	是否运行	适用范围
费用报销	员工借款	业务部门	1	提交借款单	CE	依据公司员工借款要求填写申请单	线上	是	全业务流程
		FSSC	2	审核借款单	CE	在接收任务1个工作日内审核完毕	线上	是	
		业务部门	3	借款催收	—	按月清理员工借款,借款次月月底前还清借款,如不能按时还款需提供备案性文件(具体人员或岗位)	线下	是	

续表

流程模块	流程名称	所在部门	序号	操作内容	操作平台	服务标准	数据获取方式（线上/线下）	是否运行	适用范围
费用报销	一般费用报销	业务部门	1	提交费用报销单	CE	差旅费七日内报销；产成品运费安排期提单报销；销售大区费用每月10日前提交；其他费用当月发生当月报销，最长不超过3个月线下	线下	是	全业务流程
		FSSC	2	审核费用报销单	CE	在接收任务1.5个工作日内完成单据审核；销售大区每月20日前处理完毕	线上	是	

（2）服务水平报告：服务水平报告是根据服务水平协议中规定的指标、标准出具的实际运营达成情况，以及在运营过程中，客户未按协议要求完成的业务情况说明。服务水平报告示例如图18-5所示。

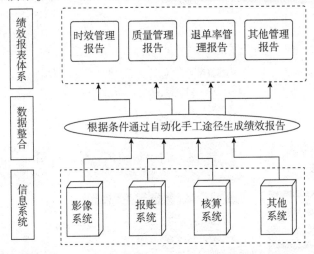

图18-5 蒙牛乳业财务共享服务中心服务水平报告示例

第二部分是组织业绩，蒙牛乳业财务共享服务中心的组织业绩主要是对该中心运营业绩评价水平进行平衡模式的评价，基于平衡计分卡原理，对于涉及的各项财务各个维度指标进行细化，利用与财务共享特点相关指标的设计，进而达到对共享中心进行全面评价。

（1）财务维度：财务维度指标设置与自身定位关系十分紧密。独立的财务共享服务中心，其财务维度指标和服务业的相关指标是相似的，侧重于投资回报、成本、利润等，而处于基本模式、市场模式下的财务共享服务中心，主要是服务于集团内部，定位成本中心，并将达成度作为指标集中的目的。蒙牛乳业财务共享服务中心的财务维度指标主要是体现预算达成比例，用于评价预算的执行情况。

（2）客户满意度维度：客户满意度维度指主要能够反映出客户与财务共享中心的关系。对于内部客户来说，能够取得客户的满意评价，这对于沟通渠道和方式十分重要。同时，关注客户体验，对于持续改进更为重要。蒙牛乳业财务共享服务中心客户满意度维度的指标主要有：①客户服务满意度：根据问卷调研所形成的客户服务满意度指标是针对客户评价的综合反馈。蒙牛乳业财务共享服务中心的客户服务满意度调研问卷从采购、资产、费用报销、付款、总账报表业务、主数据、客户服务等维度设计问题，包含日常对接不顺畅环节的反馈，基于服务水平协议商定的一些标准，对财务共享服务中心是否达标进行提问，以及财务共享服务中心流程梳理之后的改进，基于信息系统、现有的通信软件实现的一些有助于提升客户体验的措施进行提问并反馈，且保持前后期调研结果的可比性，逐步提升蒙牛乳业财务共享服务中心的客户服务满意度。②客户有效投诉次数：蒙牛乳业财务共享服务中心内部设有呼叫中心，从热线电话、信息系统、通信软件等多方面建立有效的沟通渠道。为保证业务问题能高效、高质地解决，在客户服务满意度指标之外设定客户有效投诉次数指标，更进一步提升客户服务满意度。图18-6为蒙牛乳业业绩评价使用平衡模式——平衡计分卡。

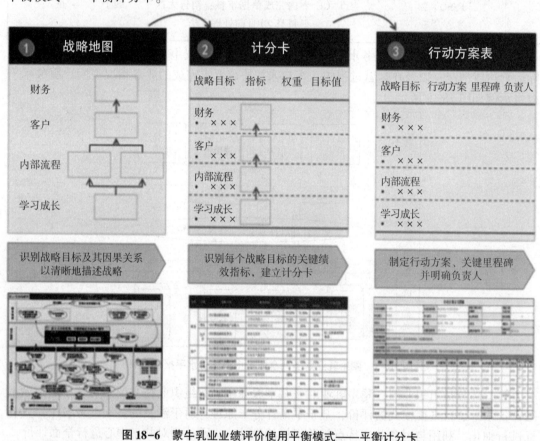

图18-6　蒙牛乳业业绩评价使用平衡模式——平衡计分卡

（3）内部运营维度：流程内部的维度指标，与财务共享中心内部运营的情况关系紧密，包含业务运营过程中的时效、质量、效率、内部流程的优劣情况。蒙牛乳业财务共享服务中心内部流程运营维度指标，主要包括时效、质量、效率三个维度，时效维度主要反映出其对业务客户反映及时程度，质量维度体现了蒙牛乳业财务共享服务中心处理业务的准确性，效率主要是员工处理业务的数量，员工的业务量可以反映出财务共享中心对业务处置的效率，同时财务共享中心对流程的管理能力可由运营效率反映出来。即同样的环境条件下，不同的流程对每个员工单位时间的业务处理量有非常大的影响。每个维度的指标根据工作执行的自动化程度分为完全自动化、半自动化、完全手工三类，完全自动化类的指标，指标取数全部依据信息系统，这样的指标完全排除人为因素的影响，数据客观且价值较大，半自动化、完全手工类的指标不同程度上有人为参与的可能，占比较小，为规避人为因素对数据造成的影响，指标选取有代表性的能够体现主要工作且可量化的工作内容进行评价，同时为控制风险，另设重大风险评价指标。流程方面主要有流程优化提出数量、实施数量、稳定运行数量，以及根据流程优化对于提升效率的贡献程度而评定的流程优化等级指标。

（4）学习创新维度：学习创新维度是财务共享中心能够形成竞争优势的基础之一。学习创新不仅能够体现出组织对员工的培训与学习的营造，同时还能够组织人员适应或主动接受组织的创新的动力与能力。组织内拥有良好的学习和创新气氛可以为组织发展、培养出大量专业人才，并以此形成组织内良好的创新文化氛围。蒙牛乳业财务共享服务中心设计的学习创新维度指标，具体包括三个方面内容：一是提升业务创新能力，创新能力是增强组织核心竞争力、实现战略目标的重要途径之一，具体指标有创新及特殊贡献，其中创新方面主要包括流程优化、风险规避、质量改进等。流程优化、风险规避、质量改进等创新观点提出的数量、采纳的数量以及落地运行的数量，能够反映出组织的创新主动性与积极性，而实施比例则体现了组织对创新的实施能力。二是提升员工技能及素质，组织员工的整体素质提升，对于战略目标和管理水平提高有着重要的指导意义。因此，提升员工素质和专业技能，对于公司发展来说意义重大，主要有财务职称的考取、学历的深造、日常考试。职称考取以及学历深造的过程一定程度上代表专业知识、能力提升的过程，同时能为组织营造不断学习的氛围。日常考试即对集团公司文化、蒙牛乳业财务共享服务中心内部标准化知识库、财务专业知识的定期考察。三是提升员工主人翁意识，从公司长远发展角度来看，一方面员工对公司忠诚度是公司持续发展的重要基础，另一方面可以改善员工与公司的沟通，降低培训成本。因此，为降低员工流失率，应将提升员工忠诚度纳入组织业绩激励体系，具体指标包括人员流动率、人员离职率。

第三部分是人员业绩，蒙牛乳业财务共享服务中心的人员业绩与组织的业绩维度一致，组织业绩是人员业绩的汇总，只有人员业绩同组织业绩保持一致的前提下，激励人员才能够较好地促进财务共享服务中心，最终达成组织的目标。蒙牛乳业财务共享服务中心的人员，一般可以分成从事运营业务的人员和运营管理的支持人员。运营业务人员是财务共享服务中心所有人员之中最重要的组成部分，他们是直接生产服务产品的人员。同时他们在共享服务中心从事已经设计好的标准业务，因为工作的标准化，使其具有技能同质化、工序经验丰富、流动性强等特点。针对这些特点，业绩评价主要在两个方面，一是量化业绩评价，以多劳多得为导向，在保证量的同时需保证时效及质量，二是对员工做出的创新型改进工作给予激励。蒙牛乳业财务共享服务中心指标库有固定的计算逻辑，秉承着公平性、客观性原则，将运营业务指标及客户服务指标全部量化且采取统一的计算规则、统一的计算公式，即同类岗位相同工作人员的目标值、基准值相同，根据实际完成情况利用信息系统提取指标值并计算指标得分。

（二）蒙牛乳业财务共享服务中心业绩体系执行过程

1. 签订服务水平协议

蒙牛乳业财务共享服务中心运用服务水平协议（SLA）将组织目标管理逐渐向业绩评价进行转化，利用服务水平协议签订，就客户最低能够接受的服务水平、服务范围等进行商讨，双方对无形的服务约定量化的服务标准、顾客的许诺和评价指标，得到双方的承认并且共同遵守执行。财务共享服务中心如何有效保障高效完成对客户的服务,需要将对客户承诺的业务标准内化到组织的业绩目标、员工的业绩目标,经过层层分解执行最终达成对外输出的符合标准要求的服务。

2. 制定目标

蒙牛乳业财务共享服务中心业绩评价是基于目标管理的,目标管理决定着组织的管理导向,是开展其他工作及活动的基础。由于处于不同的阶段,财务共享服务中心的目标也会存在一定的差异。蒙牛乳业财务共享服务中心目前处于基本模式向市场模式的过渡时期,即从成本中心向利润中心转换,目标旨在控制风险、提升效率、降低成本、创造价值,提升客户满意度。服务水平协议是细组织目标,将其分解于各项流程的一种载体,蒙牛乳业财务共享服务中心服务水平协议将内部业务运营流程分为八个一级流程及四十多个二级子流程,根据组织目前所处阶段的特性对内部客户做出承诺,并制定每一个子流程的服务标准,子流程的服务标准即业绩指标的最低目标,组织可根据实际运营情况适当调整目标以提升整体运营效率。

3. 业绩计划

组织内部流程确定之后,每个流程相关岗位业绩指标的确定依据岗位人员的工作内容,蒙牛乳业财务共享服务中心业绩体系梳理人员工作时遵循优先量化原则,通过梳理明确每项工作的衡量标准及取数来源进而形成业绩评价指标,蒙牛乳业财务共享服务中心业绩体系内部业务运营模块经过梳理提取指标二十多个,构成指标库。同类岗位相同工作人员选取相同指标并设置一致的目标,根据每项工作在整体工作中的占比确定指标权重形成员工业绩合同。在此基础上,蒙牛乳业财务共享服务中心充分利用信息系统的优势,集成多个业务操作系统,实现一系列的整合,开发出业绩系统。蒙牛乳业财务共享业绩系统实现了三大模块:业绩报表分析、业绩实时看板、业绩数据线上计算。业绩系统的上线,实现了蒙牛乳业财务共享业绩的透明化、实时性、客观性以及统一性。

4. 业绩实施

业绩实施主要分为业绩评价及业绩培训,要保证业绩评价有效实施,其有效的培训管理工作必不可少,由于员工在管理方面存在认识上的差异,这样一种情况将会导致业绩评价受到一定的影响。开展业绩评价培训的目的主要是消除误解和认识上的偏差,掌握业绩评价的操作技能。

蒙牛乳业财务共享中心建立业绩体系之后根据需求持续进行业绩评价培训,主要内容有业绩评价、业绩关键指标的介绍、业绩评价工具的介绍、业绩面谈的介绍、业绩改进的介绍、业绩应用的介绍。其中业绩评价主要介绍蒙牛乳业财务共享业绩体系数据的客观性、准确性以及业绩评价的目的和过程;业绩评价是明确及时性、准确性、效率、客户满意等维度的评价标准、取数来源以及计算方法;关键业绩指标是介绍蒙牛乳业财务共享业绩指标库主要业务指标、每个指标主要评价哪些工作内容等;业绩评价工具的介绍是为了让员工能够了解在哪里、如何看到自己的业绩结果;业绩面谈可以使员工了解到业绩面谈对于员工成长的重要性,业绩面谈是管理者和下属进行有效沟通的渠道,管理者能够定期了解员工的问题,员工也可以定期反馈问题并提出自己的疑问;业绩改进是基于业绩体系运行过程中发现的一些问题或者不顺畅的地方以及业绩面谈中员工反馈的一些合理的建议进行改进，强化员工主人翁精神，让其能够意识到自己的建议和行为，是组织提升的重要基础；业绩应用主要介绍业绩与薪资、评比、年底激励等的关系，进而达到激励员工的目的。

蒙牛乳业财务共享业绩评价可以分成几个部分，即业绩数据分析、业绩实时看板、人员业绩评价、组织业绩评价，以上四部分业绩大部分数据来源于各信息系统，很大程度上规避了管理者判定数据的人为因素。业绩数据分析报表体现了财务共享整体业务运营情况达成，包括整体时效、准确性、退单情况、人均效率等。为更进一步激励员工的工作热情，蒙牛乳业财务共享中心开发实时业绩看板，员工通过实时业绩看板能够看到每日审单量前十排名，每月审单量前十排名以及本月单据处理量情况。每月评价组织和人员业绩，人员业绩目标主要是由组织业绩目标分解，组织业绩达成源于人员业绩结果汇总。人员及组织业绩运营平衡计分卡，从财务维度、内部运营维度、客户服务维度、学习成长维度进行评价。蒙牛乳业财务共享中心为强化业绩评价的针对性，将员工的行为评价转移到了季度评比激励机制中。每月业绩评价得分是季度得分的基础，同样季度业绩则又是年度业绩评价的基础，蒙牛乳业业绩等级评价分为四个等级：S、A、B、C，S等级业绩表现与业绩超出了预期水平，取得理想结果，超出组织内很多同事（同级别/工作性质），是组织内公认的杰出员工。C等级业绩表现低于预期水平，与组织内其他同事相比，个人表现较差，业绩表现需要进一步提升。

5. 业绩反馈

业绩反馈主要以面谈为主，能够促进管理者与下属在业绩目标、计划等方面达成共识，并对于下属的困惑、问题进行解答，并通过业绩面谈针对性制订改进计划。业绩面谈之前管理者和下属都需做好充分准备，管理者应选择适当的时间，约定一个双方都有空闲的时间，选择适当的地点准备面谈材料，包括员工本期业绩等；员工需自我梳理，回顾本期业绩表现及业绩，梳理自己的优势与不足，准备好向管理者提问的问题。

6. 业绩应用

蒙牛乳业财务共享中心业绩应用分为两个层面：第一个层面是管理应用，主要体现在业绩薪酬、季度年度评优激励、任职资格评定、培训福利、岗位轮换等，以上业绩应用一方面可以激励员工工作热情，促进员工积极主动、高质高效完成工作，并在工作过程中提升主人翁意识，主动发现组织现存问题并推动解决，进而增强组织的核心竞争力。另一方面管理者根据员工的业绩评价结果，分析各个岗位优秀员工的优秀品质及业绩特征，这会为管理者在招聘过程的甄选环节提供十分有益的参考。第二个层面是个人发展计划，其是指在某一时间内，完成工作目标的能力，提升培训计划。个人发展计划的目的主要是在现有基础上提高工作业绩，挖掘员工潜能，改进业绩。

四、蒙牛乳业财务共享服务中心业绩体系可借鉴之处

蒙牛乳业财务共享服务中心业绩体系下比较大的亮点是实现业绩数据的客观及透明化，有效的业绩评价激励基于公平、健全的评价激励机制，为了让员工更明确地了解自己高业绩水平及低业绩水平的根本原因，蒙牛乳业财务共享服务中心开发了业绩评价系统，

并为员工开放查询业绩的权限,员工可登录业绩查询系统实时查看本人业绩水平,包括时效、质量、退单情况、审单量以及综合业绩分数等,及时发现工作中存在的问题并纠正。蒙牛乳业财务共享服务中心开发的业绩看板,其主要是基于共享中心的派单模式,即客户根据业务类型在信息系统提交各种类型的单据,单据经过客户各环节的审批流转至财务共享服务中心,待原始凭证的影像扫描上传至信息系统之后,单据会进入财务共享单据池,单据池根据员工审单的阈值固定时间循环派单,例如员工每天审单最多 30 单,阈值即设定为 30,只要员工在审单平台签到,单据池便会检测到该员工在线,进而检查该员工审单平台单据量是否满足阈值,如单据池存在单据,且阈值未满,单据池就会循环派单。直至单据池无剩余单据或到下班时间,下班时间之后,员工审单平台待审单量如果为零,员工可到单据池领单,即抢单模式。业绩系统中的业绩看板正是基于这样的派单、抢单模式,将每个组的审单量排名放到工作区域的大屏幕上,3 分钟刷新一次,将数据可视化、透明化,更进一步促进员工审单积极性,形成良性竞争,进而提升组织整体业绩水平。

五、参考资料

[1] 张媛. MN 集团财务共享绩效体系构建研究 [D]. 内蒙古工业大学,2019.

[2] 易蕾. 蒙牛乳业构建财务共享服务中心的效果及关键影响因素分析 [D]. 江西财经大学,2019.

[3] 机器智能+财务共享:财务智能共享服务典型案例汇编. https://www.sohu.com/a/224525404_494793.

[4] 管理会计案例|蒙牛集团:双轮战略驱动下的数字化财务转型. https://www.163.com/dy/article/EOATFIR805389ZLO.html.

[5] 崔健,李晓宁,杜鹏翾. 企业绩效管理体系国内研究述评:2002—2017 [J]. 会计之友,2019(3):41–45.

[6] 孙艳兵. 平衡计分卡在高新技术企业绩效管理中的应用 [J]. 财会月刊,2019(1):33–39.

六、讨论题目

(1) 蒙牛乳业为什么要实行财务共享中心,蒙牛乳业财务共享有什么特点?

(2) 财务共享下的蒙牛乳业业绩评价平衡模式如何构成?平衡计分卡如何发挥作用?

(3) 在财务共享下业绩评价平衡模式与传统的业绩评价平衡模式有哪些优势,给蒙牛乳业带来了什么影响?

(4) 蒙牛乳业目前的业绩评价平衡模式体系能否有进一步的发展?

(5) 蒙牛乳业的业绩评价平衡模式体系给同行业是否带来了借鉴作用,具体在哪个方面?

案例使用说明书

一、本案例要解决的关键问题

通过本案例的应用,引导学员分析:在财务共享的模式下,蒙牛乳业的业绩评价体系发生了哪些转变，能否让蒙牛乳业提升经济业绩？

二、案例讨论的准备工作

为了有效实现本案例目标，学员应该具备下列相关知识背景。

1. 财务集中与财务共享服务的区别

虽然集中和共享服务都是将分散的资源和业务集中到一起处理，都存在 2015 年全国 MPAcc 教学案例公示成本和人员转移等问题。但是，两者将资源业务集中的方式、过程和目的是截然不同的。更确切地说，将共享服务模式下的"集中"叫作"整合"或许更加合理，而不是简单地集中。

2. 平衡计分卡

平衡计分卡源自哈佛大学教授 Robert Kaplan 与诺朗顿研究院的执行长 David Norton 于 1990 年所从事的"未来组织业绩衡量方法"的一种业绩评价体系。平衡计分卡是从财务、客户、内部运营、学习与成长四个角度，将组织的战略落实为可操作的衡量指标和目标值的一种新型业绩评价体系。设计平衡计分卡的目的就是要建立"实现战略制导"的业绩评价系统，从而保证公司战略得到有效的执行。

3. 蒙牛乳业构建财务共享服务中心业绩体系的目标

业绩评价的本质是一种过程管理，构建蒙牛乳业财务共享中心业绩体系主要有三大目标：一是助力财务和集团目标达成，确保蒙牛乳业财务共享中心业绩的质量和时效得到保障，进而促使蒙牛乳业财务共享中心的目标达成。二是挖掘问题，业绩评价的过程是一个制定目标、执行、改进的循环过程，可以通过业绩评价的结果倒推业务问题，分析原因并改进。三是分配利益，蒙牛乳业财务共享中心是财务管理模式中的执行层，业务主要是集中的、大量的重复性工作，不同员工的经验、熟练程度不同，则员工的工作完成情况会相差甚大，包括工作量、工作质量、工作效率等，员工取得的报酬应当不同，业绩正是有效衡量并解决这一问题的工具。四是促进成长，业绩评价主要的目的就是促进公司和员工成长，利用评价发现并改进问题，进而实现双赢。五是人员激励，利用业绩评价为员工提供职务晋升和培训的机会，让公司激励机制得到充分发展。与此同时，业绩评价利于员工自我心理激励模式开展。

三、案例分析要点

（一）需要学员识别的关键问题

本案例需要学员识别的关键问题包括：什么是财务共享？什么业绩评价？蒙牛乳业的财务共享中心是如何构建的？蒙牛乳业建立财务共享后的业绩评价体系是如何的，给蒙牛乳业带来了什么影响？

（二）分析关键要点

（1）案例分析关键点：蒙牛乳业是什么样的业绩评价体系。

（2）案例教学关键知识点：财务共享的概念、业绩评价的概念以及业绩评价体系的运作机制。

（3）案例教学关键能力点：从传统的业绩评价体系到如今财务共享下的业绩评价体系，蒙牛乳业从中有什么价值创造。

（三）分析思路

公司对财务部门的改革是必然的，一成不变的管理模式也不可取，蒙牛乳业对业绩评价的改革其实是对公司财务风险、经营风险的规避。而蒙牛乳业管理中心的人员仅占非常小的部分，大部分员工的工作内容就是推销，此时对部门、员工的业绩评价就上升到了一个非常高的位置，公司业绩评价科学、公平且报酬高，就能激励员工的工作热情，提高工作效率。蒙牛作为乳制品行业的标杆公司，其业绩评价的案例具有典型性，基于此，本案例的分析思路如下：

第一，要深入了解财务共享与业绩评价的基本概念，对公司业绩评价的相关指标有一定的认识。

第二，在分析蒙牛乳业案例时，引导学员把重点放在业绩评价和评价上，不要对财务共享有过度的探究。

第三，在案例里财务共享的理念是如何融入业绩评价的，重点体现在哪些方面？

第四，蒙牛乳业的传统业绩评价体系有什么缺点，与财务共享模式下的业绩评价体系最大的不同在哪方面？

第五，阐述改革后的蒙牛乳业的业绩评价体系带来的经济业绩，并指出该体系下的不足之处，同时是否可以解决该问题。

四、教学组织方式

（一）问题清单及提问顺序、资料发放顺序

本案例讨论题目依次为：

（1）蒙牛乳业为什么要实行财务共享中心，蒙牛乳业财务共享有什么特点？

（2）财务共享下的蒙牛乳业业绩评价平衡模式是如何构成的？平衡计分卡如何发挥作用？

（3）财务共享下的业绩评价平衡模式与传统的业绩评价平衡模式有哪些优势？给蒙牛乳业带来了什么影响？

（4）蒙牛乳业目前的业绩评价平衡模式体系能否有进一步的发展？

（5）蒙牛乳业的业绩评价平衡模式体系给同行业是否带来了借鉴作用，具体在哪个方面？

本案例的参考资料及其索引，在讲授有关知识点之后一次性布置给学员。

（二）课时分配

本案例可以作为专门的案例讨论课来进行，如下是按照时间进度提供的课堂计划建议，仅供参考。

整个案例的课堂时间控制在90分钟以内。

（1）课前计划：请学员在课前完成阅读和初步思考。

（2）课中计划：简明扼要的课堂前言，介绍案例主题（3~5分钟）。

（3）分组并开展讨论（30分钟）。

（4）小组发言（每组8~10分钟，全部发言完毕控制在40分钟）。

（5）对小组发言进行总结，引导同学展开进一步思考（15分钟）。

（6）课后计划：可以请每组同学采用书面报告形式提交更加具体的分析结果。

（三）讨论方式

本案例可以采用小组式进行讨论。

（四）课堂讨论总结

课堂讨论总结的关键是：归纳发言者的主要观点；重申其重点及亮点；提醒大家对焦点问题或有争议观点进行进一步思考；建议大家对案例素材进行扩展调研和深入分析。

第十章 业绩评价之其他模式

案例19 字节跳动：基于跨体系数字化转型从 KPI 到 OKR 的业绩创新路

专业领域： 会计专硕（MPAcc）、审计硕士（MAud）、工商管理硕士（MBA），会计、审计、财务管理等本科专业

适用课程： "公司业绩评价与激励机制""大数据与财务决策""企业数字化转型理论与实务"

选用课程： "绩效管理与量化考核""绩效考核与薪酬激励""业绩考核理论与实务"

编写目的： 引导学员学习 OKR 管理模式的应用，字节跳动能够脱颖而出的一个重要原因是其从 2015 年就启动以管理模式变革为主导的数字化管理适应性变革。字节跳动的数字化管理适应性变革是围绕业绩评价模式的变革来展开的，以 OKR 管理模式变革为主导，通过明确的目标激发员工自我实现，使企业能快速灵活地获取和配置人力资源，以适应高度动荡的环境。基于跨体系数字化转型理论，字节跳动通过构建与其转型目标相匹配的字节范文化、自驱型组织和飞书协作平台，实现了管理模式的转型。本教学案例选择字节跳动作为案例分析对象，主要是因为它是目前国内数字化企业中极具管理模式变革特色的公司，通过从 KPI 到 OKR 的管理模式转型，进行数字化管理适应性变革，实现了快速稳健的发展。

知 识 点： 业绩管理，OKR，业绩评价，跨体系数字化转型

关 键 词： 业绩评价体系，OKR，管理模式转型，业绩创新

中文摘要： 基于跨体系数字化转型理论，从管理模式转型的视角，以字节跳动为调研与讨论对象，探讨实现数字化管理适应性变革的过程机制。调研结果表明：字节跳动通过创新型文化的构建、自驱型组织的打造和协作型平台的应用，实现了从 KPI 到 OKR 管理模式的转型。由此，从管理模式转型视角提出数字化管理适

应性变革的过程模型，即通过创新型企业文化、自驱型组织结构和协作型技术平台，推动企业从科层制管理模式转型为网格制管理模式，形成适应数字经济环境的管理模式。本教学案例为跨体系数字化转型提供了情境化的过程机制解释，为企业形成对快速变化的市场环境、用户需求和内部管理具有高度适应性的新型管理模式提供了实践启示。

英文摘要：Based on the theory of inter-system digital transformation, from the perspective of management mode transformation, the process mechanism of adaptive transformation of digital management is discussed. The results show that bytedance realizes the transformation of management mode from KPI to OKR through the construction of innovative culture, the construction of self-driven organization and the application of collaborative platform. Therefore, from the perspective of management model transformation, the process model of adaptive change of digital management is proposed, that is, through innovative corporate culture, self-driven organizational structure and collaborative technology platform, promote enterprises from the hierarchical management model to the grid management model, form a management model to adapt to the environment of the digital economy. This paper provides a contextualized explanation of the process mechanism of the cross-system digital transformation, it provides practical enlightenment for enterprises to form a new management mode which is highly adaptable to the fast-changing market environment, user demand and internal management.

案例正文

一、案例背景介绍

（一）字节跳动的 OKR 管理模式变革背景

北京字节跳动科技有限公司（以下称为字节跳动）成立于 2012 年 3 月，自创始至今发布了多款爆款 App，其中"今日头条"和"抖音"是其核心产品。在巨头环伺、存量市场相对固化的竞争环境下，字节跳动能杀出重围、成为具有独特价值的引领性企业，被评为 2019 年全球最有价值的独角兽企业，是一个奇迹。截至 2020 年年底，员工规模约为 11 万人，业务覆盖 150 个国家和地区，在游戏、电商等领域也在加速扩张；2020 年收入达 2 366 亿元，同比增长 111%，毛利润 1 313 亿元，同比增长 93%。其持续高速成长背后的原因是什么？除了对产品和用户的精准把握之外，从企业组织管理的角度来看，字节跳动能够脱颖而出的一个重要原因是其从 2015 年就启动了以管理模式变革为主导的数字化管理适应性变革。字节跳动的数字化管理适应性变革是围绕业绩评价模式的变革来展开的，以 OKR 管理模式变革为主导，通过明确的目标激发员工自我实现，使企业能快速灵活地获取和配置人力资源，以适应高度动荡的环境。具体而言，字节跳动通过构建与其转型目标相匹配的字节范文化、自驱型组织和飞书协作平台，实现了管理模式的转型。

（二）字节跳动发展历程

字节跳动成立于 2012 年 3 月，以"Inspire Creativity，Enrich Life（激发创造，丰富生活）"为公司使命，经过 9 年的发展，其业务遍布全球 150 个国家和地区，拥有超过 6 万名员工。公司以建设"全球创作与交流平台"为愿景并于 2015 年开始布局。截至 2020 年年底，字节跳动旗下产品包括抖音、今日头条、多闪、飞书、西瓜视频、火山小视频、番茄小说、掌阅、清北网校、GoGokid、faceU 激萌、轻颜相机、悟空问答、飞聊、皮皮虾、懂车帝、图虫等。全球月活跃用户数超过 15 亿，字节跳动在教育、在线办公、游戏、社交方面皆有涉猎，且旗下产品拥有强大的价值导向性，短时间内便可引领潮流趋势。在海外，TikTok 也已经成为一种潮流，成为新一代年轻人时尚文化的代名词。

该公司旗下热度最高的应用为今日头条与抖音，作为字节跳动最早推出的旗舰产品，今日头条拥有强大的功能及数据推送支持，可向用户输出强有力的信息需求，抖音专注于创意，在文化传播和价值导向上具有强大的渗透力，配合旗下懂车帝、西瓜视频等知识娱乐输出平台，仅用 8 年时间公司估值便达 750 亿美元，被 CBInsights 评为"全球最大独角兽企业"之一，并入选"2019 福布斯中国最具创新力企业榜"。

二、字节跳动管理模式从 KPI 转型为 OKR

（一）为何管理模式从 KPI 转型为 OKR

在字节跳动早期的管理实践中，创始人张一鸣发现传统基于科层制的 KPI 业绩评价体系难以解决创新型企业员工业绩评价的难题，无法灵活配置和协调资源，日益成为企业发展的瓶颈问题，适应不了互联网环境下市场和用户快速变化的发展需求（表 19-1）。

表 19-1　KPI 管理的主要缺陷

序号	主要缺陷	具体体现
1	创新型和探索型岗位，难以用 KPI 量化和激励	创新型和探索型岗位的工作内容往往不清晰，难以设置合适的 KPI 指标进行量化描述。即使费时费力设置了指标，也难以起到牵引和激励作用
2	KPI 评价让员工不敢冒险创新，中规中矩	明确量化的 KPI 让员工觉得被禁锢，无法追求卓越的自豪感、团队合作的荣誉感及接受挑战的成就感
3	业绩目标相对固化，难以适应高度动荡的环境	KPI 目标的设定如同一场消耗战，一旦被确认，往往年中或年末才会被检视和重新设定，难以有效支撑企业适应高度动荡的市场环境

资料来源：字节跳动官网

与传统的 KPI 管理模式相比，实行 OKR 管理模式的优势十分明显。首先，OKR 管理根据"自上而下"和"自下而上"两种方式进行目标分解，优化了组织的目标管理。在目标设计方面，大目标从领导层到员工逐级分解，形成每个员工对应的小目标，如果员工能实现自己的小目标，自然能保证企业大目标的实现。"透明、对齐和协作"是 OKR 管理模式的三个基本特征（表 19-2）。一方面，这些特征调动了员工工作的积极性和创造性，主动参与到 OKR 的制定和调整过程中，有利于达成 OKR 的评价目标；另一方面，这些特征也保证了目标管理的公开、公平和高效，有利于塑造平等、创新的氛围。其次，OKR

管理主张员工要有雄心，这不仅能帮助企业实现高业绩的目标管理，也可激活员工的热情和创造力，促进员工的个体成长。

表 19-2　字节跳动 OKR 管理模式的主要特征

序号	特征	内容
1	透明	包括 CEO 在内的所有员工 OKR 都公开透明，可以互相查看，实时掌握进度
2	对齐	简便的对齐操作，清晰的对齐视图，让团队能够始终对齐目标和方向
3	协作	全员参与 OKR 讨论，迭代优化，充分沟通，高效协作

资料来源：字节跳动官网

通过从 KPI 到 OKR 的管理模式转型，字节跳动实现了"目标管理+业绩评价"的柔性导向业绩评价，让员工与企业共生共创，从而具备更好的环境适应性。

（二）实现从 KPI 到 OKR 的管理模式转型

1. 不用 KPI，用 OKR

雷一冰是字节跳动的业绩评价负责人，他告诉记者，管理员工不用 KPI，用 OKR。字节跳动，可能是中国比较出名的 OKR 使用者，至少是之一吧。

OKR 和 KPI，到底有什么不同呢？雷一冰认为主要有三点：（1）透明。很多用 KPI 管理的公司，通常不希望把每个人的目标公开，为什么我的高你的低？这样会引起争论，甚至可能会泄露公司的战略意图。而 OKR 的基本原则，或者说使用 OKR 公司的普遍文化，是透明。如果你愿意，任何人都可以看到任何人的 OKR，包括 CEO 的。因此，要相信透明的力量。（2）部分自下而上。董事会给 CEO 定 KPI，CEO 给高管定 KPI，层层向下，这样的 KPI 体系，有分解和承接的功能，但并不能充分发挥全员共创的智慧。（3）不评价。绝大部分使用 KPI 的公司，都用 KPI 来评价员工。因此，KPI 成了"评价指标"的代名词。但是，你评价什么，员工就会给你什么。与评价无关的，能不做就不做，OKR 不评价。因为目标是目标，奖金是奖金。一旦用奖金来管理目标，员工和公司就会针对目标的大小进行拉扯和博弈。不评价，也是鼓励员工设定更有挑战性的目标。雷一冰说，现在，公司所有人的 OKR，都在飞书 OKR 里做了对齐。只要你点击别人的头像，就能看到 OKR。然后，他就点开了其中一位下属，冯丽丽同学的 OKR。你能清楚地看见，作为一名 SaaS 的前端研发，冯丽丽围绕业务，自己思考和确定了一条重要的目标：针对业务线现存问题，通过场景化解决方案，助力业务线的品质提升，以及为了实现这个目标，她写的 3 条 KR。

2. 工作总结

记者问雷一冰，但公司总归是要评价的啊，不然怎么决定晋升，怎么发奖金呢？不评价 OKR，怎么办？

他说，在飞书业绩里，会用 360 度评价，让你周围的人给你打分。你的表现，大家都看在眼里，因此 360 度评价是非常有价值的信息。然后，上级会根据这些信息，对下属进行评价。

那具体怎么做呢？首先，想让别人给你打分反馈之前，你自己得先有总结吧。所以，每个人要先写一写，客观地回顾下自己的工作。我的 OKR 到底完成得怎么样了？或者说，在 OKR 的引领下做出了哪些实质性成绩？你看，这就是冯丽丽同学对自己的工作总结：

有产出,有具体数字,做得不错。

雷一冰说,看着这份总结,你就能知道她完成了什么样的重点工作。而且,不仅仅是目标完成了没有,你甚至能感受到,她在工作时的思考和努力。这些信息,就能成为别人给她的评价参考。

那然后呢?回顾完自己的工作,接下来要干什么?

接下来,你就可以在飞书业绩里,邀请别人对你进行360度评价了。

3. 360度邀请

360度邀请,可以邀请你的上级、你的下属,甚至是别的部门同事,总之是和你有密切协作的人。因为你的努力和成就,他们最清楚,让他们来给你打分。每次邀请,一般平均会有10~20人,有时甚至会有40~50人。

你看,冯丽丽邀请了10几个人。有她相同上级的同事,直属下级,同时也包括了不同上级的同事等。不同级别的人都有被邀请和覆盖,她和这些人也都有协作,希望这些同事能给她打分。众人眼中的你,才是真实的你。

那发送完邀请之后呢?是不是就可以评价了?

4. 确认

不是,还要上级做360的确认,因为如果你只邀请和你关系好的人怎么办?如果你邀请的人数太少怎么办?如果你邀请的人覆盖不了日常的协作对象怎么办?

360度评价,就是希望用更多人的打分,让对一个人的评价,从主观接近客观。360度评价,应该要体现更多维度关于这位被评价同学的信息,尽量实现合理和准确。而刚刚提到的那些"怎么办",可能都会导致信息的不充分不全面。所以,下属给周围的人发送360度邀请之后,上级也可以帮助这位同学邀请更多人一起来评价,再做一次确认。而下级自己邀请的360度,也不会删除,这也是为了防止上级视角的局限性,只看到自己想看到的。

5. 360度评价

评价从几个方面来进行打分,业绩分为了8个等级:F、I、M-、M、M+、E、E+、O。对应成中文就是:不合格、待改进、符合预期-、符合预期、符合预期+、超出预期、超出预期+、卓越。而收到360度邀请的同学们,这时就可以开始打分了。

雷一冰说到这里时,记者又忍不住问他,这些反馈都很好,但是如果真要打分了,大家会不会因此不敢说话,然后"手下留情"呢?不会。因为360度评价的结果,员工本人是看不到的。鼓励公开透明,鼓励坦诚清晰,鼓励大家说真话。这样一来,管理者看到的,就不仅仅是员工的自我认知,还有周围的人对他的真实反馈。而这些反馈,也都是实名的。如果是匿名,那么写的内容可能就会很模糊,甚至变成吐槽,那么反馈也就失真了。这些真实的一手信息,对管理者的判断非常重要和宝贵。但是,假如我在评价时,真的有话想对冯丽丽说,可她又看不见,怎么办?

那你可以留言啊。在飞书业绩的系统里,你有什么样的建议和反馈,最后都可以单独再写一段留言让她知道。你的鼓励和认可,她会看见的。

那所有人都评价完之后呢?再下一步是什么?下一步,是自评。

6. 自评

还有自评?刚刚不是有过工作总结了吗,怎么还要自评?

因为工作总结和自评，还是有些不同的。工作总结，是客观描述你完成的重点工作，作为大家对你评价的参考。但是自评，是你对自己的打分。给自己打分，也很重要，因为这能让上级知道，你是如何看待自己的。在管理上，经常强调，要 No Surprise。什么意思？就是员工对自己应该有不偏不倚的自我认知，对自己的工作，能有正确的预期。但是，如果最后得分的结果，非常地出乎意料，那么就有可能是管理者之前和员工沟通不够，也可能是员工的自我认知产生了比较严重的偏差。因此，知道下属给自己的打分，对管理者来说，也是很重要的信息。冯丽丽，也反馈了自己的工作，总结了自己做得好的和需要改进的地方，然后在飞书业绩的系统里，给自己的业绩打了一个 M——符合预期。

7. 上级评价

自评之后，就是上级评价。雷一冰说，前面的流程，都是为了尽可能给管理者反馈更多的信息。现在，已经有了冯丽丽的 OKR 内容，工作总结，别人对她的 360 度评价，她的自评，信息比较充分了。然后，我就可以根据这些信息，来综合判断，给她打分。怎么打呢？很简单，在飞书业绩里，管理者可以一边看着左边的信息，一边在右边进行评价和评分。需要什么信息，随时点击查看就行。

比如说，我想看看关于冯丽丽同学的总体信息，可以先点 360 评价，看看给她打分的其他人，对她的评分分布是什么样的。冯丽丽邀请了 15 人，相同上级同事 2 人，不同上级同事 5 人，直属下级 2 人，虚线下级 1 人，隔线下级 5 人。人数够了，覆盖的范围也够了。其中，有 13 人完成了评价，有 2 个人拒绝了邀请。这时，也可以点开看看，为什么有 2 个人拒绝。都是因为收到的邀请过多，评不过来。好吧，没关系。看看其他 13 个人对她的业绩评价。业绩的分布，F（不合格）-0 人，I（待改进）-0 人，M-（符合预期-）-1 人，M（符合预期）-3 人，M+（符合预期+）-5 人，E（超出预期）-4 人，E+（超出预期+）-0 人，O（卓越）-0 人。大体的情况，有数了。然后也可以再挖掘一些细节，继续点击，下钻穿透到具体的同学看看对冯丽丽的打分和评价。

8. 业绩校准

现在，上级打完分了，是不是就可以公布业绩结果了？

不行，还必须进行一轮业绩校准。为什么？因为管理者对于信息的判断，可能依然是有偏差的。或者说，管理者的管理经验可能依然是不够丰富的。这个时候，就需要管理者和他的上级一起，做一轮业绩校准。

比如说，冯丽丽的业绩，她的自评是 M（符合预期），我作为上级给她的评价却是 M+（符合预期+）。那么，为什么冯丽丽的业绩评价会更高？这时，我就需要和我的上级一起，过一遍冯丽丽的 360 度评价，认真讨论她平时的业绩和产出，解释我判断的原因。在这个矩阵里，我和上级可以看到整个团队的情况，把成员们分门别类放在一起。就像冯丽丽所在的技术岗位，可以把不同级别的、做技术的同学都放在一个矩阵里，来进行横向比较，看看她的业绩是不是真的好。然后，经过讨论，才能最终确认和肯定，冯丽丽的业绩是真的当得起这个 M+（符合预期+）的。

雷一冰说，就是通过这样的方式，让更高一级的管理者参与业绩校准。

9. 业绩确认

雷一冰说，当做完业绩校准之后，才是最终的业绩确认。而经过充分讨论和校准后的业绩，才是一个好的业绩。

听到这里，记者问他，什么是好的业绩？

最重要的，可能就是这两点：第一，对于组织来说，准确评价员工和团队的贡献。然后，给优秀的人足够激励。第二，对于员工来说，准确认识自己，对自己有更清晰的认知，知道如何让自己变得更好。在飞书业绩里，就是准确合理评价每个人的业绩，并且保证在业绩面前，人人平等。

听着他的对话，记者问雷一冰，你们做一次这样完整的业绩评价，应该要花不少时间吧？

是啊，每一次360度评价，都要花大半天，甚至是两三天才能做完，而每次业绩评价的周期，可能要花7~8周的时间才能完成。

三、字节跳动从 KPI 到 OKR 的管理模式转型细节

要实现从 KPI 到 OKR 的管理模式转型，让企业更好地适应高度动荡的环境，不仅需要数字技术提供有效支撑，更需要在思维和观念上进行根本性转变。通过对二手资料的梳理和分析可以看出，字节跳动主要通过三个方面推动管理模式的转型：第一，通过构建创新型文化以达成大家对管理目标的共识，减少转型内耗；第二，通过形成自驱型组织以保证管理的有效性，为转型提供组织保障；第三，通过应用数字化协作平台以实现管理的快速反馈和迭代，使 OKR 管理模式得以有效实施。以下进行具体分析：

（一）创新型文化：数字化管理适应性变革的文化构建

OKR 管理需要员工在有关人性的观念上进行转变，也就是说，秉持麦格雷戈关于人性的 Y 理论，是从 KPI 管理向 OKR 管理转型的难点。Y 理论强调人性中积极和主动的一面，重视塑造好的环境和文化。

字节跳动的创始人张一鸣强调公司要保持足够大的可能性和弹性，通过成长而非控制让公司发展。因此，在字节跳动，员工严格按"字节范"的要求行事，全力以赴做最有"范儿"的员工。"字节范"有六条，即追求极致、务实敢为、开放谦逊、坦诚清晰、始终创业和多元兼容。这六条"字节范"看似平常，但公司通过嵌入性和在线性的方式让文化变得无处不在。不仅形成文字和图片，嵌入于员工的工作环境，而且还用趣味漫画、视频展示、软件提醒、言传身教等方式细化为具体行动，让"字节范"融入员工的认知里。在日常工作中，员工总会遇到各种各样的困难，不知道如何抉择时，只要复盘字节范，就能找到前进的方向和动力。

（二）善意假设，重视信任

字节跳动的高层认为管理应该重视环境和文化的塑造，调动人性中积极的一面，而不是采取管控的管理方式。比起"不出错"，公司更希望员工设定挑战性的目标、追求卓越。因此，在假设员工成熟自驱、能力充分、值得信任的基础上，加大了授权，减少了管控。例如，通过鼓励"先跑起来""不设天花板""不设边界"等方式，给员工提供实质的成长和创新空间，满足员工的自我实现动机。例如，在 OA 流程中，差旅申请只需知会领导，无需提前报备和审批。然而，当员工触碰红线或滥用信任时，公司也会执行严格的惩戒措施。

（三）自驱型组织：数字化管理适应性变革的组织保障

组织的力量是强大的，管理模式转型需要企业塑造新型组织结构，以与 OKR 管理相

匹配。OKR管理的基础就是要找到或培养自我驱动的员工，构建自驱型组织。也就是说，如果没有自驱型员工，OKR就成为无法落地的空想。因此，在人才招聘方面，字节跳动主要有三个要求：学习能力强、视野开阔、心智成熟。这是字节跳动选人时对"自驱型人才"的初步界定。具体而言，主要通过"高设目标，激发潜能""实时反馈，促进认可""启思实践，内化成长"等措施来打造自驱型的组织。

四、参考资料

[1] 戚聿东，肖旭. 数字经济时代的企业管理变革［J］. 管理世界，2020，36（6）：135-152.

[2] 陈剑，黄朔，刘运辉. 从赋能到使能——数字化环境下的企业运营管理［J］. 管理世界，2020，36（2）：117-128.

[3] 谢小云，左玉涵，胡琼晶. 数字经济时代的人力资源管理：基于人与技术交互的视角［J］. 管理世界，2021，37（1）：200-216.

[4] 肖静华，李文韬. 智能制造对企业战略变革与创新的影响——资源基础变革视角的探析［J］. 财经问题研究，2020（2）：38-46.

[5] 肖静华. 企业跨体系数字化转型与管理适应性变革［J］. 改革，2020，（4）：37-49.

[6] 谢康，吴瑶，肖静华. 数据驱动的组织结构适应性创新——数字经济的创新逻辑（三）［J］. 北京交通大学学报（社会科学版），2020，19（3）：6-17.

[7] GOLES, STEINMK, AVITALM. Crowd-work Platform Governance toward Organizational Value Creation［J］. Information Age，2019，28（2）：175-195.

五、讨论题目

（1）为什么字节跳动的数字化管理适应性变革是以OKR管理模式转型为主导驱动的？

（2）创新型文化的构建、自驱型组织的打造和协作型平台的应用是如何支撑从KPI到OKR的管理模式转型的？

（3）基于跨体系数字化转型理论，从管理模式转型视角，以字节跳动为例，探讨实现数字化管理适应性变革的过程机制能发现什么？

（4）通过字节跳动案例能够得出什么启示？

案例使用说明书

一、案例需要解决的关键问题

本案例要实现的教学目标：引导学员透过本案例企业发展历程，理解和分析案例企业在不同发展阶段业绩评价方法的选择和调整；掌握主要组织业绩评价理论和方法，清晰认知各业绩评价方法的特点、局限性和适用条件，尤其是KPI和OKR，以及不同业绩评价方法与企业的发展阶段如何匹配；全面理解业绩评价体系在企业经营和战略实施中的地位和作用，提升学员思辨能力。

二、案例讨论的准备工作

为了有效实现本案例目标,学员应该具备下列相关知识背景:

(一)理论背景

(1) 跨体系的数字化转型需要企业进行管理适应性变革,而管理适应性变革则需要企业进行适应性组织学习。适应性组织学习是指企业以各类有助于推动组织学习的技术为依托,根据环境的重大变化而形成即时反馈、即时调整、持续变化的知识应用和知识探索,强调学习方向、学习方式和学习内容的高度灵活性,以及与环境的高度互动性。由此可见,适应性组织学习是将利用式与探索式学习、试错式与获得式学习等交互在一起,以应对环境的重大变化。工业化体系与数字化体系的跨体系逻辑如下:驱动因素的改变,使工业化体系和数字化体系的资源属性和信息结构均发生了根本性变化,资源属性从稀缺、独占和静态变为相对丰裕、共享和动态,信息结构从不及时、不连续、不细化和不完整变为及时、连续、细化和完整。其中,资源属性的改变使两者的企业边界变动特征和市场基础特征各不相同,信息结构的改变使两者的组织结构特征和市场结构特征各不相同,由此形成工业化体系与数字化体系不同的价值实现方式。

第一,新一代数字技术、商业模式、竞争模式、新型人力资本和社会经济制度的变革构成从工业化向数字化跨体系转型的关键驱动因素。在这些因素的驱动下,资源属性和信息结构发生了根本性改变,引致数字化体系的企业边界、市场基础、组织结构、市场结构和价值实现相较于工业化体系产生了系统性变化,因此,企业从工业化向数字化的转型是跨体系转型而不是体系内从低到高的转型。该结论阐释了企业跨体系转型的根本原因,从企业层面揭示了新一代数字技术与实体经济深度融合的内在机制,对企业数字化转型这一理论与实践问题具有知识增进的价值。就企业管理实践而言,该结论表明,传统企业的数字化转型面临体系的跨越,一方面难度和风险很高,另一方面创新的机会和空间也很大,因此,企业必须做好充分的准备,来迎接这一挑战和机遇。

第二,实现跨体系的转型,企业需要进行管理适应性变革,即突破原有的工业化适应性路径依赖,对数字化体系形成新的适应性反应,这是实现从工业化向数字化跨体系转型的关键。同时,适应性组织学习是管理适应性变革的重要方式,通过适应性组织学习,才能替换、改进和增补相应的资源和能力,不断转变和调整组织结构和能力结构,形成管理适应性变革,从而实现跨体系的转型。该结论刻画了企业跨体系数字化转型与管理适应性变革的关系,为企业如何进行跨体系数字化转型提供了管理变革的理论基础和政策启示。就企业管理实践而言,该结论表明,跨体系转型既不可能一蹴而就,也无需等待一切条件具备再行动,而是要评价企业自身的内外部条件和基础,选择与自身相适应的转型战略与变革路径,通过不断地调整和适应,提高转型的成功概率。

(2) OKR(Objectives and Key Results)即目标与关键成果法,是一套明确和跟踪目标及其完成情况的管理工具和方法,由英特尔公司创始人安迪·葛洛夫(Andy Grove)发明。并由约翰·道尔(John Doerr)引入到谷歌使用,1999年OKR在谷歌发扬光大,被Facebook、Linked in等企业广泛使用。

2014年,OKR传入中国。2015年后,百度、华为、字节跳动等企业都逐渐使用和推广OKR。OKR的主要目标是明确公司和团队的"目标"以及明确每个目标达成的可衡量的"关键结果"。一本关于 OKR 的书将 OKR 定义为"一个重要的思考框架与不断发展的学科,旨在确保员工共同工作,并集中精力做出可衡量的贡献。"OKR 可以在整个组织中共享,这样团队就可以在整个组织中明确目标,帮助协调和集中精力。

(3) 字节跳动主要的业绩评价方法:如 360 度、关键业绩、KPI、OKR、目标管理等几种方法;评价指标设计原则、业绩评价体系。

(二) 行业及案例企业背景

字节跳动主要从事互联网文化活动、出版物零售、广播电视节目制作、人力资源服务、技术开发、技术推广、技术转让、技术咨询、技术服务及技术培训。凭借以技术创新为基础的资讯、视频等内容算法推送,将选取信息的主导权从编辑转移到用户手中,并且让整个过程能够随着用户使用频次的增多变得愈加精准,进而为广告商带来更高的投放效率,字节跳动获得了一个"后进者"尤为宝贵的成长加速度。字节跳动在体系内不断复制这一成功路径,用不到 8 年的时间,实现全球 MAU 超过 15 亿、DAU 超过 7 亿,2019 年起营收规模超千亿元,跻身全球用户规模最大的公司之一。也正是这样的底气,让字节跳动在广告、搜索、游戏、电商等领域,与国内外巨头"争用户、抢市场"。

字节跳动是做技术开发、技术推广、技术转让、技术咨询、技术服务的。公司独立研发的拳头产品为"今日头条"客户端,通过海量信息采集、深度数据挖掘和用户行为分析,为用户智能推荐个性化信息,从而开创了一种全新的新闻阅读模式。

除了今日头条客户端外,字节跳动旗下产品还包括:抖音、悟空问答、西瓜视频、火山小视频、快马、花熊、激萌、图虫、懂车帝、TopBuzz、News Republic、Flipagram 等。

字节跳动的公司文化。字节跳动强化履行科技创新、履行平台治理、内容建设和信息服务三方面社会责任。平台治理是企业要承担的首要责任。其次是科技创新的责任。作为一家科技公司,发展是第一要务,人才是第一资源,创新是第一动力。字节跳动致力于将人工智能等科技应用到社会,推动社会进步。最后是内容建设和信息服务的责任。

(三) 制度背景

国家出台的相关字节跳动类似行业的制度政策及案例企业的相关管理办法。

三、案例分析要点

(一) 需要学员识别的关键问题

本案例需要学员识别的主要知识点包括:主要绩效评价模式:KPI 和 OKR 各自管理方法及其特点、局限性和适用条件;该案例企业使用 OKR 之后对业绩推动的作用;业绩评价体系对企业经营和战略实施的影响作用。

(二) 讨论问题的参考要点

(1) 为什么字节跳动的数字化管理适应性变革是以 OKR 管理模式转型为主导驱动的?

众多企业实践和调研表明,数字化转型是利用数字技术变革价值创造方式、解决组织痛点的过程。字节跳动的痛点就是业绩评价,因为作为移动互联网高科技企业,最核心的资源就是人才。传统以 KPI 为主导的业绩评价难以解决创新型员工和探索型岗位的激励问题,无法适应创新企业和创业公司的管理需求。同时,字节跳动的员工大多是"90 后"甚至"00 后"的知识型员工,他们关注成长和认可,关注人生价值和工作意义,KPI 难以激发他们的工作热情，OKR则能极大地调动他们的激情和潜力。从KPI到OKR，不仅仅是业绩评价的转变，更是企业管理理念和管理模式的改变，通过挖掘员工的内在动机，实现员工的自我价值，进而实现企业的商业和社会价值，是适应外部市场环境和内部员工需求的重要体现。这是字节跳动选择从管理模式变革开始进行组织管理适应性变革的重要原因。

（2）创新型文化的构建、自驱型组织的打造和协作型平台的应用是如何支撑从KPI到OKR的管理模式转型的？

首先，通过提出"字节范"的理念，构建与OKR管理模式高度契合的创新型文化，让员工充分融入这种文化氛围，为管理模式的转型奠定思想认知的基础；其次，通过设计推动员工自我发展的机制，打造自驱型组织，形成有效的组织力，从目标设置、主动性要求和降低管控等方面保障OKR的落实，为管理模式的转型奠定组织结构的基础；最后，通过开发和应用飞书协同办公系统，不仅可提高沟通和协作的效率，而且会使目标管理的"透明、对齐和协作"得以落地，使OKR管理持续实施和不断改进，为管理模式的转型奠定财务共享与大智移云区物新技术工具的基础。

（3）基于跨体系数字化转型理论，从管理模式转型视角，以字节跳动为例，探讨实现数字化管理适应性变革的过程机制能发现什么？

1）从管理模式转型视角提出的数字化管理适应性变革过程模型，即通过创新型企业文化、自驱型组织结构和协作型技术平台，推动企业从科层制管理模式转型为网格制管理模式，形成适应数字经济环境的管理模式，为跨体系数字化转型提供了情境化的过程机制解释，为企业形成对市场环境、用户需求和内部员工等快速变化、高度适应的管理模式提供了实践启示。字节跳动通过创新型文化的构建、自驱型组织的打造和协作型平台的应用，实现了从KPI到OKR的管理模式转型。

2）数字化管理适应性变革是企业跨体系数字化转型的关键，因此，本教学案例的调研丰富了跨体系数字化转型的过程机制讨论。

（4）通过字节跳动案例能够得出什么启示？

在企业进行数字化管理适应性变革过程中，构建创新型文化是改变员工认知的重要基础，打造自驱型组织是变革管理体系的重要保障，应用新一代财务共享与大智移云区物新技术是使管理变革得以实施的有效工具。企业通过数字化转型，才能形成对环境和用户需求快速变化的高适应性，形成新的核心竞争力。

四、教学组织方式

（一）课时分配

课后自行阅读资料：约3小时。
小组讨论并提交分析报告提纲：（15分钟）。
课堂小组代表发言、进一步讨论：（10~15分钟）。
课堂讨论总结：（5分钟）。

（二）讨论方式

本案例可以采用小组式进行讨论。

案例 20 兰州新东方的听诊器与园丁剪：教育培训行业主观业绩评价

专业领域：会计专硕（MPAcc）、审计硕士（MAud）、工商管理硕士（MBA），会计、审计、财务管理等本科专业

适用课程："非营利性组织业绩评价与激励机制""大数据与财务决策""非营利性组织数字化转型理论与实务"

选用课程："绩效管理与量化考核""绩效考核与薪酬激励""业绩考核理论与实务"

编写目的：本案例旨在指导学员学习主观业绩评价指标，通过了解兰州新东方的发展历史以及现状，教育培训行业为公司化运作非营利性组织，由于教师业绩的难评价性，具有主观性较强的特点。总结新东方的业绩评价体系在近几年经历的改革和创新，探讨新东方如何进行业绩改革？

知 识 点：个性化业绩评价、调查类业绩评价方法、主观业绩评价指标

关 键 词：非营利性组织、教育培训业绩评价体系；非营业性组织；业绩指标

中文摘要：本案例调研兰州新东方的主观业绩评价体系。如今财务共享与大智移云区物新技术迅猛发展，为现代教育培训机构发展带来了许多的机遇，但同时也使教育培训机构面临更大的挑战，这就需要教育培训机构管理者站在战略的角度为教育培训机构未来的发展未雨绸缪、通盘考虑。而业绩评价作为教育培训机构重要的组成部分，所发挥的影响往往十分关键，不仅能够促进人才的激励与开发，也为薪酬管理体系制定提供了有效的参考条件。作为教育行业的翘楚，新东方面临着更多的教育培训机构经营风险，其管理层寄希望于财务共享模式走出财务困境，同时将其运用到本教育培训机构的业绩评价体系中，以此提升教育培训机构竞争力，实现教育培训机构的战略发展目标。

英文摘要：This case describes the performance management system of New oriental under Financial Sharing. Nowadays, the rapid development of network technology has brought many opportunities for the development of modern enterprises, but at the same time, it also makes enterprises face greater challenges, which requires the managers of enterprises to take overall consideration of the future development and expansion of enterprises from a strategic point of view. As an important part of an enterprise, performance management plays a very important role. It can not only promote the incentive and development of talents, but also provide an effective reference for the establishment of salary management system. As the leader of education industry, New oriental is faced with more business risks. Its management hopes that the financial sharing model can get out of the financial difficulties, and at the same time, it can be applied to the performance management system of the enterprise, so as to enhance the competitiveness of the enterprise and achieve the strategic development goals of the enterprise.

案例正文

2022年8月20日,新东方向所有离开教师发出职位邀请的消息登上微博热搜。有多名网友在社交平台称,收到新东方总部面向所有离开的教师发出的职位邀请,其招聘页面显示"好久不见,甚是想念,欢迎回家",让新东方的人才问题再受关注。作为教育行业的佼佼者,要想在国家开放三孩红利政策以及教育行业不断发展的背景下,保持自身在行业内的地位以及更好发展,人才发展跟业绩评价是前提。但随着国内经济以及教育事业的发展,国民教育素质不断提高,人才已不是新东方需要考虑的问题,教师业绩评价具有很强的主观性,学校的业绩评价也具有社会责任和学员评价的主观性,教育培训机构如何选拔人才以及留住人才的业绩评价显得尤为重要。

教育培训行业为公司化运作非营利性组织,由于教师业绩的难评价性,具有主观性较强的特点,普通公司的业绩评价指标与方法,与教育培训非营利性组织的业绩评价具有差异。

一、案例背景介绍

(一) 兰州新东方简介

新东方教育科技集团成立于1993年的北京中关村,是一家综合性教育集团,主要经营的业务有学前教育、中小学基础教育、外语培训、在线教育、出国咨询、图书出版等多个领域。

新东方在线2020财年总营收实现稳定增长,达10.806亿元,较2019财年同比增长17.6%。总付费学生人次实现加速增长,从2019财年的217.9万人增加至2020财年的285.2万人,同比增长30.9%。兰州新东方学校虽然是教育科技行业龙头旗下的分校,但是在兰州市场上也面临着巨大的竞争压力,需要考虑未来的发展问题。该分校自成立以来就引进了业绩评价体系,其主要原因是为了能够更好地配合总部激励分校团队内部管理人员的结果导向和目标意识。但随着学校的发展,原本的业绩评价体系就出现了一些问题,为确保能够适应发展的需求,需要对现有的业绩评价体系进行分析及改善。

兰州新东方是新东方教育科技集团旗下直营的第38所分校,自2008年建校以来,已经为四岁以上的学生以及工作者提供了包括英语在内的多科目的面授课程、国际留学以及家庭教育等多个维度的教育服务。兰州新东方包括业务部门和职能部门。业务部门主要承担业绩和预算,直接跟客户产生交集,承担主要业绩来源;职能部门是承担支持以及后勤保障的,在人力、资源、数据以及市场方面为教育培训机构的发展提供保障。

兰州新东方学校的教职员中,主要业务部门的教师人数占总人数的70%,其余人数为销售、行政、学管等职能员工。作为以教学为主的教育培训行业,能够形成规模的前提是学员人数的增加,而教学质量以及学习环境是吸引学生增加的保证,但是新东方又区别于普通公立学校,为了保障预期的利润空间,人力资源就地保持在可控范围内,通过提升教师以及职工的个人产能来增加经营利润。

兰州新东方学校教职员工总人数中,本科学历人数占比为74%,研究生学历人数占比为21%,本科学历占比较大,但是随着社会的发展,研究生数量正在持续增加,这是由于近年来学校快速发展,营运效率不断提升,可提供丰厚的福利待遇以及发展空间,能够吸引更多优秀人才；女性员工占比为69%，男性员工为30%，随着招聘的优化引入，相信这一性别结构会相对平衡。

在兰州新东方所有的业务部门中，占比最大的部门是中学部和少儿部，也是学校整体利润贡献的主要来源，在兰州当地的市场环境中均有比较高的市场份额占比和带动作用。两个部门的教师数量、管理者数量也是其他几个业务部门中占比最大的部门。其余几个部门，在发展趋势和战略意义上，也具有非常重要的作用，承担着具体细分市场的重要意义。

（二）兰州新东方业绩评价体系

现在兰州新东方各部门业绩评价的就是业绩的完成度，各层级管理者是根据不同周期和不同的指标进行业绩评价的，其中在设计业绩评价指标的过程中，都是依据业绩跟控制指标进行设计。这些业绩指标均属于正向指标，反映了管理者可以分配多少业绩奖金；控制指标则属于负向指标，表明可以扣分以及减少多少奖金。

新东方现在虽然还在坚持打分制度，但已经不计入教师评价体系了。其主要原因是学生只要不退课，打分基本都给满，尤其中学生不像大学生有一定的判断能力，评比意义不大。

对于初高中孩子来说，续班才是孩子和家长对教师最大的肯定。教师不认真，学生不会续班；成绩长期没提高，学生不会续班；关怀不够，学生也不会续班，所以，以续班率作为教师的主要评价指标能很好地看出教师的教学情况。新东方的管理文化是："快打满，很看重业绩。"这样的文化和这样"疯狂"的续班奖金政策，导致了新东方教师的朋友圈都是在晒各种学生成绩提高的新闻、续班信息等软广。

再看一下续班率、满班率、退课率、工龄这四个指标，新东方续班率、满班率都直接影响奖金而照顾到了。由于工作时间越长，涨薪的机会也就越多，所以工龄也通过每半年的课时费上涨照顾到了。而且由于学生退课以后，续班率会大大减少（续班率分子：续班人数降低，分母寒假班总人数增多），这就影响到了教师最痛的痛点：续班奖金，所以退课率也照顾到了。

对于业绩部门来说，采用季度方式进行评价，季度评价反映了各季度业绩评价的结果以及应得奖金的情况，季度评价的指标就是为了达成结果。部门管理者就每个月反馈的结果对季度业绩结果的达成作出调整。

1. 业绩评价流程

业绩评价主要分为五个流程：目标任务签订阶段、目标任务执行阶段、目标任务反馈阶段、业绩奖金核算阶段、业绩评价反馈阶段（图20-1）。

具体的操作步骤是：阶段一，目标任务签订阶段，总部门根据预算和发展战略，适应科学合理的预算分解方法，将部门目标任务以每个季度的任务量分到业务管理者的业绩评价中。阶段二，目标任务执行阶段，各部门管理者结合自身目标以及部门发展规划积极实现目标任务的完成。阶段三，目标任务反馈阶段是以月度为单位，人力资源部通过邮件的方式就目标任务的完成情况向部门管理者反馈，目标任务下达者就完成情况与管理者进行沟通。阶段四，业绩奖金核算阶段，每个季度评价周期结束以后，人力资源部根据评价结果向各部门的管理者发放奖金。阶段五，业绩评价反馈阶段，由目标任务下达者对这个阶段业绩评价结果、奖金情况、业绩结果等进行总结，并在大会上反馈给各管理者。

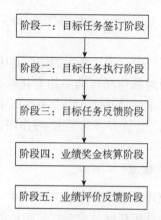

图 20-1　兰州新东方业绩评价流程图

2. 业绩评价指标

业务管理者的业绩评价均由业绩指标和控制指标构成，一般来说业绩指标注重结果类的指标，控制指标则注重过程类的指标。因为岗位的不同，即使同为业绩指标也会有所不同。表 20-1 为兰州新东方业绩评价指标。

表 20-1　兰州新东方业绩评价指标

业务部门名称	岗位类别	业绩指标	权重/%	控制指标
少儿部	运营岗	结转收入	20	退费率
		新生开课人次	40	
		班均人数	25	
		新签现金收入	15	
	教学岗	续班率	50	投诉率
		初级教师占比	30	
		校验组织及结果	20	
中学部	运营岗	开课现金收入	40	退费率
		低班均班级占比	30	
		新生开课人次	30	
	教学岗	续班率	50	投诉率
		开课后退班率	20	
		教师流失率	30	
一对一	运营岗	新签现金收入	40	退费率
		结转收入	35	
	教学岗	生均课消小时数	25	投诉率
		教师课时消耗数	55	

续表

业务部门名称	岗位类别	业绩指标	权重/%	控制指标
国内考试部	运营岗	现金收入	30	退费率
		结转收入	30	
		班均人数	20	
		考研项目占比	20	
	教学岗	教学流程 SOP	50	投诉率
		教师平均打分	30	
		教师听课反馈	20	
国外考试部	运营岗	结转收入	40	退费率
		开课班均人数	30	
		现金收入	30	
	教学岗	学员业绩达成率	50	投诉率
		教师功底达标率	50	

通过表 20-1 可以看出，不同的业务部门针对管理者的业绩评价指标不同，但是按照岗位属性，不同板块的业绩评价指标大致方向又十分相近，运营类的指标偏向于收入，教学类指标偏向于教学结果和教师的管理。

3. 业绩评价反馈机制

业绩评价的指标是由人力资源部通过邮件进行反馈的，不同的业务部门为了保证目标任务的达成，也会根据自身部门的实际情况进行不定期的反馈（表 20-2）。

表20-2　兰州新东方业务部门管理人员业绩评价反馈表

反馈周期	反馈目的	反馈方式	反馈责任人	后续要求
月度	指标完成进度的回顾	邮件	目标制定者	达成路径规划
季度	指标季度总结	邮件	目标制定者	达成路径优化

根据表 20-2 的反馈内容，业绩评价的结果分为甲、乙、丙三档，甲等代表超额完成业绩评价指标，乙等是刚好完成业绩评价指标，丙等是没有完成业绩评价指标。

二、兰州新东方对现有业绩评价体系的调查

业绩评价以人为载体，被评价的人对业绩评价认识颇深，能充分地了解其中存在的问题。因此，为了解兰州新东方业务部门管理者对业绩评价工作现状的感受以及意见，特别设计了一次调研，以了解现状为目的，对业绩评价的流程、相关指标设计、结果反馈等方面进行了详细的调查问卷。最后，对被调研者的回答进行汇总得出目前业绩评价体系存在的问题。

（一）调查问卷数据与收集

兰州新东方业务部门的管理者有 89 人，以发邮件的方式进行调查，收到反馈的问卷有 86 份，其中有效问卷 84 份，回收率为 94%，符合有效问卷的回收比例，因此，所反馈

的结果可以对兰州新东方业务部门管理人员的业绩评价优化有实际的指导借鉴意义。调查问卷的设计问题有 20 个，以开放式问题结合封闭式问题，主要是对被调研者的基本情况以及业务情况进行了解，1~2 题是对基本情况的了解，剩下的题是对其实际的业务情况进行了解（表20-3）。

表20-3 兰州新东方调查问卷内容表

调查的主要内容	问卷调查设计的关键内容
业绩评价流程	业绩评价的过程沟通
	业绩评价的优化具体环节
	业绩评价的满意程度
业绩评价指标	业绩评价指标的合理性
	业绩评价指标的数量
	业绩评价指标与评价结果的直接影响
业绩评价反馈	业绩评价的反馈周期
	业绩评价的反馈对象及形式
	对工作的指导和改进作用
	业绩评价结果是否流于形式

（二）兰州新东方业绩评价调查结果

1~2 两个问题是对回答问题的管理者的基本情况进行了解，从结果来看，可以看出不同工作年限、不同岗位的管理者都参与回答了本次调研的问题，所以，这次的调研是真实可信的。

从业绩流程的调研结果可以看出三点：①超出 40% 的人对业绩评价的流程不是很满意。②不满意业绩评价流程的主要原因是认为流程不够完善，只有制定以及核算环节。③管理者对业绩流程非常不满意会一定程度上影响业绩评价。

从业绩评价指标的调研结果可以看出四点：①70% 以上的被调研者对业绩指标以及周期是比较了解的。②了解不代表认同业绩评价指标以及指标数量。③不认同的主要原因是指标过多过高，过多会导致管理人员不能专注于业务工作；过高会导致完成比较困难，从而对业绩奖金等产生影响。④此次问卷没有设计指标中的权重设计、评价标准，但是这一部分存在很多问题。

从业绩评价反馈的调研结果可以得出四点：①不是每一个管理人员在评价周期结束后可以得到上级的评价反馈。②每一个被调研者收到的反馈周期不同，没有固定的周期标准。③人力资源部门无法直接参加对管理人员的业绩评价反馈工作。④虽然周期结束后会有反馈，但是仅仅只是反馈，没有对后续工作持续跟进。

从开放性问题可以看出三点：①业绩评价的指标流于形式，对工作没有实际指导意义和帮助，是为了业绩评价而评价。②工作中没有让所有的人员明确地了解业绩评价，因此即使有明确的业绩指标，也很难完成业绩评价。③被调研者认为合理的业绩评价是有合理的业绩评价指标，这样才能有正确的工作方向，也可以顺利完成后续的奖金发放工作。

综上所述，从一开始就引进的业绩评价体系已经被接受，管理人员也能客观公正地看待业绩评价对业务发展以及组织能力带来的正面影响。但是，随着兰州新东方的发展以及竞争压力的增大，要想继续保持现在的地位、业绩增长率以及核心业务，要对现有的业绩评价体系进行优化，主要是对业绩评价流程、业绩评价指标以及业绩评价反馈进行升级。

（三）兰州新东方业绩评价调查发现的问题与可能原因

（1）主要问题：①业绩评价的责任以及边界定位不够清晰。②业绩评价的目的跟提升工作效率的初衷相违背。③业绩指标设计的合理性以及统一性不科学。④业绩执行过程中缺乏评价系统，使得业绩评价流程不完整。

（2）导致兰州新东方业绩评价现有问题的原因：

1）"一把手"导致业绩评价存在问题。在绝大部分教育培训机构的管理治理过程中，会存在"一把手"，往往导致的结果就是"一把手"指哪打哪，但是这样难以保证有效的业绩评价体系建立，虽然目前新东方业绩评价体系运行了很多年，但是也存在着较大的问题，业绩评价成了所有被评价人员的一项工作，不能继续推动教育培训机构的发展。因此，在业绩评价的过程中，"一把手"在业绩评价的过程中能够投入多少时间精力以及资源，这在一定程度上对业绩评价的结果产生了重要影响。

2）人力资源部门存在对其他业务部门不了解的情况，会导致设计的业绩评价指标不合理。当前新东方业绩评价制定的流程主要是由业务部门发起，人力资源部审核，业务员部门执行。但是一般来说人力资源部对业务部门的业务种类缺乏了解，会导致业绩评价的指标设计不合理，业务部门在执行过程中会遇到各种问题，从而导致业绩评价问题的出现。

3）参与业绩评价的管理者对业绩评价体系没有进行充分的了解。当前兰州新东方业绩评价体系聚焦于指标的制定、指标签订前的沟通与评价结果公示的几个环节中。首先，整体业绩评价体系不够完整，业绩评价完整的流程不只局限于当前的几个步骤，兰州新东方在业绩分析、业绩改进方案以及跟进方面的建立都有严重问题，从而影响了整个业绩评价的设计；其次，在现有的几个环节中，因为各种原因导致设计与执行的深度不够，仅限于表面，每个管理者的业绩达成结果变得很偶然，因为他们的业绩评价不受控制和制约，对于整个业绩评价的意义不大，成了表面工作；最后，业绩指标没有统一的建立标准，甚至有些指标是为了评价而设计的，因此丧失了最基本的业绩评价的意义。

4）业绩评价反馈意识不明显，缺乏对业绩评价结果跟进的反馈体系。绝大多数参与制定业绩评价的人员反馈意识比较薄弱，仅仅只是把奖金跟业绩评价挂钩起来，久而久之就变成了管理者获取奖金的方式，而不注重业绩评价本身的意义，因此也达不到工作效率的提升；再者，缺乏对业绩评价结果反馈之后的跟进，仅仅只是反馈了，被评价的人做没做，怎么做，根据反馈做得效果怎么样都不知道，这样就使得反馈本身缺乏意义，也因此达不到工作效率的提升。

三、兰州新东方主观业绩评价的创新

（一）可供选用教育培训机构的主观业绩评价方法

1. 图尺度评价法

图尺度评价法也称为图解式评价法，列举出一些组织所期望的业绩构成要素（质量、数

量或个人特征等），还列举出跨越范围很宽的工作业绩登记（从"不令人满意"到"非常优异"）。在进行工作业绩评价时，首先针对每一位下属员工从每一项评价要素中找出最能符合其业绩状况的分数。然后将每一位员工所得到的所有分值进行汇总，即得到其最终的工作业绩评价结果。将这些作为评价标准的工作职责进行进一步的分解，形成更详细和有针对性的工作业绩评价表。这一测评方法有很多种变形，比如通过对指标项的细化，可以用来测评具体某一职位人员的表现。指标的维度来源于被测对象所在职位的职位说明书，从中选取与该职位最为密切相关的关键职能领域，再进行总结分析出关键业绩指标，然后为各指标项标明重要程度，即权重。

2. 对比法

针对某一业绩评价要素，把每一个员工都与其他员工相比较来判断谁"更好"，记录每一个员工和任何其他员工比较时被认为"更好"的次数，根据次数的高低给员工排序。和直接排序法类似，这是一种更为细致的通过排序来评价业绩水平的方法，它的特点是每一个评价要素都要进行人员间的两两比较和排序，使得在每一个评价要素下，每一个人都和其他所有人进行了比较，所有被评价者在每一个要素下都获得了充分的排序。这也是一种相对的定性评价方法。

3. 强制分配法

在评价进行之前就设定好业绩水平的分布比例，然后将员工的评价结果安排到分布结构里去。按照每人业绩的相对优劣程度，列入其中的一定等级。评价方法的基本步骤：第一步，确定A、B、C、D各个评定等级的奖金分配的点数，各个等级之间点数的差别应该具有充分的激励效果。第二步，由每个部门的每个员工根据业绩评价的标准，对自己以外的所有其他员工进行百分制的评分。第三步，对称地去掉若干个最高分和最低分，求出每个员工的平均分。第四步，将部门中所有员工的平均分加总，再除以部门的员工人数，计算出部门所有员工的业绩评价平均分。第五步，用每位员工的平均分除以部门的平均分，就可以得到一个标准化的评价得分。那些标准分（或接近）的员工应得到中等的评价，而那些标准分明显大于1的员工应得到良甚至优的评价，而那些评价标准分明显低于1的员工应得到及格甚至不及格的评价。在某些机构中，为了强化管理人员的权威，可以将员工团体评价结果与管理人员的评价结果的加权平均值作为员工最终的评价结果，但是需要注意的是，管理人员的权重不应该过大。各个评价等级之间的数值界限可以由管理人员根据过去员工业绩评价结果的离散程度来确定。这种计算标准分的方法可以合理地确定被评价的员工的业绩评价结果的分布形式。第六步，根据每位员工的评价等级所对应的奖金分配点数，计算部门的奖金总点数，然后结合可以分配的奖金总额，计算每个奖金点数对应的金额，并得出每位员工应该得到的奖金数额。其中，各个部门的奖金分配总额是根据各个部门的主要管理人员进行相互评价的结果来确定的。

为了鼓励每位员工力图客观准确地评价自己的同事，对同事的评价排列次序与最终结果的排列次序最接近的若干名员工应该得到提升评价等级等形式的奖励。另外，员工的评价结果不应在评价当期公开，同时，奖金发放也应秘密给付，以保证员工的情绪。但是各个部门的评价结果应该是公开的，以促进部门之间的良性竞争。强制分布法适用于被评价人员较多的情况，操作起来比较简便。由于遵从正态分布规律，可以在一定程度上减少由于评价人的主观性所产生的误差。此外，该方法也有利于管理控制，尤其是在引入员工淘汰机制的机构中,具有强制激励和鞭策功能。

4. 行为锚定等级评价法

是基于对被评价者的工作行为进行观察、评价,从而评定业绩水平的方法。行为锚定等级评价法是一种将同一职务工作可能发生的各种典型行为进行评分度量,建立一个锚定评分表,以此为依据,对员工工作中的实际行为进行测评分级的评价办法。行为锚定等级评价法是关键事件法的进一步拓展和应用。它将关键事件和等级评价有效地结合在一起,通过一张行为等级评价表可以发现,在同一个业绩维度中存在一系列的行为,每种行为分别表示这一维度中的一种特定业绩水平,将业绩水平按等级量化,可以使评价的结果更有效、更公平。行为锚定等级评价法通常要求按照以下5个步骤来进行。

①进行岗位分析,获取关键事件,以便对一些代表优良业绩和劣等业绩的关键事件进行描述。②建立评价等级,一般分为5~9级,将关键事件归并为若干业绩指标,并给出确切定义。③对关键事件重新加以分配。由另一组管理人员对关键事件作出重新分配,把它们归入最合适的业绩要素指标中,确定关键事件的最终位置,并确定出业绩评价指标体系。④对关键事件进行评定。审核业绩评价指标登记划分的正确性,由第二组人员将业绩指标中包含的重要事件由优到差、从高到低进行排列。⑤建立最终的工作业绩评价体系。

行为锚定等级评价法的优点表现为:可以向员工提供教育培训机构对于他们业绩的期望水平和反馈意见,具有良好的连贯性和较高的信度;业绩评价标准比较明确。

(二) 班课教师业绩评价

兰州新东方班课教师结果评价指标(续班率、退费率、满班率、工龄),在兰州新东方退费率和续班率直接影响着教师每年四次的课时费上涨标准的评定,同时,退费率高的教师机构会减少他的带班量。

兰州新东方与其他机构不同的是,满班率这个最影响学校业绩的指标,兰州新东方是不计入业绩评价项的,这是因为如果这个班人数过低就会被并班,所以不用评价。

兰州新东方教师的工龄也被考虑了,因为教师工龄越长,课时费就会随着每一年的四季续班涨薪,越长越高(每次都涨不了工资的教师,证明其教学水平很低)。最终优秀的老教师工资会很高,跳槽的意愿也会很小,这也是兰州新东方业绩里面最成功的思想:不用对教师退课、试听不满意扣钱,不涨课时费即是最大的扣钱。这样做其实相当于扣得更多,因为影响的是教师每节课的课时费,教师会更加重视退课和续班的。

按学费比例给教师开课时费的弊端:①机构想给教师一个稳定、舒适的工作环境,但按比例给教师发工资,会让教师觉得自己就是机构挣钱的工具。②班级学生人数太少时,教师课时费太低,容易造成有能力教师的出走。③班级学生人数过多时,教师课时费太高,随着教师工龄越长,后期课时费上涨激励作用弱。

所以把眼光放长远一下,不要按比例给教师发课时费。

(三) 管理岗教师业绩评价

兰州新东方的教师培训岗位、教研岗位、校长岗位、宣传岗位、家长社区运营岗位等管理岗都是从教师中选拔人才的。一个管理岗的教师不仅要周末代课,平时还要从事管理工作。一个人干着两份工作,兰州新东方薪资该如何设计:管理薪酬设计也不宜复杂。

薪资+年终奖+股票体系:①薪资,体现工作时长+工作能力。②年终奖,体现去年一年的贡献。③股票，体现对未来的期待。

1. 先量化一个部门的 KPI，再量化个人的 KPI

兰州新东方采取的是半年进行一次 KPI 评价。首先制定部门的 KPI，比如某个产品多少量、市场份额、排名等。然后更大的 BOSS 觉得部门 KPI 没问题之后，项目经理会把整个组的 KPI 分解成每个人的 KPI，项目经理的上级和下级都是可以看到的，分解之后项目经理还会和每个人沟通个人 KPI 是否合理。个人 KPI 指标可以是某个教育项目提成比率，这个比例不能大于5%。年底，该员工的年终奖就是由基数（每个人都会有一点）+个人奖金（个人 KPI 完成情况）+项目奖金（部门 KPI 完成情况）三部分构成。

2. 普通涨薪看业绩，晋级涨薪看能力

兰州新东方除了年终奖以外，薪资上涨分为两种：晋级涨薪、不晋级涨薪（普通涨薪）。普通涨薪标准会主要参考上半年的 KPI 完成情况，但领导也会综合考量，比如本年度谁最努力，谁成绩最好，以及是否需要使用涨薪来稳定团队或个人等因素。晋级涨薪则需要答辩，答辩时要做 PPT，列举自己从上次晋级（或者入职）以来的工作，看是否满足了晋级要求。答辩评委为其他团队的领导，每次 5 位评委，给予"强支持，支持，弱支持，不支持"的评价并打分，最终选取一定名额的员工晋级，晋级之后的涨薪幅度相对较大。

四、参考资料

[1] 张莉娜，钟祖荣，刘红云，等．教育评价改革背景下教师绩效考评的探索与思考——基于增值评价的视角［J］．教育科学研究，2022（8）：23-29．

[2] 赵映川，周艳．大学教师教学与科研的失衡与纠偏：一个薪酬视角的探讨［J］．教育发展研究，2022，42（5）：47-52．

[3] 雷万鹏，马红梅．基于学生成绩的教师教学质量及其经济价值［J］．华东师范大学学报（教育科学版），2022，40（3）：89-98．

[4] 虞华君，刘广．内外激励对高校教师教学绩效的影响［J］．高等工程教育研究，2022（2）：136-142．

[5] 徐国冲．客观评估抑或主观评估？公共部门绩效测量的一个论争［J］．行政论坛，2022，28（1）：67-77．

[6] 任沫霖．高校教师绩效薪酬制度改革的困境与出路［J］．江苏高教，2022（1）：103-107．

[7] 杨琪琪，蔡文伯．绩效问责制导向下高校教师评价指标体系的陷阱及优化策略［J］．复旦教育论坛，2021，19（4）：85-91．

[8] 郭婧，杨洁，李永智．我国教师评价政策的回顾与前瞻——基于2000-2019年省域层面教师评价政策文本的分析［J］．教师教育研究，2021，33（2）：9-16．

[9] 董梅，井润田．协力方得同心：团队主动性人格对团队绩效的影响研究［J］．中国人力资源开发，2020，37（2）：77-89．

五、思考问题

（1）什么是主观业绩评价？教育培训行业教师业绩评价如何创新主观业绩评价？

(2) 基于战略的业绩评价与激励系统框架，业绩评价体系有哪几个方面？
(3) 兰州新东方业绩评价体系目前存在哪些问题？
(4) 基于主观业绩评价视角，你对兰州新东方有哪些优化的建议？
(5) 根据个人业绩评价理论，如果要你设计调查问卷去评估教育培训行业的教师业绩评价体系的合理性与有效性，你设计问卷的重心在哪里，都设计哪些问题？

案例使用说明书

一、本案例要解决的关键问题

通过本案例的应用，引导学员分析：教育培训行业的主观业绩评价实施的现状与问题，当前的新东方业绩评价体系存在什么问题，是什么原因导致的，应该提出什么样的建议？

二、案例讨论的准备工作

为了有效实现本案例目标，学员应该具备下列相关知识背景：

（一）理论背景

1. 个人业绩评价理论

个人业绩评价，是围绕个人素质和能力展开评价的，员工的素质评价可以是其身体状况、工作态度、职业操守、工作经历等；能力的评价不单只是工作中的专业能力，沟通能力、应变能力同样也应当列入评价当中。常用的个人业绩评价的方法是考试法，通过考试反映出来员工的业务水平，是一个公平公正的评价方法；还有就是实际记录，通过记录员工每项工作的完成情况，有理有据地进行评价，是对员工工作成果的检测。业绩评价在教育培训机构中发挥着越来越大的作用，相关专家也对其进行了非常深入的研究，社会应用的不断推广，个人业绩评价模型也逐步地趋于完善。Hunter（1983）提出个人评价模型涵盖了个人的认知能力、专业知识、任务的了解度和业绩评定与评价结果；Schmidt 以及他的合作者在 1986 年对 Hunter 模型进行了完善和补充，把对下级员工的评价加入了业绩评价系统当中；Campbell 以及他的合作者在 1990 年通过对业绩评价系统的研究发现个人业绩评价可以从职员的基础知识、操作技能、管理能力三个方面进行；Borman 及其合作者在 1991 年又对业绩评价的内容进一步丰富，把奖励方法和惩罚措施等加入业绩评价当中，他们又在两年之后引入了任务业绩和关系业绩两个定义，在四年之后把情感因素加入业绩评价当中，为业绩评价的发展做出了很大的贡献。Van Scotter 以及他的合作者对关系业绩进行了更加深入的研究，并且于 1996 年把关系业绩拆分成业务能力和人际关系两个方面。

2. 关键业绩指标（KPI）

教育培训机构关键业绩指标是通过对组织内部流程的输入端、输出端的关键参数进行设置、取样、计算、分析，衡量流程业绩的一种目标量化管理指标，是把教育培训机构的战略目标分解为可操作的工作目标的工具，是教育培训机构业绩评价的基础。KPI 是教育培训机构基于战略目标进行的分解，在所有分解的指标中，是对可控部分的衡量与评价，是针对重点经营过程的量化指标与内容，合理的 KPI 评价指标是上下级根据教育培训机构战略和目标共同核算制定完成的。

3. 权值因子判断法

权值因子判断法是针对业绩评价指标权重设计的一种方法，具体操作步骤是首先根据设计情况进行专家小组的选择，专家小组成员的构成需要根据评价的对象、目的、内容不同进行调整；其次，制定指标对比的权值因子判断表，在对指标进行对比的过程中，通常是使用两个指标进行对比，专家根据自己的判断填写其中的数据；最后，再根据所有专家小组的数据进行汇总和分析，从而得到业绩评价指标的权重分布。

（二）教育行业主观业绩评价

1. 评价方式

正面评价与负面评价相结合，以正面评价为主，负面评价为辅。正向评价（加分）：将教师承担的管理、教学等工作按职务、岗位、工作数量、质量、业绩等进行全面量化评价，采用加分的方式。负向评价（扣分）：以规定的基本工作任务和岗位职责为基本底线，凡有悖师德，不能履行岗位职责、按规定完成工作，并违反劳动纪律的，或出现教育教学责任事故的，则采用扣减较高分值和定性处理相结合的方式。

2. 业绩评价方式

建议员工主管与员工进行面谈，通过主观判断并完成"评价表"。评价实行部门评价制，各部门直接由部门主管直接评价部属，其他部门主管复评制。

3. 奖励性季度评价项目（季度末评价）

（1）教学反馈满意率评价（销售负责）。此评价范围为教师或者班主任（教务老师）自身所带所有学生，具体评分如下：教学反馈满意率95%以上40分，90%~94%为36分，85%~89%为32分，80%~84%为28分，75%~79%为24分，70%~74%为20分，65%~69%为16分，60%~64%为12分，50%~59%为8分，50%以下为0分并界定为严重教学责任事故，年度不能评优。同时教育培训机构有权辞退该名员工并不支付任何经济补偿金。

教学反馈满意率=（教学质量满意人数÷所带学生数）×100%（结果保留整数部分，小数部分四舍五入），具体教学水平测评准则详见《学员学习情况反馈表》。所带学生数为本季度课时（包括续费课时）尚未消耗完的学生人数。

（2）学生续费率评价。此评价范围为教师或者班主任（教务老师）自身所带所有学生，具体评分如下：学生续费率90%以上为100分，80%~89%为90分，70%~79%为80分，60%~69%为70分，50%~59%为60分，40%~49%为50分，30%~39%为40分，20%~29%为30分，10%~19%为20分，10%以下10分，0%为0分。

续费率=（续费人数÷应续费人数）×100%（结果保留整数部分，小数部分四舍五入）。应续费人数为在本季度内，报名课时已全部消耗的学生数。如学生未在本季度内消耗完全部课时，则计入下季度的应续费人数。情形一：如学生在本季度已经消耗完所有课时，但已经约定在下季度续费，则此续费数据计入下季度应续费人数中。情形二：如学生已经续费，之后又再次续费，应再次计入学生续费时间所在季度的续费人数和应续费人数。情形三：如学生已经续费，续报课时用完后不再续费了，将不再次计入应续费人数。

（3）评价总分的统计方法。季度奖励评价得分=教学反馈满意得分+学生续费得分（按季度统计）。年度总得分=季度奖励性评价平均得分×40%+月度评价平均分×60%。

三、案例分析要点

（一）需要学员识别的关键问题

本案例需要学员识别的关键问题包括：

（1）什么是主观业绩评价？教育培训行业教师业绩评价如何创新主观业绩评价？

（2）基于战略的业绩评价与激励系统框架，业绩评价体系有哪几个方面？

（3）兰州新东方业绩评价体系目前存在哪些问题？

（4）基于主观业绩评价视角你对兰州新东方有哪些优化的建议？

（5）根据个人业绩评价理论，如果要你设计调查问卷去评估教育培训行业的教师业绩评价体系的合理性与有效性，你设计问卷的重心在哪里，都设计哪些问题？

（二）分析关键要点

（1）案例分析关键点：目前兰州新东方主观业绩评价体系存在的问题。

（2）案例教学关键知识点：主观业绩评价概念、主观评价指标以及业绩评价体系的运作机制。

（3）案例教学关键能力点：对教育培训行业主观业绩评价中存在问题的解决方案。

（三）分析思路

兰州新东方对于现有业绩评价体系的改革是必然的，现有的业绩评价体系存在较大的问题，主要是针对业绩评价流程的设计、业绩评价的指标以及业绩评价的结果反馈进行优化改革。新东方作为教育培训机构的翘楚，其业绩评价的案例具有典型性，基于此，本案例的分析思路如下：

首先，要深入了解业绩评价的基本概念，对业绩评价的相关指标有一定的认识。其次，在分析兰州新东方案例时，引导学员把重点放在业绩评价体系问题上，不要对其他方面的问题探究。要引导学员对调查问卷进行仔细思考，讨论其合理性。先引导学员对调查问卷显示出来的问题进行讨论，再看参考答案。引导学员先分析上述问题产生的原因，再看参考答案。最后，针对学员分析的原因以及参考答案的原因，提出优化建议。

四、教学组织方式

（一）资料发放顺序

本案例的参考资料及其索引，在讲授有关知识点之后一次性布置给学员。

（二）课时分配

本案例可以作为专门的案例讨论课来进行。如下是按照时间进度提供的课堂计划建议，仅供参考，整个案例的课堂时间控制在90分钟以内。

（1）课前计划：请学员在课前完成阅读和初步思考。

（2）课中计划：简明扼要的课堂前言，介绍案例主题（3～5分钟）。

（3）分组并开展讨论（30分钟）。

（4）小组发言（每组8～10分钟，全部发言完毕控制在40分钟）。

（5）对小组发言进行总结，引导同学展开进一步思考（15分钟）。

（6）课后计划：可以请每组同学采用书面报告形式提交更加具体的分析结果。

(三) 讨论方式

本案例可以采用小组式进行讨论。

(四) 课堂讨论总结

课堂讨论总结的关键是：归纳发言者的主要观点；重申其重点及亮点；提醒大家对焦点问题或有争议观点进行进一步思考；建议大家对案例素材进行扩展调研和深入分析。